혜강 최한기 연구

실시학사
실학연구총서
12

〔혜강 최한기 연구〕

惠崗 崔漢綺

❖ 이우성 · 손병욱 · 허남진 · 백민정 · 권오영 · 전용훈 저

❖ 재단법인 실시학사 편

사람의무늬

實學硏究叢書를 펴내며

실학(實學)이 우리나라 학계에 연구주제로 떠올라, 정식의 학술논문으로 학술지에 등재(登載)되기 시작한 것은 1952년 이후의 일이다. 천관우(千寬宇)의 「반계 류형원(磻溪 柳馨遠) 연구」가 『역사학보(歷史學報)』 2·3집에 발표된 것이 그 시발점이다. 지난 계몽기(啓蒙期)의 몇몇 선학(先學)들이 실학에 대한 관심을 표명해 왔으나 일반 신문·잡지에 논설조(論說調)로 내놓은 것이 고작이었던 것에 비하면, 천관우의 글은 당시 비록 한편에서 저널리스트식 필치로 써내려 온 것이란 비판이 있었지만 일단 수미정연(首尾整然)한 체제를 갖춘 논문으로 주목할 만하였다. 그러나 당시 연구자의 수가 많지 않고 학계의 관심도 분산되어 있어서 개별 실학자에 대한 연구가 간헐적으로 있는 정도였고 그리 활발한 편은 아니었다. 그중에서 1961년에 한우근(韓㳓劤)의 성호(星湖) 이익(李瀷)에 관한 연구가 『이조후기(李朝後期)의 사회(社會)와 사상(思想)』이란 책으로 나와, 그의 실증사학(實證史學)으로서의 견고한 학풍을 보여 주었다.

그러다가 1970년에 이우성(李佑成)의 「실학연구서설(實學硏究序說)」이 나와, 그동안 유동적이었던 실학의 명칭문제가 일단 타결된 듯이 보이고, 나아가 실학의 내용을 경세치용(經世致用)·이용후생(利用厚生)·실사구시(實事求是)의 세 파로 나누어 설명함으로써 그 학문의 성격을 용이하게 파악할 수 있게 하였다. 또한 경세치용파를 근기지방(近畿地方)의 농촌토착적 환경에서, 그리고 이용후생파를 서울의 도시적 상황 속에 형성된 것으로 이해하면서 「18세기 서울의 도시적 양상」을 묘사하여 이용후생파의 성립 배경을 밝히려고 하였다. 다시 나아가 다산(茶山) 정약용(丁若鏞)에 이르러 위의 양파(兩派)가 회합(匯合)되는 동시에 호한(浩汗)한 경전해석(經典解釋)으로 실사구시파(實事求是派)를 추동(推動)시킨 느낌이 있어, 다산학이 실학의 대성을 의미하는 것이라고 언급하였다. 이후 계속해서 실학의 후속 학자로 최한기(崔漢綺)와 최성환(崔瑆煥)을 연구하여 최한기가 『기학(氣學)』과 『인정(人政)』을 저술하는 한편 서양 과학지식을 대폭 수용하고, 최성환은 중인(中人) 출신으로 국왕(國王)의 자문에 응한다는 취지에서 『고문비략(顧問備略)』을 저술하여 전반적 제도 개혁을 주장한 것을 높게 평가하였다. 특히 최성환의 바로 뒤에 중인층의 후배들이 개화운동의 배후 공작자로 활약하게 된 것을 말함으로써 실학사상(實學思想)과 개화사상(開化思想)의 연결관계를 미루어 알게 하였다.

한편 '실학국제회의(實學國際會議)'를 구성하여 한·중·일 삼국의 학자들이 각자 자국의 실학을 중심으로, 2년마다 돌아가면서 국제회의를 개최하도록 함으로써 동아시아 세계로 실학의 지평을 넓혔다. 그리고 '한국실학학회(韓國實學學會)'를 조직하여 국내 학자들을 수시로 발표시키고 1년에 두 차례 학보를 발행하여 우리나라 실학연구를 다소 진작되게 하기도 하였다.

실시학사(實是學舍)가 서울에서 근기(近畿) 쪽으로 옮긴 뒤에도 나는 젊은 학도들과 강독 및 연토(研討)를 지속해 오고 있지만 연로신쇠(年老身衰)한 처지에서 불원 철수 은퇴할 것을 생각하고 있었다. 뜻밖에 나의 친구 모하(慕何) 이헌조(李憲祖) 형이 거액의 사재를 출연하여 실시학사를 재단법인으로 만들고 그 기금으로 실학연구에 박차를 가해 줄 것을 권유해 왔다. 나는 사회와 학문에 대한 그의 열정에 감동하여 사양치 않고 그의 뜻에 따랐다. 즉시 연구계획을 세우고 국내외 학자들을 널리 동원하여 1차 연도에 성호·다산을, 2차 연도에 담헌(湛軒)·연암(燕巖)과 실학파 문학을, 그리고 3차 연도에 반계(磻溪)와 초정(楚亭)을, 4차 연도에 농암(聾庵)과 풍석(楓石) 상(上)을, 5차 연도에 풍석(楓石) 하(下)와 실학시대의 역사학을 다루기로 하였다. 각 팀에 5명을 한 단위로 하여 1년 동안의 공동연구 끝에 각자 논문을 제출하여 한 권의 책을 내기로 하였다.

어느덧 적지 않은 세월이 흘렀다. 여러 연도의 성과가 이미 여러 책으로 나왔다. 집필자들은 모두 해당 분야의 전문 연구자로서 가장 정예(精銳)로운 분들이라고 생각한다. 이제 6차 연도의 성과로 『혜강 최한기 연구』를 내기로 한다. 국내외 학계 여러분의 성원과 협조를 기대하여 마지않는다.

이 글을 마치려 함에 있어, 거듭 모하(慕何) 형에게 고마움을 표하면서 앞으로 그 뜻을 살려 더욱 성과를 내게 될 것을 다짐한다.

2016년 9월

實是學舍에서 李佑成

최한기는 우리 역사에서 개인적으로 가장 많은 저술을 남긴 학자로 알려져 있다. 그가 살았던 조선 말기는 동서 문명의 교섭과 충돌이 활발하게 일어나고 있었다. 조선 사회 내부에서는 민중이 자각을 하여 전국에서 민중 봉기가 일어났다. 이제 공고했던 조선의 유교사회체제도 해체의 모습을 보이고 있었다. 당시 그 위기를 타개해 나가기 위해 최제우는 동학을 제창했고 최한기는 서울의 중심부에 살면서 이학이 아닌 기학으로 새로운 시대를 설계하기 시작했다. 최한기는 당시 중국에서 들어온 신서를 깊이 탐구하고 새로운 문명세계를 생각하며 기학의 이론적 체계를 마련하여 새 시대의 변화에 적극 대응하려고 하였다.

최한기 연구는 1960년대 초부터 이루어지기 시작하여 이제 반세기가 지나고 있다. 최한기의 학문에 대해서는 1965년 박종홍에 의해 경험주의철학으로 규정됨으로써 비로소 한국철학사의 한 장을 차지하게 되었다. 박종홍은 최한기의 학문에 대해 전통적인 유학사상을 실증적·과학적인 근대화와 관련시켜 새로운 태도로 발전시킴으로써 그 근본정신을 시대적으로 살리려 했다고 평가했다. 이에 앞서 북한에서 최한기에 대해 먼저 주목하기 시작하여 『조선철학사』에서 그의 기철학을 유물론의 입장에서 높이 평가한 바가 있다. 그 뒤 최한기에 대한 본격적인 관심과 연구는 벽사 이우성 선생에 의해 이루어졌다. 1970년대 초에 이 선생은 최한기의 가계를 처음으로 밝혀냈고, 최한기의 학문을 조선조의 기철학 전통을 이어받으면서 새로운 과학을 포괄하는 독창적인 철학으로 보아 그 사상사적 위치를 '실학사상과 개화사상의 가교자'로 정립했다.

1980년대 이후 최한기 연구는 해마다 여러 편이 나와 지금까지 근 2백 편에 이르지만 아직도 연구 내용에 있어서는 그야말로 백가쟁명이라 할 수 있다. 그 이유는 최한기가 기학의 학적 체계를 세우면서 사용한 용어가 아주 독특하여 이해하기가 쉽지 않기 때문이다. 또한 그의 방대한 저작의 분야가 너무나 다양하고 게다가 현전하지 않는 저작이 많아 그의 전 사상의 체계를 현재의 연구로는 명료하게 규정하기 어려운 것이 사실이다.

실시학사에서는 2010년부터 '조선후기 실학사의 재조명'이란 대주제하에 해마다 저명한 실학자에 대해 연구를 해오고 있다. 그 일환으로 2014년 최한기를 연구과제로 선정하여 그해 6월 16일에 실시학사에서 첫 연구모임을 갖고 주제를 크게 기학의 학문체계(손병욱), 기학의 철학적 내용(허남진), 기학의 정치사상(백민정), 기학의 세계인식(권오영), 기학의 자연철학(전용훈)으로 나누어 탐구하기로 했다.

이우성 선생께서는 망백(望百)의 춘추임에도 최한기 공동연구팀의 연구에 깊은 관심을 가지시고 연구의 기획부터 직접 지도를 해주셨다. 그 뒤 연구팀은 2014년 12월 22일 동짓날에 첫 중간발표회를 가졌다. 이날은 각자의 발표에 대해 이우성 선생의 논평을 듣고 상호 토론을 했다. 2015년 3월 27일에는 임형택·김문용 두 교수가 전체 연구자의 발표에 대해 논평을 해주었다. 그리고 8월 19일에는 연구결과 발표회를 가졌는데, 손병욱·허남진·백민정·권오영·전용훈의 발표에 대해 김용헌·박희병·안외순·김문식·이종란 교수가 각각 논평을 해주었다. 세 차례의 연구발표회에서 이루어진 자세한 논평과 진지한 토론을 통해 각 연구자들은 연구 내용의 수정과 보완에 많은 도움을 받았다. 그리고 연구자들은 2015년 11월 13일에 한국학중앙연구원 시습재에서 최한기의 다양한 저술과 그간의 연구사를 비롯하여 각자의 연구에 대해 의견을 자유롭게 담론하는 집담회를 가졌다. 이 책에 수록된 글들은 이러한 연구 역정을 거쳐 완성된 것이다.

이 책의 첫 번째와 두 번째에 실린 이우성 선생의 「최한기의 가계와 연표」, 「최한기의 생애와 사상」은 애초 연구 기획에는 들어 있지 않았지만 최한기의 생애와 사상을 간명하게 탐구한 최초의 글로 최한기 연구에 있어 연구사적 의미가 큰 글이어서 이 선생의 허락을 받아 싣게 되었다. 이 선생의 첫 번째 논문이 발표된 뒤에 이건창의 「혜강최공전」 등 최한기에 대한 전기 자료가 새로 나왔지만, 아직 최한기의 생평을 상세하게 정리할 만한 형편이 되지 못하여 이 책의 말미에 따로 연보를 작성하여 싣지는 않았다. 두 번째 글은 최한기의 「양한정기」를 통해 그의 '고상하고도 건전한 한 시민의 생활철학'을 드러내었고, 사상사적 위상을 '실학사상과 개화사상의 가교자'로 제시했다. 따라서 독자들은 이 책에 실린 이 선생의 두 편의 글을 통해 우선 최한기의 생애와 기학 형성의 사회적 배경과 사상의 대요를 이해할 수 있을 것이다.

손병욱의 글은 최한기가 정립한 기학의 학문체계가 갖는 특징을 탐구한 것으로, 기학은 삼대운화(三大運化)와 사등운화(四等運化)를 그 기본적인 틀로 삼는 운화기(運化氣) 철학이라고 했다. 그는 삼대운화는 최한기가 명시적으로 밝히지는 않았지만, 기학의 전모를 이해하는 데 있어서 매우 중요하다고 주장하면서 활동운화(活動運化)·천인운화(天人運化)·통민운화(統民運化)의 삼대운화를 알면 기학의 천관·인간관·수신관·경세론을 모두 알 수 있다고 했다. 이러한 삼대운화라는 새로운 문제제기에 대해서는 연구발표회와 집담회에서 여러 차례 열띤 토론이 있었으나 손 교수가 확고한 지론을 유지하고 있는 것 같다. 삼대운화의 제기와 함께 손병욱은 최한기의 기학은 무엇보다도 깨달음의 학문으로서의 특징을 강하게 지닌다고 했다. 이러한 기학의 특징은 최한기의 초기 저작에는 잘 나타나지 않다가 만년으로 갈수록 두드러진다고 하면서, 기학을 통해 깨달음의 길과 물질적인 풍요로움, 그리고 육체적인 안락함의 길이 동시에 열릴 수 있다고 했다.

허남진의 글은 최한기의 학문관이 기존 학자의 학문관과 다른 점을 살피고 기학의 학문적 목적이 무엇인지 알아보고 그의 모든 사상을 꿰뚫고 있는 기(氣) 개념의 특징을 검토했다. 그는 최한기의 기학이 전통적인 성리학의 기와 다른 점을 강조하고 그 다른 점에서 서구의 자연과학이 수용되고 전통적인 세계관이 부정, 재편성될 수 있는 소지가 있음을 밝히려고 했다. 그래서 최한기의 기학을 해석하기 위해서 먼저 성리학의 이(理)와 기, 수(數) 등의 개념을 검토한 결과, 최한기의 기 개념은 경험할 수 있는 기이고 자연과 인간에 대한 여러 가지 지식을 검증해 줄 수 있는 유일한 통로가 되므로 과학적 관심에서 높은 비중을 지닌 개념으로 재정립되지 않을 수 없었다는 것이다. 특히 최한기는 전통적인 기철학을 형이상학으로 일부 받아들이면서 기에 수를 연결시켜 과학적 지식과 조화될 수 있는 길을 모색했다는 것이다. 그리하여 최한기의 기학은 직관적인 방법에 의존하는 성리학적 사고에서 탈피하여 근대적인 사유방식으로 나아가는 과정에서 체계화된 의미 있는 사상체계라는 평가를 내렸다.

백민정은 최한기의 통민운화의 정치가 그의 전체 철학에서 어떤 위상과 의미를 차지하는지 우선 살펴보았다. 이어 최한기의 국인공치론(國人共治論)에 보이는 다양한 정치적 통찰과 함의를 검토하였고, 그의 독특한 인식론과 공부법이 공적인 정치여론의 형성 과정에 어떻게 기여했는지를 밝혔다. 그 결과 백민정은 최한기의 정치사상은 유교적 소양의 지식인이 상상할 수 있는 전통의 새로운 변주, 즉 독창적인 자기 전통의 재구성 사례의 하나로 평가할 수 있다고 했다. 최한기는 유덕하고 현명한 인격체에 의한 민중의 교화와 교육을 가정했으며, 지적 이해를 넘어 자기 변화를 수반하는 수양의 문제를 정치적 공론화 과정에 개입시켰고, 개인의 사적 욕망을 조율하면서 공공의 보편적 욕망과 이해를 창출하려고 노력했다고 하면서 이러한 최한기의 관점에는 유학자들의 전통적인 정치사유가 풍부하게 내재되어 있다고 보았다. 그런가 하면 최한기는 추측(推測)과 측험(測驗)의 인식론적 방법론을 도입하고, 운화기라는 자연의 이념적 준거를 통해 정치적 공론의 수렴과 형성 과정을 해명하려고 시도했던 점, 공치의 다양한 정치모델을 숙고하면서 상이한 욕망의 주체, 정치적 주체로서의 인간에 주목했고, 대중의 이질적 욕망을 조율하는 방법을 모색했던 점 등은 독특한 정치사상가로서 그의 사유의 특징을 잘 보여 주고 있다고 했다.

권오영의 글은 최한기가 새로운 세계와 소통하기 위해 정립한 사상적 개념의 역사적 추이를 검토하고, 그의 세계인식의 실상에 대해 탐구하였다. 권오영은 1830년대에 최한기가 제시한 신기(神氣)와 추측 개념이 세계 각국의 인물과 자연과 사회를 소통하고 취사 수용하기 위해서였다면, 1850년대의 기화(氣化)와 운화 개념은 천지의 순환과 변화 속에서 세계 각국의 인물과 자연과 사회의 실상을 이해하여 수용하고자 한 목적에서 제시된 것이라고 할 수 있다고 했다. 최한기 이전의 학자들이 언급한 기화와 운화는 의학이나 역학, 역상학 등의 용어나 술어로 주로 사용된 반면, 최한기는 기화와 운화란 개념을 태극이나 음양오행과 관련하여 자신의 기학에서 전혀 사용하지 않았다는 것이다. 그가 사용하는 기화와 운화는 기존의 천리(天理)나 천도(天道)에 대체하여 제창한 개념으로 이해할 필요가 있다고 했다. 그리고 최한기는 세계 각국의 윤리와 정교의 대동을 인정하고 인도(人道)로 세계 각국의 인물과 소통하고 화합하려고 했다는 것이다. 그리하여 그는 세계 각국 사람이 누구나 인도를 지니고 있다는 생각을 가졌고 천하의 인도를 하나로 통합하여 궁극적으로는 동서 문명의 상통과 화합을 지향한 문명세계를 그렸다는 것이다.

전용훈의 글은 최한기가 지구설과 지구의 자전설·공전설에 부여한 의미는 서양과학사적 맥락의 그것과 달랐다고 하면서 최한기는 지구설과 자전설·공전설을 기의 활동을 보여 주는 증거로 긍정하고 인용했다는 것이다. 최한기가 누구보다도 먼저 서양의 이론을 긍정했던 것은 그것이 근대 과학적 사실이었기 때문이 아니라, 자신의 기학적 원리와 추론을 지지해 주는 이론이었기 때문이라고 했다. 결국 최한기에게는 지구의 자전과 공전이 코페르니쿠스에 의해 제시된 혁명적인 천체운동 이론이 아니라, 기의 형질(形質)과 활동을 증명해 주는 이론으로 인식되었다는 것이다. 또한 전용훈은 최한기가 접한 뉴턴의 천체역학은, 현대인의 눈에는 객관적이고 합리적인 근대과학의 상징일 수 있지만, 최한기 자신의 기학적 관점에서는 불완전하고 심지어 불합리한 것이었다고 했다. 최한기는 자연현상에 관한 사실적 정보는 서양과학으로부터 받아들였지만, 그 현상이 일어나는 원인과 현상이 발생하는 메커니즘은 기학적 자연철학으로 해명하고자 했다는 것이다. 그래서 최한기는 뉴턴의 역학이 결여하고 있는 중력의 원인과 작용의 메커니즘에 대한 기학적 해명을 시도하여 우주 안의 모든 현상이 기의 존재론과 우주론으로부터 완전하게 연역될 수 있는 기학적 자연철학의 체계를 확립하고자 했다는 것이다.

최한기의 기학에서 기는 실리(實理)의 근본이고 추측은 지식을 확충해 나가는 방법이다. 최한기는 자신의 미래 시대의 학문은 기학이 주도하는 시대가 되어야 한다고 보아 전 세계에 자신의 기학의 제창을 알리고자 했다. 그의 사후 백 년이 되어 가는 시기에 비로소 그가 남북한 학계의 주목을 받기 시작하여 그 뒤 그에 대한 연구가 꾸준히 이루어지고 있는 것을 보면, 분명 그는 자신이 남긴 방대한 저작을 통해 당대에는 누리지 못한 학문적 성과를 후대에 인정받고 있다고 해도 좋을 것 같다. 그러나 지금까지 최한기에 대한 많은 연구가 이루어졌음에도 그의 방대한 저작은 우리 연구자들에게 아직도 깊이 있는 탐구와 새로운 해석을 기다리고 있다.

이 책에서 필자들은 조선 말기 동서 문명의 교섭과 충돌 속에서 최한기라는 학자가 일생 동안 서재에서 늙음이 장차 이르는 줄도 모르고 혼신의 정열을 바쳐 이룩한 기학의 내용과 의미를 깊이 있게 밝혀 보려고 애썼다. 그러나 처음 기대했던 목적을 십분 달성했다고 자부하기는 어려울 것 같다. 앞으로 최한기의 기학에 대한 더욱 깊이 있는 연구가 지속적으로 이루어지기를 기대한다. 이 책에 수록된 글을 통해 우내(宇內)의 독자들이 최한기의 기학이 지니고 있는 조선 실학사상사에서의 위상을 다시 생각해 보고, 상통과 화합을 중시한 기학의 목표를 깊이 음미해 보는 계기가 되기를 바란다.

2016년 9월 15일
집필진을 대표하여 권오영 씀

| 차 례 |

惠 岡 최한기의 가계와 연표
| 이우성 |

惠 岡 최한기의 생애와 사상
| 이우성 |

惠 岡 최한기 氣學의 학문체계 탐구
| 손병욱 |

최한기의 가계와 연표

이우성 | 대한민국학술원 회원

- 최한기의 가계

- 최한기의 연표

1.

　19세기 초엽부터 그 말엽에 걸쳐, 서울 성중에서 학문과 저술로 70평생을 마친 최한기(崔漢綺, 字 芝老, 號 惠岡, 又號 浿東)는 1세기를 지난 오늘날 국내외 학계에서 크게 각광을 받기 시작하는 것 같다.

　그가 대학자이며 대저술가였음은 일찍부터 알려져 왔으나, 그의 학술 · 사상 내용이 다소나마 소개된 것은 극히 최근의 일이다. 그에 대한 연구는 이제 겨우 그 시발점에 있는 상태이며, 그의 이름이 높이 우러러뵈는 것과는 반대로 그의 인간 자체에 관하여는 너무도 알 수 없는 부분이 많다. 우리가 장차 본격적으로 최한기의 학술사상을 연구하기 위해서는 먼저 최한기의 인간 자체를 구명해야 할 것은 두말할 필요가 없다. 특히 그의 사상적 성격을 이해함에 있어서는 그의 사회적 신분 · 생활환경 · 경력 등을 먼저 파악해야 할 것이 선결문제로 되지 않을 수 없다.

　이 소고는 그의 사회적 신분을 살피기 위해 그의 가계를, 그리고 그의 생활환경 · 경력 등을 살피기 위해 그의 연표를 작성해 본 것이다. 말하자면 최한기 연구서설의 일단에 해당하는 것이다.

2.

　최한기가 조선 초기의 명인 최항(崔恒, 世祖朝의 영의정)의 후손으로 되어 있음은 이미 알려진 일이다. 이것은 현재 아직 많은 사람들이 손쉽게 이용하고 있는 일제 관찬(官撰)의 『조선도서해제(朝鮮圖書解題)』의 사부(史部) 『강관론(講官論)』에 관한 짤막한 기록에 의한 것이다. 그런데 학자들은 이 기록을 별로 중요시하지 않았던 것 같다. 조선 말에 조작된 계보(系譜)가 유행했기 때문에 최한기에 관한 『조선도서해제』의 짤막한 기록만으로는 그대로 신뢰할 수 없다는 것이다.

최한기가 최항의 후손이냐 아니냐는 그리 대단한 문제가 될 것이 없다. 문제는 그가 정말 최항의 후손으로 당시 사회의 양반계층에 속해 있었더냐에 있는 것이다. 그런데 종전에 학자들은 최한기를 양반으로 보는 데에 모두 주저하였다. 그 이유는 다음과 같은 두 가지 의문 때문이다.

첫째, 최한기가 양반계층이었다면 그와 같은 큰 학자로서 그의 당색(黨色)이 여하했건 당시의 양반 명석(名碩)들, 예를 들면 정다산계(丁茶山系) 학자들이나 김추사계(金秋史系) 학자들에게 의당 알려지고도 남음이 있었을 터인데, 현재 다산·추사계 학자들에게는 물론, 그 밖의 양반 학자들의 저서나 문집 속에도 최한기의 성명은 전혀 보이지 않고, 오직 서족계(庶族系) 한사(寒士)인 이규경(李圭景)의 『오주연문장전산고(五洲衍文長箋散稿)』 속에 간단하게 한두 번 언급된 바 있었을 뿐이라는 점이다.

둘째, 최한기가 양반계층이었다면 그의 왕성한 지식욕으로 미루어보아 아마 자진해서 양반 명석들에게 사우(師友)관계를 맺을 것이며, 더욱이 그가 먼 산야(山野) 해우(海隅)에 은거한 것도 아니고 바로 서울 도성 안에 살고 있었던 만큼 의당 당시 도하의 명류(名流)들을 만나 전습(傳習)과 강마(講磨)에 힘쓰게 되었을 것인데, 현재 그의 저서 속에서는 당시 양반 학자들의 이름조차 나타나는 것이 없으며 그의 대인관계 문자로서는 기껏해야 당시 서울 변두리의 서민 출신인 김정호(金正浩)의

「청구도(靑邱圖)」에 서문을 써준 것뿐이라는 점이다.

물론 앞으로 최한기의 시문집이 발견되어, 시장(詩章)과 서간(書簡)의 수창(酬唱)과 왕복을 통하여 그의 사우관계가 밝혀진다면 문제가 달라질지도 모르지만 지금까지의 상황으로는 위의 의문점이 의문으로 제기될 만도 한 것이었다.

이리하여 한때 최한기의 신분을 서얼(庶孼) 또는 중인(中人)으로 생각하기도 하였다. 고 구자균(具滋均) 교수는 최한기를 위항인(委巷人)-중서층(中庶層)으로 보아 그의 저서인 『조선평민문학사(朝鮮平民文學史)』 제3편 제5기에 중인인 김석준(金奭準)·최성환(崔瑆煥) 등과 함께 최한기를 수록하였고 필자는 이병도(李丙燾) 박사와 박종화(朴鍾和) 옹 두 분의 구전(口傳)에 따라, 「이조 후기의 지리서(地理書)·지도(地圖)」라는 논고(『韓國史의 反省』 所收) 속에 최한기를 중인이라고 추정한 적이 있었다(뒤에 改正).

그러나 필자는 연래 최한기에 대한 본격적 연구를 시도하면서 좀더 그의 신분을 명확히 하기 위하여 그의 가계를 조사하는 데 적지 않은 고심을 겪었다. 다행하게도 장서각(藏書閣) 소장 『문보(文譜)』에서 최한기의 장남인 최병대(崔柄大)의 명단과 그 부조의 계보를 발견하게 되었고 이어서 국립중앙도서관 소장 『삭녕최씨세보(朔寧崔氏世譜)』에서 최한기 일문의 상세한 세계(世系) 서차를 얻어 보게 되었다. 뒷면의 가계도는 세보 중에서 최한기의 직계존비속의 자료만을 추려서 만들어 본 것이다.

이 세계도에 의하면 최한기는 최항의 15세 후손임이 분명하다. 그러나 주목할 것은 최한기로부터 그의 직계조상 10여 세로 소상(遡上)하여 단 한 사람의 문과 급제자도 없었다는 사실이다. 10여 세 동안에 겨우 음감찰(蔭監察)이 1명, 음군수(蔭郡守)가 1명, 생원(生員)이 1명, 그리고

〈崔漢綺의 家系〉

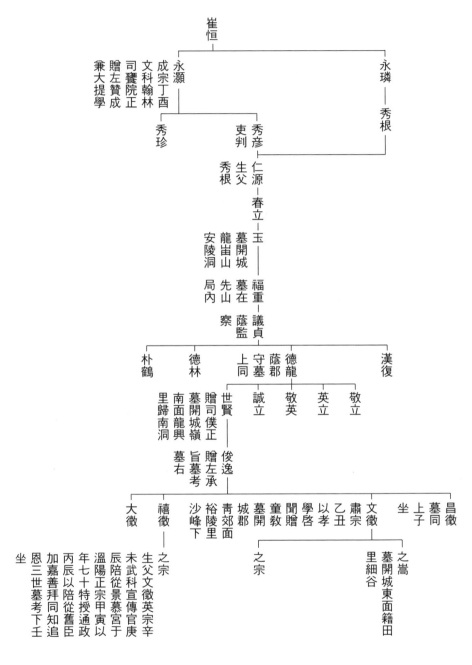

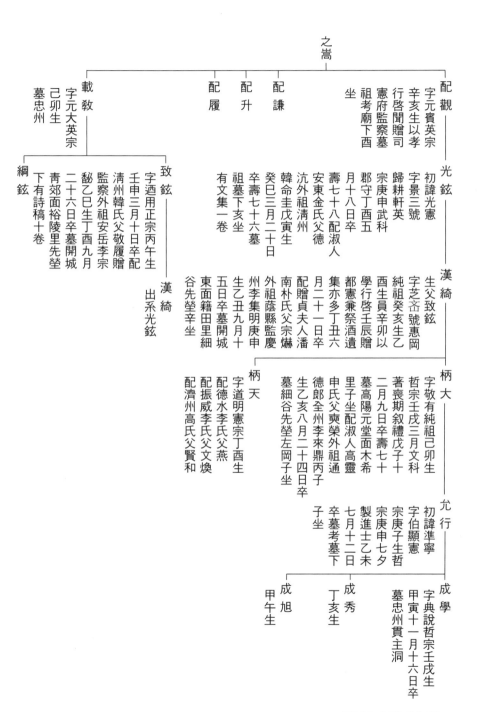

그의 양부(養父)가 무군수(武郡守)였던 정도다. 조선 후기 사회에서 '음(蔭)'과 '무(武)'는 '문(文)'에 비하여 아주 낮은 대우를 받는 계층이었으며, 그나마도 대대로 계속된 것이 아니고 몇백 년 동안 2, 3명밖에 없었던 최한기의 가문은 말하자면 궁반한족(窮班寒族)에 속했던 것이다. 최한기 자신도 일개의 생원(진사가 아니고)으로 70평생을 보내는 동안 반반한 실직(實職)의 한 자리도 얻어 하지 못하고 사후에 자손들의 노력으로 약간의 증직(贈職)을 받았을 뿐이다.

그러니까 최한기는 양반 신분을 보유하고 있었던 것이 사실이나 위에서 말한 궁반한족으로서, 실제 중서층에 비하여 별로 영광스러울 것이 없었던 보잘것없는 문품(門品)이었으며, 따라서 그의 사회적 처지를 중서층 또는 중인으로 보았던 종래의 추정이 꼭 들어맞지는 않으나 그다지 틀린 것은 아닌 것 같다.

3.

최한기의 생년(生年)에 관해서는 몇 개의 기록이 모두 1803년으로 일치하고 있다. 그러나 그의 졸년(卒年)에 대해서는 두 개의 설이 있다. 종래 대체로 1879년으로 잡아 왔는데, 그것은 아마도 전게 『조선도서해제』의 기록에 따른 것으로 여겨진다. 그런데 『삭녕최씨세보』에서는 1877년, 즉 2년 당겨서 졸년을 기록해 놓았다. 우리는 저 『조선도서해제』가 일인들의 전문(傳聞)에 의한 오기(誤記)일 수 있다고 생각하여 이제 그 세보의 것을 준신(遵信)하기로 한다.

이제 『삭녕최씨세보』와 최한기의 저서 속에 나오는 연조(年條)들을 경(經)과 위(緯)로 하여 대략 연표를 다음과 같이 만들어 본다.

서기	제왕 연대	나이	혜강의 사적
1803년	계해 (순조 3년)		○ 생부 치현(致鉉)과 생모 청주한씨(淸州韓氏)의 독자로 출생. 뒤에 큰집 종숙 광현(光鉉)의 양자로 출계(出系).
1812년	임신 (순조 12년)	10세	○ 3월 10일(음력, 이하 같음) 생부 치현 서거, 향년 26세, 시고(詩稿) 10권이 있었음.
18??년	? (순조 ?년)		○ 3년 연장인 반남박씨(潘南朴氏) 종혁(宗爀)의 딸과 결혼.
1819년	기묘 (순조 19년)	17세	○ 장남 병대(柄大) 출생함.
1825년	을유 (순조 25년)	23세	○ 생원시(生員試)에 합격함.
1833년	계사 (순조 33년)	31세	○ 3월 20일, 양모 숙인(淑人) 안동김씨(安東金氏) 서거, 향년 76세.
1834년	갑오 (순조 34년)	32세	○ 『육해법(陸海法)』 상·하 1책을 저작함(서울대학교 도서관·국립중앙도서관·통문관 소장). ○ 이에 앞서 『농정회요(農政會要)』의 저작이 있었음. 고산자(古山子) 김정호(金正浩)와 협력하여 「만국경위지구도(萬國經緯地球圖)」를 판각함(현존 여부 미상). 김정호의 「청구도(靑邱圖)」에 서문을 찬(撰)함(金庠基 박사 소장). 이 무렵, 그의 집은 남촌(倉洞, 남대문 부근)에 있었음.
1836년	병신 (헌종 2년)	34세	○ 2월, 『추측록(推測錄)』 6권 3책을 지음. ○ 5월, 『강관론(講官論)』 4권 1책을 지음. ○ 8월, 『신기통(神氣通)』 3권 2책을 지음. ○ 10월, 『추측록(推測錄)』과 『신기통』을 묶어 『기측체의(氣測體義)』 9권 5책으로 함. 뒤에 중국 북경 정양문(正陽門) 내 인화당(人和堂)에서 활자 호화판으로 간행됨(李丙燾 박사 소장).

서기	제왕 연대	나이	혜강의 사적
1837년	정유 (헌종 3년)	35세	○ 5월 18일, 양부 광현 서거, 향년 78세. 무과군수(武科郡守) 호 귀경헌(歸耕軒, 장서각 소장 『文譜』에는 歸耕堂으로 되어 있음) 문집 1권이 있었음. ○ 9월 26일, 생모 청주한씨 서거. 향년 52세. ○ 차남 병천(炳天) 출생.
1838년	무술 (헌종 4년)	36세	○ 9월 『감평(鑑枰)』을 지음. 뒤에 『인정(人政)』 권7, 측인문(測人門)에 수록.
1839년	기해 (헌종 5년)	37세	○ 『의상이수(儀象理數)』를 엮음.
1840년	경자 (헌종 6년)	38세	○ 장손 윤행(允行, 병대의 장남)이 출생.
1842년	임인 (헌종 8년)	40세	○ 2월, 『심기도설(心器圖說)』 1책을 지음(서울대학교 도시관 소장).
1843년	계묘 (헌종 9년)	41세	○ 7월, 『소차유찬(疏箚類纂)』 상·하책을 엮음(국립중앙도서관·성균관대학교 도서관 소장).
1850년	경술 (철종 원년)	48세	○ 8월, 『습산진벌(習算津筏)』 1권 2책을 지음(성균관대학교 도서관 소장).
1851년	신해 (철종 2년)	49세	○ 7월, 송현(松峴)의 상동(尙洞, 현 한국은행 부근)으로 이주. ○ 넓은 정원과 제택(第宅)을 가지게 됨.
1852년	임자 (철종 3년)	50세	○ 집 동쪽 후원에 양방일루(兩房一樓)의 정자가 있는데, 양한정(養閒亭)이라는 현판을 달고 거처하면서, 이해 3월에 「양한정기(養閒亭記)」를 지어 친필로 쓴 것을 목판(木板)에 새겨 달았다.
1857년	정사 (철종 8년)	55세	○ 5월, 『지구전요(地球典要)』 13권 6책을 지음(숭실대학교 도서관 소장). 이에 앞서 『우주책(宇宙策)』 12권 6책의 저작이 있었음(현존 여부 미상).

서기	제왕 연대	나이	혜강의 사적
1860년	경신 (철종 11년)	58세	o 『인정』 25권 12책을 완성함(고려대학교 아세아문제연구소, 일본 東洋文庫 소장). o 7월, 장손 윤행이 칠석제(七夕製) 진사에 합격. o 이때 그의 서재를 기화당(氣和堂)이라고 했음.
1862년	임술 (철종 13년)	60세	o 장남 병대 문과에 합격. 이때 병대의 나이 43세. o 증손 성학(成學, 允行의 子)이 출생함.
1865년	을축 (고종 2년)	63세	o 9월 15일 부인 박씨 서거. 향년 66세.
1866년	병인 (고종 3년)	64세	o 11월, 『신기천험(身機踐驗)』 8권을 지음(고려대학교 아세아문제연구소 소장). 그의 서재를 다시 '명남루(明南樓)'라고 일컫고 『신기천험』을 『명남루문집(明南樓文集)』 권1로 함.
1867년	정묘 (고종 4년)	65세	o 12월, 『성기운화(星機運化)』 12권을 지음(고려대학교 도서관 소장).
1872년	임신 (고종 9년)	70세	o 통정(通政)에 승(陞)하여 첨지(僉知)에 배(拜)함. 이때 장남 병대가 조정의 시종지신(侍從之臣)이었으므로, 시종신의 아버지는 나이 70에 당상(堂上)이 되는 전례(前例)에 따라 되었던 것으로 생각됨.
1874년	갑술 (고종 11년)	72세	o 8월, 장남 병대가 『강관론(講官論)』을 간행함(성균관대학교 도서관 소장).
1875년	을해 (고종 12년)	73세	o 장자부(長子婦) 숙인(淑人) 고령신씨(高靈申氏, 병대 처) 사망.
1877년	정축 (고종 14년)	75세	o 6월 21일 서거. 개성(開城) 동면(東面) 적전리(籍田里) 세곡(細谷) 선영하에 안장됨.
1888년	무자 (고종 25년)		o 12월 9일 장남 병대 서거. 향년 70세. 『상기서례(喪期敍例)』의 저술이 있음.

서기	제왕 연대	나이	혜강의 사적
1891년	신묘 (고종 28년)		○ 학행(學行)으로 조정에 계문(啓聞)됨. 장손 윤행 등의 노력에 의한 것으로 생각됨.
1892년	임진 (고종 29년)		○ 도헌 겸 좨주(都憲兼祭酒)로 추증(追贈)됨.
1895년	을미 (고종 32년)		○ 장손 윤행 서거. 향년 55세.

최한기는 1803년에 아버지 치현(致鉉)과 어머니 청주한씨(淸州韓氏)의 독자로 태어났다. 아버지 치현은 시고(詩稿) 10권을 낼 정도의 식자층이었으나, 10세밖에 안 되는 어린 독자를 두고 세상을 떠나 버렸다. 최한기는 그의 큰집 종숙 광현(光鉉) 앞으로 양자로 들어갔다. 광현은 무과군수(武科郡守)였지만 문집 1권을 남긴 사람이니까 역시 일정한 문식(文識)이 있었던 모양이다. 이와 같이 생·양가의 두 부친이 다 문식이 있었다는 사실은 최한기의 학자적 소지를 위한 선·후천적 조건이 비교적 나쁘지 않았다는 것을 말해 주는 것이다. 뿐만 아니라 그는 생·양가 두 곳으로부터 일정한 유산을 물려받아 학자로서 필요한 서적들을 많이 구입할 수 있는 형편이 되기도 했던 것 같다. 그의 사회적 처지는 당시 서울의 중서층(中庶層)의 인사들, 특히 중인 중의 상위에 속한 역관계(譯官系) 인사들과도 교류가 있었을 것으로 짐작되거니와, 그는 이들을 통하여 당시 일반 사람들이 얻어 볼 수 없는 많은 중국의 신서적 및 서양 역서(譯書)들을 북경으로부터 입수할 수 있었던 것은 물론, 자기 저서 중의 득의작(得意作)을 북경으로 보내어 그곳에서 간행케 할 수도 있었던 것 같다.

그는 부인 반남박씨(潘南朴氏)와의 사이에 2남 5녀를 가진 다복한 가정을 누리고 있었으며, 그의 아들과 손자들은 그의 만년의 광경을 빛내주었다. 그가 58세 되던 해에 장손 윤행(允行)이 칠석제(七夕製) 진사에 합격하고, 회갑 되기 전해에는 장남 병대(柄大)가 문과에 합격하여 사환(仕宦)의 길을 터놓음으로써 비로소 최씨 가문을 『문보(文譜)』에 실리게 하였다. 특히 장남 병대는 사환으로 두각을 나타냈을 뿐 아니라 학문에 유심(留心)하여, 최한기는 부자지간의 상득지락(相得之樂)이 보통이 아니었던 것 같다. 최한기의 그 많은 저서에서 서문은 대체로 자서였고, 발문이 필요할 때에는 대체로 병대로 하여금 쓰게 했다는 사실만에서도 볼 수 있는 것이다. 그는 당시 양반 명석(名碩)들과 교제가 적었던 반면, 가정 내에 학문의 지기(知己)를 두었던 셈이다.

최한기의 생애와 사상

이우성 | 대한민국학술원 회원

1. 실학의 전회(轉廻)

최한기(別號 雲淵齋)는 우리나라 선현들의 기철학(氣哲學)을 계승하여 고도로 발전시킨 동시에 실학파 학자들이 도입해 놓은 서양의 과학지식을 극대화시켰다. 그는 독창적인 '운화기(運化氣)'의 이론 위에 자연과학적 세계상을 이룩해 놓았다.

최한기는 자연과학을 구체적으로 '역산물리(曆算物理)'라고 표현했으며 이 '역산물리'의 학문적 천명은 인류의 의식(意識)에 한 신기원을 그은 것으로 생각하였다. 말하자면 종래의 실학이 유교 경전의 연역(演繹)을 바탕으로 한 '경학(經學)의 실학'이었다면 최한기의 실학은 '역산물리'에 바탕을 둔 '과학의 실학'이라고 하겠다. 그것은 실학사상의 큰 전회(轉廻)였다.

2. 양한정(養閒亭)

19세기 특히 그 초·중엽 시기는 우리나라의 중세 봉건적 사회가 급속도로 해체 과정에 들어가면서, 근대를 지향하는 주체세력이 아직 역사의 담당자로서 자기를 형성시킬 충분한 준비가 안 되어 있던 반면 서양 자본주의의 거센 물결이 각일각 핍박해 오던 때다.

정약용과 같은 실학파의 대가가 생존해 있었지만 세대적으로 보아 전세기의 유로(遺老)였다. 실학은 이제 경세치용학·이용후생학 대신 금석(金石)·전고학(典故學) － 실사구시학이 주류를 이루게 되는 한편, 일부

에피고넨(epigonen)들은 장전(長箋) · 산고(散稿) 등 지식의 상점을 벌여 놓고 잡다한 진열(陳列)과 지루한 변증(辨證)으로 시종하기도 하였다. 이러한 에피고넨들에 이르러서는 실학의 사상성이나 사회개혁의 정열을 상실한 것은 물론 금석 · 전고학의 격조 높은 학문성도 찾아볼 수 없었다.

최한기는 이와 같은 시대의 경사(傾斜) 속에 탄생한 인물이다. 그는 19세기 초에 나서 자라 19세기의 대부분을 살았다. 그는 19세기의 심각한 위기를 내포한 역사의 대전환기 앞에 고민하는 민족의 이성을 대변했던 대학자이며 대사상가였던 것이다.

최한기는 본관이 삭녕(朔寧)으로, 그의 세보(世譜)에 의하면 그는 조선 초기(世祖朝)에 영의정을 지낸 최항의 15세 후예로 되어 있다. 그런데 우리가 이 세보에서 알 수 있는 것은 최한기는 최항의 먼 후예일 뿐, 그의 직계조상 10여 대에 걸쳐 단 한 사람의 문과 급제자도 없었다는 사실이다. 10여 대 동안에 겨우 음감찰(蔭監察)이 1명, 음군수(蔭郡守)가 1명, 생원(生員)이 1명, 그리고 그의 양부가 무군수(武郡守)였던 정도이다. 조선 후기 사회에서 '음(蔭)'과 '무(武)'는 '문(文)'에 비하여 아주 낮은 대우를 받는 계층이었으며, 그나마도 대대로 계속된 것이 아니고 몇백 년 동안 2, 3명밖에 없었던 최한기의 가문은 말하자면 궁반한족에 속했던 것이다. 최한기 자신도 일개 생원(진사가 아님)으로 60평생을 보내고, 노경에 와서 중년이 훨씬 넘은 그의 아들 병대(柄大)가 어렵게도 문과에 합격한 것을 보게 되었으며, 뒤에 최한기가 70세가 되었을 적에 아들 병대의 시종신부(侍從臣父)로서 추은(推恩)을 받아 통정(通政)에 올라 첨지(僉知)가 되었다고 한다.[1] 사실 통정 · 첨지란 것은 상당한 양반이면 달갑게 받지 않는 보잘것없는 직함이었다.

---

1 『朔寧崔氏世譜』(국립중앙도서관 소장).

최한기는 30대 시절에는 서울의 남촌(南村) 창동(倉洞, 남대문 부근)에
서, 그리고 40대 후반에는 송현(松峴)의 상동(尙洞, 현 한국은행 부근)에서
집을 가지고 살았던 것은 확실하지만, 그리고 그 이후 1877년 작고하기
까지 서울에서 지내게 된 것은 짐작되지만, 그의 출생지 및 선대의 향리
는 알 길이 없다. 그의 양부 광현(光鉉)의 호가 귀경헌(歸耕軒)[2]이라고
한 것을 보면 서울이 아닌 다른 곳에 어떤 전장(田莊)이 있었을 것 같으
며, 또 그의 역대 선영(先塋)이 개성·고양 등지에 있었고, 최한기 자신
도 개성의 선영(開城 東面 籍田里 細谷)하에 묻히게 된 것[3]을 보면 그의
선대로부터의 생활 근거지는 아마도 서울의 북쪽, 근기(近畿) 어느 곳이
라고 생각된다.

우리는 이중환의 『택리지』에서 본 바와 같이 사대부가 실세한 뒤에
삼남으로 내려가서 정착한 자는 그대로 양반의 지위를 유지할 수 있지
만 서울 북쪽 근기 일대에 사는 자들은 모두 한검조잔(寒儉凋殘)해서 몇
대 안 가서 품관평민(品官平民)으로 전락되기도 하였다. 최한기의 가문
에 관해서도 이런 견지에서 생각해 볼 수 있지 않을까 한다.

그러나 최한기가 10세 소년으로 그의 큰집 종숙 광현 앞으로 양자로
들어간 것[4]은 그의 장래를 위해 다행한 일이었다. 광현은 무과 출신으로
곤양군수(昆陽郡守)를 지낸 사람이지만 금석서첩(金石書帖) 등에 깊은 취
미를 가졌고[5] 또한 문집도 한 권[6]을 남긴 사람이었다. 그리고 그는 최한

---

2 同上, 世譜. 장서각 소장 文譜에는 '歸耕堂'이라고 했다.
3 同上, 世譜.
4 同上, 世譜.
5 『五洲衍文長箋散稿』 권18, 「石墨鐫華辨證說」, "近者, 有武人崔昆陽光鉉者, 癖於中華古帖
手摹諸帖字, 各體若字典分類, 仍自鋟刻以置, 而艱於擺印, 尚未流布可惜, 愚嘗聞於其胤上
舍崔漢綺, 今版藏其家 猶未遑擺印."
6 同上, 世譜.

기에게 상당한 유산을 물려주어서 최한기는 안정된 생활 속에 학자로서 필요한 새 서적들을 중국으로부터 많이 구입할 수 있었던 것 같다. 최한기가 한 사람의 학자로 대성할 수 있었던 것은 이러한 환경 덕분이기도 할 것이다. 그의 교유관계에 대하여 현재로서는 전혀 알 길이 없다. 우리는 단지 단 한 편의 「청구도」 서문과 그 밖의 짧은 몇 구절의 기록을 가지고 평민 출신의 여지학자(輿地學者)인 고산자 김정호와 친분이 있었음을 말할 수 있을 뿐이며, 『오주연문장전산고』에 최한기의 장서(藏書)에 관한 기록이 있어서 서족계 한사인 이규경과 지면(知面)이 있었던 사이였음을 알 수 있을 따름이다.

그러나 출세를 못했으면서도 최한기는 멀리 산림(山林)이나 해곡(海曲)을 찾아 은둔한 적이 없었고 서울의 도시적 상황 속에 한 사람의 학자로서 연구와 저술로 평생을 보냈다. 상동에 살면서 거실 한귀퉁이에 '양한정(養閒亭)'이라는 정자를 지어 두고 그의 한가로운 취지를 정기(亭記)로 남겼다.[7] 그 정기에 담긴 내용은 한마디로 고상하고도 건전한 한

---

7 이 「養閒亭記」는 근래 새로 발견된 것으로, 연전에 필자가 최한기의 全集인 『明南樓叢書』를 편집 발간할 때에 수록하지 못했다. 우연히 강원도 쪽에서 나타나 이동환 교수를 거쳐 필자에게 입수된 이 「양한정기」는 최한기의 친필 板刻을 인쇄한 것이었다. 필자는 곧 그것을 복사하여 몇몇 친구에게 나누어 주고 다시 이 글 속에 소개하기로 한다. 내용은 본문에서 말한 바와 같이 서울의 도시적 상황과 그 상황 속에서의 자기의 생활을 여유 있게, 즐겁게 그려 놓은 것이다.

「養閒亭記」

三光之斡運至健, 其動也閒, 四山之變態無窮, 其容也閒, 以其積漸有序, 動靜得宜, 不勞力不費心, 是謂閒也. 至於枯木死灰, 掃除事物, 非所謂閒也. 人之於修道也, 如登高山, 致遠程, 及其自卑自邇, 將發軔之始, 惴惴孜孜, 廢寢忘饌, 不遑啓處, 當是時, 養其忙, 而不克養其閒也. 及乎旣登旣致, 解擔息負, 安心定慮, 考驗古人登高致遠之蹟, 勸導後人自卑自邇之效, 優遊涵養, 更有一等攸業, 事其無事, 樂其眞樂, 如位高者, 臥閤經邦, 聚賓者, 坐亭安逸, 是實由乎前日之積累而得閒, 非捨前功而別有所閒也. 又由乎今日之叙力而得養, 非就外道而別有所養也. 盖學道之人, 從古何限, 而中廢最多, 得閒未易, 縱得閒, 而又克養者, 尤爲難焉. 有才

시민의 생활철학 그것이었다.

3. 개화사상의 가교(架橋)

최한기는 자신의 서재를 기화당(氣和堂)이라고 한 바와 같이 '기(氣)'
는 그의 우주관·역사관 및 정치사회적 견해 일체의 기초이자 시발점이
며, 특히 '대기운화(大氣運化)'와 '통민운화(統民運化)'의 조화 또는 양자
의 완전 일치를 통하여 국가와 사회, 나아가 세계 인류 전체의 이상적
생활질서와 무궁한 발전을 이룩해야 할 것을 중언부언하였다.

'대기운화'는 대자연의 운동법칙을 구현해 나가는 우주 그 자체이며,
'통민운화'는 민중(民衆), 즉 인류 생활이 통섭(統攝)되어 나가는 역사사
회의 운동 과정 그것을 말함이라고 보겠거니와, 억천만겁을 변함이 없
이 건전하게 그리고 그 스스로 충족되어 있는 대기운화에 비하여 통민
운화는 시대와 지역에 따라 흥쇠(興衰)와 승강(昇降)이 있는 것이며, 그
것은 '기수(氣數)'의 소관이라는 것이다. 이에 대하여 최한기는 역사사회
의 운동 과정에 있어서 인간의 주체적 노력의 적극적 의의를 강조하면

有德有其居者, 所可能也. 辛亥孟秋, 擇處于松峴之尙洞, 棟楹寬暢, 庭除正方, 雖處市井之
間, 頗有林樊之趣, 家之東園, 有一小亭, 兩房一樓, 周以複道, 暎以交窓, 四面花墻, 列植雜
卉, 左右瞻望, 連甍撲地, 遠眺則東有天寶水落之羅列, 南有紫閣之秀鬱, 西有仁王臥牛之盤
屈, 北有道峯三角之氣勢, 近景則官衙臺榭, 卿相樓亭, 周會指點, 夜月鍾漏之聲, 朝日車馬之
喧, 隨遇潛聽, 凡人寰中閒景, 所難兼備, 而斯亭獨全, 人之起居坐臥, 以之涵養, 殆無愧於地
靈. 爰以養閒亭, 特揭楣額, 因名思義. 養之有術, 聲色貨利, 窮達榮辱, 美睹翕閒, 則或動其
心而傷其志, 若知天知命, 各賦其物, 隨遇而安, 則眼前之萬戶生涯, 紛紜事務, 儘爲我所養之
資. 惠風和暢, 艸木發榮, 養我之春, 雨霽雲高, 百物成實, 養我之秋, 洞開軒窓, 辟暑挹淸,
養我之夏, 雪窓篝燈, 修粧溫突, 養我之冬, 有時考閱書冊, 養其知識, 邀速志友, 養其聞見,
隨所遇而善養, 則不期閒而自閒, 仰三光而齊其動, 對四山而同其容. 壬子暮春崔漢綺書.

서 인간의 힘으로 '기수'를 극복하고 대기운화에 일치시키기 위한 고차
원적 지향 접근이 우리의 지대지고의 사명이라고 말하기도 하였다.

최한기의 이러한 사상은 그의 역사관을 진보주의로 방향짓게 하였다.
그는 세상은 자꾸 발전한다고 보았으며 인간의 식견도 자꾸 개명(開明)
되어 가고 있다고 보았다. 그는 한 가지 예로써 지구에 대하여 말하면서
고인(古人)이 되지 않고 금인(今人)이 된 것을 다행으로 여겼다.

"주야의 운행과 사시의 주선이 다 지체(地體)로써 증험되는 것인데 사
람은 지구에 붙어서 각각 그 지방에 국한되어 살고 있으므로 그 왕래가
기껏 천 리나 만 리에 불과하니 어찌 지구 전체를 볼 수 있겠는가. 지체를
옳게 알려면 천하 사람의 족적이 도달한 바와 같이 견문이 통했던 바를
죄다 종합함으로써만 가능하다. 명(明)나라 이후부터 지체의 구원(球圓)을
알아 역법(曆法)이 점차 실측(實測)에 취(就)하였고 주야장단(晝夜長短)·
조석증감(潮汐增減)·만국역대치란(萬國歷代治亂)·각방인물성잔(各邦人物
盛殘)이 『지구전요(地球典要)』에 상세히 실려 있어서 잘 읽고 나면 천지의
방향과 기화(氣化)의 운행에 관하여 발명된 바가 많을 것이다. 옛사람이
알지 못했던 것을 가지고 요즘 사람이 아는 것을 헐뜯는다면 그것은 거론
할 것도 못 된다. 세무(世務)에 유지(有志)한 자가 이 새로운 지식을 섭취
한다면 '고문(古聞)'의 의혹을 깨뜨리고 '신득(新得)'의 열락(悅樂)이 깊어질
것이다. 옛날에 나지 않고 이 시대에 나서 산다는 행복이 이런 점에 있는
것이다."[8]

---

8 『人政』권8, 敎人門 1, 「地體」, "晝夜運行, 四時周旋, 皆以地體爲證驗, 而人附於地, 各據其
方, 所往來者, 不過千萬里, 何以見地之全體? 勢將聚合天下人之足跡所到, 見聞所通, 乃可認
得地體. 故大明以後, 方知地體之球, 歷法漸就實測, 晝夜長短, 寒暑進退, 潮汐增減, 風土異
同, 萬國歷代治亂, 各邦人物盛殘, 詳載於地球典要, 潛究於斯, 有得於斯. 凡於天地之方向,

최한기는 또한 "우리의 자육(資育)하는 바와 수용(須用)하는 바가 오늘에 있고 지난날에 있지 않다. 옛것을 버릴지언정 오늘을 버릴 수는 없다."(『人政』卷11, 張28)라고 했다.

선행 실학파 학자들이 아직 지니고 있던 상고적(尙古的) 의식의 잔재를 완전히 청산해 버린 최한기는 앞으로 '운화기(運化氣)'의 학(學)이 크게 밝혀져서 학문이 융흥해지고 인류는 문명세계에서 생활하게 될 것으로 내다보았다. 이에 따라 국가 대 국가 간의 봉쇄적·고립적 태도를 지양하고 널리 문호를 열어 세계만방과 호흡을 통하고 도덕·정치·문물제도를 교류하여 동양은 서양의 것을 섭취하고 서양은 동양의 것을 섭취함으로써 인류는 더욱 문명을 향수(享受)하게 된다고 주장하였다. 이것이 대기운화에 순응하는 길이라고 하였다.

최한기는 우리나라가 폐관쇄국(閉關鎖國)으로 세계의 진운(進運)에 보조를 맞추지 못하고 혼자 고루한 처지에 떨어져 있음을 개탄하고 개국통상의 필요성을 여러 번 언급하였다. 그는 당시 외국 상인 중에 무용지물로써 사람을 속이고 불의지사로써 사람을 해치는 자들이 있음을 미워하면서도 통상의 불가피를 되풀이하여 말하였다.

최한기의 이러한 주장은 1860년(철종 11)에 완성된 대저 『인정(人政)』 속에 자세히 실려 있다. 이때 최한기로서는 아직 서양 자본주의의 본질을 이해할 수 없었으며 또한 우리나라가 서양 열강의 정면 침략을 받아 본 적도 없었다. 외국 상인의 개별적 행패만을 미워할 줄 알았고 그 배후

氣化之運行, 非特多所發明, 亦有從此起疑, 人以藐小精力, 何能無礙於廣大範圍? 當以人事所關, 人道所由, 統察源委, 不爲邪說所奪, 推測前後, 無爲荒誕所亂. 且於古人論天論地, 疑惑揣摩, 可見發端究索, 談玄說禪, 滉漾沒着, 可見求之無方. 地球一款, 在古不明, 而後來益明, 則明古之不明, 莫如地球, 明今之當明, 又莫如地球, 因古之不明, 毀今之明者, 不須論也. 若有志于世務者, 自初習聞其說, 至於古聞之罷疑多, 新得之悅樂深, 晚生之幸, 惟在于此.

에 어떤 역사적 거세(巨勢)가 따르고 있다는 것을 투득(透得)할 수 없었던 최한기로서 거기에 대한 계적(啓迪)은 별로 남긴 것이 없는 것 같다.

그러나 최한기는 한편으로 교민업(敎民業)·안민산(安民産)을 열렬히 주장하였다. 그는 민산(民産)과 민업(民業)의 성장과 안정을 위하여 무엇보다 행정권력의 부당한 간섭과 침탈을 배제함이 필요하다고 생각하였다. 그는 당시의 농민·수공업자·상인들의 곤란한 사정을 예리하게 관찰 지적하고 그 최대의 원인이 정치의 탁란(濁亂)과 수취(收取)의 무질서에 있다고 보았다.

"영산(營産)의 방법은 사람마다 가지고 있다. 혹은 유여(有餘)하고 혹은 항상 부족하기도 하며, 사람의 국량(局量)이 통달(通達)하여 다확다산(多穫多散)하여 민생을 위한 사업을 주득(做得)하는가 하면 국량이 좁아서 모을 줄만 알고 흩을 줄은 몰라 일세의 타매(唾罵)를 받기도 한다. 그런데 국정이 잘 되면 상하 빈부가 소업(所業)에 따라 제각기의 능력대로 잘살 수 있고, 반대로 국정이 잘못 되면 대소 산업이 제대로 성장할 수 없다. 관리의 침어(侵漁)뿐 아니라 토호(土豪)의 작폐도 이만저만이 아니다. 산업을 경영하는 노력 외에 다시 산업을 보호하는 노력까지 기울여야 하니 슬프다, 이 민생(民生)이여."[9]

---

9 『人政』권12, 敎人門 5, 「營産」, "營産之方, 人人皆有. 知愚昏蒙, 隨其所處所業以爲資生, 而或致有餘, 或常不足, 或求利見害, 或因害爲利, 莫不有交接運化, 見到於斯, 則成敗利鈍, 皆有脉絡, 不見此, 則徒有喜怒之成癖, 終歸命數之無奈. 然人之局量通達, 多積而多散, 做得民生之有益, 局量偏滯, 知聚而不知散, 養得一世之唾罵, 其餘饟飧生涯, 夫耕婦織, 勤苦作業, 不饑不寒, 最多其人, 而國政休明, 上下貧富, 隨所遇而安業, 國政濁亂, 大小産業, 不得安居, 非獨官吏之侵漁, 又有無賴土棍攘竊奸詭之剝割, 是乃統民運化之大勢蕩析. 至使萬姓生業怨尤滋甚, 民之濟産, 雖善, 何以奠安? 旣知大勢之差錯, 而周旋變通, 要免其禍, 不計苟且産業之外, 又有衛護産業之勞碌, 哀此民生."

이와 같이 산업은 방해만 없으면 국민 스스로의 노력으로 얼마든지 발전할 것이라고 하였다. 그는 농민·수공업자·상인의 경제적 형편의 개선과 아울러 신분적 제약을 철폐할 것을 여러 차례 논급하였다. 그는 정치를 바로잡기 위해서는 무엇보다 인재를 옳게 등용해야 한다는 대원칙을 내걸고 『인정』이라는 대저를 통하여 인재 등용의 방법과 그것에 대비하여 인재 교육의 정책을 체계적으로 논술하였다. 그중에서 그는 농·공·상의 계층을 사(士)의 계층과 똑같이 등용 교육해야 할 것을 주장하였다. 문벌 위주의 임용책이 얼마나 잘못된 것인가를 그는 논리적으로 설파하였다.

최한기의 이러한 주장 속에는 19세기 중엽의 농·공·상 계층의 경제적·사회적 성장과 향상이 반영되어 있다. 다시 말하면 그의 이념은 당시 진보적 도시 평민층의 이익을 옹호하고 있었던 것이다.

최한기의 학문은 시민적 입장에 한 걸음 더 다가선 실학이다. 다산을 마지막으로 한 선행 실학자들의 사상을 계승하면서 그것을 더욱 전진적으로 전개시켜 다음에 올 개화사상에 연결시키는 교량적 역할을 수행했던 것이다.

'실학사상과 개화사상의 가교자(架橋者)', 이것이 최한기의 사상사적 위치인 것이다.

최한기 氣學의 학문체계 탐구

손병욱 | 경상대학교 윤리교육과 교수

1. 머리말

혜강(惠岡) 최한기(崔漢綺, 1803~1877)는 조선조 후기를 살았던 실학자, 기철학자였다. 그가 살았던 19세기는 민족사적으로 격동의 시기였다. 세도정치가 본격적으로 개막되면서 삼정(三政)이 문란해지고, 그 필연적 결과로 민생이 도탄에 빠져 헤어나올 기미를 보이지 않았다. 매관매직의 횡행으로 부정부패가 만연하였고, 이들 부패한 관료들의 심한 수탈로 막다른 길목에 다다른 백성들이 여기저기서 민란을 일으켜 체제에 저항하였다. 한편으로 서세동점(西勢東漸)을 눈앞에 맞으면서 개화냐 위정척사(衛正斥邪)냐로 국론이 심하게 분열된 시대이기도 하였다.

무언가 획기적인 돌파구가 마련되지 않으면 나라가 그대로 주저앉고 말 말기적 상황에 처한 위기의 시대, 절망의 시대를 살았던 지식인으로서 구세(救世)를 위한 최한기의 고민은 매우 깊고 컸다.

이러한 위기 상황을 타개하기 위한 방안 마련에 모든 것을 걸기로 한 그는 평생토록 벼슬을 단념하고 오로지 저술활동에만 전념하였다. 그 결과 그는 1천 권이 넘는 저술을 남겼고, 이런 측면에서 다산(茶山) 정약용(丁若鏞, 1762~1836)을 능가하는 우리나라 최대의 저술가로 평가되고 있다. 지금까지 밝혀진 그의 저술(여기에는 서명만 밝혀진 것을 포함함)을 살펴보면 순수 문학에 속하거나 역사적인 성격의 것은 별로 없는 대신 대부분이 철학이나 정치 · 교육에 관한 인문 · 사회과학적인 성격을 지닌 것 아니면 자연과학적인 것들이다. 이것을 오늘날의 학문 분류방식에 따라 말한다면 인문 · 사회 · 자연과학을 아우르는 통합학문적인 성격을 지닌다고 할 수 있다. 최한기 자신은 이러한 성격을 감안하여 그의 학문을 일통학문(一統學問)이라고 명명하였다.

그가 정립한 학문을 대표하는 명칭인 기학(氣學) 역시 그가 명명한 이름이다. 본고에서는 그의 기학이 지닌 학문체계가 무엇인지 그 정체를 구명함으로써 그의 학문사상에 관심을 갖고 접근하는 이들이 좀 더 심도 있는 연구를 할 수 있도록 그 기본 토대를 제공하는 데 의미 있는 기여를 하고자 한다.

최한기가 기학이라는 독자적인 학문을 통해서 후세에 남기려고 하였던 메시지는 과연 무엇이었을까? 그는 자기 시대의 위기뿐 아니라 유사 이래로 인류가 봉착해 왔던 문제점 해결과, 갈망해 왔던 가치 실현을 위한 새로운 사유체계(패러다임)를 제시하고자 하였다. 그것은 지금까지 있어 온 어떤 기존의 패러다임과도 뚜렷이 변별되는 획기적인 것이었다. 이것을 오늘날의 서구 과학적 기준에서 본다면 아마 '전혀 새로운 과학'이라고 명명할 수 있을 것이다.

기학은 내면세계의 탐구에 치중하는 심학(心學)도 아니고 외부세계에만 관심을 갖는 물학(物學)도 아니다. 기존의 대부분 동양 전통 학문이 심학에 속한다면 서양의 자연과학은 대표적인 물학이라고 할 수 있다. 기학은 이 심학과 물학의 둘을 통합함으로써 인간의 내면과 외면, 정신과 육체를 상호보완적으로 진보시켜서 심학의 측면에서는 정신적인 성숙으로 높은 경지에 다다르고, 물학의 측면에서는 물질적인 풍요로움을 바탕으로 육체적인 안락함을 추구하되, 이러한 두 측면이 조화롭게 진보하는 그런 세상을 전 인류 사회에 구현하려고 하였던 것이다. 이제부터 이러한 기학적 패러다임의 구체적인 실상에 대하여 살펴보기로 하자.

제2장에서는 기학이란 어떤 학문인가에 대해서 고찰할 것이다. 먼저, 그 전체적인 구상과 학문적 틀을 기학의 삼대운화(三大運化)와 사등운화

(四等運化)를 중심으로 살펴볼 것이다. 다음으로는 기학의 성립을 가능하게 한 천관(天觀)에 대하여 고찰할 것이다. 끝으로 기학적 인간관을 활동운화와 승순사무(承順事務)를 중심으로 살펴볼 것이다. 이상을 통해서 기학의 독특한 면모가 잘 드러날 수 있으리라고 본다.

제3장에서는 기학을 과학의 관점에서 보려고 한다. 먼저, 기학이 성립하는 데 있어서 서구 과학으로부터 어떤 영향을 받았는지를 살펴보고자 한다. 기학이 서구 과학을 주체적으로 수용한 실상을 알아보려는 것이다. 다음으로 '새로운 과학'으로서의 기학의 특징을 살펴볼 것이다. 끝으로 기학의 학문 탐구방법을 살펴볼 것이다.

제4장에서는 기학의 학문적 독창성을 살펴볼 것이다. 여기서는 첫째, 방금운화와 천인운화의 관계 고찰을 통해서 현재 곧 지금여기를 중시하는 학문으로서의 기학을 살필 것이다. 둘째, 깨달음의 학문으로서의 기학에 주목하고자 한다. 이것에 대해서는 그동안 학계에서 제대로 조명되지 못했다. 좀 더 구체적으로 기학적 깨달음의 내용, 깨달음에 대한 타학문, 특히 동양을 대표하는 성리학 및 불교의 깨달음과 비교하여 살펴볼 것이다. 그리고 기학적 깨달음의 특징을 살필 것이다. 셋째, 기학의 탈주자학적 수신관(修身觀)과 제반 입장을 고찰하여 기학이 지닌 탈주자학적이고 실학적인 성격을 살펴보고, 나아가 기학의 탈주자학적인 입장의 내용을 정리해서 제시할 것이다. 끝으로 인간의 본성인 활동운화의 발현을 위한 조건의 구비와 그 의미를 살필 것이다. 이를 통해서 기학에서 물질적이고 육체적인 풍요로움과 안락함의 추구가 갖는 의미가 무엇인지를 알 수 있게 될 것이다.

2. 기학의 학문적 성격

1) 기학의 전체적인 구상과 학문적 틀

(1) 기학의 전체적인 구상

최한기의 기학적 구상이 갖는 전체적인 모습은 다음과 같이 말할 수 있을 것이다.

기학은 인간이 천과 하나가 되어서 살아가는 천인일치(天人一致)적인 삶의 방식인 천인운화(天人運化)를 개인이 희구하는 가장 이상적인 삶으로 설정하고, 이러한 삶을 위한 방안으로서 인간의 내면에 품부된 본성인 활동운화(活動運化)를 발현시켜야 한다고 보았다. 이처럼 개인이 천과 하나의 생명체가 되어서 활동운화하는 삶인 천인운화가 가능하게 되면 천인운화의 기준 곧 천인운화지준적(天人運化之準的)을 세울 수 있다. 이것은 인류 전체의 천인운화를 겨냥하여 매사를 판별하는 보편타당한 기준이다. 이 기준에 의거하여 정교(政敎) 곧 정치와 교육을 시행하면 대동일통(大同一統)의 이상사회를 실현할 수 있게 된다. 이렇게 하는 것을 일컬어 통민운화(統民運化)라고 한다. 그러면 이 통민운화에 의해서 전 인류가 천인운화를 영위할 수 있게 될 것이다.

그러고 보면 기학의 삼대운화(三大運化)는 천인운화·활동운화·통민운화라고 하겠다. 이것은 최한기가 명시적으로 말한 사등운화(四等運化)와는 달리 자세히 살피지 않으면 잘 드러나지 않는다. 이들 삼대운화에 대한 기학의 견해를 살펴보면 다음과 같다.

  • 천인운화(天人運化) : 그 근원을 말한다면 학문의 근본바탕이요, 그 끝을 말한다면 학문의 표준이 된다.[1]

- 활동운화(活動運化) : 기학의 종지이다.[2]
- 통민운화(統民運化) : 기학의 중심축이 된다.[3]

기학적 특징을 가장 잘 드러내는 최한기의 55세 때(1857) 저술인『기학』에서는 이들 삼대운화 외에 방금운화(方今運化)를 중시하고 강조한다. 그러나 방금운화는 천인운화와 깊은 연관성을 지니는 것으로서 이것에 대해서는 뒤에서 상세히 언급하게 될 것이므로 여기서는 논외로 한다.

이 삼대운화에 의해서 기학은 '인식과 실현의 구조'로 파악된다. 활동운화 · 천인운화가 개인의 인식에 의한 깨달음의 구조를 형성한다면, 통민운화는 이 깨달음을 정치와 교육에 의해서 인류 사회에 확산시킴으로써 전 인류로 하여금 천인운화에 도달하게 하는 사회적 실현의 구조를 형성하는 것이다.[4]

이 중 사회적 실현의 구조를 형성하는 통민운화를 기학은 다시 사등운화로 설명한다. 일신운화(一身運化) · 교접운화(交接運化) · 통민운화 · 대기운화(大氣運化)가 그것이다. 일신운화란 수신의 요체로서, 깨달음으로 얻은 천인운화를 개인의 삶에 적용하는 것을 말한다. 교접운화란 제가의 요체로서, 이 천인운화를 가족에게 적용하여 온 가족이 천인운화의 삶을 살도록 하는 것이다. 통민운화란 치국의 요체로서, 이 천인운화

---

1 『기학』 1-78, "天人運化, 語其源, 則乃學問根基, 語其委, 則爲學問之標準." * 1-78에서 앞의 숫자는 책의 권수를, 뒤의 것은 문단의 순서를 가리킨다. 『기학』 제1권 78번째 문단에 나온다는 의미이다. 이하 동일하다.
2 『기학』 2-19, "活動運化, 氣學之宗旨."
3 『기학』 2-97, "統民運化, 爲氣學之樞紐."
4 이에 깨달음 이후의 실현의 구조를 형성하는 통민운화에는 이미 활동운화와 천인운화가 관여하고 있다고 해야 할 것이다.

를 국가에 적용하는 것이다. 그리고 대기운화란 평천하의 요체로서, 이 천인운화를 국가의 범위를 넘어 천하에 적용하려는 것이다.[5]

그런데 이 사등운화를 대표하는 것이 대기운화보다 범위가 작은 통민운화인 까닭은 무엇인가? 대동일통의 이상세계를 구현하고자 한다면 당연히 평천하의 요체인 대기운화가 중시되어야 할 것인데도 왜 통민운화가 강조되는가?

기학은 천인운화의 기준을 공유(共有)한 여러 나라가 평화적으로 공존(共存)할 때 대동일통의 평천하가 구체화될 수 있다고 보기 때문이다. 국가의 울타리를 넘어선 대동일통은 그것이 구호화·추상화되어서 그냥 공허한 이상(理想)으로만 남을 가능성이 높다고 보는 것이다.[6] 여기서 기학이 천인운화의 기준에 저촉되지 않는 범위 내에서 각국의 특수성을 적극적으로 긍정하려는 독특한 평천하관(平天下觀)을 드러내고 있다고 하겠다. 언어문자와 관습 등은 나라마다 다르기 마련이고, 그것들을 그대로 인정해 주더라도 대동일통의 실현에는 하등 문제될 것이 없다고 보는 것이다.

기학을 구성하는 최한기의 저술 가운데 초기 저술인 『신기통』, 『추측록』이 주로 천인운화와 관련된 저술이라면, 『기학』과 『운화측험』은 활동운화와 연관성이 깊고, 『인정』은 통민운화와 연관성이 깊은 저술이라고 할 수 있다. 그리고 그의 마지막 철학 저술인 『승순사무』는 이 삼대운화와 사등운화를 종합하여 기학을 논하고 있다고 하겠다.[7]

---

5 『인정』 9-1, 數運化平宇內.; 『기학』 1-98.
6 이 부분에 대하여 『기학』 2-97에서는 "大氣運化不達於統民運化, 則無以健標準定範圍."라고 언급하고 있다.
7 『승순사무』는 그의 나이 66세 때(1868)에 쓰여졌다. 일련의 철학 저술 가운데서는 가장 마지막에 완성된 저술로서 그의 기학적 사유의 결정판이라고 하겠다.

(2) 기학의 학문적 틀

'인식과 실현의 구조'를 갖는 기학의 학문적 틀을 한마디로 요약하면 무엇이라고 할 수 있을까? 이것은 '천도(天道)에 대한 인식을 바탕으로 인도(人道)를 정립하여 시행하려고 하는 틀'로 설명할 수 있다. 『기측체의』에서는 이것을 천인지의(天人之宜) 혹은 천인상행지의(天人常行之宜)라고 부른다.[8] 나중에 『기학』에 가면 이 말은 천인운화(天人運化)가 된다. 『기학』에서 천인운화란 위에서 언급하였듯이 '학문의 근본바탕〔根基〕과 표준'으로 간주된다. 여기서 학문이란 곧 기학이다. 기학은 천인운화의 인식을 근본바탕으로 삼아서 온 천하에 천인운화를 실현하는 것을 겨냥하는 학문이기에 천인운화가 근기(根基)와 표준이 되는 것이다. 이에 기학을 달리 '천인운화의 기학〔天人運化之氣學〕'이라고 부른다.[9]

이러한 천인(상행)지의·천인운화를 최한기는 유교의 개조(開祖)인 주공(周公)·공자(孔子) 정신의 핵심으로 파악한다. 이에 그의 기학은 지난 성인(聖人)을 계승하여 앞으로 올 미래의 학자에게 길을 열어 주는 '계왕성(繼往聖), 개래학(開來學)'을 자임하는 학문이다.[10] 따라서 기학은 일단 유학(儒學)으로 간주될 수밖에 없다. 그렇지만 기존 유학의 수기치인의 틀에서 벗어나서 '인식과 실현의 구조'를 그 틀로 갖는다는 측면에서 탈경학적(脫經學的)이라고 하겠다.[11]

천인운화란 천인일치(天人一致)적인 삶이다. 이때 천이란 천도(天道) 곧 천의 운행 원리를 말하고, 인이란 인도(人道) 곧 인간의 정신적이고

---

8 天人之宜는 『신기통』 1-24, 天下敎法就天人而質正에서 언급되고, 天人常行之宜는 『기측체의』 서에서 언급되고 있다.

9 『기학』 2-25.

10 『기학』 1-6.

11 脫經學의 대표적인 사례로는 기학의 性善說 부정을 들 수 있다.

물질적인 삶과 관련되는 제반 사무(事務)를 가리킨다. 이처럼 인도가 천도에 어긋나지 않고 승순(承順)하도록 하는 것이 천인일치적인 삶이요 천인운화이다.

이러한 기학의 구조와 틀을 종합하면 한마디로 승순사무(承順事務)가 될 것이다. 승순사무란 승천(承天) · 순인(順人) · 행사(行事) · 성무(成務)이다. 그 의미는 '천을 이어받아서(承天), 사람으로 하여금 이 천을 따르게 하며(사람을 순조롭게 하며)(順人), 일을 행하고(行事), 사무를 성취함(成務)'이다.[12] 여기서 승천은 천인운화를, 순인은 통민운화를, 행사 · 성무는 통민운화에 의한 천인운화의 확산으로 대동일통의 이상사회를 실현하는 것을 각각 가리킨다고 하겠다.

개인과 공동체가 다 같이 천인운화함으로써 사무를 이루어 대동일통의 이상사회에 도달하자는 함의를 갖는 '승순사무' 속에는 기학이 갖는 인식과 실현의 구조는 물론이고, 천인상행지의의 틀도 모두 포함된다. 그리하여 이 승순사무에 의해서 대동일통의 유교적 이상사회가 도래하게 되면, 세계평화가 실현되고 인류의 행복과 번영이 보장될 것이라고 보았다. 따라서 66세 때(1868) 쓰여진 『승순사무』는 그의 기학적 구상의 종합적인 성격을 갖는 저술이라고 할 수 있다.

승순사무에 있어서 가장 중요한 것은 승천(承天)이다. 이것이 전제되지 않으면 '사람으로 하여금 천을 따르게 하는' 순인(順人)이 될 수 없고, 또 승천순인이 안 되면 행사성무(行事成務)도 제대로 이루어질 수 없기 때문이다.

---

12 『승순사무』, 서, 102, 104.

2) 기학의 천관(天觀)

(1) 유형질(有形質)의 생명천관(生命天觀)

기학은 천(天)의 중요성을 다음과 같이 표현하고 있다.

옛말에 "성학(聖學)은 천을 근본으로 삼나니, 사(士)는 현(賢)을 바라고, 현은 성(聖)을 바라고, 성은 천(天)을 바란다."[13]고 함은 만사의 의심나고 어려운 것은 천에 나아가 질정(質正)하라는 것이다.[14]

그렇다면 기학에서 보는 천(天)이란 어떤 존재인가?

기학이 기존의 이학(理學)·기학(氣學)·심학(心學) 등과 다른 점이 많은데, 그 가운데서도 가장 중요한 차이점이 있다면 그것은 바로 천관(天觀)이라고 할 수 있다. 기학이 성립될 수 있었던 가장 중요한 기반은 바로 '천의 재발견(再發見)'에 있었다고 하겠다.

기학의 천은 형이하학(形而下學)적인 유형천(有形天)이요, 우주적(宇宙的)이고 자연적(自然的)인 생명천(生命天)이다. 이 점은 서구 천문학의 물리적인 천관, 천체(天體)로서의 천관과 매우 유사하다. 다만 기학은 이 천이 생명성을 지니고 생명활동을 하면서 모든 생명체를 낳아 주는 본원자의 역할을 한다고 봤다는 점에서, 서구 천문학의 천과 다른 차이점을 지닌다.

---

13 『소학』, 嘉言第五, 廣敬身, "濂溪周先生曰, 聖希天, 賢希聖, 士希賢. 伊尹顏淵, 大賢也. 伊尹, 恥其君不爲堯舜, 一夫不得其所, 若撻于市, 顏淵, 不遷怒, 不貳過, 三月不違仁, 志伊尹之所志, 學顏淵之所學, 過則聖, 及則賢, 不及則亦不失於令名."

14 『승순사무』 98, 學問與氣數參用. 여기서 天의 중요성이 강조되고 있다. 기학이라는 학문은 독창적인 天觀에 바탕을 두고 나온 것임을 알게 하는 구절이다.

기학의 천은 신(神)·기(氣)·리(理)·형(形)·운화(運化)의 다섯 가지 요소가 불가분리(不可分離)적으로 결합된 그런 것으로 파악된다.[15] 여기서 천은 일단 신기(神氣)로 불린다. 모든 개물은 다 신기로서의 천을 지니고 있다. 그리고 기에는 그 조리·속성·법칙으로서의 리가 들어 있다. 모든 기는 형질을 갖고 있으며 운화한다. 이런 천을 기학에서는 무수히 많은 다양한 언어로 표현하지만,[16] 가장 대표적으로 많이 쓰이는 말이 '운화하는 기'라는 의미의 운화지기(運化之氣)이다. 기학의 천은 형질을 지닌 형이하자이므로 수리(數理)적으로 계량화(計量化)·계수화(計數化)할 수 있다. 이러한 수리적 계량화·계수화를 기학에서는 기수측험(氣數測驗)이라는 말로 표현하고 있다.

천(天)이 기수의 추측과 증험[氣數測驗]을 오로지 따르지 않는다면, 기 바퀴가 서로 맞물려 돌면서[氣輪攝動] 만물을 빚어냄[陶均萬物]을 어떻게 보겠는가? 옛날에 소리도 없고 냄새도 없는 천은 궁구한바 학설에도 또한 소리와 냄새도 없었다. 이제 천에 소리와 냄새가 있고 형질이 있음을 보게 된다면 곧 궁구하는바 학설에도 소리와 냄새가 있고 형질이 있을 것이니, 만사의 대세가 바른 데로 나아감에 스스로 어기거나 벗어날 수 없음이 있는 것이다.[17]

기수측험에서 측험이 추측+증험(證驗)의 의미를 지닌다면, 증험은

---

15 손병욱(1993), 51면.
16 기학에서 거론되는 천의 명칭에 대하여 손병욱(1993), 103면을 참고하기 바람. 여기에 따르면 기학의 천은 기의 측면, 운화의 측면, 형질의 측면, 理의 측면, 神의 측면, 心性의 측면에 따라서 다양한 명칭을 가지고 있음을 알 수 있다.
17 『승순사무』 98.

검증＋변통의 의미를 갖는다.[18] 결국 기수측험이란 천을 수리적으로 추측하여 검정하되, 잘못된 것은 변통하여 바로잡아서 정확히 계량화한다는 의미라고 하겠다.

현상세계의 모든 것은 이 천의 소산이고 이 천과 연결되어 있으며, 천에서 나와서 천으로 수렴된다.[19] 인간의 경우, 육체는 물론이고 정신적인 것 역시 천으로부터 왔다고 하겠다.[20]

이 천을 탐구하여 이 천을 제대로 구명하려는 데서 '새로운 과학(科學)으로서의 기학'이 성립되는 것이다. 기학의 천을 좀 더 구체적으로 살펴보자.

천은 대기(大氣)로서 운화(運化)한다. 즉 천은 대기운화(大氣運化)한다. 대기운화하는 천이 곧 운화지기(運化之氣) 또는 대기(大氣)이다.

운화지기가 대기운화한다 함은 무엇을 가리키는가? 여기서 대기운화란 대기활동운화(大氣活動運化)의 함의를 지닌다.

운화지기가 천의 체(體)라면 대기운화는 그 용(用)이라고 할 수 있다. 이 용을 좀 더 세분하면 다시 상(相)과 용(用)으로 나눌 수 있을 것이다.

천을 기상학적인 측면에서 본다면 대기운화란 우(雨)・양(暘)・풍(風)・운(雲)・한(寒)・서(暑)・조(操)・습(濕)의 자연적이고 기후적인 현상을 가리킨다.[21] 이것은 천의 상(相)이라고 할 수 있을 것이다.

천을 천문학적인 측면에서 본다면 대기운화란 '기 바퀴가 서로 맞물려 돌면서 만물을 빚어낸다.'고 하는 '기륜섭동, 도균만물(氣輪攝動, 陶均萬物)'의 공능(功能)을 갖는다.[22] 이것은 천의 용(用)이라고 할 수 있을

---

18 『신기통』 1-29, 物我證驗.
19 이것이 기학에서는 氣不滅說의 긍정으로 나타나게 된다. 『기학』 1-6을 참고하기 바람.
20 이것을 『기학』 1-77에서는 "運化之氣, 爲萬物萬事之根源."이라고 하였다.
21 『기학』 1-6.
22 『승순사무』 98. '氣輪攝動'이라는 말은 그가 『승순사무』보다 1년 앞선 해인 1867년(정묘)

것이다.

'기륜섭동, 도주만물(陶鑄萬物)'하는 천이 인간에 들어오면 사람의 신기〔人之神氣〕가 되는데, 이 사람의 신기는 추측능력〔推測之能〕과 함께 운화능력〔運化之能〕을 지닌다.[23] 이 추측능력에 의해서 인간은 추측의 인식활동을 한다. 다만 이 운화능력은 인간뿐 아니라 모든 개물의 활동운화하는 본성인 활동운화지성(活動運化之性)과 연관되는 능력이라고 할 수 있다.

(2) 활동운화(活動運化)하는 천

기학에서는 지구(地球)의 공전(公轉)과 자전(自轉) 역시 기륜섭동 가운데 하나이며, 여기서 지구상의 온갖 만물이 생성된다고 본다.

기학의 천관이 정립되는 데 있어서 가장 큰 영향을 미친 것은 서양의 천문학을 통해서 알게 된 지구설(地球說)과 지구양전설(地球兩轉說)이다. 이것은 단순한 지동설(地動說)을 넘어선다. 기존 동양의 천원지방설(天圓地方說)이나 지정설(地靜說)에 비교해 본다면 지동설을 넘어선 지구설과 지구양전설은 최한기에게 과히 코페르니쿠스적인 발상의 전환을 가져다주었다. 특히 주자학의 천인합일(天人合一)적인 인간관을 넘어선 기학의 천인일치(天人一致)적인 인간관을 정립하는 계기가 되었다. 이 두 인간관의 차이는 크다. 여기에 대해서는 뒤에서 상론하겠다.

이처럼 운화지기의 기륜섭동으로 생성된 모든 천체의 본성은 활동운화이고, 그 천체의 하나인 지구 역시 활동운화하는 본성〔活動運化之性〕을 완벽하게 발현하고 있으며, 그것이 곧 공전과 자전인 것이다. 뿐만

에 저술한 그의 천문학 저술인 『星氣運化』에 처음으로 나온다.
[23] 『승순사무』, 서.

아니라 지구상의 인간과 생명체를 포함한 모든 만물 속에도 역시 천의 활동운화지성이 내재되어 있는 것으로 간주된다.[24] 따라서 활동운화라는 말은 이것이 기륜섭동 또는 지구의 양전과 깊은 관련성이 있는 용어임을 알 수 있다.

개개물물(個個物物)의 내면에 품부된 운화지기 곧 신기(神氣)란 형체를 가진 형질지기(形質之氣) 속에 품부된 천(天)인 셈이다. 구체적인 형질에 들어가기 이전은 운화지기요, 들어가면 신기가 된다고 하겠으나 알고 보면 결국은 같은 개념이다. 왜냐하면 기학에서는 운화지기 역시 형질이 없는 것이 아니요, 형질이 가장 큰 것이라고 보기 때문이다.[25]

그렇다면 이 본성, 곧 신기의 본성인 활동운화〔활·동·운·화〕가 갖는 의미는 무엇인가? 그것은 두 가지로 파악된다. 활동운화 전체의 의미와, 활·동·운·화 하나하나의 의미가 그것이다.

활동운화는 '생기상동주운대화(生氣常動周運大化)'로 설명된다. '생명의 기운이 항상 움직여서 두루 운행하여 크게 변화한다.'는 의미이다.[26] 이 속에는 생명성, 운동성, 순환성, 변화성의 네 가지 특성이 들어있다.[27]

활·동·운·화는 '생기(生氣)·진작(振作)·주선(周旋)·변통(變通)'으로 설명된다.[28]

일단 기학에서 희구하는 가장 이상적인 삶이란 이 활동운화〔활·동·운·화〕의 본성을 완벽하게 발현하는 것임을 지적하고자 한다. 이러한 삶이 곧 인간이 천과 하나가 되는 천인일치적인 삶인 천인운화인

---

24 『기학』 2-13, "活動運化, …… 實宇宙萬物所同之性也."
25 『기학』 1-6, "然其實運化之氣, 形質最大."
26 『기학』 2-13.
27 권오영(1994), 88면.
28 『기학』 2-78.

것이고, 그 전범(典範)은 완벽한 활동운화의 본성인 천지지성(天地之性)을 지닌 운화지기[天]의 대기운화 혹은 대기활동운화가 될 수밖에 없는 것이다.[29] 따라서 활동운화는 앞에서 언급하였듯이 기학의 종지(宗旨)가 된다.

3) 기학의 인간관 : 활동운화의 본성발현과 승순사무

(1) 인간의 특성

운화지기의 기륜섭동에 의해서 생성된 개개물물은 크게 인간과 만물로 나누어지는데, 기학에서는 이것을 인기(人氣), 만물기(萬物氣)로 표현한다.

인기란 활동운화의 본성을 지닌 신기(神氣)가 인간이라는 기질(氣質)에 제약됨으로써 나타난 것이다. 따라서 인기란 인지신기(人之神氣)의 줄임말이다. 만물기란 역시 활동운화의 본성을 지닌 신기가 만물이라는 기질에 제약됨으로써 동물과 식물, 토석(土石)과 같은 것으로 나타난다. 따라서 만물기란 만물지신기, 개물지신기(個物之神氣)의 줄임말이 될 것이다.

인기와 만물기는 그 기질이 다르다. 기질은 신기＋형질(形質)을 말한다. 인간의 경우, 신기의 체(體)＋형질의 체＋신기와 형질의 용(用)＝인간의 기질이다. 만물의 경우, 신기의 체＋형질의 체＝만물의 기질이다.

인간의 경우, 그 기질은 불변적인 체와 가변적인 용으로 이루어진다.

---

29 『기학』 2-12. 이때 인간에게 있어서 삶의 典範인 天이란 곧 천의 본성을 완벽하게 발현하는 지구가 될 수밖에 없다. 지구의 활동운화[활·동·운·화]야말로 인간이 본받아야 할 표본이다. 지구 위에서 영위하는 인간의 삶이 지구와 같은 삶이 되기 위해서는 이 지구라는 생명체의 특징을 제대로 파악하는 것이 매우 중요하다.

이 중 다시 기질의 체를 이루는 신기의 체와 형질의 체 가운데 신기의 체를 구성하는 요소는 천＋토의(土宜)＋부모정혈(父母精血)이고, 형질의 체를 구성하는 요소는 천지지신기(天地之神氣)＋소거지수토(所居之水土)＋부모지정혈(父母之精血)이다. 기질의 용을 이루는 신기와 형질의 구성요소는 각각 <u>견문습염(見聞習染)</u>과 <u>소습(所習)</u>으로 제시된다.[30] 이것은 후득적으로 두루 보고 듣는 <u>경험적 노력(이것을 기학에서는 見聞閱歷이라고도 함)에 의한 훈습(薰習) 또는 습관화</u>를 가리킨다고 하겠다.

여기서 각 개인의 기질 중 그 체를 구성하는 요소는 보편적인 운화지기〔天〕, 그리고 개개인의 기질적 특성을 형성하는 환경적인 요인과 유전적인 요인으로 이루어짐을 알 수 있다. 특히 이 환경적인 요인과 유전적인 요인으로 이루어진 기질의 체가 운화지기〔天〕의 본성인 활동운화〔활·동·운·화〕의 발현을 제약하게 된다. 기질의 체는 그 조리가 유행지리(流行之理)이다. 이것을 달리 개물마다 각각 다르게 품부받은 천리〔物物各殊之天理〕라고 하는데 달리 말하면 물리(物理)가 된다. 이것은 생득적이고 불변적인 것으로서 변통이 불가능하다. 이런 측면에서 이 물리도 천도(天道)에 속한다고 하겠다.[31] 이 기질의 체가 활동운화를 제약하는 양상은 천차만별이므로 개개인의 삶의 모습도 다양하게 드러나게 된다.

---

30 『신기통』1-41, 四一神氣.
31 『추측록』2-46, 天人有分. 여기서 天理, 物理, 天道 등의 용어를 어떻게 구분할 것인가에 대해서 살펴보기로 하자. 流行之理란 곧 天道이자 自然으로서 여기에는 天地流行之理와 天地萬物流行之理가 있다. 천지유행지리를 天理라고 하고 천지만물유행지리를 物理라고 한다. 이 유행지리를 氣質之理라고도 부른다. 따라서 유행지리＝기질지리＝천도＝자연에는 천리와 물리가 포함된다고 정리할 수 있을 것이다. 이때 천리란 活動運化之性과 동의어이고 물리란 物物各殊之天理를 가리킨다고 하겠다. 이와 관련하여 『추측록』2-43, 推測以流行理爲準과 『추측록』2-58, 自然當然 등의 내용을 참고하기 바란다.

이 기질의 체가 인간의 운명에 미치는 영향은 매우 크다. 대개 수명의 길고 짧음[壽夭], 곤궁하게 사는가 현달하는가의 여부[窮達], 질병의 유무, 그리고 현명한가 어리석은가 하는 현우(賢愚)의 등급 등이 이와 관련된다.[32]

(2) 활동운화의 본성발현과 승순사무

이상에서 살펴봤듯이, 인간은 그 타고난 본성인 활동운화를 제약하는 기질에 의해서 사람마다 활동운화의 양상이 다르게 나타난다. 이 기질은 변통이 불가능한 체와 변통 가능한 용으로 이루어짐을 앞에서 살폈다. 기질의 용을 변통하려고 하는 까닭은 무엇인가? 바로 활동운화[활·동·운·화]를 깊고 우등하게 하기 위해서이다. 그래야만 활동운화의 본성을 발현할 수 있을 것이기 때문이다.[33] 여기서 다음과 같은 의문을 제기할 수 있을 것이다.

첫째, 활·동·운·화가 우등하면 어떻게 되는가? 둘째, 활·동·운·화를 두루 우등하게 하기 위한 방법이 무엇인가? 셋째, 활·동·운·화가 우등하여 활동운화의 본성이 발현되는 삶은 어떤 삶인가? 여기에 대해서 차례로 살펴보기로 하자.

첫째, 활·동·운·화가 우등하면 어떻게 되는가? 다음 인용문을 살펴보기로 하자.

사람은 활동운화의 본성[性]으로 활동운화의 대상[物]을 접하여 활동운화의 일을 수행한다. 언뜻 보면 대략 비슷하나, 상세히 분별하면 차이가

---

32 『기학』 1-26, 1-58, 1-63, 1-72, 1-75.
33 『기학』 2-93.

생기는 까닭은 네 가지(활·동·운·화)의 타고난 자질[稟質]에 균등하고 균등하지 못함이 있기 때문이다. 네 가지가 다 균등하고 적절하면 결함이 없다. 그러나 균등하지 아니하면 저절로 우열이 있게 된다. 활(活)이라는 것은 생명의 기운[生氣]이니 이것이 우등하면 오래 살고 인자할 것이요, 동(動)이라는 것은 진작(振作)이니 이것이 우등하면 선후(先後)를 알 것이요, 운(運)이라는 것은 주선(周旋)이니 이것이 우등하면 적절하고 마땅할 수 있을 것이요, 화(化)라는 것은 변통(變通)이니 이것이 우등하면 개물성무(開物成務)[34]할 것이다.[35]

여기서 말하는 활·동·운·화의 균등함이란 이 넷이 모두 우등하다는 말과 동의어이다. 이 넷이 우등하여 각각 그 기능을 발휘함은 활동운화의 본성을 제약하는 기질의 방해나 장애가 없음을 가리킨다. 여기서 말하는 기질이란 체와 용 가운데서 체를 가리키는 것으로 보인다. '타고난 자질[稟質]'이라고 하였기 때문이다. 이처럼 타고난 자질 곧 기질의 체가 활동운화의 본성을 방해하지 않는다면 이런 사람은 활·동·운·화가 두루 우등하여 그 본성을 완벽하게 발현하는 천인일치의 삶 또는 천인운화의 이상적인 삶을 살 수 있을 것이다. 그러나 이것은 하나의 이상형(理想型)일 뿐 실제로 이런 사람은 있을 수 없다. 거의 모든 사람들은 기질의 체가 활·동·운·화를 어떤 형태로건 제약하기 마련이다.

둘째, 활·동·운·화를 두루 우등하게 하기 위한 방법이 무엇인가?

---

34 여기서 開物成務는 『주역』, 「계사상」에 나오는 말로서 '사람들의 지식을 펼치게 하여, 사업을 달성하도록 하는 것'을 의미한다.
35 『기학』 2-78.

만약 기질의 체가 활동운화의 본성을 제약한다면 활·동·운·화에 우열이 생길 것이고, 이때 열등함을 변통하여 우등하게 하지 않는다면 활동운화의 본성은 발현되지 못할 것이다. 이 경우 기질의 체는 변통할 수 없으므로 열등한 본성을 우등하게 바꾸기 위한 방법을 강구해야 할 것이다. 다음 인용문을 살펴보기로 하자.

그러나 만약 그 우열을 알아서 부족한 것을 보충하는 것이라면 그것은 운·화이다. 운·화가 부족하면 나머지는 볼 것도 없다. 그러나 생기(生氣)가 완전하게 갖추어지면 부족한 것을 미루어서 우등한 데 다다를 수 있다.[36]

활·동·운·화의 타고난 자질에 우열이 있을 경우, 그 원인인 기질의 방해를 제거하기 위해서는 기질의 용을 변통할 수밖에 없다. 이 말은 '견문습염에 의해 형성된 습관[見聞習染·所習]'을 바꾸어야 함을 가리킨다. 그런데 여기서는 운·화의 부족함을 보충하라고 한다. 보충이라는 말은 변통과 동의어이다. 따라서 기질의 용을 변통한다고 할 때 그 대상은 운·화임을 알 수 있다. 운·화란 각각 주선(周旋)과 변통(變通)의 기능을 갖는 것임을 앞에서 살펴보았다. 즉, 운·화가 부족하다 함은 주선과 변통이 부족하다는 의미로서 견문습염에 의한 습관의 형성이 제대로 될 수 없다는 의미이다. 이처럼 기질의 용을 변통함으로써 운·화의 부족함을 보충하면 운·화가 각각 우등해져서 적절하고 마땅해짐은 물론 개물성무하게 되며, 나아가 활·동·운·화가 각각 우등하게 된다는 것이다. 따라서 그 방법은 견문습염을 바꿈으로써 새로운 습

---

36 위의 책.

관을 형성하는 데 있다고 하겠다. 그런데 이러한 일을 효율적으로 하기 위해서는 무엇보다도 활(活)에 해당하는 생기가 온전하게 갖추어져야 한다고 하였다.

이때 생기가 온전하게 갖추어지기 위해서는 인물(人物)로부터 음식과 돈[飮食財用]의 도움을 받아야 한다는 주장은 매우 의미심장하다.[37] 결국 생기의 완비는 운·화의 배양을 돕고, 운·화의 배양은 활·동·운·화를 두루 우등하게 함으로써 활동운화의 본성을 발현하도록 해 준다고 보는 것이다. 달리 말하면 음식과 돈이 제대로 뒷받침될 때 운·화의 주선·변통에 의해 제대로 견문습염할 수 있고, 그랬을 때 활·동·운·화가 두루 우등해져서 활동운화의 본성이 발현되는 삶이 가능하게 된다는 것이다.

셋째, 그렇다면 이처럼 활동운화의 본성이 발현되는 삶은 어떠한 양상으로 나타나는가?

기학에서 본 활동운화[활·동·운·화]의 의미는 앞에서 언급되었듯이 '생기상동주운대화[생기·진작·주선·변통]'이다. 뿐만 아니라 활동운화는 이 넷이 상즉상입(相卽相入)하는 관계로 파악된다. 즉 "활 가운데 동운화가 있고, 동 가운데 활운화가 있고, 운 가운데 활동화가 있고, 화 가운데 활동운이 있다."고 하였다.[38] 이 넷이 상호 밀접 불가분하게 연관되어서 상호간에 영향을 주고받는다는 것이다.

이상을 통해서 활동운화가 지닌 전체적인 의미를 다음과 같이 설명할 수 있을 것이다. 즉, '어두운 곳을 밝히고 막힌 곳을 뚫어서 (대동일통의 유교적) 이상세계를 향해 나아가는 매우 역동적이고 개방적이며 창의적인 삶, 신바람 나

---

37 『기학』 2-80, "活之資賴於人物者, 飮食財用也."
38 『기학』 2-13, 2-92.

는 삶의 영위'이다. 이것은 기학에서 제시하는 가장 이상적인 삶이요, 활동운화의 본성을 완벽하게 구현하는 지구에서 운화지기 곧 천과 일치하는 천인일치적인 천인운화의 삶, 더 나아가 승순사무하는 삶이기도 하다.

특히 승순사무의 삶이야말로 천인운화와 활동운화, 그리고 통민운화를 두루 갖춘 기학의 '인식과 실현의 구조'에 부합하는 삶이라고 하겠다. 다음 말에서 승순사무의 효과가 잘 드러나고 있다.

마땅히 망원경으로 살피는 바와 천문수학[歷算]으로 추측하는 바에 의거하여, 대략의 범위를 참작하여 승순의 방도를 미루어 드러내고[推出] 사람의 사무를 수행(修行)하되, 한 사람의 사무를 궁구하여 밝히고 억조(億兆)의 사무를 다스리면[治平], 수(修)·제(齊)·치(治)·평(平)에 저절로 부족함이 없고 또한 겸하여 여유가 있으리니, 이것이 어찌 억지로 뜻하여[有意] 본받는 것이겠는가? 저절로 이치와 형세에 부합함이 있게 되는 것이다.[39]

여기서는 특히 승순에 바탕한 사무로서의 수·제·치·평이 가능한 것임을 강조하고 있다. '인간은 누구나 다 활동운화의 본성을 발현함으로써 이런 삶을 살 수 있도록 프로그래밍(programming)되어 있다'는 측면에서 다른 존재와 다르고, 이러한 천부적인 권리를 확보하지 못한다면 그는 인간다운 삶을 스스로 포기한 사람이 된다.

왜 인간에게만 이렇게 승순사무하도록 해 주는 활동운화를 발현하는 삶이 가능한 것일까? 그것은 바로 기질의 용(用)을 결정하는 '견문습염

---

39 『승순사무』, 서.

과 이로 인한 습관의 형성〔所習〕' 때문이다. 이러한 견문습염이 가능한 이유는 인간의 신기에는 활동운화의 본성이 지닌 운화능력〔運化之能〕외에도 **활동운화의 마음〔活動運化之心〕**이 지닌 추측능력〔推測之能〕이 품부되어 있기 때문이다.[40] 이 추측능력에 의거하여 객관적인 사실인 유행지리〔天道≥物理〕를 견문추측함으로써 형성된 추측의 이치 곧 추측지리(推測之理)를 신기에 습염하면 이것이 곧 견문습염이고, 이것이 인간의 습관을 형성한다. 만약 유행지리와 정확히 일치하는 추측지리를 지속적으로 견문습염하면, 이런 추측지리가 많이 함양·축적될수록 우등한 활동운화〔활·동·운·화〕를 제약하는 기질의 용, 곧 유행지리와 부합되지 않는 추측지리가 변통됨으로써 열등한 활동운화〔활·동·운·화〕를 골고루 깊고 우등하게 만들 수 있다.[41] 그리고 이러한 노력의 결실이 곧 '기질이 통하여 운화가 드러남〔氣質通而運化著〕'으로서의 기학적 깨달음이 될 것이다.[42] <u>이때 변통되는 기질이란 그 용(用)에 해당하는 것으로서 곧 부정확한 견문추측에 의해 형성된 추측지리의 습염〔見聞習染〕으로 형성된 습관〔所習〕이고, 드러나는 운화는 바로 본성인 활동운화이다.</u> 그리고 이러한 '변통과 드러남'의 주체는 활동운화의 마음이다.

여기서 기학은 활동운화의 마음이 지닌 추측능력의 측험(測驗)에 의거하여 밖으로부터 정확한 추측지리를 내면에 축적함으로써, 드디어 활동운화의 마음을 깊고 우등하게 하여 활동운화의 본성을 깨달아서 천인활동운화(天人活動運化)의 삶을 살도록 그 길을 제시하는 한편,[43] 이 천

---

40 『기학』 2-18, 2-96.

41 『기학』 2-93.

42 『기학』 2-50.

43 『기학』 2-93에서는 活動運化之心이 깊고 우수해지면 이것이 결국 頓悟歸趣의 깨달음으로 天人活動運化을 가능하게 하는 것임을 강조하고 있다.

인활동운화 혹은 천인운화를 통민운화에 의거하여 전 인류에게 확산시킴으로써 대동일통의 이상세계를 구현하는 학문, 곧 승순사무를 겨냥하는 학문이라고 할 수 있을 것이다.

3. 과학으로 본 기학

1) 서구 과학의 주체적 수용

여기서 기학이란 어떤 학문인지에 대하여 살펴보기로 하자.

유도(儒道) 중에서 윤강(倫綱)과 인의(仁義)를 취하고 귀신과 재앙이나 상서(祥瑞)에 관한 것을 분변하여 버리며, 서법(西法) 중에서 역산기설(曆算氣說)을 취하고 괴이하고 허탄한 화복설(禍福說)을 제거하며, 불교 중에서 허무(虛無)를 실유(實有)로 바꾸어 화삼귀일(和三歸一)하되, 옛것을 기본으로 삼아 새로운 것으로 개혁하면, 진실로 '천하를 통하여 시행될 수 있는 가르침[通天下可行之敎]'이 될 것이다.[44]

겨를 까불어 낟알을 취하는 방법으로 모든 교 중에서 천인지의(天人之宜)에 절실한 것은 가리어 취하고 허잡하여 괴탄한 것은 제거하여 '천하에 만세토록 통행할 가르침[天下萬世通行之敎]'을 삼는 것이니, 차라리 교를 가지고 풍속을 변화시킬지언정 결코 풍속을 가지고 교를 변질시키지는 말아야 한다.[45]

---

44 『신기통』 1-24, 天下敎法就天人而質正.
45 위의 책.

위의 인용문을 통하여 기학의 정립에 영향을 미친 세 가지 요소는 유도(儒道)와 서법(西法), 그리고 불교(佛教)임을 알 수 있다. 이 셋의 장점을 취하고 단점을 버리는 취장사단(取長捨短)의 방법으로 화삼귀일(和三歸一)시킨 소산이 일(一)로서의 기학이라는 것이다. 그렇다면 기학에서는 이 셋의 장단점을 어떻게 파악하는가? 그 내용을 정리해 보면 다음과 같다.

〈유도의 장점〉 윤리강령과 인의(仁義)라는 덕목.

〈유도의 단점〉 귀신, 재앙(災殃)과 상서(祥瑞)에 관한 것.

〈서법의 장점〉 역산기설(曆算氣說)=천문학[曆]＋수학[算]＋대기에 대한 학설[氣說].[46]

〈서법의 단점〉 천주교 교리 중 괴이하고 허무한 화복설(禍福說).

〈불교의 장점〉 깨달음의 틀, 만법귀일(萬法歸一)의 궁극적인 본체인 일(一)에 대한 관심.

〈불교의 단점〉 실유(實有)를 버리고 허무(虛無)를 취함.

기학은 이 셋의 장점을 취하여 결합하되, 특히 불교에서 깨달음의 틀을 빌려 왔다고 할 수 있다. 다만 불교는 만법귀일 또는 회삼귀일(會三歸一)의 궁극적인 본원자를 공(空)이나 허무(虛無)라고 보는 데 비해서, 기학은 이것을 '활동운화의 본성을 완벽하게 구현하는 운화지기[天]로서 실체를 가진 존재인 실유(實有)'로 봤다. 기불멸론(氣不滅論)의 관점에서 실체가 있다고 여겼던 것이다. 그리하여 통천하가행지교(通天下可行之教), 천하만

---

[46] 이 가운데서도 천문학을 가장 중시하였다. 이처럼 천문학 중시의 입장이 이후 최한기의 여러 저술로 나타나는데, 가장 대표적인 것이 65세 때(1867)의 저술인 『星氣運化』이다.

세통행지교(天下萬世通行之教)라는 시공을 초월한 보편학문의 정립을 겨 냥하였다.

여기서 서구 과학에 속하는 역산기설이 갖는 의미와 한계는 무엇인 지 살펴보자. 그래야만 기학이 서구 과학과 어떻게 다르며, 기학의 독창 성이 무엇인지를 제대로 알 수 있을 것이기 때문이다.

서구 자연과학에서의 역산기설이란 정확하고 객관적으로 탐구된 천 문학의 이치인 물리(物理), 역리(曆理) 또는 수리(數理)에 대한 학설이 었을 뿐이다. 따라서 서구의 역산기설 어디에도 이러한 객관적인 이치 의 탐구에 의하여 궁극적인 본원자인 일(一) 곧 천(天)을 인식하고 이 것을 바탕으로 하여 인도(人道)를 정립하려는 의도는 전혀 없었다. 한 마디로, 서법의 천은 생명천(生命天)도 아니고 그 원리는 생명의 원리 도 아니었던 것이다. 이에 이것이 인간의 내면에 본성으로서 품부되어 있다고 할 수 없다. 따라서 개개의 물리를 아무리 많이 인식하더라도 궁극적인 본원으로서의 생명천은 인식될 수 없으며, 이러한 물리가 인 도에 직접적인 영향을 미치는 것도 아니다. 서구 과학에서 볼 때 자연 과학과 인문과학, 사회과학은 엄격하게 구분되며, 이 셋을 하나로 통합 하여 하나의 일통학문(一統學問)으로 나아갈 수 있는 길은 존재하지 않 는 것이다.

따라서 엄밀하게 말해서 기학이 서법에서 가져온 것은 역산기설과 앞에서 언급한 바 있는 기수측험(氣數測驗)으로서의 학문방법이었을 뿐 이다. 그러므로 기학은 서구 과학의 주체적 수용의 산물이라고 해야 할 것이 다. 그리하여 이 방법에 의거하여 탐구된 서양의 과학적인 지식을 활용 함으로써 궁극적인 본원에 대한 인식에 이르고자 하였던 것이다.

2) '새로운 과학'으로서 기학의 특징

기학의 학문적 기반인 천의 탐구야말로 기학의 '새로운 과학'으로서의 성격을 잘 드러내어 준다. 그렇다면 그 성격은 어떻다고 봐야 할 것인가? 기학에서 천을 탐구하는 목적은 두 가지이다.

하나는 개인인 내가 나의 내면의 신기에 들어 있는 활동운화의 본성을 발현시켜서 천인일치적인 삶인 천인운화를 구현한 뒤에 이것을 기준으로 삼아서 여기에 부합하는 각종 규범과 제도를 마련하고, 이것을 정치와 교육[政教]에 의거하여 가정·국가·천하로 확산시켜서 온 천하 백성이 천인운화의 안정적이고 편안한 삶을 영위하는 대동일통의 이상사회를 실현하고자 함이다. 이것을 기학에서는 '운화를 승순하여 치안(治安)을 도모함'으로 표현하였다.[47] 이때 운화의 승순에서 운화란 곧 대기운화[天]를 가리키며, 이러한 운화의 승순은 천인운화에 도달할 때만 가능하다.[48] 개인이 천인운화에 도달하자면 활동운화의 본성을 발현시켜야 한다. 그리고 활동운화의 본성발현에는 '깨달음'이라는 계기가 필요하다.

다른 하나는 천의 탐구과정에서 얻게 되는 객관적인 사실과 원리인 추측지리를 나의 내면의 신기에 축적한 뒤 이것을 바탕으로 하여 각종 도구를 제작, 활용함으로써 육체적으로 안락하고 물질적으로 풍요로운 삶을 영위하기 위함이다.

이처럼 개인과 공동체가 정신적인 안정과 육체적인 안락함을 추구함으로써 행복한 삶을 영위할 수 있도록 하는 것을 일컬어서 승순사무라

---

47 『인정』, 범례, "承順運化, 圖成治安." 여기서 承順運化는 인식의 구조에, 圖成治安은 실현의 구조에 각각 해당된다고 하겠다.
48 이것을 『인정』, 用人門 序에서는 "通天人, 致治安."이라고 표현하였다.

고 한다. 이처럼 승순사무함에 있어서 천의 탐구가 가져다주는 이 두 가지 측면은 상보적(相補的)이다. 도구의 제작과 활용에 의해 확보되는 육체적인 안락과 물질적인 풍요로움이 깨달음을 용이하게 해 주는가 하면, 깨달음은 물질적이고 육체적인 문명의 이기(利器) 산출의 기반인 추측지리를 훨씬 더 용이하고 정확하게 인식할 수 있도록 해 주기 때문이다. 여기서 도구를 제작하고 활용함이 서구 자연과학적인 접근이라면, 깨달음의 추구는 불교적인 접근이다. 그리고 이러한 깨달음을 바탕으로 정치와 교육에 의거하여 저술활동을 비롯하여 각종 규범과 제도정비 같은 인도 혹은 인사, 사무를 시행함으로써 개인과 공동체 구성원들이 모두 안락하고 안정된 삶을 영위하도록 하는 것은 유교적인 발상이라고 할 수 있다.

여기서 기학의 통합학문적인 성격을 다음과 같이 설명할 수 있을 것이다. 즉, 천도로서의 유행지리의 탐구로 축적된 추측지리를 활용하여 도구를 제작하고 육체를 안락하게, 물질을 풍요롭게 하는 것은 자연과학적인 접근이라면, 한편으로 이 추측지리의 축적으로 대동의 보편자를 체인(體認)하여 보편타당한 기준을 설정하는 것은 인문학적인 접근이라고 할 수 있고, 나아가 이러한 기준에 의거하여 인도를 정립하고 이것을 정치와 교육에 의해서 전 인류에게 널리 시행하는 것은 인문학적이면서 동시에 사회과학적인 접근이라고 하겠다.

오늘날의 관점에서 좀 거칠게 말한다면, 기학이 지니는 자연과학적인 요소는 서구 과학에서 영향을 받았고, 인문과학적인 요소는 불교에서, 그리고 인문·사회과학적인 요소는 유교에서 영향을 받았다고 할 수 있을 것이다.

최한기는 천도를 제대로 아는 자연과학자라야만 정치와 교육을 담당할 수 있다는 입장을 견지한다는 측면에서 자연과학 우위의 발상을 하고 있다고 하겠지만, 이때의 자연과학은 서구 자연과학과는 다른 '새로운 과학'이라고 할 수 있다.

자연과학자가 파악하는 개물의 원리 곧 물리와 사람의 심리적 특성인 인정(人情)은 그것이 활동운화하는 생명천(生命天)에서 연원하여 나온 생명원리라는 사실에만 주목하더라도 기학적 자연과학이 인문·사회과학과 소통하여 일통학문(一統學問)이 될 수밖에 없음을 알 수 있게 될 것이다. 따라서 기학이 지닌 이러한 측면을 염두에 둬야 기학의 중요한 특징이 제대로 드러날 수 있을 것이다.

3) 기학의 학문 탐구방법과 그 대상

이러한 기학적 천을 탐구하기 위한 방법이 무엇일까?

앞에서 언급하였듯이, 신기의 또 다른 명칭인 활동운화의 마음〔活動運化之心〕이 지닌 추측능력에 의거하여 대상을 견문추측, 증험(證驗=檢證+變通), 측험(測驗=推測+證驗)하여 추측한 것을 저장〔習染〕하면 이것이 유행지리(流行之理)와 부합하는 추측지리(推測之理)가 된다. 이것을 활용하면 각종 도구와 문명의 이기를 개발하고 제작하여 인간의 물질적이고 육체적인 삶을 풍요롭고 안락하게 만들 수 있다. 나아가 이 추측지리를 잘 보존·함양하여 확충해 나가면 언젠가는 천인운화에 도달하는 깨달음을 얻게 된다.[49] 이제 이 천인운화를 잘 보존·함양〔存養〕하여 천인운화의 기준을 세운 뒤에 수·제·치·평의 통민운화를 시행하면 모든 인류의 천인운화적 삶, 대동이상적인 삶에 요청되는 윤리도덕과

---

[49] 이처럼 깨달음을 가져오는 추측지리를 달리 '天人運化氣之理', '天人運化之理'라고도 한다. 『기학』 2-73을 참고하기 바람.

예절, 법률, 그리고 각종 제도를 포함하는 모든 인도(人道)와 인사(人事)를 제정할 수 있다. 이것들은 주로 인간의 정신적인 영역과 연관된다고 하겠다.

그렇다면 기학에서는 인식의 대상을 구체적으로 어떻게 설정하는가?

그것은 운화지기[天氣]에 의해 생성된 인물(人物)이 지닌 조리·법칙·속성으로서의 물리와 인정이다. 이것들은 서로 같은 것과 다른 것으로 이루어져 있다. 같은 것이란 천으로부터 품부받은 활동운화의 대동(大同)한 본성을 가리킨다. 좀 더 구체적으로 살펴보자.

첫째, 물리(物理)이다. 이것은 '개물마다 각각 다르게 품부받아 지닌 천리'라는 의미의 물물각수지천리(物物各殊之天理)이다.[50] 운화지기가 지금 현재 펼치는 지금여기의 우·양·풍·운·한·서·조·습 역시 물리에 속한다. 그런데 이것들은 천리(天理)의 측면에서 보면 서로 같고, '물물각수(物物各殊)'의 측면에서 보면 서로 다르다.

둘째, 인정(人情)이다. 인간 개개인이 지니는 심리적인 특성이다. 이것의 조리는 유행지리와 추측지리로 구성된다. 이때 유행지리는 모든 인류에게 통용되는 보편적인 특성이 개인의 기질에 제약되어 나타나므로 같은 것과 다른 것으로 구성된다. 이것을 물물각수지천리에 대응시키면 인인각수지천리(人人各殊之天理)가 될 것이다. 추측지리 역시 같은 것과 다른 것으로 구성된다. 따라서 인정은 결국 같은 것과 다른 것으로 구성된다고 하겠다.

이 물리와 인정에 대한 객관적이고 과학적인 탐구방법이 곧 <u>견문추측법(見聞推測法)</u>이다. 위에서 말한 <u>견문추측＋증험＝측험→습염</u>을 다 포함하는 방법을 말한다.

---

50 『추측록』 2-46, 天人有分.

4. 기학의 학문적 독창성

1) 현재, 지금여기를 중시하는 학문

기학에서는 두 개의 기준과 표준을 강조한다. 그것은 앞에서 설명한 천인운화 외에 방금운화이다. 여기에 대한 기학의 견해는 다음과 같다.

이곳 상하사방의 무한공간 안〔宇內〕에서 (지금 현재) 펼쳐지고 있는 방금운화(方今運化)[51]야말로 인간의 삶에 있어서 도움을 의뢰〔資賴〕해야 할 근본바탕〔根基〕이요, 과거와 미래의 표준(標準)이 된다. 따라서 학자는 모름지기 이 근본바탕과 표준인 방금운화를 정립한 뒤에야 비로소 방향을 찾을 수 있고, 또 만사를 조처하고 시행할 수 있다.[52]

여기서 방금운화의 비중이 천인운화의 비중과 거의 동일함을 알 수 있다. 방금운화 역시 천인운화와 마찬가지로 '근본바탕〔根基〕과 표준(標準)'이라고 보며, 특히 이 방금운화의 기준이 확립되어야만 '방향을 찾을 수 있고 만사를 조처하고 시행할 수 있다'고 하는 데서 이 점이 잘 드러난다. 그렇다면 방금운화, 방금운화의 기준이란 무엇이며, 그것이 천인운화 또는 천인운화의 기준〔天人運化之準的〕과는 어떠한 관계에 있는가?[53] 하나씩 살펴보기로 하자.

---

51 方今運化에서 '方'은 공간개념으로서 '여기(here)'이고, '今'은 시간개념으로서 '지금 현재 (now)'이다. 따라서 방금운화는 '지금 현재 여기(here and now)'에서의 운화이다. 이는 現在之氣가 유행하며 펼치는 운화 또는 지금 현재 드러나고 있는 대기의 운행법칙을 가리킨다. 方今을 때로 今, 當今으로 표현하기도 한다.

52 『기학』1-1.

53 『기학』에서 방금운화는 때로 方今氣化(2-87), 當今之運化(1-54) 등으로, 방금운화의 기준

방금운화란 무엇인가?

방금운화를 용(用)으로 본다면 그 본체(體)는 바로 '현재의 기' 곧 현재지기(現在之氣)가 될 것이다. 그것은 "마땅히 현재의 기(現在之氣)를 근본바탕으로 삼아, 무릇 동정(動靜) 및 일의 처리에 있어 반드시 이 현재의 기에 의거하고 이것을 본받아야 하며, 이것에 어긋나고 거스르는 일이 있어서는 안 될 것이다."[54]라는 말에서 잘 드러난다.

방금운화란 현재의 기가 펼치는 운화이다. 그렇다면 방금운화와 천인운화와의 관계는 무엇인가? 여기에 대하여 다음 말은 많은 시사를 준다.

만약 천인운화를 모르거나 천인운화와 하나로 합하지 않으면, 익힌 바의 언어문자가 시종 아득히 멀고 막연하여서 이전의 사례에 의존하여 대중을 따르게 되며, 마음에 물든 것도 뒤섞여 어지러워져서 이미 방금운화라고 하는 근본바탕과 기준(方今運化之根基準的)도 없어지고, 늘 옛날부터 내려온 문자로 근본바탕과 기준을 삼게 된다. 그리하여 옛날에 빠져서 오늘을 비난하며, 오늘을 대강하고 옛날을 숭상하게 되니, 형체의 용도는 크게 어그러지지 않더라도 통민운화는 어두워지는 바가 많게 된다.[55]

여기서 방금운화, 방금운화의 기준을 세우기 위해서는 그 이전에 내가 천인운화를 알고 천인운화와 하나로 합해야 함을 알 수 있다. 여기서 천인운화의 본체는 운화지기(天)임을 염두에 둘 때 다음과 같이 유추하여 정리해 볼 수 있을 것이다.

은 方今運化之根基準的(2-117), 當今準的(2-73) 등으로 표현된다.
54 위의 책.
55 『기학』 2-117.

첫째, 인간이 운화지기와 하나의 생명체가 되어서 활동운화하는 삶을 일컬어서 천인운화라고 한다면, 현재지기가 펼치는 운화는 방금운화라고 할 수 있다. 방금운화란 '지금 현재 이곳에서의 상황과 형편'을 말한다.

둘째, 방금운화의 기준이란 모든 판단의 기준이 되는 지금 현재 이곳에서의 상황이다. 이 상황을 기준으로 삼지 않는 어떠한 판단도 현실성을 결여한 탁상공론이 되고 만다.

셋째, 천인운화의 기준이란 깨달음으로 활동운화하는 본성을 발현함으로써 천인운화할 수 있게 된 사람이 이 '천인운화에 도움이 될 수 있느냐의 여부'를 모든 판단의 잣대, 기준으로 삼은 것이다. 예컨대, 선악과 시비의 판단도 그것이 천인운화에 기여할 수 있느냐의 여부에 의해서 판단할 수 있을 것이다. 기여할 수 있다면 선(善)이요 시(是)지만, 기여할 수 없거나 방해가 된다면 그것은 악(惡)이요 비(非)인 것이다. 따라서 이 기준에 의거하여 통민운화하면 종국에는 모든 인류가 천인운화하는 대동일통의 이상세계를 실현할 수 있게 된다.

넷째, 천인운화에 도달하면 방금운화의 기준을 세울 수 있다 함은 무슨 의미일까?

천인운화에 도달한 사람은 활동운화하는 본성을 발현하여 통민운화에 의거한 대동일통의 이상세계를 지향한다. 바로 그런 지향처를 갖고 지금여기의 현실상황〔方今運化〕을 본다. 그는 지금여기〔方今〕에서도 활동운화가 가능하다. 활동운화는 운화지기〔宇宙〕의 본성일 뿐 아니라 그 세포인 지금여기〔方今〕의 본성이기도 하기 때문이다.[56] '지금 여기에서

---

56 기학에서 지금여기〔方今〕는 운화지기〔宇宙〕라는 생명체의 최소단위〔細胞〕이면서 동시에 운화지기와 等價이기도 하다. 이처럼 최소단위 속에 전체의 정보가 다 들어 있는 것은

활동운화의 본성을 발현하자면 어떻게 해야 하는가' 라는 문제의식을 갖고 지금여기의 형편인 방금운화를 보므로 이것을 기준 삼아서 본성발현을 위해서 어떤 조처를 취해야 할지, 무엇을 변통해야 할지 판단할 수 있다. 현실 상황의 형편을 모든 판단의 기준으로 삼아서 어떤 조처를 취하는 것이 좋은지, 바른지, 옳은지를 아는 것이다. 만약 이러한 문제의식이 없이 현실 상황을 파악하고자 한다면 정체되어 있지 않고 계속 변하는 현실 상황을 제대로 파악하기가 어려울 것이다.

다섯째, 방금운화를 기준과 표준으로 삼는다는 것은 '지금여기에서 활동운화하는 삶을 살 수 있느냐가 가장 중요하다는 것'이다. 이는 요 · 순 · 우(堯舜禹) 삼대의 기준에 의거해서 매사를 판별하는 기존 유학의 상고(尙古)주의적이고 복고(復古)주의적 태도에서 벗어나 현재 곧 '지금여기'를 제대로 주시하는 또 다른 기학적 패러다임으로의 전환을 의미한다.

2) 깨달음의 학문

(1) 기학적 깨달음의 내용

기학에서 운화지기에 의해서 배포된 인물의 조리 · 법칙 · 속성인 '지금여기의 인정과 물리[當今之人情物理]'[57]를 견문추측법에 의거하여 꾸준히 탐구하다 보면 그 인정과 물리마다 각각 지니고 있는 대동의 보편

모든 생명체의 특성으로서, 현대과학에서 이 원리에 의거하면 줄기세포를 이용한 복제가 가능하게 된다.

57 손병욱(1993), 259면에서 재인용함. 지금여기의 인정과 물리에 해당하는 '當今之人情物理'라는 말은 『신기통』 3-42, 變通在初及公私之分 조에 나온다. 當今之人情物理를 달리 方今之人物이라고 할 수도 있을 것이다.

자로서의 같은 것과 다른 것으로 이루어진 유행지리를 추측하여 그것을 추측지리 형태로 신기에 견문습염하게 된다. 이런 노력에 의해서 인정과 물리에 대한 객관적이고 과학적인 정보가 축적될 것이고, 이러한 축적과 활용이 오랫동안 지속되다 보면 마침내 모든 개물을 일관하는 같은 것으로서의 기일(氣一)의 관통성(貫通性)인 (활동)운화지기 곧 천의 본성을 체인(體認)하게 된다. 이때 체인이란 전체완형(全體完形)의 인식을 가리키는 말이다.

이것을 일컬어 『기학』에서는 '추달어전체대용(推達於全體大用)하여 견득대기활동운화지성(見得大氣活動運化之性)함'이라고 한다.[58] 그 의미는 '전체대용에 미루어 도달하여 대기활동운화의 본성을 보아 얻음'이다. 여기서 전체대용이란 무엇인가? 전체란 천의 본체인 운화지기 또는 대기가 될 것이고, 대용이란 운화지기의 대기운화로서, 곧 그 본성인 활동운화를 가리키는 말이다. 구체적으로는 천의 상(相)에 해당하는 우·양·풍·운·한·서·조·습의 기상학적인 측면, 천의 용(用)에 해당하는 '기륜섭동, 도주만물'의 천문학적인 측면 모두를 포괄하는 말이다. 그리고 '대기활동운화의 본성을 보아 얻음'이란 기학적 깨달음을 가리키는 말이다.

이처럼 '견득대기활동운화지성'하면 이제 인간의 신기에 품부된 활동운화의 본성도 스스로 볼 수 있게 된다. 이것을 일컬어 '견득활동운화지성(見得活動運化之性)'이라고 한다.[59] 위의 견득대기활동운화지성과 견득활동운화지성이란 말을 축약하면 그것은 견성(見性)이 된다. 이 견성을 불교의 견성과 구분하여 앞으로 기학에서의 깨달음을 '기학적 견성'으로 표현하고자 한다. 이 기학적 견성은 '천인운화의 본성을 똑똑히 봄〔的覩

---

58 『기학』 2-96.
59 『기학』 2-99.

天人運化之性〕'과 동의어로서 이는 천인운화에 도달하였음을 의미한다.[60]

천인운화에 도달한 뒤 이것을 보존·함양하면 '천인운화의 기준〔天人運化之準的〕'을 확립함으로써 매사에 하나의 보편적인 기준이 통용되는 사회, 모든 인류가 활동운화의 본성을 발현하는 천인일치적인 삶을 사는 대동일통의 이상사회를 실현할 기반을 마련할 수 있게 된다.[61] 그러면 현재지기의 방금운화에 대한 견득(見得)도 가능해질 것이고, 이제 이것을 기준으로 삼아 통민운화함으로써 언제나 지금여기에서 활동운화하는 본성을 발현하는 삶을 살 수 있게 될 것이다.

그러면 기학적 견성에 대하여 좀 더 구체적으로 살펴보기로 하자.

(2) 깨달음에 대한 타학문과의 비교
① 기학의 기본적인 입장

깨달음의 문제를 본격적으로 다루기에 앞서서 기학이 취하는 기본적인 입장이 무엇인지 살펴보기로 하자.

첫째, 기학은 내면보다 외부세계에 훨씬 더 큰 비중을 두며, 따라서 그 깨달음의 방식도 다른 학문의 그것과는 다를 수밖에 없다. 다음에서 이 점을 잘 알 수 있다.

천인운화의 조목들 가운데 열의 여덟아홉은 나의 외부에 있으면서 접촉하고 구제하며, 변통하고 화응하는 것이고, 겨우 한둘이 나의 내면에 있는 것들이다.[62]

---

60 『기학』 2-12.
61 『기학』 2-11.
62 『기학』 2-10, "十之八九分, 在外接濟變通和應, 纔爲一二分, 在內運化之目."

그러니 평생의 공부가 나에게 있는 것은 1, 2할이고, 인물에 있는 것은 8, 9할이다. 만약 인물이 없다면 공부하는 데 취하여 쓸 것이 없을 것이다.[63]

여기서 기학은 특히 성리학을 염두에 두고 내면세계와 외부세계에 대한 비율의 배분을 언급하고 있다고 본다. 안과 밖의 세계에 대한 관심의 비율이 성리학과는 완전히 다르다. 성리학이 외부세계에 대한 직접적이고 경험적인 접촉보다는 주로 간접경험으로서의 독서궁리(讀書窮理)에 의존하여 활연관통(豁然貫通)을 추구한다면, 기학적 견성에 있어서는 인물과의 직접적인 접촉에 의한 경험의 축적을 매우 중요시한다. 따라서 기학은 경험을 중시하는 학문임에 틀림없다. 다만 이것을 서양의 경험주의나 경험론과 혼동하면 안 된다.[64]

둘째, 이처럼 인물과의 교접[交人接物]을 중시하고 내면세계보다 외부의 인물에 대해서 강한 관심을 갖는 기학의 경험 중시 입장은 개방성과 소통성을 지니기 마련이며, 따라서 이것은 통민운화에 있어서 최한기의 문호개방과 개국통상(開國通商)의 주장으로 자연스럽게 연결된다고 하겠다.[65]

셋째, 그런데 여기서 기학의 경험 중시 입장이 겨냥하는 것은 내면세

---

63 『기학』 2-80, "然則平生功夫, 在我者一二分, 在人物者八九分. 若無人物, 則功夫無所取用."
64 서양 경험론은 그 학설이 매우 다양하다고 한다. 그러나 초기 최한기 연구자인 박종홍 교수가 최한기의 인식론을 서구 경험론으로 본 이유는 감각경험설과 백지설 때문이었다. 만약 박 교수가 기학에서 활동운화의 本具性을 긍정하고 이것의 발현을 인식의 목표로 삼는 것을 알았다면, 박 교수는 최한기를 경험론자로 보지는 않았을 것이다. 이러한 본구성은 도리어 서구 합리론의 '本有觀念說'로 이해될 수 있는 소지가 있기 때문이다.
65 『신기통』 3-44, 除去不通; 『추측록』 6-86, 東西取捨; 『기학』 1-67. 이 외에도 손병욱(2000), 282면을 참고하기 바람.

계〔心〕보다 외부세계의 인물 곧 물(物)을 중시하려는 것이 아니라 이 둘을 통합하려는 데 있다는 점에 주목할 필요가 있을 것이다.

기학에서는 예로부터 교와 학 곧 교학(敎學)을 언급한 사람을 네 가지 부류로 구분하였다. 그것은 마음을 주로 해온 자〔主於心者〕, 외물을 주로 해온 자〔主於物者〕, 심과 물을 겸하여 밝힌 자〔心與物互明者〕, 그리고 천하의 심과 물을 통합한 자〔統天下之心與物者〕이다. 그러면서 10중 7, 8이 주어심자(主於心者)였고, 10중 1, 2가 주어물자(主於物者)였지만, 심여물호명자(心與物互明者)는 적으며, 통천하지심여물자(統天下之心與物者)는 더욱 적다고 하였다. 그러면서 최한기는 스스로를 통천하지심여물자, 곧 '천하의 심과 물을 통합한 자'로 자부하고 있다.[66]

기학이 심학이냐, 물학이냐 이렇게 물었을 때 위의 내용은 매우 좋은 대답의 근거가 된다. 기학은 심학이면서 물학이다. 이 말이 무슨 말인가? 기학은 심학으로서 깨달음을 추구한다. 그리하여 인간의 정신적인 차원을 고양시켜서 치안(治安)을 도모하고자 한다. 한편으로 외면세계의 인물의 조리인 인정과 물리에 대하여 관심을 가짐으로써 그 원리를 탐구하고 활용하여 물질적인 풍요로움을 바탕으로 한 육체적으로 안락한 세상을 꿈꾼다. 그러면서 정신과 육체가 상보적으로 향상해 나갈 수 있다고 본다.[67] 그가 겨냥했던 것은 더 이상 심학과 물학을 나누어 어느 한쪽에 편중되지 말고 이 둘을 통합해서 조화롭게 추진해 나감으로써 인류의 삶을 질적으로 고양시킬 수 있는 일통학문을 정립하려는 것이었다.

---

66 『인정』9-21, 學問條目. 이런 입장은 『승순사무』25, 因勢不如承順에서도 잘 드러나고 있다.
67 일반적으로 심학은 다른 것을 도외시하고 같은 것을 추구하는 경향이 있고, 물학은 같은 것을 도외시하고 다른 것에만 관심을 갖는다고 할 수 있다. 이에 비해 기학은 같은 것과 다른 것을 동시에 추구해 나간다는 측면에서도 심학과 물학을 통합했다고 할 수 있을 것이다.

이상을 통해서 기학이 경험을 중시하지만 경험론은 아니며, 깨달음과 무관한 학문이 아니라고 할 수 있을 것이다.

② 성리학·양명학의 깨달음과 비교

그렇다면 기학적 견성은 주자학적 성리학, 불교, 그리고 양명학, 동학 등의 심학적 깨달음과는 어떻게 같고 다른가? 여기서는 일단 성리학과 양명학으로 그 범위를 좁혀서 살펴보기로 하자.

기학에서는 인간의 내면에 대한 탐구만으로도 깨달음에 이를 수 있다는 양명학의 견해를 비판한다. 나아가 성리학처럼 내면과 외물에 각각 궁극적인 인식의 대상인 이태극(理太極)이 똑같이 품부되어 있다고 보고, 내면에 있는 이태극을 드러내기 위한 수단으로 외물에 나아가 이태극을 탐구하는 노력이 필요하다는 주장에 대해서도 비판적이다. 왜냐하면 기학에서 볼 때 성리학의 궁극적인 인식대상인 이태극은 객관적인 존재로서의 유행지리가 아니라 그 실재성(實在性)이 검증될 수 없는 관념의 소산인 추측지리에 불과하다고 보기 때문이다.[68]

이에 비해 기학은 깨달음에 이르기 위해서는 반드시 오랜 시간에 걸쳐서 방금지인물(方今之人物)에 대해 객관적이고 경험적인 견문추측으로 얻은 추측지리를 내면에 보존·함양하는 존양(存養)이 필요하다고 본다. 이처럼 기학은 천으로부터 품부된 활동운화의 본성을 드러내기 위해서는 오랫동안의 경험적 노력과 축적이 필요하다고 본다는 점에서 다른 깨달음의 학문과 변별된다고 하겠다. 좀 더 구체적으로 살펴보기로 하자.

---

[68] 『추측록』 2-43. 推測以流行理爲準.

또한 현명한 사람이 드러내어 밝힌 바가 있어서 비록 발하기 전〔發前〕의 미발(未發)이란 성리(性理)와 양지(良知) 같은 것이라고 말을 하나 만약 각 나라 사람들에게 이러한 말을 하면, 오직 말을 아는 자〔知言者〕가 깊이 탐구하고 해석하더라도 단지 마음속에 저장된 추측의 이치〔心中推測之理〕를 스스로 즐거워할 수 있을 뿐이다.[69]

여기서는 이미 선(善)으로 간주되는 성리나 양지 같은 것도 기학적 입장에서 보면 생득적으로 품부된 것이 아니라 후득적인 견문추측을 통해서 형성된 추측지리의 소산임을 밝히고 있다. 좀 더 구체적으로 살펴보자.

기학은 활동운화의 본성이 신기에 품부되어 있음을 전제로 한다. 그리하여 이 본성을 완전히 드러내는 것을 '깨달음'이라고 본다. 그런데 이러한 깨달음에 이르는 방법이 성리학의 성리(性理)인 이태극을 활연관통해서 체인(體認)하거나, 아니면 양명학처럼 묵좌징심(默坐澄心), 사상마련(事上磨練)을 통해서 치양지(致良知)하려는 것과는 다르다는 점에 주목해야 할 것이다.

기학에서 방금지인물의 인정과 물리에 대한 견문추측으로 얻어서 신기에 누적함양(累積涵養)한 (유행지리와 부합하는) 추측지리는 그것이 같은 것과 다른 것으로 이루어져 있다. 깨달음 곧 기학적 견성이란 이 '같은 것'을 체인함이다. 그러면 활동운화의 본성이 발현된다.[70] 앞에서 언급한 바 있는 '기질통이운화저(氣質通而運化著)'가 그것이다. 이러한 기학의 입장은 '무심(無心)이라도 유기(有氣)'의 실재론적(實在論的) 입장이

---

69 『승순사무』 42, 通行宇內莫如承順.

70 『승순사무』 36, 承順有次第排布에서도 여기에 대하여 언급한 바 있다.

라고 하겠다. 이러한 입장은 "인간이 없더라도 천지운화(天地運化)가 자재(自在)하며 내가 없더라도 통민운화(統民運化)가 자재하니, 그렇다면 나의 존재 여부는 천인운화(天人運化)와는 실로 무관한 것이다."라는 말에서 잘 드러난다.[71]

'무심(無心)이면 무리(無理)', 혹은 '심외무물(心外無物)'의 입장에서 치양지하려는 양명학의 돈오적(頓悟的) 방법과는 분명 다른 것이다. 그렇다면 성리학과는 어떤 차별성을 갖는가?

성리학 역시 기학과 마찬가지로 '무심이라도 유리(有理)'라는 실재론적 입장을 취한다. 깨달음에 해당하는 활연관통 역시 외물(外物)에 대한 인식의 노력으로 발생한다. 이런 측면에서 성리학은 양명학보다 기학에 가깝다. 그러나 성리학은 기학에 비해 외부세계보다는 내면세계에 더 큰 비중을 두고 있음을 앞에서 살펴보았다. 또한 성리학에서 관심을 갖는 것은 대동의 보편자인 이일(理一)의 관통성(貫通性)을 체인하는 데 있을 뿐, 개물마다 각각 지닌 '다른 것'에 대해서는 관심이 없다. 이렇게 되면 성리학은 심학(心學)이 될지언정 물학(物學)과는 거리가 멀 수밖에 없다.

이러한 기학적 깨달음의 방식이 앞에서 말한 '추달어전체대용(推達於全體大用)에 의거한 기학적 견성(見性)'이라면, 그 효과가 '점차개활(漸次開豁)'이라고 할 수 있다.[72]

여기서 성리학과 기학의 깨달음을 비교하여 정리해 보면 다음과 같다.

71 『기학』 2-106.
72 『기학』 2-96, "推達於全體大用, 見得大氣活動運化之性, 至於統民運化, 一身運化, 漸次開豁."

〈성리학〉 – 퇴계 이황(1501~1570)의 성리학으로 본 활연관통의 과정

豁然貫通 : 격물·치지 단계 ┐
道心확보 : 성의·정심 단계 ┘ 수신(＝수기의 완성〔內聖〕)

　　　　　　　　　　　　　　　┌─ 제가
　　　　　　　─ 치인의 완성〔外王〕─┼─ 치국
　　　　　　　　　　　　　　　└─ 평천하

┌거경함양〔靜而涵天理之本然〕: 정좌수련(靜坐修練)으로 집중력〔의지력〕 배양
└거경성찰〔動而決人欲於幾微〕: 격물·치지 →┌거경함양
　　　　　　　　　　　　　　└거경성찰 →┌거경함양
　　　　　　　　　　　　　　　　　　└거경성찰 ⇒ 활연관통

※ 격·치의 인식단계에서 활연관통의 깨달음으로 성·정 단계에서 도심이 확보되면 수신 단계에서 수기가 완성됨. 선지후행(先知後行)으로 <u>천인합일(天人合一)의 내성(內聖)</u>에 이름.

※ 퇴계는 거경함양·거경성찰〔궁리〕을 한마디로 거경궁리(居敬窮理)로 표현하였다.

※ 퇴계는 수기의 완성을 존천리알인욕(存天理遏人欲)하여 구인성성(求仁成聖)함으로 표현하였다.

〈기학〉 – 기학의 3단계 학문방법론

제1단계 : 밖에서 안으로 거두어들이는 단계 〈격물·치지〉
　　　　　 같은 것과 다른 것으로 이루어진 방금지인물(方今之人物)에 대한 견문추측

제2단계 : 거두어들인 추측지리를 안에 간직하여 함양[存養]하는 단계
〈성의 · 정심〉

제3단계 : 안에 간직한 것을 밖으로 활용하는 단계 〈수신 · 제가 · 치국 · 평천하〉[73]

(수신-일신운화, 제가-교접운화, 치국-통민운화, 평천하-대기운화)

※ 위의 1, 2, 3단계의 무수한 되풀이를 통해 마침내 제1단계에서 기학적 깨달음이 가능해짐. 이것을 일컬어 '推達於全體大用[見得大氣活動運化之性]+見得活動運化之性＝天人運化에 도달함[見性]'으로 표현함. 달리 말하면 선행후지(先行後知)[74]-선지후행(先知後行)의 무수한 반복으로 마침내 제1, 2단계에서 개인이 <u>천인일치(天人一致)</u>에 이르고,[75] 천인운화의 기준[天人運化之準的]을 수립하게 됨. 이제 제3단계에서 이 기준에 의거하여 정치와 교육[政敎]에 의해 수 · 제 · 치 · 평의 요체인 사등운화를 시행함으로써 대동일통의 이상세계를 실현하고자 함. 이때 통민운화[治國]에 의하여 천하에 천인운화가 실현되어 대기운화[平天下]하게 됨.

※ 이처럼 천인운화를 얻는 깨달음에 이르기까지 수 · 제 · 치 · 평이 차츰 완성도를 높이다가 깨달음 이후에는 완벽한 수 · 제 · 치 · 평이 가능해지는데, 이것을 일컬어 <u>점차개활(漸次開豁)</u>이라고 함.

※ 기학의 3단계 학문방법론은 그대로 명오(明悟)-기역(記繹)-애욕(愛欲)과 연계된다.[76]

---

[73] 수 · 제 · 치 · 평은 얻은 바의 推測之理의 질적 수준과 상태에 따라서 그 양상이 달라진다고 할 수 있다. 이처럼 『대학』 8조목을 3단계와 연계시켜 설명하는 내용은 『기학』 1-98을 참고하기 바람.

[74] 先行後知에 대해서는 뒤에서 언급하게 될 것이다.

[75] 天人一致에 대해서는 『기학』 1-6, 2-63, 2-74, 2-114 등을 참고하기 바람.

[76] 『기학』 2-118.

※ 기학의 3단계 중 제1, 2단계는 인식단계, 제3단계는 실현단계임. 인식단계에는 활동·천인운화가, 실현단계에는 활동·천인·통민운화가 모두 관여함.

개인이 기학적 견성으로 천인운화에 도달한 뒤 이 천인운화의 삶을 수·제·치·평으로 확산하여 천하에 천인운화를 실현하는 (기학적) 성인(聖人)과 성리학적 깨달음에 의거하여 천인합일에 도달한 (성리학적) 성인은 서로 어떻게 다른가?[77]

이러한 차이점은 결국 기학과 성리학의 천관(天觀)의 차이에서 찾아야 할 것이다.

기학과 성리학의 천관에서 공통점이 있다면 그것은 천이 궁극적인 본체라는 것, 이 천이 모든 존재에 똑같이 품부되어 그 존재의 본성을 이루고 있다는 것, 인간만이 이 본성을 완벽하게 발현할 수 있는 유일한 존재라고 본다는 것이다. 그리고 이 본성이 발현되면 나의 자아가 주객일체(主客一體), 만물일체(萬物一體)의 우주적 자아로 확장된다고 보는 점도 동일하다.[78] 이렇게 되면 기학의 경우에는 만성일체(萬姓一體), 우주제인위일체(宇宙諸人爲一體)에 입각한 천인일치의 삶, 기학적 성인(聖人)의 삶인 천인운화가 가능하게 된다.[79] 여기서 만성일체는 만물일체를

---

77 『기학』 1-25에서는 기학을 聖人之學으로 묘사하고 있고, 『기학』 1-69에서는 "입지가 천인운화에 있다〔立志在天人運化〕."라고 함으로써 기학적 聖人은 개인은 물론이고 천하에 天人運化를 실현하는 사람임을 분명히 하고 있다.

78 다만 성리학이 "仁者以天地萬物爲一己"라고 하면서도 萬物一體는 물론이고 萬姓一體를 명시적으로 말하지 않는 것은 양명학처럼 『대학』 삼강령의 親民說을 채택할 수 없기 때문으로 여겨진다.

79 『기학』 1-21. 『승순사무』 1, 3, 13, 28, 30.

인간, 특히 전 세계에 분포하는 다양한 특성을 갖는 모든 인류에 적용시켜서 조민유화(兆民有和) 또는 통민운화를 꾀하려고 하는 데서 나온 말일 뿐 그 정신적인 경지는 만물일체와 동일하다고 하겠다.[80]

그러나 기학의 천은 활동운화의 본성을 지닌 기(氣)인 데 비해서 성리학의 천은 이[太極]로서 그 자체는 무조작 · 무작위의 정적(靜的)인 존재이다. 이처럼 천을 동적인 기로 보느냐 아니면 정적인 이로 보느냐 하는 것은 천체관(天體觀)과 무관하지 않다. 기학에서는 성리학이 천원지방설(天圓地方說) · 지정설(地靜說) · 천동설(天動說)에 바탕을 두고 있다고 파악한다.[81] 따라서 그 본성인 이태극은 정성됨[誠] 그 자체이며 이것은 곧 인의예지신의 오상(五常) 또는 오덕(五德)과 동일시된다. 이에 천인일치에 이른 기학적 성인과 천인합일에 이른 성리학적 성인은 전혀 다른 인간상으로 드러나게 된다.

기학적 성인은 활동운화의 본성을 발현함으로써 그 삶이 역동적 · 개방적 · 창의적이며 매사에 활기 넘치는 양상으로 드러나는 데 비해서, 성리학적 성인은 이귀기천(理貴氣賤)의 관점에서 사농공상에 대한 계급적 차별의식을 갖고 육체적이고 물질적인 것과 이익을 추구하는 활동을 경시하는 양상으로 드러나게 되는 것이다.

기학의 천인일치란 선행후지(先行後知) · 선지후행(先知後行)의 결실인 데 비해 성리학의 천인합일은 선지후행의 결실이다.[82] 기학의 경우,

---

80 기학에서 神氣 곧 活動運化之性에 해당되는 말이 불교의 경우 佛性이고, 성리학의 경우는 理太極이며, 양명학의 경우는 良知, 동학의 경우는 至氣라고 하겠다. 이 자리에 입각하면 만성일체, 만물일체의 정신경지가 확보되지만 기학이 만물일체보다도 만성일체나 조민유화를 더 강조하는 것은 인간중심적인 유학의 테두리 안에 있음을 의식하고 있기 때문이라고 할 수 있다. 그러나 『인정』 9-56, 萬物一體에서 보면 기학 역시 만물일체를 긍정하고 있음을 알 수 있다.

81 『기학』 1-15, 2-82를 참조하기 바람.

선행후지에서 선행이란 인간이 몸담고 있는 지구와 같은 천체의 운행 또는 운화를 가리킨다. 이것이 인간의 인식 이전에 먼저 존재함을 전제하는 것이다. 그리하여 이것을 제대로 인식하는 노력이 요청되는데, 이것이 격물·치지로서의 후지이다. 이 선행후지의 후지는 다음에 올 선지후행에서의 선지가 된다. 여기서 선지란 활동운화의 본성을 체인(體認)하는 깨달음과 이것을 바탕으로 하여 천인운화의 기준〔天人運化之準的〕을 수립하는 것을 의미한다. 3단계 중 제1, 2단계가 바로 이 선지에 해당한다. 후행이란 제3단계인 수·제·치·평으로서, 천인일치의 삶인 천인운화를 천하에 실현하는 것을 가리킨다. 여기서 천인일치란 개인의 인식차원에서는 제1, 2단계에서, 개인을 포함한 사회의 실현차원에서는 제3단계에서 이루어진다고 하겠다.

이 외에도 기학적 성인은 제1단계의 밝게 깨달음 곧 명오(明悟)에 입각한 제2단계의 기억하여 궁구함 곧 기역(記繹)으로 제3단계 곧 수·제·치·평의 통민운화 단계에서 강렬한 욕구인 애욕(愛欲)을 갖게 된다. 이것은 대동일통의 이상사회를 향한 통민정교(統民政敎)의 욕구, 곧 온 천하에 천인운화를 실현하려는 욕구이다.[83] 개인적 깨달음이 공공된 욕구의 고조로 연결되는 것이다. 그 이유는 기학의 천이 활동운화의 본성을 지니고 있음에서 찾을 수 있을 것이다. 애욕은 활동운화하고자 하는 욕구이기 때문이다. 이에 비해 성리학적 성인은 수기가 완성된 인물로서 이황의 말을 빌리면 '천리를 보존하고 인욕의 침투를 막아서〔存天理遏人欲〕 인을 구하여 성을 이룬〔求仁成聖〕' 인물이다.[84] 여기서 인욕의

---

82 기학의 선행후지·선지후행에 대해서는 『기학』 2-7을 참고하기 바람.
83 『기학』 2-118. 이 통민정교를 달리 말하면 一統政敎라고 할 수 있다. 아울러 그 효과에 대하여 『인정』 14-19, 致治在體民에서는 "이처럼 일통의 정교가 이루어지고 상하가 한 몸처럼 되면, 태평시대는 절로 이루어지게 되는 것이다."라고 하였다.

제거가 필수로 요청된다. 인욕이란 주로 사적이고 감각적인 욕구이겠으나 이것이 제거되면 공적인 욕구가 강화된다고 말하는 대신, 수기가 되면 치인은 저절로 된다고 말할 뿐이다. 최한기의 애욕이 공적인 욕구의 극대화라면 이황의 알인욕(遏人欲)은 사적인 욕구의 극소화이지만, 한쪽은 욕구를 적극 긍정하는 데 비해 다른 한쪽은 욕구를 부정하는 데서도 유추할 수 있듯이 그 내용은 동일하지 않다.

여기서 기학의 외도이단관(外道異端觀)에 입각한다면 성리학, 양명학, 그리고 다음에 언급할 불교도 여기에 포함되지 않을 수 없다. 그 기준은 대략 3가지로 다음과 같이 정리된다. (1) 천관(天觀)이 잘못되었다. (2) 미루어 헤아리는 추측지심(推測之心)이 아니라 아무런 근거도 없이 억측하는 췌탁지심(揣度之心)을 지니고 있다. (3) 심오하기만 할 뿐 백성들의 사무와 치국·평천하에는 아무런 도움이 안 되며, 귀신화복과 방술길흉에 빠져 있다.

여기서 볼 때 성리학·양명학·불교는 이들 혐의에서 완전히 벗어날 수 없고, 특히 성리학은 공허지천(空虛之天)과 췌탁지심을 지닌 것으로 평가될 수밖에 없는 것이다.[85]

③ 불교와 비교

앞에서 언급하였듯이 기학은 화삼귀일(和三歸一)의 결실이다. 이 가운데 불교로부터 받은 영향이 적지 않다. 기학은 불교를 취장사단(取長捨短)한 학문인 것이다. 이처럼 기학이 불교를 의식하고 있음은 기학에서 차용하고 있는 무수히 많은 불교용어에서 잘 드러난다. 그 용어들을

---

84 손병욱(2013), 17면.
85 『승순사무』 22, 可棄之承順.

분류하면 그것은 긍정적으로 쓰이는 경우, 부정적 의미로 사용되는 경우, 불교용어를 변형하여 사용하는 경우로 나눌 수 있다. 몇 가지만 예를 들어 보기로 하자.

첫째, 긍정적인 의미로 사용되는 불교용어로는 진면목(眞面目), 개오(開悟), 돈오(頓悟), 정각(正覺), 전등(傳燈), 직절법문(直切法門), 중도(中道), 구경법(究竟法), 보각군생(普覺群生) 등을 들 수 있다.

둘째, 부정적인 의미로 사용되는 불교용어는 무상대도(無上大道), 연기(緣起), 산하대지허공(山河大地虛空), 선종창학(禪宗倡學), 성문(聲聞), 공적(空寂) 등이다.

셋째, 불교에서 차용하여 변형시켜서 사용하는 용어는 화삼귀일(和三歸一/會三歸一), 근기(根器/根機), 사재탈락(渣滓脫落/身心脫落), 유아독존(唯我獨存/唯我獨尊), 제피안(躋彼岸/度彼岸), 통만귀일(統萬歸一/萬法歸一), 보시(報施/布施), 가국천하타성일체(家國天下打成一體/打成一片) 등이다.[86]

여기서 두 학문의 공통점을 다음과 같이 말할 수 있을 것이다.

기학과 불교가 다 같이 보편학으로서의 위상을 갖는 것은 인간의 내면에 시공을 초월한 보편성이 내재되어 있음을 전제하기 때문이다. 이 것을 불교에서는 불성(佛性)이라고 하고 기학에서는 활동운화지성(活動運化之性)이라고 한다. 이 보편성을 뭐라고 부르건, 이 '자리'에 입각하면 인간은 시공을 초월한 우주적 존재가 된다. 그리고 언제나 이 자리에 입각하는 삶을 영위하기 위해서는 이 보편성을 발현시키는 깨달음이라는 계기가 필요하다. 이 깨달음에 대하여 좀 더 자세히 살펴보기로 하자.

---

86 / 표기 앞의 것은 기학에서 실제 사용하는 용어이고, / 표기 뒤의 것은 변형되기 이전의 불교 본래의 용어이다. 이상은 손병욱(1993), 16면에서 재인용하였다.

불교와 기학은 다 같이 '지금여기(now and here)'를 참나[眞我]인 무한공간·무한시간으로서의 우주(宇宙)와 등가(等價)인 진리 혹은 깨달음의 본체로 간주한다. 불교에서는 지금여기를 금시차처(今時此處), 일미진(一微塵)·일념(一念), 일념·목전(目前) 등으로 표현한다.[87] 이에 비해 기학에서는 지금여기[方今]가 운화지기를 구성하는 최소단위 또는 운화지기와 등가로서 활동운화의 본성을 지닌 것으로 간주한다. 불교와 기학이 다 같이 우주적 차원의 삶을 궁극적인 목표로 삼는다는 데 있어서 동일하다. 여기서 불교와 기학의 '지금여기관'을 살펴보고 그 공통점과 차이점을 다음과 같이 정리해 볼 수 있을 것이다.

〈불교의 지금여기관〉: 불교에서 '지금여기'는 연기즉공(緣起卽空), 진공즉묘유(眞空卽妙有)인 우주를 구성하는 우주세포로 간주된다. 불교적 깨달음이란 선오후수(先悟後修)로서, 지금여기와 내가 하나의 생명체임을 알고, 나아가 지금여기와 내가 하나의 생명체가 되어서 현행(現行) 혹은 현재진행(~ing)하는 것이 깨달음임을 아는 것이다. 그리하여 실제로 지금여기와 내가 하나의 생명체가 되어서 현행하고자 하는 것이다. 아는 것이 선오(先悟)라면 실제로 현행하는 것은 후수(後修)의 결실이다. 그렇다면 지금여기는 어디에 있는가? 호흡(呼吸) 가운데 있다. 호흡은 언제나 지금여기에서 이루어지기에 지금여기의 가장 확실한 기준이 된다. 그러기에 불교에서 호흡은 '본질적으로 갖추어진 (완전무결한) 작용'으로

---

87 今時此處는 간화선의 주창자인 大慧宗杲(1089~1163)의 『書狀』에 나오는 말이다. 一微塵·一念은 義湘大師(625~702)의 『법성게』에 나오는 "一微塵中含十方 …… 一念卽是無量劫."이 그 출처이다. 一念·目前은 3조 僧燦(?~606)의 『信心銘』에 나오는 "宗非促延, 一念萬年, 無在不在, 十方目前."이 그 출처이다. 셋 다 '지금여기'를 가리키는 말로서 지금여기가 곧 우주임을 알려 준다.

간주된다. 이 호흡작용을 인식 작용하는 것을 일컬어 호흡명상이라고 한다. 왜냐하면 명상은 내가 나를 보는 것이기 때문이다.[88]

호흡명상이란 결국 날숨과 들숨을 알아차리는 것이고, 이러한 알아차림에 의해서 집중력(의지력)이 배양되는데, 이러한 힘의 배양이 최고조에 이르면 선정삼매(禪定三昧)에 들게 된다. 이것을 일반적으로 입정(入定)이라고 한다. 그러면 성성적적(惺惺寂寂)한 의식 상태[89]가 유지되면서 공부가 무르익는다. 그러다가 시절인연이 도래하면 대상경계에 내 의식이 부딪치는 어느 순간 아집(我執)과 아상(我相)이 사라지고 업장(業障)이 소멸되면서 내 의식이 우주로 확장된다. 이것을 일컬어 줄탁동기(啐啄同機)라고 하는데, 드디어 지금여기와 내가 하나의 생명체가 되어서 현행하는 깨달음의 삶, 정혜일체(定慧一體)의 삶을 살 수 있게 된다.

이러한 삶은 그대로 우주적 삶이 된다. 왜냐하면 지금(now)은 과거·현재·미래와 통하고, 여기(here)는 저기·거기와 통하기 때문이다. 과거·현재·미래는 개념상으로는 절대로 동시에 성립될 수 없는 양자택일(兩者擇一)적 용어이다. 그것은 여기·저기·거기도 마찬가지이다. 그런데 이러한 상반된 개념들이 지금여기에 입각하면 묘합(妙合)될 수 있다는 측면에서 지금여기야말로 존재실상 또는 중도실상 그 자체이자 그 근원이라고 하겠다. 불교적인 존재실상은 동이(同異)와 유무(有無)처럼 완전히 상반되는 두 개의 개념이 보충대리(補充代理), 동거(同居)하고 있는 것으로 설명된다.[90] 따라서 이 존재실상에 제대로 입각하게 되면 양자택일과 소유적 집착에 따른 고통을 벗어나 양가(兩價)적 묘합(妙合)의

---

88 마가스님(2013), 286면, "내가 나를 보는 것을 명상, 내가 너를 보는 것을 망상이라고 한다."
89 惺惺寂寂에서 惺惺은 無昏昧之失로, 寂寂은 無紛起之念으로 설명된다(李珥, 『擊蒙要訣』).
90 김형효(2005), 38-39면.

원융회통(圓融會通)적인 삶, 존재자(ego)로서의 삶이 아닌 존재(being)로서의 삶이 가능해지는 것이다.[91]

알고 보면 지금여기는 무한공간·무한시간으로서의 우주와 통하는 유일한 통로이다. 지금여기는 우주와 등가이며 때로는 우주를 구성하는 무수히 많은 우주세포 가운데 하나로 간주된다. 지금여기와 우주는 다 같이 우주의 순수한 생명에너지 그 자체이다. 그러므로 등가이다. 이것에 입각하면 내가 지금여기 혹은 우주 그 자체가 된다. 지금여기일 때는 소통성을 확보하고 우주일 때는 포용성을 확보한다. 그리하여 소통하고 포용하는 삶을 지속함으로써 보살의 단계에서 성불로 나아가게 되는 것이다.

깨달음으로 정혜일체에 이르게 되면 어떠한 경우에도 존재실상 또는 중도실상의 자리를 여의지 않고 이것에 입각하여 살아갈 수 있어서 탐진치(貪瞋痴) 삼독(三毒)의 고통에서 벗어날 수 있다. 그것은 위에서 말한 대로 언제나 지금여기와 내가 하나의 생명체가 되어서 현행(現行)하는 삶으로 나타난다.[92] 이러한 삶이란 '언제나 제자리에 있으면서 제 할 일 할 줄 아는 그런 삶'과 다른 것이 아니다.[93]

불교에서는 이처럼 호흡명상으로 지금여기에 정신을 집중하는 것을 회광반조(廻光返照)라고 하는데, 불교는 회광반조에 의거하여 일초직입여래지(一超直入如來地)하려는 사유체계라고 하겠다.[94] 석가모니 부처가

---

91 김형효(2005), 19면.

92 일반적으로 現行意識은 大我意識과 淸淨意識을 수반하는데, 이들 깨달은 이의 三大意識은 下化衆生하여 成佛하려는 發心을 가능하게 하는 것으로 설명될 수 있다. 『육조단경』에 나오는 "無念爲宗, 無相爲體, 無住爲本."은 각각 현행·대아·청정의식을 가리킨다고 하겠다.

93 이것을 탄허스님이 주석한 『금강경오가해』에서는 "各得其所."라고 표현하였다.

94 이러한 불교의 깨달음을 유교적 입장에서는 '主敬存心하여 上達天理하려는 것'으로 본다.

깨달음을 얻은 방법으로 일컬어지는 들숨-날숨 알아차리기 수행인 아나빠나사띠(anapana-sati)가 곧 호흡명상이므로 그 효과는 이미 충분히 입증되었다고 할 수 있다.

〈기학의 지금여기관〉: 기학의 지금여기〔方今〕가 운화지기〔宇宙〕의 세포라는 측면에서는 불교와 대동소이하다. 그러나 이것은 나의 내면에 있지만 동시에 외부세계에도 존재한다. 나의 내면의 지금여기는 운화지기의 세포로서 역시 활동운화의 본성을 지니고 있다. 이 본성을 드러내기 위해서는 외부세계의 '지금여기에 있는 인물〔方今之人物〕'에 나아가 그것에서 '같은 것과 다른 것'으로 이루어진 그 조리·속성·법칙으로서의 인정과 물리를 견문추측해 나가야 한다. 개인이 오랫동안에 걸친 인물에 대한 견문추측에 의해 추측지리(推測之理)를 축적해 나가다 보면 마침내 모든 개물을 일관(一貫)하는 대동의 보편자, 기일의 관통성인 활동운화의 본성을 외부와 내면에서 동시에 체인하여 천인운화에 도달하게 됨으로써 활동운화의 본성을 발현하는 삶을 살게 된다.

〈동이점〉: 불교에서 지금여기는 존재실상의 근원이다. 기학에서도 지금여기〔방금〕는 우주〔운화지기〕와 등가(等價)인 우주세포로서, 이 속에 우주적인 요소인 우주적 정보와 우주에너지가 모두 들어 있다고 할 수 있다.[95] 그러기에 지금여기의 인물 탐구에 의해서 깨달음에 도달할 수 있는 것이다. 불교에서 지금여기는 같은 것〔同〕과 다른 것〔異〕이 동거

따라서 유교는 '불교에는 敬以直內는 있되 義以方外가 없고, 主敬存心은 있되 下學而上達이 없다'고 봐서 비판한다. 남명 조식도 『학기유편』에서 이러한 비판을 한 적이 있다.
95 『승순사무』 30, 學問有害事務者.

하고 있고 보충대리하고 있다면, 기학에서 지금여기의 인물에도 같은 것과 다른 것이 혼재되어 있다. 이런 측면에서 불교와 기학이 지금여기를 보는 시각은 놀랄 만큼 유사하다.

다만 불교는 이 둘을 구분하려는 어떠한 시도도 부정하고 이것을 있는 그대로 보라고 한다. 같은 것과 다른 것이 혼재되어 있는 동거 자체를 존재실상, 중도실상으로서의 보편타당한 불성으로 보려고 하며, 이렇게 볼 줄 아는 것이 존재실상에 입각한 자세이며, 그래야만 소유적 집착에 의한 고통에서 벗어날 수 있다고 한다. 여기서 존재실상은 그것이 '연기즉공'이므로 고정불변의 실체(實體)가 아니라는 사실에 주목해야 할 것이다. 동이와 유무가 동거하는 존재실상은 차연(差延=差異+延期)이지만,[96] 이것은 개물마다 어떠한 차이도 없이 일미평등(一味平等)하다.

그러나 기학은 지속적으로 '지금여기의 인물'을 탐구함으로써 동이(同異)가 혼재되어 있는 상태에서 같은 것을 분리해 낼 수 있다고 본다. 왜냐하면 기학에서는 개물 A, B, C가 각각 같은 것과 다른 것으로 구성되어 있지만 그것들은 각각의 실체를 갖고 있다고 보기 때문이다.[97] 여기서 같은 것, 대동의 보편자를 인식하는 일이 먼저 요청된다. 이처럼 대상에 대한 견문추측으로 대동의 보편자인 같은 것을 자각하면 활동운화의 본성을 발현하는 깨달음에 이른다. 그러면 천인운화에 도달하여 실현단계에서 치안을 이룰 수 있다〔通天人致治安〕. 나아가 이 과정에서 같은 것과 다른 것으로 이루어져 있는 추측지리를 활용하여 문명의 이기(利器)를 제작함으로써 육체적 안락과 물질적인 풍요로움을 도모할 수

---

96 김형효(2005), 20면.
97 기학이 實體를 긍정하는 입장에서 실체를 부정하는 불교의 實相觀을 비판하고 있음을 앞에서 살펴봤다.

있을 것이다.

바로 이런 측면에서 불교와 기학은 다르다고 하겠다.

그렇다면 기학적 견성으로 천인운화에 도달한 성인의 삶과 불교적 견성에 이른 보살(菩薩)의 삶은 어떻게 비교될 수 있는가?

앞에서 살펴봤듯이 기학적 성인은 활동운화의 본성발현을 통하여 역동적이고 개방적이며 신바람 나는 창의적 삶을 영위한다. 대기운화를 승순하고 치안을 도모하기 위한 저술활동을 하는 한편, 도구를 발명하여 육체적 안락함과 편리함, 그리고 물질적인 풍요로움을 추구한다. 또한 이 깨달음을 정치와 교육에 의해서 널리 확산시키는 통민운화의 삶을 산다. 그리하여 온 천하에 천인운화를 실현시키려고 한다.

불교의 보살은 깨달음으로 열반적정(涅槃寂靜)의 상태를 유지한다. 아예 일체의 분별을 초월하거나 설령 분별을 하더라도 그것에 집착하지 않는 삶, 이른바 성성적적하면서도 청정한 삶을 산다.[98] 이것을 열반사덕인 상락아정(常樂我淨)으로 표현할 수 있을 것이다. 보살은 이제 하화중생(下化衆生)의 발심(發心)과 그것의 실천에 의해서 상구보리(上求菩提)의 성불(成佛)에 이르려고 한다.

바로 여기서 기학적 성인과 대승불교의 보살 사이에 어떤 공통점이 발견된다. 기학적 성인은 명오-기역-애욕의 3단계에서 살폈듯이, 깨달음으로 활동운화의 본성을 발현시켜서 천인운화에 도달하면 천인운화의 기준을 수립한 뒤에, 이에 의거하여 통민운화를 위한 강렬한 욕구를 갖는다고 하였다. 이에 비해 대승불교의 보살은 하심(下心)-일심(一心)-무심(無心)-발심(發心)의 4단계 공부를 거친다.[99] 하심이란 출가할

---

98 이것을 『금강경』 제7분에서는 "一切賢聖, 以無爲法而有差別."로 표현하였다.
99 이러한 공부에 대한 경전적인 근거는 불명확하다. 그러나 이러한 공부를 강조하는 스님

때의 마음가짐이다. 구도를 위해서 일체를 내려놓고 일체를 포기하는 것이다. 일심이란 구도일념(求道一念)으로 진리를 체득하는 데 정신을 오롯이 집중하는 수행을 말한다. 무심이란 이러한 노력의 결과로 무념 무상(無念無想)의 상태, 정혜일체(定慧一體)의 상태에 이르는 것이다. 그리하여 '무심의이현행(無心意而現行)'할 수 있음이다.[100] 이는 개인적인 차원에서 깨달음을 얻음으로써 탐진치 삼독심에서 벗어난 보살의 경지라고 하겠다. 발심이란 강렬한 하화중생의 욕구를 갖는 것이다. 보살의 사홍서원(四弘誓願)에서 드러나듯이 하화중생을 통해서 성불(成佛)하려는 마음을 일으키는 단계이다.[101]

이상을 통해서 기학적 성인의 3단계는 대승불교 보살의 4단계와 어느 정도 일치한다. 명오는 무심에 해당하고, 애욕은 발심에 해당하는 것이다.

아울러 기학적 성인의 애욕과 불보살의 발심의 삶은 그것이 다 같이 '제자리에서 제 할 일 할 줄 아는 삶'이라는 측면에서도 동일하다고 하겠다.

(3) 기학적 깨달음의 특징

기학에서 깨달음과 관련하여 제일 주목되는 말이 점차개활(漸次開豁) 이라는 말이다. 이것은 '점차 앞이 탁 트이고 넓어지게 됨'이라는 의미이다.[102]

은 더러 있다. 그 대표적인 인물을 꼽으라면 쌍계사 국사암에 주석하고 있는 月泉스님을 들 수 있다.

100 『寶積經』.

101 보살의 四弘誓願은 "衆生無邊誓願度, 煩惱無盡誓願斷, 法門無量誓願學, 佛道無上誓願成." 으로 이루어진다. 이것은 결국 下化衆生을 통하여 上求菩提의 成佛에 이르겠다는 보살의 다짐이라고 하겠다(교양교재편찬위원회, 2002, 129면).

102 『기학』 2-96.

점차개활이란 기학적 견성 이후에 일신·교접·통민운화 등 인간이 행할 수·제·치·평이 천 곧 운화지기[天]에 승순(承順)하는 이상적인 수준으로 실현 가능해진다는 의미이다. 기학이 지닌 '인식과 실현의 구조'에서 볼 때, 실현은 언제나 인식의 정도만큼 상응하여 나타나기 마련인데, 최고조의 인식은 최고조의 실현을 가져와서 이것이 전 세계에 통용되는 보편성을 지님으로써 결과적으로 대동일통의 이상세계 구현에 기여하게 된다는 것이다. 물론 이것은 이러한 깨달음이 정교(政敎)에 의해서 시행될 기회가 부여될 때 가능한 이야기이다.

그런데 점차개활은 기학에서 실현뿐 아니라 인식, 곧 깨달음과 관련해서도 적용될 수 있다고 본다. 그랬을 때 이것은 주자학의 활연관통(豁然貫通)이라는 말과 대비된다고 할 수 있다. 깨달음이 도래하는 방식에 있어 기학의 점차개활이 점진적·점차적이라면 주자학의 활연관통은 비약적·돌연적이다. 왜 깨달음에 있어서 이런 차이가 생기는가?

앞에서 이미 살펴봤듯이, 기학에서는 내면세계와 외부세계의 비율을 1 대 9 또는 2 대 8로 파악한다.[103] 즉, 외부세계의 인물에 대한 8, 9분의 경험적 인식을 통한 축적이 있은 후에 1, 2분의 내면적 호응에 의해서 깨달음이 완성되는데, 이 내면적 호응을 나타내는 말이 점차개활이다. 이에 비해 기학에서 볼 때, 주자학은 1, 2분의 경험적 인식을 통한 축적이 있으면 8, 9분의 내면적 호응에 의해서 깨달음이 일어나게 되는데, 이러한 깨달음은 비약적·돌발적으로 오므로 이것을 일컬어서 활연관통이라고 하는 것이다.

깨달음을 인식하고 이것을 실현하는 데 있어서 점차개활이라는 용어를 쓴다는 것은 기학이 심학과 물학의 특징을 겸하되 물학의 경향이 강

---

103 『기학』 2-80의 내용을 참고하기 바람.

함을 나타내는 것이라면, 주자학의 활연관통은 주자학이 물학보다는 심학의 전통에 더 가까이 다가가 있음을 알려 주는 말이라고 하겠다. 물학은 심학보다 훨씬 더 많은 감각경험을 필요로 한다고 보기 때문이다.

그렇다면 기학에서 이 깨달음은 언제 일어나는가? 물론 사람마다 천차만별이겠지만 일단 공자가 술회한 70생평(生平)에 비추어 본다면 그것은 50세라고 하겠다. 기학에서는 바로 지천명(知天命)을 곧 천인운화를 아는 깨달음으로 간주하기 때문이다. 천명을 천인운화로 보는 것이다. 이러한 지천명의 깨달음이 있어야만 육십이순(六十耳順)과 칠십불유구(七十不踰矩)도 가능하다고 본다.[104] 『기학』을 저술한 시기가 55세였음을 감안한다면 최한기의 『기학』은 바로 천인운화를 깨닫고 활동운화의 본성을 발현한 뒤에 쓴 '깨달음의 서', '활동운화의 서'라고 할 수 있을 것이다.

기학에서는 깨달음 이전뿐 아니라 깨닫고 난 뒤에도 견문추측을 지속한다. 깨닫는다고 모든 인물의 원리를 다 알 수 없다. 아직 경험하지 못한 다양한 세계가 무궁무진하기 때문이다. 그리하여 견문추측에 의해서 지속적으로 인정과 물리를 인식해 나가는 것이다. 그러나 깨달음 이후로는 통민운화에 의해 대동일통을 이루는 일, 인도(人道)를 실현하는 쪽으로 비중을 더 두는 것은 어쩔 수 없다. 그런데 상대적으로 비중이 적음에도 인식활동은 매우 원활하다. 매우 신속 정확해졌다. 왜냐하면 그동안 유행지리와 부합되는 추측지리인 천인지리(天人之理)의 축적과 함양으로 인식의 주체인 신기(神氣) 곧 활동운화지심의 추측능력이 깊고 우등해졌기 때문이다.[105]

---

104 『승순사무』 70, 耳順由於知天命.
105 이 경지를 『기학』 2-9에서는 "凡於天人運化, 不思而得, 不勉而中."이라고 『중용』의 성인

3) 기학의 탈주자학적 수신관(修身觀)과 제반 입장

(1) 탈주자학적 수신관

기학의 수신관(修身觀)을 살피면 기학의 탈주자학적이고 실학적인 성격에 대해 잘 알 수 있다.

기학은 기존 유학의 '수기·치인의 틀'이 아닌 '인식과 실현의 틀'에 입각하고 있는 까닭에, 수기(修己)라는 말을 거의 사용하지 않고 수신(修身)이라는 말을 주로 쓴다. 아울러 그 수신관이 매우 독특하다. 특히 성리학과는 뚜렷한 차별성을 지닌다. 성리학이 수신 혹은 수기를 매우 강조하는 데 비하여, 기학에서는 수신의 비중이 그다지 높지 않다. 여기서 기학과 성리학의 수신관 혹은 수기관의 차이가 무엇인지 구체적으로 정리해 보면 다음과 같다.

첫째, 두 학문에 있어서 수신의 위치와 소속이 각각 다르게 파악된다. 앞에서 언급했듯이 기학은 『대학』 팔조목을 천인운화와 관련시켜서 3단계로 파악하는데,[106] 제1, 2단계가 인식의 단계라면 제3단계는 실현의 단계이다. 여기서 수신은 제3단계, 곧 실현의 단계에 속함을 알 수 있다.

성리학은 수기치인의 틀에서 수기와 치인의 관계를 각각 본과 말, 선과 후의 관계로 파악함으로써, 수기의 문제를 근본적이면서도 선차적인 것, 곧 본(本)과 선(先)으로 본다. 그리하여 수기가 되면 치인은 저절로 된다고 보므로 그만큼 수기가 중요해지는 것이다.[107] 이처럼 중요한 수

의 경지를 인용하여 설명한다.

106 『기학』 1-96.
107 『인정』 用人序에서 성리학의 이러한 修身觀을 비판하고 있다. 이에 성리학은 수기를 중시하는 爲己之學으로서의 성격이 강하고, 대신 치인을 강조하는 經世之學으로서의 성격은 상대적으로 약하다고 할 수 있다.

기의 정점이 바로 수신이다. 수기가 완성되는 수신은 천인합일, 내성(內聖), 명명덕(明明德), 정덕(正德)의 단계에 속한다. 이는 기학의 수신이 제가 · 치국 · 평천하와 함께 외왕(外王), 신민(新民), 이용 · 후생(利用厚生)의 단계에 속하는 것과는 대조적이다.

둘째, 이처럼 수신의 위치와 소속이 다르게 파악된다는 것은 결국 양 학문에 있어서 수신을 보는 시각이 다르다는 것을 가리킨다. 성리학에서는 수기가 완성되는 단계인 수신이 절대적으로 중요하다면, 기학에서는 깨달음이 도래하여 인식이 완성되는 단계인 격 · 치와 이 깨달음을 함양하여 보편타당한 기준을 세우는 성 · 정이 수신보다 더 중요하다.

그렇다면 기학에서 수신의 위상은 어떻게 파악되는가? 기학에서 수 · 제 · 치 · 평은 다 같이 천인운화의 체인(體認)과 그것의 함양에 기반을 두되, 다만 그 적용 범위가 다를 뿐이다. 즉, 깨달음으로 얻은 천인운화와 그 기준인 천인운화지준적(天人運化之準的)을 수신에 적용한 것이 일신운화이고, 제가에 적용한 것이 교접운화이며, 치국에 적용한 것이 통민운화라면, 평천하에 적용한 것이 대기운화인 것이다. 그런데 이들 사등운화는 모두 인기운화에 속한다. 만약 천인운화에 도달하였다면 개인의 인기운화는 천인기의 운화로 바뀐다.[108] 이 상태에서 행하는 사등운화 역시 천인운화에 속하므로, 이것은 천인일치의 이상적인 삶이 개인으로부터 가족 · 국가를 거쳐서 전 인류에게 확장되어 가는 것을 의미한다. 그러므로 기학에서의 수신이란 천인운화를 개인의 삶에 적용 또는 활용하는 것이라고 하겠다. 이에 수신이 완성되더라도 제가 · 치국 · 평천하는 각각 또 다른 범위의 적용을 요구받게 된다.

수 · 제 · 치 · 평에 해당되는 사등운화란 인간이라면 누구나 다 영위

---

108 『기학』 1-38, 1-42, 1-78, 2-51, 2-52.

하는 삶의 양상을 크게 네 가지로 구별하여 나타낸 것일 뿐이다. 그 양상이 어떻게 나타날지는 수신에 달린 것이 아니라 제1, 2단계의 인식에 달렸다. 각자 인식단계에서 축적한 추측의 이치만큼 수·제·치·평 하게 될 것이기 때문이다. 다만 바람직한 사등운화라면 규모가 작은 것이 큰 것에 승순(承順)하는 형태로 나타나게 된다. 바람직한 수신은 제가에 어긋나지 않고 승순해야 하고, 바람직한 제가는 치국에 승순해야 한다는 것이다. 이를 확인하기 위해서는 어떻게 해야 하는가? 바람직한 수신인지의 여부는 제가의 여부에 달렸고, 바람직한 제가인지의 여부는 치국의 여부에 달렸다. 제가를 잘하는 사람이면 수신도 잘 되었음에 틀림없고, 치국을 잘하는 사람이라면 수신과 제가도 잘할 수 있음에 틀림없다는 것이다. 『기학』에 나오는 "서민운화에 통달한 자는 그 일신운화에도 통달했음을 가히 알 수 있다. 그러나 일신운화에 통달한 자가 반드시 서민운화에 통달한 것은 아니다."는 말이 이 점을 잘 지적해 준다.[109] 여기서 서민운화란 교접운화와 통민운화를 동시에 지칭하는 말이다.

결국, 기학의 수신은 그 비중이 기존의 성리학에 비해서 현저히 약화되었을 뿐만 아니라, 실현단계의 네 가지 항목 중 치인에 해당하는 제가·치국·평천하에 비해 보더라도 특별한 중요성을 지니고 있지 못한 것으로 평가된다. 이것은 기학이 성리학의 수기 중심의 사유구조에서 벗어난 학문임을 말해 주는 것이다. 아울러 이것은 기학이 당시 조선조 사상계를 오랫동안 풍미하던 성리학이 갖는 수기 중심의 윤리설을 비판하고, 대신 치인 중심의 윤리설 즉, 개인윤리가 아닌 사회윤리를 강조하려는 것과 그 맥을 같이한다고 볼 수 있다.

셋째, 성리학에서의 수신이 감각적인 욕구를 부정하는 금욕적인 성향

---

109 『기학』 1-82.

을 강하게 띠는 데 비해서, 기학에서의 수신은 욕구의 추구를 적극적으로 궁정한다는 점이다. 성리학에서는 '사람의 마음〔人之心〕'을 천리와 인욕의 결전장(決戰場)으로 보며, 이때 천리가 인욕을 이겨야만 도심(道心)이 확보되는 것으로 설명한다.[110] 그만큼 성리학의 수신은 <u>금욕적인 성격</u>을 강하게 지니는 것이다. 앞에서도 설명했듯이, 기학의 수신은 '밝게 깨달음〔明悟〕- 기억하여 궁구함〔記繹〕- 좋아하여 하고자 함〔愛欲〕'의 3단계 중에서 애욕(愛欲)의 단계에 속한다. 따라서 깨달음으로 천인 운화에 도달한 인식의 완성단계 곧 천인일치(天人一致)의 단계에서 인간의 욕구가 극대화된다고 하겠고, 이것은 수기의 완성단계인 천인합일 (天人合一)의 단계에서 욕구가 극소화된다고 보는 성리학과는 아주 대조적이다.[111]

이때 인식의 완성단계에서 극대화되는 인간의 욕구란 어떤 종류의 욕구일까? 그것은 곧 대동일통의 이상사회 실현의 욕구이다. 가장 공공 (公共)된 차원에서의 도구제작, 제도정비, 규범의 정립, 정치와 교육의 시행을 통해서 동서고금의 모든 인류가 활동운화의 본성을 실현하는 삶을 살 수 있도록 하겠다는 욕구가 나오는 것이다. 이러한 욕구를 기학에서는 선하고 귀한 욕구〔善欲·貴欲〕라고 부른다. 그러면서 이것을 악하고 천한 욕구〔惡欲·賤欲〕와 구분한다. 기학의 견해를 살펴보자.

---

110 『書經』, 「大禹謨」, "人心惟危, 道心惟微, 惟精惟一, 允執厥中."에 대한 朱子註에서 주자는 인심에 대하여 "或生於形氣之私."라고 하고, 도심에 대하여는 "或原於性命之正."이라고 하여, 인심이 제거해야 할 인욕임을 분명히 하였다.

111 『기학』 2-118. 성리학에서 수기를 통해서 극소화되는 욕구란 곧 사리사욕이라는 측면에서 기학과 다를 바가 없다고 할 수도 있다. 그러나 그 차이점을 살펴본다면, 성리학에서 보존·함양된 천리에서 나오는 욕구가 주로 정신적이고 도덕적인 것인 데 비해서 기학의 욕구에는 정신적인 것 외에 물질적이고 육체적인 욕구도 같이 들어 있다는 측면에서 두 학문의 욕구가 갖는 차이가 있다고 하겠다.

욕망이 없고 보면 하는 일이 없고 욕망이 있으면 하는 일이 있는 것이니, 욕망을 가지는 중에서도 마땅히 선욕(善欲)인지 악욕(惡欲)인지와 귀욕(貴欲)인지 천욕(賤欲)인지를 분간해야 한다. 선욕·귀욕은 인도에 유익하게 쓰게 되는 것이므로 용맹스럽게 추진하지 못하게 될까 두렵고, 악욕·천욕은 단지 자기의 이익만 위하고 남의 폐해는 돌보지 않는 것이므로 마땅히 기꺼이 제거해야 한다.[112]

이러한 선하고 귀한 욕구가 한 몸의 운화인 일신운화에 적용되면 수신이 된다. 달리 말하면 기학의 수신이란 개인 차원에서의 선하고 귀한 애욕의 발용 또는 적용이다. 그렇다면 이제 기학에서 수신이 갖는 구체적인 의미가 무엇인지 살펴보기로 하자.

이것은 인식된 천인운화 또는 얻어진 추측지리를 개인의 삶, 그것도 개인의 정신과 육체 가운데 주로 육체적인 삶을 물질적으로 뒷받침하는 데 적용·활용하는 것을 가리킨다. 이것은 일신운화, 기용운화(器用運化)의 기, 인사교(人事敎), 재예(才藝) 등의 개념과 연관된다.

우선, 일신운화란 어려서부터 장년기까지 견문이 진취하고, 쇠약하여 늙음에 이르러 경험하여 겪은 것이 점차 숙련되는 것을 가리킨다.[113] 기용운화의 기란 서책을 지어서 간직하고 기명(器皿)을 제조하여 백성의 쓰임을 넉넉하게 하고자 하는 것이다.[114] 인사교란 초보적이고 기능적인 가르침으로서 쇄소·응대와 문필·산수 및 사람을 사귀고 사물을 대하

112 『인정』 4-24, 無欲有欲. 손병욱(1993), 248면에서 재인용함.
113 『기학』 1-82. 『인정』 12-34, 四性三等(『증보 명남루총서』 3, 240면上)에 따르면, 통민운화를 禮律綱紀로, 대기운화를 地月日星의 回轉으로 소개한다.
114 『기학』 1-93. 여기에는 통민운화와 연관되는 人民運化의 氣, 그리고 대기운화와 연관되는 宇宙運化의 氣가 같이 소개되고 있다.

는 절차로부터 사농공상의 직업에 이르기까지 학습에 종사하는 것이다.[115] 재예란 각자의 직업에 따라 숙련을 성취하고 수용(須用)을 편리하게 하며, 민수(民需)를 넉넉히 하여 치화(治化)를 돕고자 하는 것이다.[116]

이처럼 기학의 수신은 그 내용이 성리학의 그것과는 크게 다르다. 도덕적인 내용보다는 추측의 이치를 응용과학적으로 활용하는 실용실사적인 내용이 주종을 이루고 있는 것이다. 대신 인문과학적인 성격은 상대적으로 약하다고 하겠다.

여기서 기학에서 보는 수신·제가·치국·평천하의 문제를 간략히 정리하면 다음과 같다.

修身	一身運化 : 少壯衰老	器用運化의 氣	人事教	才藝
齊家·治國	統民運化 : 禮律綱紀	人民運化의 氣	人道教	人道
平天下	大氣運化 : 地月日星의 回轉	宇宙運化의 氣	人天教	運化

기학의 수신(修身)은 일신운화(一身運化)와 연결되는데, 두 용어에 다같이 '몸[身]'이 들어가는 것에 주목할 필요가 있다. 이것은 수신이나 일신운화의 내용이 몸의 생명력을 고양시키기 위한 물질문명과 관련이 깊음을 의미한다. 이것이 곧 인사 또는 재예이다. 따라서 기학에서 수신은 각종 저술활동 및 도구의 제작 등으로 인간의 삶에 있어서 물질적인 편

---

115 『인정』 8-15, 三層教(『증보 명남루총서』 3, 162면上)에서는 초보적이고 기능적인 가르침인 人事教, 五倫을 비롯한 윤리도덕적인 가르침인 人道教, 그리고 천체의 운행과 운화에 대한 가르침인 人天教를 三層教라고 한다.
116 『인정』 11-56, 三等一統(『증보 명남루총서』 3, 218면下)에는 통민운화와 관련 있는 人道, 대기운화와 연관되는 運化가 같이 소개되고 있다.

리함과 풍요로움을 보장해 주기 위하여 조처를 취하는 것을 주된 내용으로 삼고 있으므로 성리학적 수신관과는 사뭇 다르다고 하지 않을 수 없다. 이것을 달리 말한다면, 기학적 수신관은 그대로 실학적 수신관과 상통한다고 할 수 있을 것이다.

(2) 탈주자학적 제반 입장

기학의 최대 과제는 주자학 비판과 극복이 되지 않을 수 없었다. 이제 두 학문의 차이점을 염두에 두고, 기학의 주자학 비판 입장 또는 전환된 입장을 종합적으로 정리해 보기로 하겠다. 따라서 이미 언급된 내용이 재론될 수도 있을 것이다.

① 인식과 실현의 구조에서 수기 중심의 틀을 비판함
② 기일원론(氣一元論)의 입장에서 주리론(主理論)을 비판함.[117]
③ 기화위주(氣化爲主)의 객관세계(외부세계) 중시의 입장에서 마음위주의 주관세계(내면세계) 중시의 입장을 비판함.[118]
④ 지금여기의 현실을 중시하는 입장에서 복고적인 과거중시의 입장을 비판함.
⑤ 추측(推測)의 입장에서 궁리(窮理)의 입장을 비판함.[119]
⑥ 가치중립적인 입장에서 윤리적인 당위 중시의 입장을 비판함.[120]

---

[117] 『기학』 1-19.
[118] 『기학』 2-10, 2-35.
[119] 『기학』 2-119.
[120] 『기학』 2-26. 기학에서 본구성인 활동운화지성은 그 자체 가치중립적이다. 그러나 이것이 제대로 인식되어 천인운화하면 선인 것이고, 본구성이 잘못 인식되어 천에 違逆 하면 그것은 악이 된다. 이에 비해 주자학에서는 본구된 理太極이 그 자체로 純善하며, 인의예지신의 오상의 덕으로 간주된다. 따라서 기학이 성선설을 부정하는 데 비해서 주자학

⑦ 욕구긍정의 입장에서 욕구부정의 입장을 비판함.[121]

⑧ 윤리적 이법천의 입장에서 우주적인 생명천의 입장으로 전환함.

⑨ 성즉리(性卽理)의 입장에서 성즉기(性卽氣)의 입장으로 전환하면서 활동운화지성을 강조함.

⑩ 심학과 물학을 통합한 입장에서 심학의 입장을 비판함.

4) 활동운화를 위한 조건의 구비와 그 의미

기학에서는 인간이 정신뿐 아니라 육체를 지닌 존재라는 사실도 결코 놓치지 않고 있음에 주목할 필요가 있다. 그것은 '천과 인간을 합성하여 하나가 되게 하는 기를 배양함〔合成天人之養氣〕'에 있어서 육체(hardware)적인 기력(氣力)의 배양이 정신(software)적인 기화(氣化)의 배양과 함께 대단히 중요하다는 주장에서 잘 드러난다. 기력을 배양하면 육체를 구성하는 정기와 혈기〔精血〕가 보충된다. 기화를 배양하면 활동운화의 견문추측이 깊고 우등해질 것이다. 그러면 천과 인간을 친밀하게 하여 천인운화에 도달하는 일이 가능해질 것이다.[122] 기력은 인간의 육체적인 생명활동을 왕성하게 해 주고 기화는 인간의 정신적인 추측활동을 신장시켜 주게 되므로 이 둘을 같이 배양해야 천인운화에 도달할 수 있음을 강조하는 것이다.

기학은 때로 이 기력을 의식(衣食)으로, 기화를 교학(敎學)·견문(見聞)으로 표현한다. "품부받은 기는 음식·의복〔衣食〕으로써 보호하고,

---

은 性善說을 긍정하게 된다.

[121] 『기학』 2-114, 2-118. 이는 天人一致의 입장에서 天人合一의 입장을 비판하는 것과 궤를 같이한다.

[122] 『기학』 2-41.

교학·견문으로써 인도하여 이르게 한다."는 말이 그것이다.[123] 여기서 의식은 기력의 배양을 위해서 필요한 물질적인 조건이라면, 교학·견문은 기화의 배양을 위해서 필요한 정신적·교육적인 조건임을 알 수 있다. 아울러 의식이라는 물질적인 조건이 뒷받침되어야 기력이라고 하는 육체적인 생명활동을 위한 에너지가 배양될 수 있고, 교학·견문이라는 정신적이고 교육적인 조건이 뒷받침되어야 기화라고 하는 정신적인 추측활동을 위한 에너지가 배양될 수 있음을 알 수 있다.

한편 '활동운화'를 '활동'과 '운화'로 구분하여 말하길, "운화는 본성의 활동에서 유래한다."고 하였다.[124] 이 말은 '운화'가 없는 '활동'은 있을 수 있어도 '활동'이 없는 '운화'는 있을 수 없음을 의미한다. 굳이 따진다면 활동은 본체[體]이고 운화는 작용[用]이다. 본체란 촛불에서의 초에 해당한다면, 작용이란 촛불에서의 불빛에 해당한다. 앞에서도 살펴봤듯이 활동은 생기(生氣)·진작(振作)으로 설명되고, 운화는 주선(周旋)·변통(變通)으로 설명된다.[125] 생명의 기운이 약동하는 '활동'이 없으면, 어떤 일을 추구하고 시행해 나가는 '운화'가 불가능하다는 것이다. 이 말은 육체가 없으면 정신도 있을 수 없듯이 기력이 없어서 무기력(無氣力)하면 기화도 있을 수 없으며, 의식이 없으면 교학·견문 역시 있을 수 없다는 것이다.

활동운화의 주체는 천 곧 신기(神氣)이다. 따라서 '밝게 아는 명지(明知)'의 역할을 담당하는 신은 '힘차게 운행하는 역행(力行)'의 기가 없으면 존재할 수 없다. 기가 없이 존재하는 신이 있다고 한다면 이것은 곧

---

123 『기학』 1-24, "所稟之氣, 以飮食衣服, 保護之, 以敎學見聞, 導達之."
124 『기학』 2-1, "運化由於本性之活動也."
125 『기학』 2-78.

무형의 귀신이거나 주재적이고 초월적인 신이 되고 만다. 따라서 기가 본체이고 신은 작용이다.

이 신기가 때로는 심과 성으로 표현됨을 앞에서 살펴봤다. 성으로서의 신기는 활동운화지성(活動運化之性)으로서 운화능력〔運化之能〕을 지닌다면, 심으로서의 신기는 활동운화지심(活動運化之心)으로서 추측능력〔推測之能〕을 지닌다. 굳이 따진다면 활동운화지성은 신기 중 기에 배열되고, 활동운화지심은 신기 중 신에 배열된다. 그러므로 성이 없으면 심이 존재할 수 없다고 하겠다. 이상을 정리해 보면 다음과 같다.

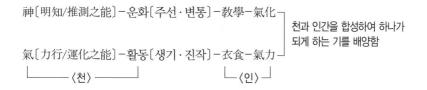

여기서 신기와 활동운화는 '천'의 차원에서 본 것이라면, 교학·의식과 기화·기력은 천인일치를 이루어야 할 '인간'의 차원에서 본 것이다.

위에 정리된 내용은 신(神) 계열과 기(氣) 계열로 이루어져 있다. 우선 어떤 것이 더 근본적인 것이냐를 따지는 본말관(本末觀)에서 본다면 신 계열이 본에 해당하고 기 계열은 말에 해당한다. 그러나 어떤 것이 우선하느냐를 따지는 선후관(先後觀)에서 본다면 기 계열이 먼저고 신 계열이 나중이다. 이것이 무엇을 의미하는가? 기 계열은 신 계열이 존재하기 위한 선행조건이긴 하지만, 기 계열만 있고 신 계열이 없으면 인간다움의 꽃은 피어나지 않는다.[126] 그 꽃이란, 곧 천인운화에 도달하여 활

---

126 여기서 선행조건이란 시간적인 것이 아니라 논리적인 것임에 주목해야 한다. 앞에서도

동운화의 본성을 발현함으로써 천인일치의 삶을 사는 것을 가리킨다. 이런 측면에서 이 두 계열은 상호 보완적이다.

이러한 상보성(相補性) 가운데 의식과 교학·견문의 관계에 대하여 "교학이 아니면 의식의 일이 또한 말미암아 행하여질 수 없고, 의식이 아니면 교학의 일 또한 말미암아 행하여질 수 없기에 경중은 없다."고 하였다.[127] 나아가 기력과 기화의 상보성에 대해서는 "기력과 기화는 서로 도움이 되는 것이다. 기력을 보충하고 배양하는 것은 항상 기화를 충실하게 익히는 데 도움이 된다. 기화를 충실하게 익히면 역시 기력을 보충하고 배양하는 데 유익하다."고 하였다.[128] 여기서 두 계열의 상보성이 구체적으로 무엇을 가리키는지 생각해 보자.

인간이 깨달음을 얻어서 활동운화의 본성을 발현하는 천인운화에 도달하기 위해서는 제대로 된 추측의 이치〔推測之理〕를 내면에 축적해 나가지 않으면 안 된다. 이 추측의 이치는 교학·견문에 의거하여 기화를 배양함으로써 얻어진다. 추측의 이치는 바로 정신적인 생명활동 에너지인 기화의 조리이다. 인간이 지속적으로 기화를 배양하기 위해서는 기력이라고 하는 육체적인 생명활동 에너지가 충분히 배양되어야 한다. 그리고 기력의 배양을 위해서는 의식이라는 물질적인 조건이 충족되어야 한다. 그래야만 지속적으로 기화를 배양할 수 있고, 마침내 천과 인간을 하나로 합성시켜 줄 기를 배양하여 천인운화에 도달할 수 있다.

밝혔듯이 기학에서 신·기·리·형·운화는 不可分離的이기 때문에 神과 氣 역시 분리될 수 없고, 따라서 여기에 시간적인 선후관계가 있을 수 없다.

127 『기학』 1-24, "將此二者, 論其輕重. 非教學, 則衣食之事無由得行, 非衣食, 則教學之事亦無由得行, 是無輕重矣."

128 『기학』 2-41, "氣力氣化, 互相資益. 氣力之補養, 常爲氣化慣熟之助. 氣化之慣熟, 亦爲氣力補養之益."

그렇다면 의식이라는 물질적인 조건과 기력은 어디서 나오는가? 바로 기화의 조리인 추측의 이치로부터 나온다.[129] 앞에서도 언급하였듯이 같은 것과 다른 것으로 이루어진 이 추측의 이치를 활용하면 물질적인 삶을 풍요롭게 해 줄 의식주는 물론이고 각종 문명의 이기를 발명·개발할 수 있다. 이런 측면에서 두 계열은 상보적이다. 특히 기학이 인간을 육체적인 존재로 깊이 인식하여 물질적인 조건의 충족을 인간 완성의 이상적인 삶을 위한 선결과제로 여기고 있다는 사실에 주목하여야 할 것이다. 이것이 주는 메시지가 있다면, 그것은 물질적인 토대는 생존에 있어서 필수불가결하다는 사실, 생존의 문제가 해결되지 않으면 이상적인 삶의 영위는 절대 불가능하다는 사실에 대한 강조이다. 지금까지의 고찰을 통해서 현실을 중시하는 기학의 실용적이고 실학적인 면모가 잘 드러난다고 하겠다.

이러한 기학의 구상은 최한기 당시의 조선이 처한 현실을 알면 더 잘 이해될 수 있을 것이다. 19세기 조선의 형편은 어떠했던가?

서양 선교사들이 본 조선의 모습에서 그 당시의 형편을 알 수 있다. 당시 전 세계를 돌면서 선교활동을 하였던 로마 교황청 소속 선교사들은 조선에 와서 조선을 두루 돌아본 뒤 귀국하여 각자 기록을 남겼는데, 여기서 보면 그들은 이구동성으로 조선, 조선의 백성을 '이 세상에서 가장 가난하고, 가장 게으르고, 가장 더러운 사람들'로 묘사하였다.[130] 아

---

129 여기서 추측의 이치란 생득적이고 불변적으로 부여된 流行之理〔天道〕와 부합되는 推測之理를 말한다.

130 여기에 대해 시사를 줄 수 있는 내용이 문창극 총리후보자의 교회 강연 내용 가운데 나온다. 1800년대에 조선을 다녀간 3명의 선교사들 기록을 통해 이러한 사실을 확인할 수 있다. 1932년의 독일인 선교사 귀츨라프, 1874년의 프랑스인 달레 신부, 1890년대의 영국인 비숍 여사가 그들이다. 특히 비숍이 쓴 『조선과 그 이웃나라들』이라는 책에서 이런 조선의 사정이 잘 드러난다고 한다.

마도 선교사들은 부패한 권력으로부터 오랫동안 가혹하게 수탈당해 온 조선의 백성들이 삶의 의욕을 잃고 자포자기하여 실의에 가득 찬 모습을 본 듯하다. 바로 이런 시대를 살았던 최한기는 이러한 현상을 진단하고 그 원인을 구명하여 처방전을 제시하려고 했던 것이다.

그가 본 조선의 백성은 무엇보다도 먹고 입는 문제를 해결하지 못하여 집단무기력증에 빠져 있었다. 그리고 이러한 근본원인이 물질과 육체를 무시한 정신일변도의 도덕지상주의적인 이(理)의 철학에 있다고 봤다. 그리하여 더 이상 이의 철학으로는 희망이 없고, 여기서 국면전환의 활로를 열자면 역동성을 지니는 기에 주목해야 한다고 봤다. 인간의 본성을 이태극(理太極)으로 볼 것이 아니라 활동운화하는 기로 봐야 한다는 것이다. 그는 조선의 백성이 이러한 기에 힘입어 기사회생함으로써 역동적이고 신바람 나는 활동운화의 삶을 영위하기를 간절히 바랐고, 나아가 전 인류가 모두 그런 삶을 살 수 있기를 희구하였다. 그리하여 그 방안 마련에 몰두하여 내어놓은 것이 기학적 패러다임이었고 이것을 그의 방대한 저술로써 제시하였던 것이다.

지금까지의 논의가 현실적으로 우리들에게 주는 메시지는 무엇인가?

현재 우리들은 19세기 당시의 최한기가 상상할 수 없을 정도로 물질문명이 발달하여 각종 문명의 이기가 개발되고, 이에 따라 육체적인 안락함이 극도로 보장된 세상에 살고 있다. 그런데도 우리 사회 대다수의 삶은 불행하기 그지없다. 왜 그런가? 심학과 물학, 심과 물 가운데서 물만 중시하고 심을 도외시하였기 때문이다. 이는 기학적 구상에서 보면 심각한 병리현상이라고 하겠다. 본래 기학에 따르면 깨달음에 의한 정신의 고양과 물질적인 풍요로움에 의한 육체적인 안락함의 추구는 상보적으로 작용하도록 되어 있었다. 현재 인류 사회가 봉착한 각종 병리현상, 특히 정신적인 측면에서의 질적인 저하는 물질적이고 육체적인 요소를 정신의 고양에 활용하지 못하는 데서 기인하였다고 할 수 있다. 이런 측면에서 기학적 패러다임은 인류가 봉착한 현실문제를 해결해 줄 '새로운 과학'의 가능성을 풍부하게 암시해 주고 있다고 하겠다.

5. 맺음말

본고는 최한기가 정립한 기학의 학문체계가 갖는 특징을 탐구하여 제시하고자 하였다. 그리하여 그 특징을 다음과 같이 정리하였다.

기학은 삼대운화와 사등운화를 그 기본적인 틀로 삼는 운화기(運化氣) 철학이다. 삼대운화는 최한기가 명시적으로 밝히지 않았지만 기학의 전모를 이해하는 데 있어서 매우 중요하다. 활동운화·천인운화·통민운화의 삼대운화를 알면 기학의 천관·인간관·수신관·경세론을 모두 알 수 있다.

기학은 3단계 구조로 된 학문으로서 이것을 달리 말하면 '인식과 실현의 구조'로 되어 있다고 하겠다. 기학 역시 유학(儒學)에 속하지만 성리학에 비해서 수신(修身)의 비중이 상대적으로 매우 낮다는 특징이 두드러진다.

기학은 서구의 자연과학을 주체적으로 수용한 학문이다. 특히 천문학의 성과를 수용하여 이것을 기학의 새로운 천관 정립의 바탕으로 삼았다. 그리하여 활동운화하는 역동적이고 개방적이며 창의적인 인간을 이상적인 인간상으로 제시할 수 있었다.

기학은 무엇보다도 깨달음의 학문이라는 특징을 강하게 지닌다. 이러한 특징은 초기 저술에는 잘 나타나지 않다가 만년으로 갈수록 두드러진다. 특히 『기학』과 『승순사무』에서 잘 드러나고 있다. 그가 만물일체·만성일체를 강조하는 것이 이러한 근거 중의 하나가 될 수 있을 것이다.

기학은 심학(心學)적 요소와 물학(物學)적 요소를 동시에 지니고 있는 학문이다. 이 둘을 통합하여 상보적으로 조화롭게 추구함으로써 새로운 차원의 학문적 패러다임을 제시하고자 하였다. 그리하여 인간의 정신적인 삶 못지않게 육체적이고 물질적인 삶을 중요시하였다. 기학은 인간이 육체적 욕구를 지닌 존재라는 사실의 인식에 매우 투철하였다. 그러면서 궁극적인 깨달음을 얻어서 정신적으로 차원 높은 삶을 살도록 하는 데 이러한 물질적 풍요로움과 육체적인 안락함을 활용해야 한다는 생각을 지녔다. 기학은 그 방법으로서 사물 탐구에 있어서 같은 것과 다른 것을 동시에 보려고 하였다. 여기서 깨달음의 길과 물질적인 풍요로움, 그리고 육체적인 안락함의 길이 동시에 열릴 수 있다고 보았다.

기학이 꿈꾸었던 인간의 이상적인 삶은 역동적이고 활발발(活潑潑)한 활동운화의 삶이다. 이러한 삶이야말로 천인일치의 삶이자 천인운화로서, 인간은 이런 삶을 살도록 본래부터 프로그래밍되어 태어난 존재라고 믿었고, 그 근거를 밝혔고, 이런 삶을 살기 위한 방도를 제시하려고 하였다.

기학은 매우 독창적이다. 그러므로 유교·불교·서학을 주체적으로 수용하면서 유교의 개조인 주공·공자의 학문을 회복하여 계승하려는 계왕성개래학(繼往聖開來學)을 그 캐치프레이즈로 내세웠다.

기학은 성리학과 많이 다르다. 깨달음의 학문이지만 불교와도 다르다. 서구 과학의 영향을 받았지만, 그 한계를 극복하려고 하였다. 이 셋을 취장사단(取長捨短)하여 화삼귀일(和三歸一)시킨 학문으로서의 특징을 강하게 지닌다. 그리하여 시공을 초월한 보편학을 지향하였다. 특히 기학은 당대의 학문으로서 이미 그 한계수명이 다했다고 판단된 성리학을 비판하고 극복하는 데 많은 지면을 할애하였다. 그리하여 성리학과는 다른 학문체계를 정립할 수 있었다. 수신관 외에도, 천관이 다르고, 본성에 대한 견해가 다르다.

최한기는 당시의 절망적인 상황에 대한 진단을 통해서 현실타개의 대안으로서 기의 철학인 기학을 제시하였다. 그리하여 성리학과는 전혀 다른 방법으로 유교적인 대동일통의 이상세계 구현을 목표로 삼아서 그 구상, 방안을 제시하고자 하였다. 이런 측면에서 기학은 또 다른 기의 철학이었던 동학(東學)과 그 맥을 통하고 있다고 하겠다.

앞으로 최한기보다 21년 뒤에 태어나 동시대를 살면서 역시 기에서 구세의 방도를 찾고자 하였던 수운 최제우(水雲 崔濟愚, 1824~1864)의 동학적 사유를 기학의 그것과 정밀하게 비교해 볼 필요가 있을 것이다.[131] 이러한 비교를 통해 기학을 좀 더 심층적으로 이해한 바탕 위에 이 시대 한국인과 인류가 봉착한 현안 과제들을 해결하는 데 기학적 사유가 어떠한 역할을 담당할 수 있는지 적극적으로 모색해 봐야 할 것이라고 생각한다.

---

131 여기에 대해서는 필자가 한 번 시도해 본 적이 있다. 손병욱, 「氣學과 東學의 氣觀에 대한 비교고찰」, 『동양철학연구』 제28집, 동양철학연구회, 2002가 그것이다. 그러나 내용상 미진함을 금할 수 없다. 차후 기회가 되면 좀 더 정밀한 탐구를 해 보려고 한다.

參考文獻

『增補 明南樓叢書』卷1~5, 성균관대학교 대동문화연구원, 2002.
민족문화추진회 공역(1979~1980), 『국역 氣測體義』(Ⅰ~Ⅱ).
민족문화추진회 공역(1980~1982), 『국역 人政』(Ⅰ~Ⅴ).
최한기 지음, 손병욱 역주(2013), 『氣學』, 통나무.
최한기 지음, 이종란 역(2014), 『運化測驗』, 한길사.

『金剛經』
『金剛經五家解』
大慧宗杲, 『書狀』

『寶積經』
『小學』
『書經』
僧燦, 『信心銘』
義湘, 『法性偈』
李珥, 『擊蒙要訣』
李滉, 『退溪集』
曹植, 『學記類編』
慧能, 『六祖壇經』

교양교재편찬위원회(2002), 『불교학개론』, 동국대학교 출판부.
권오영(1994), 「혜강 최한기의 학문과 사상 연구」, 한국학대학원 박사
　　　학위논문.
_____(1996), 「최한기의 사회사상」, 『진단학보』 81, 진단학회.

_____(1999), 『최한기의 학문과 사상 연구』, 집문당.

_____(2000a), 「최한기의 사회경제적 처지와 현실인식」, 『한국학보』 101, 일지사.

_____(2000b), 「새로 발굴된 자료를 통해 본 혜강의 기학」, 『혜강 최한기』, 청계.

_____(2004), 「최한기 氣學의 사상사적 의미와 위상」, 『대동문화연구』 45, 성균관대학교 대동문화연구원.

금장태(1980), 「국역 인정 해제」, 『국역인정』, 민족문화추진회.

_____(1985), 「최한기의 인간관 연구」, 『철학적 인간관』, 한국정신문화연구원.

_____(1989), 「기철학의 전통과 최한기의 철학적 특성」, 『동양학』 19집, 단국대학교.

김낙필(1984), 「혜강 기학의 구조와 성격」, 『한국근대종교사상사』, 원광대학교.

김문식(2009), 『조선후기 지식인의 대외인식』, 새문사.

김용옥(2004), 『혜강 최한기와 유교 : 『기학』과 『인정』을 다시 말한다』, 통나무.

김용헌(1995), 「최한기의 서양과학 수용과 철학형성」, 고려대학교 대학원 박사학위논문.

_____(1996), 「최한기의 서양우주설 수용과 기학적 변용」, 『실학의 철학』, 한국사상사연구회, 예문서원.

_____(1998), 「최한기의 자연관」, 『동양철학연구』 18, 동양철학연구회.

_____(2000), 「조선후기 서양과학의 수용에 따른 주자학적 사유의 변화」, 『대동철학』 제10, 대동철학회.

_____(2002), 「최한기의 시대 인식과 자연학적 인식론」, 『한국학논집』 제36집, 한양대학교 韓國學硏究所.

_____(2005), 「주자학적 세계관의 해체와 실학」, 『혜강 최한기』, 예
　　　문서원.

김형효(2005), 「색즉시공 공즉시색의 철학」, 김형효 교수 정년퇴임기
　　　념 고별강연.

노혜경(2005), 『지구전요에 나타난 최한기의 지리사상』, 학술정보원.

마가스님(2013), 『진광불휘』, 담앤북스.

박희병(2003), 「최한기 사상에 있어서 自然과 人爲의 관계」, 『대동문
　　　화연구』 42, 성균관대학교 대동문화연구원.

_____(2005), 『운화와 근대』, 돌베개.

박종홍(1965), 「최한기의 경험주의」, 『아세아연구』 8-4, 고려대학교.

_____(1977), 「최한기의 과학적인 철학사상」, 『한국사상사논고』, 서
　　　문당.

백민정(2009a), 「최한기 정치론에서 民의 위상에 관한 문제」, 『대동문
　　　화연구』 67, 성균관대학교 대동문화연구원.

_____(2009b), 「최한기 철학의 변모 양상에 관한 일고찰 : 전후기 사
　　　상의 연속 및 불연속 문제를 중심으로」, 『철학사상』 33, 서울
　　　대학교 철학사상연구소.

손병욱(1993), 「혜강 최한기 기학의 연구」, 고려대학교 대학원 박사학
　　　위논문.

_____(1998), 「혜강 최한기 기학의 철학적 구조」, 『동양철학연구』
　　　18, 동양철학연구회.

_____(2000), 「학문 방법론을 통해서 본 기학의 구조와 성격」, 『혜강
　　　최한기』, 청계

_____(2002), 「氣學과 東學의 氣觀에 대한 비교고찰」, 『동양철학연
　　　구』 제28집, 동양철학연구회.

_____(2005), 「혜강 최한기 철학의 기학적 해명」, 『혜강 최한기』, 예

문서원.

_____(2013a), 「기학해제」, 『기학』, 통나무.

_____(2013b), 「퇴계 이황의 거경궁리 사상에서 본 정좌수련의 위상」, 『퇴계학논총』 제22집, 사단법인 퇴계학부산연구원.

_____(2014), 「한국불교의 대승보살도 실천을 위한 방안 고찰-상구보리와 하화중생의 문제를 중심으로-」, 『동아시아불교문화』 제19집, 동아시아불교문화학회.

신규탁(2014), 『규봉종밀과 법성교학』, 올리브그린.

신원봉(2000), 「최한기의 기화적 윤리관」, 『최한기의 철학과 사상』, 철학과현실.

_____(2004), 「혜강 기학에 나타난 주자학의 전환과 근대과학의 영향」, 『혜강 최한기』, 청계.

예문동양사상연구원·김용헌 편저(2005), 『혜강 최한기』, 예문서원.

유봉학(2000), 「19세기 경화사족의 생활과 사상」, 『최한기의 철학과 사상』, 철학과현실

윤사순(1976), 「實學思想의 哲學的 性格」, 『亞細亞研究』 56.

_____(1979) 「국역 『기측체의』 해제」, 『국역 기측체의』 1, 민족문화추진위원회.

이우성(1971), 「최한기의 가계와 연표」, 『유홍렬박사 회갑기념논총』.

_____(1988), 「최한기의 사회관 : 『氣學』과 『人政』의 連繫 위에서」, 동양학학술회의 講演鈔, 『동양학』 18, 단국대 동양학연구소.

_____(1990), 「혜강 최한기의 사회적 처지와 서울생활」, 『제4회 동양학 국제학술회의논문집』, 성균관대학교 대동문화연구원.

_____(2010), 「최한기의 생애와 사상」, 『한국의 역사상』, 이우성저작집 1, 창작과비평사.

이종란(1996), 「19세기 중기 최한기의 현실인식과 정치윤리」, 『유교사

상문화연구』 8, 한국유교학회.

_____(2008), 『최한기의 운화와 윤리』, 도서출판 문사철.

이현구(2000), 『최한기의 기철학과 서양과학』, 성균관대학교 대동문화연구원.

_____(2003), 「최한기 사상의 인식론적 의의」, 『대동문화연구』 43, 성균관대학교 대동문화연구원.

_____(2005), 「최한기의 학문관」, 『혜강 최한기』, 예문서원.

_____(2014), 『최한기』, 실학박물관.

임형택(2001), 「개항기 유교지식인의 '근대' 대응 논리 : 혜강 최한기의 기학을 중심으로」, 『대동문화연구』 38, 성균관대학교 대동문화연구원.

_____(2002), 「혜강 최한기의 시간관과 일통사상」, 『창작과 비평』 통권115(30-1), 창작과비평사.

전용훈(2007), 「19세기 조선 지식인의 서양과학 읽기-최한기의 기학과 서양과학」, 『역사비평』 081, 역사문제연구소.

최영진 외 지음(2000), 『최한기의 철학과 사상』, 철학과현실사.

한형조(2000), 「혜강의 기학 : 선험에서 경험으로」, 『혜강 최한기』, 한국사상가대계-7, 청계.

허남진(1988), 「최한기의 리기 개념에 관한 소고」, 『철학연구』 8, 중앙대학교 중앙철학연구소.

_____(1991), 「혜강 과학사상의 철학적 기초 : 기학과 학의 의미를 중심으로」, 『과학과 철학』 제2집, 통나무.

_____(1994), 「朝鮮後期 氣哲學 硏究」, 서울대학교 대학원 박사학위논문.

_____(1998), 「서양과학의 수용과 전통철학의 접합」, 『철학과 현실』 37, 철학문화연구소,

_____(2005), 「혜강 과학사상의 철학적 기초」, 『혜강 최한기』, 예문
서원.
황경숙(1993), 「혜강 최한기의 사회사상의 구조와 성격」, 『한국학보』
70, 일지사.
_____(2005), 「혜강 최한기 사상의 근대적 성격」, 『혜강 최한기』, 예
문서원.
야규 마코토(柳生眞)(2008), 『최한기 기학 연구』, 경인문화사.

최한기의 기학과 경험적 인식론

허남진 | 서울대학교 철학과 교수

1. 기학(氣學)

최한기의 철학 즉 기학은 1965년 박종홍(朴鍾鴻) 교수에 의해 '대담하고도 철저한 경험주의(經驗主義) 사상'[1]으로 연구됨으로 해서 비로소 한국철학사의 한 면을 차지하게 되었다. 그 이전에 1960년 간행된 『조선철학사』에서 유물사관의 입장에서 도시 평민층의 이익을 대변한 '유기론적 유물론(唯氣論的 唯物論)'[2]으로 정리된 적이 있지만 이는 최한기 사상을 도식적으로 파악하여 철학사적 의미를 제대로 드러내지 못했을 뿐 아니라 이후의 연구에도 영향을 미치지 못했다. 그래서 실질적으로는 박종홍 교수의 연구로부터 최한기의 철학, 과학사상, 사회사상 등이 좀 더 본격적으로 연구되기 시작했는데 관점에 따라 다양하게 평가되고 규정된다. 실학사에서는 '경학(經學)의 실학(實學)이 아닌 역산물리(曆算物理)의 실학으로서 실학과 개화사상(開化思想)의 가교(架橋)'[3]로 놓이고, 유물사관의 입장에서는 '중세 유물론에서 근세 유물론으로 다리를 놓아주는 유물론'[4]으로 위치 지워지며 '개항 이전에 도달한 사상으로서의 동도서기론(東道西器論)'[5]으로 규정되기도 한다.

철학사적인 입장에서만 볼 때 최한기의 철학을 경험론으로 볼 수 있는가는 논란의 여지가 있고[6] 또 최한기의 신기경험(神氣經驗)과 서구의

---

1 朴鍾鴻(1988), 343면.
2 정성철(1988), 269면.
3 李佑成(1985), 14면.
4 정성철(1988), 545면.
5 朴星來(1978), 292면.

경험주의(Empricism) 사이에 유비적 패턴이 있다고 해서 최한기의 철학이 경험주의라고 규정짓는 것은 '최한기의 철학을 경험론의 불완전하고 미성숙한 아류로 만들 우려가 있지만'[7] 필자는 아직도 박종홍의 '대담하고도 철저한 경험주의'라는 규정이 유효하다고 생각한다. 최한기의 인식론적 전환이야말로 그의 철학체계 전체를 관통하는 것이기 때문이다.

최한기의 철학적 성향에 대한 대부분의 연구는 "실로 혜강은 전통적인 유학사상을 실증적 과학적인 근대화와 관련시켜 새로운 태도로 발전시킴으로써 그 근본정신을 시대적으로 살리려 했다."[8]는 박종홍의 시각을 이어받아 사적으로는 실학과 개화사상의 중간자로, 사상적으로는 전통적인 유교사상과 근대사상의 접합자로, 철학적으로는 조선조의 기철학 전통을 이어받으면서 새로운 과학을 포괄하는 독창적인 철학으로 보고 있다. 단지 연구자의 관점에 따라 혜강의 유교적 윤리에 대한 강한 옹호나 화담(花潭), 녹문(鹿門)의 기론(氣論)을 계승하고 있다는 점을 강조한 경우도 있고 혜강사상이 지니는 탈경학적(脫經學的)·탈신비적(脫神秘的)인 근대적 성격과 서구 과학에 대한 맹목적 신뢰에 중점을 두는 경우가 있을 뿐 혜강의 사상이 기존 유학의 한계 내에 있으면서 근대성을 추구한다는 점에서는 모두 일치하고 있다고 생각한다.[9]

---

6 김선희(2014).
7 한형조(2000), 170면.
8 朴鍾鴻(1988), 347면.
9 통사류를 제외한 혜강사상에 관한 주요 연구논문은 다음을 들 수 있겠다.
   朴鍾鴻(1988), 「崔漢綺의 科學的 哲學思想」, 『朴鍾鴻全集 Ⅴ』, 형설.
   李敦寧(1969), 「惠崗 崔漢綺」, 『창작과 비평』 4-3.
   _____(1973), 「崔漢綺의 明南樓集」, 『實學研究入門』, 일조각.
   李佑成(1971), 「崔漢綺의 家系와 年表」, 『柳洪烈博士回甲紀念論叢』.
   _____(1988), 「崔漢綺의 社會觀」, 『朝鮮後期文化-實學部門』(단국대학교 동양학학술회의논총 5).

이처럼 동도서기(東道西器)적인 성격을 지니고 있는, 즉 유교적 윤리의 존속과 서구의 과학과 기술의 수용을 동시에 추구하는 혜강의 철학 과학 사회사상을 매개하고 일관되게 정초 짓고 있는 개념은 혜강 자신이 스스로의 학문을 기학(氣學)이라고 명명한 데서도 알 수 있듯이 '기(氣)'이다. 따라서 혜강의 철학과 사상을 해명하는 데 있어 첫 번째 걸리는 문제는 그의 기 개념이 무엇을 의미하고 어떤 성격을 지니고 있는지 전통적인 기론과는 무엇이 어떻게 다른지를 규명하는 것이다. 말하자면 기 자체를 연구하고자 한 것이 아니라 그의 기는 과학에 대한 인식론적 근거를 마련하기 위한 것일 수도 있다는 것이다.

이러한 생각을 가지고 그의 기 개념이 지니는 의미를 규명하자면 그의 사회사상, 동시대의 철학사조, 그의 삶을 종합적으로 검토해야 하겠지만 다른 장에서 이 문제들이 심도 있게 다루어질 것이기 때문에 이 글에서는 우선 그의 학문관에서 기존의 학문관과 다른 점을 살펴 그의 학문적 목적이 무엇인지 알아보고 그의 모든 사상을 꿰뚫고 있는 기 개념의 특징을 살피고자 한다. 무리한 점이 없는 것은 아니지만 여기서는 혜강의 사상체계를 일단 시민사회를 지향하는 동도서기 사상의 모태로 보고 동도(東道)인 유교적 강상윤리(綱常倫理)와 서기(西器)인 과학사상을 매개하는 형이상학적 전제로 기 개념이 어떤 역할을 하고 있나를 보고자 한다. 이러한 전제를 놓고 혜강의 기 개념을 고찰하면 혜

朴星來(1978), 「韓國近世의 西歐科學 受容」, 『東方學志』 20, 연세대학교 국학연구원.
琴章泰(1985), 「崔漢綺의 人間觀 硏究」, 『哲學的 人間觀』, 한국정신문화연구원.
_____(1985), 「崔漢綺 哲學의 近代的 性格」, 『第3回國際學術會議論文集』, 한국정신문화연구원.
金洛必(1984), 「惠岡 氣學의 구조와 성격」, 『韓國近代宗敎思想史』, 원광대학교.
孫炳旭(1982), 「惠岡 崔漢綺의 氣哲學에 관한 연구」, 한국정신문화연구원.
_____(1984), 「惠岡 崔漢綺에 있어서 認識의 문제」, 『慶尙大 論文集』 23.

강의 기개념은 화담(花潭)-율곡(栗谷)-녹문(鹿門)으로 이어지는 조선조 기철학의 전통을 잇고 있다기보다는 벗어나고 있는 면이 더 부각되지 않을까 한다. 혜강의 저술을 보면 동도의 군건한 입장에서 서기를 수용한다기보다도 서기의 수용이 더 근원적이고 그 틀 안에서 동도를 재편성해 넣는 면도 보이기 때문이다. 따라서 여기서는 전통을 잇는 면보다 전통적인 성리학의 기와 다른 점을 강조하고 그 다른 점에서 서구의 자연과학이 수용되고 전통적인 세계관이 부정, 재편성될 수 있는 소지가 있음을 강변해 보고자 한다. 근대 이전의 보편적 세계관으로 기능했던 성리학의 중심개념 중의 하나인 기 개념과 조선조 말 중세사회의 해체기를 맞이하여 새로운 사회를 꿈꾸었던 한 철학자의 기 개념이 어떤 다른 의미를 지니고 있으며 비록 비슷한 속성이 나열된다 해도 어떤 점이 특히 강조되고 있는지를 살필 때 그의 진정한 의도가 드러날 수 있을 것이다.

최한기가 스스로 표방한 학문의 명칭은 기학이다. 최한기의 철학에 대한 많은 오해는 이 기학이라는 명칭에 사로잡힌 결과 생기는 경우가 많다. 유학에 관련된 많은 연구들 특히 최한기의 사상적 맥을 조선조의 성리학에서 찾고자 하고 최한기의 철학을 성리학의 계승이나 극복으로 보는 연구들이 특히 그러하다. 기학은 이름 그대로 기를 연구하는 학문이다. 기 개념이 철학의 핵심이지만 주기론이나 기일원론을 표방하는 성리학설과는 판이한 내용이다. 주기론·기일원론을 포함한 조선조의 유학은 기본적으로 이학(理學)이다. 주리론·주기론을 막론하고 그들은 리(理)를 추구하고 실현하기 위한 학문 즉 성학(聖學)을 추구한다. 그리고 그 리는 기를 연구함으로써가 아니라 심기를 평안히 하고 내면을 관조함으로써 얻는 깨달음을 바탕으로 한다. 이때 기는 제어의 대상이지 연구의 대상은 아니다. 최한기는 기를 대상으로 놓고 관찰하고 경험한다. 그의 기학은 자신의 신기(神氣)를 관조함으로써가 아니라 신기가 지 닌 통(通)의 기능으로 기를 연구하여 기의 성질과 법칙을 찾고자 한다. 말하자면 거경궁리·함양성찰로써 리를 현실화하는 것이 아니라 관찰과 추측으로 리를 알아 가는 것이다. 기학이 기를 중심으로 하고 리를 밝힌 다는 점에서는 성리학과 비슷한 구도를 가지고 있으나 실제 기학의 근 본적인 의미는 리학이 아니라는 데 있다고 본다. 최한기의 기학에 등장 하는 성리학의 여러 개념들은 새로이 수용된 서양 과학을 바탕으로 한 그의 철학을 동시대의 유학자들이 쉽게 받아들이게 하기 위한 하나의 방편이었다. 그는 기를 말하지만 허령(虛靈)과 청탁수박(淸濁粹駁)을 논 하지 않았고, 자연과 사회, 개인의 이치를 말하면서도 함양을 논하지 않 았다. 도덕에 있어서는 유학 일반과 비슷한 결론을 내리고 있지만 그 근 거를 대는 방법은 완전히 다르다. 현실의 세계에 즉하여 자연의 이치를 구하고 현실의 인간과 역사적 경험을 통해 사회의 법칙을 찾아 실현하 는 것이 기학의 목표이다. 그 중심에는 경험에 입각한다는 새로운 인식 론이 자리 잡고 있다고 생각한다.

이러한 구도에서 최한기의 기학을 해석하기 위해서 먼저 성리학의 리와 기, 수 등의 개념을 다시 검토하고자 한다.

2. 전통 학문 − 성리학(性理學), 노장(老莊), 불교(佛敎), 서교(西敎)

앞에서 최한기의 사상을 '개항 이전에 도달한 사상으로서의 동도서기 론'으로 표현한 바 있다. 최한기는 기본적으로 서구에서 도입한 과학의 내용을 기(氣) 개념 및 기학(氣學)에 적용하고 이에 입각하여 기존의 여러 학문을 비판하고 있다. 하지만 다른 일면 동도(東道) 즉 유교가 서방의 다른 종교보다 우월하다고 한다. 최한기는 당시 천하에 네 개의 종교 ─불교, 천방교(天方敎, 回敎), 천주교(天主敎), 유교─가 각 지역별로 신봉되고 있는데 그중 유교만이 인도(人道)로서 취할 바가 있고 나머지는 분열되고 이론이 생기고 지파가 문호를 열어 다툼을 일으키고 있어 취할 바가 없다[10]고 하여 유교를 옹호하는 태도를 드러내고 있다.

우선 혜강의 도교·불교에 대한 태도를 보면 그의 비판은 도교와 불교의 형이상학적 개념인 공(空)·무(無)의 비실재성에 집중되어 있어 이전의 기론자들의 비판과 별로 다른 것이 없음을 알 수 있다.

"저 노자(老子)의 학문은 무위(無爲)로써 종을 삼고 선가(禪家)의 학문은 한층 더하여서 무물(無物)로써 종을 삼는다."[11]

"노자가 무(無)를 말하고 부처가 공(空)을 말함은 원래 형질이 없고 막힘이 없는 것만 알고 우주에 가득하고 만물에 실려 조화됨이 참으로 유(有) 때문임을 알지 못하는 것이다."[12]

---

10 崔漢綺 著, 李佑成 編(1986), 『明南樓全集』 第1冊, 『推測錄』 권5, 推己測人, 「推師道測君道」, "凡天下之敎有四, 自中南東三印度而緬甸暹羅而西藏而靑海漠南北蒙古, 皆佛敎. 自西印度之包社阿丹, 而西之利未亞洲, 而東之흘嶺左右, 哈薩克布魯特諸遊牧, 而天山南路諸城郭, 皆天方敎. 自大西洋之歐邏巴各國, 外大西洋之彌利堅各國, 皆天主敎. 與中國安南朝鮮日本之儒敎. 蓋其歷年, 則總不過數三千年之久, 而三敎中自分列, 同中立異, 遂開支派之門戶, 因衰迭興, 便成胡越之干戎, 何以洞天下而一敎化哉?"(이하 惠岡의 저술은 著述名만 표기함)

11 같은 책, 권5, 推己測人, 「老佛學推測」, "老學以無爲爲宗, 而禪學加一層, 以無物爲宗."

12 같은 책, 권2, 推氣測理, 「老氏無佛氏空」, "老子之無, 佛氏之空, 蓋見無形質無窒礙, 未見其充塞宇宙, 裁和萬物, 良有以也."

최한기가 노장과 불교를 비판함에 유교의 인륜으로 하지 않고 기일원론자인 서경덕이나 임성주처럼 기일원론적 세계관에 입각하여 우주론에 초점을 맞춘 점은 다음과 같은 서교에 대한 비판과 비교해 보면 상당히 다르다.

"운화(運化)의 기(氣)를 벗어나 천박하고 비루한 일을 받들어 행하는 것은 서양학(천주교)과 천방학(회교)이다. 서양학에서 말하는 신천(神天)은 형체도 없이 최상에 거주하는 주인이며 …… 예배의 의식이 기화(氣化)에 보답하고 감사하는 마음에서 나왔다면 옳지만 신을 섬겨 죄를 면하고 복을 구하며 천당에 오르고 지옥을 피하는 것이라면 옳지 않다 …… 회교는 특히 예배를 중시하는데 이는 불교에서 하등인을 응보설로 유혹하고 도교에서 기를 단련하여 신선이 된다는 것과 같이 천하고 비루한 행위이다. …… 수신제가치국평천하 하고 옛 성현을 이어받아 후학들을 깨우쳐 주기에도 오히려 여가가 없을까 걱정인데 알지 못할 일을 근거로 징험할 수 없는 일을 시행해서 되겠는가."[13]

이처럼 최한기가 예배를 비판하는 것은 아마 당시의 시대적인 사정을 반영한 것이 아닐까 한다. 과학기술로서가 아니고 종교로서의 서양학은 구체적인 윤리규범의 문제에서 유교의 강상윤리(綱常倫理)에 대한

---

13 『氣學』권1, 8면, "踰越運化之氣, 服行賤陋之事, 西洋學天方學, 是也. 西洋學所事之神天無形, 居於最上之宗動天, 造天造地造萬物, 此神外更無可事之神. 天地有始終, 神天無始終, 天地有形, 神天無形, 是乃踰越之大端也 …… 禮拜若出於報謝氣化, 猶或可也. 乃以虔事神天, 爲免罪獲福升天堂避地獄之計. 天方之敎, 以多行禮拜爲貴, 每日有五時禮拜, 每月每歲有隨行之無數禮拜, 以要死後靈魂之安樂. 是將佛家勸誘下等之報應, 要作仙術鍊氣脫殼而升天, 是乃賤陋之行也.(俱以世間同胞之生, 當行人道經常之務) 修齊治平, 次第逢擧, 繼往開來, 猶恐不暇給, 況以不可知之事, 行不可驗之事乎."

가장 큰 위협이라고 생각한 당시의 집권 사대부들을 의식했거나 인식을 같이한 듯하다. 최한기는 천도의 차원에서 서양의 자연과학적인 사상을 받아들이는 데 적극적이었던 만큼 과학과는 거리가 있는 인도(人道)로서의 천주교를 반대하는 데에도 적극적이었다고 하겠다. 이상과 같이 최한기는 불교의 공(空), 도교의 무(無), 천주교의 신(神)과 예배의식을 자신의 기학에 입각해 비판하지만 유교에 대해서는 아주 관대하다. 유교의 여러 이론도 그의 기학에 배치되는 것이지만 그는 그것을 틀렸다고 비판하지 않고 상고(上古)·중고(中古)·현대〔今〕의 학문적 성격이 다르기 때문이라고 하고[14] 주공·공자의 본래 의도가 자신과 같다고 한다.[15] 대기운화(大氣運化)의 차원에서 인간과 우주를 해석하는 기학에서

---

14 『人政』 권16, 選人門 3, 「學問比較」, "學問比較, 自有古今之異. 上古, 以齊家治國之大經大法, 由俊擧賢, 措處質實. 中古, 訓詁文辭繁興, 佛敎禪說, 參入淸虛. 近古理學, 探無形而勉誠實, 矯靡俗而明義理. 方今, 地球呈露而四海人道一統, 運化漸明而萬物造化有準. 學問大勢, 有此四等遷移, 實由閱歷經驗, 各有多少廣狹, 非古今人器, 有此不同也. 若使今人, 當上古之世, 不可不以上古聞見爲學問, 當中古之世 不可不以中古聞見爲學問, 當近古之世, 自然以近古之聞見爲學問. 今世之人, 雖具此學問, 積累資稟, 有通便昏明之分, 於古於今之學問, 未通一端者, 居多. 質略人才知上古學問, 明慧人兼知上古中古之學問, 博涉人幷擧上古近古之學問. 周通人乃能四海一統, 萬物運化掌選者, 以方今周通之學, 比較今世之上中近古今學問, 群分類聚以辨優劣, 不可以上古學爲優, 以方今學爲劣, 又不可以方今學爲優, 以上古學爲劣. 上古學中, 有通今學之漸者爲優, 無通今學之漸者爲劣. 中古近古之學, 亦以通今學之能不能分優劣. 方今學中, 以敎化所及遠近多少分優劣."

15 예를 들면 『論語』의 忠恕는 推로 默識은 測으로 해석한다든지(『推測錄』 권1, 推測提綱, 「聖學及文字推測」) 性相近 習相遠을 추측하는 기능은 같은데 염착이 다르다는 식으로 해석하는 것 등이다(『推測錄』 권1, 推測提綱, 「習變」). 하지만 孟子의 경우에는 先天本具說과 義內說, 義理之分, 萬物皆備於我 등이 그의 경험주의에 어긋남을 비판하고 있다(『推測錄』, 권1, 推測提綱, 「愛敬出於推測」, 「義理」; 권2, 推氣測理, 「天人有分」). 주요한 유학 개념의 이러한 재해석은 아래 예문에서 확인할 수 있다. 『推測錄』, 「聖學及文字推測」, "論語之忠恕, 推也, 默識, 測也. 大學之格物致知絜矩, 幷言推測也. 可見其義之一揆也. 四部諸書文義聯絡處, 只以字義括之, 因字以字由字遂字, 乃推之義也, 量字度字知字理字, 是測之義也.";「習變」, "夫習生於見聞, 熟於染習, 習惡之人, 推測明則爲惡深, 或聞善而遷, 賴其所見之明, 推測不明則爲惡淺, 而遷善亦難. 習善之人, 推測明則爲善篤, 以惡爲趨善之鞭策, 推測不明則爲善泛忽, 或因慈而爲惡矣. 然幼時見聞, 少年染習, 最爲關重. 如素帛之初染, 後

보면 공맹(孔孟)의 유학과 성리학(性理學), 심학(心學)은 아직 완전하지 못한 상고 · 중고 · 근고(近古)의 학문에 지나지 않지만 통민운화(統民運化)의 차원 즉 인도의 차원에서는 수천 년 간의 검증을 거친 끝에 확인된 진리라고 한다.

　　"유술(儒術)이란 통민운화의 도이다. 인도를 밝히고 인의를 말하며 ……세상일에는 성쇠가 있지만 이 유도(儒道)는 장존하는 것이다. 뭇사람을 통섭 귀일하는 데 이 유술이 아니면 무엇으로 이루겠는가."[16]

최한기는 한대(漢代) 이후에 발전한 유교의 우주론과 형이상학에는 반대했으나[17] 유교윤리의 내용 그 자체는 역사의 검증을 거친 것으로 인

來雖洗浣而更染他色, 不若初染. 且帛質受弊, 豈非深戒也? 所習雖去, 推測尙存, 爲平生須用, 大哉習也. 天下之人, 莫不有習, 善惡諸事, 皆有習而做去. 若無心於善惡, 則任其所習, 苟有一分權懲之意, 先自擇其所習, 以及人之所習. 論語性相近也, 習相遠, 言性言習, 包括甚大, 實萬世之表準."; 「愛敬出於推測」, "若謂愛敬之理, 素具於心, 爲氣質所蔽, 不能呈露, 則習染之前, 愛敬素具, 無所指的. 只將習染後推測, 溯習染前氣象, 有何痕蹟之可論? 氣質之蔽, 卽推測之未達, 愛敬之前後, 有無都不可論. 故從其始得, 以爲愛敬之源, 乃誠實也."; 「義利」, "利有義不義, 義之利, 可取, 不義之利, 不可取. 牽於利欲, 假義而取, 霸者之利. 主於義, 而利在其中, 王者之利. 自黜霸之論熾盛, 攻利太甚. 然仁義所以利之利, 能以美利利天下之利, 有不可掩匿者, 則凡於利, 必思義不義而取捨之, 不義之理, 雖夥不可取, 義之利, 雖少可取. 蓋避害趨利, 人情之大同也, 因其趨利之心, 進取利之大同, 則可進於仁義之利, 而些少之利, 反害之利, 庶可除矣."; 「天人之分」, "氣質之理, 流行之理也, 推測之理, 自得之理也. 未有習之初, 只此流行之理, 旣有習之後, 乃有推測之理. 若謂推測之理, 出於流行之理, 則可. 若謂推測之理, 卽流行之理, 則不可 …… 或以爲萬理皆具於我心, 死物之理, 惟窮究於心, 不識推死物而測死物."

16 『人政』 권11, 敎人門 4, 「儒術」, "儒術乃統民運化之道也. 明人道而講仁義, 立紀綱而尙忠節, 貴廉讓以避爭奪, 賤貪鄙以遠恥辱, 開政敎之道化, 重生靈之褒貶, 百王損益 統貫沿革. 世或汚隆, 而斯道長存, 統群生歸一統, 非此術, 何以成哉?"

17 『推測錄』 권1, 推測提綱, 「學問異稱」, "兩漢以降, 學術多端, 究其行道者, 謂之道學, 明心者, 謂之心學, 窮理者, 謂之理學, 遂成門戶, 各守其傳, 殆非所以一道德而公天下也. 推其名而測其義, 則三者皆有所取, 亦有所不取. 夫人之自任重要致遠者, 焉有所常學, 焉有所不學? 自門戶之張開, 學者多守名號, 取同捨異, 須知其實一貫也. 推測其義, 窮理明心, 交將互發, 竟

정한다. 그 결과는 공교롭게도 주공·공자의 숭상을 통한 선진유교(先秦儒教)로의 회귀라는 결론에 도달하여 수사학(洙泗學)을 주장한 다산(茶山)의 입장과 일치한다는 점이 흥미롭다. 말하자면 유학에 대한 최한기의 태도는 유학의 윤리규범의 묵수가 아닌 자신의 기학을 통한 재해석, 그리고 고전의 재해석과 역사적 경험을 통한 권위의 차용이었다고 말할수 있겠다. 조선 후기 당시의 보편적인 세계관을 형성하고 있던 성리학은 유학의 적자 격이므로 성리학의 여러 개념을 그대로 쓰고는 있으나그 의미는 이미 다른 무엇이었다. 그러면 리(理)를 중심개념, 일차적 개념으로 놓는 리학(理學), 성리학에 대한 비판과 기학에 입각한 최한기의리개념은 무엇인지 보자.

"기(氣)를 알지 못하면 리(理)를 알지 못하고 기를 보지 못하면 리를 보지 못한다. 기를 모르는 사람은 성(性)과 리를 공부하는 데 중점을 두어 단지 리가 천하에 가득 찬 것만 알고, 기를 보지 못하는 사람은 허리(虛理)를 연구해서 말하는 바가 모두 신령한 리뿐이다. …… 그중에 지혜 있는 사람은 반드시 그만한 까닭이 있을 것이라 하여 그것을 본성에서 구하고 허(虛)에서 구하는데 기에서 구하는 사람은 매우 드물다."[18]

혜강의 성리학에 대한 비판은 우선 리가 그냥 무형(無形) 중에 있는 것이 아니라는 것이다. 리는 기의 조리(條理)로 실체가 아닌 그림자 같

期至于行道也. 非窮理, 無以明心, 非明心, 無以行道. 然名旣至三, 易眩人聽視爾. 總括其意, 非推測, 何以哉?"

18 『人政』 권9, 教人門 2, 「理有虛實」, "不識氣, 則不識理, 不見氣, 則不見理. 觀其言理之文, 聽其論理之言, 可知見氣識氣與否也. 不識氣者, 歸重於性理, 而但知理滿天下矣. 不見氣者, 惟究於虛理, 而語皆神靈之理也. 以此以彼度乎生, 一也, 各成其言文, 一也. 各從其類傳之受之, 一也. …… 其中有智慧者, 謂必有故, 而求之於性, 求之於虛, 鮮能求於氣也."

은 부수적 존재이다. 그러므로 리를 알기 위해서는 반드시 그 실체인 기를 먼저 알아야 무형 중의 구름 잡는 리가 아닌 참된 리를 알 수 있다는 것이다. 이러한 최한기의 주장을 이해하기 위하여 그리고 어떻게 해서 이러한 비판이 가능한지를 알기 위해서는 성리학의 리가 지니는 의미부터 알 필요가 있다. 정주 계통의 주리적 성리학(主理的 性理學)에서 말하는 리는 존재론적으로는 태극(太極)의 의미를 지닌다. 리는 그 속성상 무형체(無形體)·무계도(無計度)·무조작(無造作)인 동시에 불변의 관념적 실재이다. 형체를 가지고 운동하는 기와 개념적으로는 구분되나 현상에서는 구분되지 않는 실재이지만 기보다 존재론적으로 더 근원적인〔理先氣後〕존재이다. 이러한 존재근원으로서의 리는 인간존재에 있어서는 본성으로 자리 잡고 그 내용은 인의예지(仁義禮智)라는 유가의 덕목들이다. 여기서 유가의 가치개념은 단순한 인간의 가치가 아니라 우주의 질서로 되어 도덕 형이상학을 이루게 된다. 이러한 가치와 존재의 동일시는 리 개념의 해석에서 소이연(所以然)과 소당연(所當然)의 일치로 나타난다.

최한기가 성리학에 대해 비판하고자 하는 초점은 이의 구체적 내용이 인의예지라는 인간적 가치라는 점과 더불어 그러한 내용의 리가 무형·무조작의 관념적 실재이고 존재의 근원이라는 점이다. 최한기는 리 그 자체의 인식이 아닌 기를 통한 리의 인식이 될 때 무형의 리가 아닌 유형유방(有形有方)의 리를 인식하게 되고 이로써 신비적이 아닌 보편적·객관적 리의 인식이 가능해진다고 한다.

"(이 기학을) 무형의 신에 상고해 보면 이는 유형의 신인 셈이며, 무형의 리에 비추어 보면 유형의 리라 할 수 있다. 천지의 유형한 신·리로 천지의 유형한 사물에 증험한다면 쉽게 증거를 끌어대니 신·리가 사물을 형용한 것이며 사물은 신·리를 드러내고 있음을 서로 밝힐 수 있다."[19]

리를 이렇게 눈에 보이고 공간 중에 존재하는 것에서 알 수 있는 것으로, 즉 기에 의해서만 이를 파악할 수 있다는 주장 자체는 전통의 기론과 상당한 유사성을 보인다. 임성주는 혜강보다 한 세기 전에 이미 리의 주재성·실재성에 의문을 표시하고 리를 기의 내재법칙으로 격하시키고 리의 소이연·소당연이라는 두 성격을 기의 자연(自然)이라고 하고 있다.

"리의 뜻은 자연이라는 두 글자에 다 드러난다. 당연과 소이연은 모두 자연에 귀착된다. 아들의 효(孝), 부모의 자애(慈愛), 임금의 인(仁), 신하의 공경(恭敬)은 모두 당연인데 천명과 인심의 자연으로서 억제할 수 없는 데서 나온다. 이것이 바로 소이연의 근거이다."[20]

리의 내용, 인식방법에 있어서는 다르지만 최한기도 기의 자연이 리라는 데는 동감한다. 이러한 점에서 최한기가 형이상학에서는 서경덕에서 임성주로 이어지는 전통적인 기철학을 잇고 있다고도 볼 수 있다. 최한기는 조선조의 성리학을 주리(主理)·주기(主氣)로 구분하고 주기파에서 주장하는 이기론에 동감을 표시하고 자신의 기학의 기본틀로 받아들인다. 최한기는 주리와 주기의 차이를 이렇게 말한다.

---

19 『氣學』, 「序」, "稽之於無形之神, 是乃有形之神, 較之於無形之理, 是乃有形之理. 以天地有形之神理, 驗天地有形之死物, 自足證援, 互相發明. 神理形死物, 事物形神理, 天下無無形之事物, 胸中有有形之推測, 從今以後, 學術有準, 擧有形之理, 而傳習有形之理, 闡有形之神, 而承事有形之神, 國家天下有實踐之階級, 修齊治平有推移之柯則."
20 『鹿門集』 권19, 「鹿廬雜識」, 529면.

"등불 자체에 물체를 비추는 리가 있다는 것이 주리자의 말이고, 불이 밝은 것은 물체를 비추는 기가 있기 때문이라는 말은 주기자의 말이니 주리는 추측의 헛된 그림자요 주기는 추측의 실천이다."[21]

이처럼 주기의 사상이 혜강 자신의 입장과 부합함을 말하고 있으나 리가 기의 자연, 조리로서 지시하는 내용이나 리의 차원은 기존의 주기론자와는 아주 다른 점이 있다. 임성주는 당연의 리인 효(孝)·자(慈)·충(忠)·경(敬)·인(仁) 등을 기의 자연으로 해석하고 이를 리로 보았다. 이에 반해 최한기의 자연과 당연은 적용되는 기의 운동범위, 기와의 관계, 인식되는 과정 등에서 인이라는 도덕적 덕목을 완전히 배제해 버린다. 앞으로 좀 더 상세히 살펴보겠으나 우선 간단히 설명하면 최한기는 기의 운동을 층차로 분류하면 대기운화(大氣運化)·통민운화(統民運化)·일신운화(一身運化) 세 단계로 나누어 볼 수 있다 한다. 앞에서 말한 유교의 덕목들은 두 번째 차원의 통민운화에 해당되므로 인의의 도를 기의 자연에서 배제하는 것은 아닐지라도 성리학의 도덕 형이상학에서처럼 궁극적인 법칙으로 받아들이지 않는 것은 확실하다. 또 기와의 관계에서 보면 리는 기의 운동법칙 자체인 유행(流行)의 리와 인간이 파악한 추측(推測)의 리로 나뉘는데 최한기는 "리학(理學)의 리나 태극의 리(理) 등 모든 책에서 말한 리는 추측의 리일 뿐이다."[22]라고 하

---

21 『推測錄』권2, 推氣測理, 「主理主氣」, "燭中自有照物之理, 主理者之言也, 火明乃是照物之氣, 主氣者之言也. 主理者推測之虛影, 主氣者推測之實踐也."
22 같은 책, 권2, 推氣測理, 「流行理推測理」, "理是氣之條理, 則有氣必有理, 無氣必無理. 氣動而理亦動, 氣靜而理亦靜, 氣散而理亦散, 氣聚而理亦聚. 理未嘗先於氣, 亦未嘗後於氣, 是乃天地流行之理也. 人心自有推測之能, 而測量其已然, 又能測量其未然, 是乃人心推測之理也. 流行之理, 天地之道也, 推測之理, 人心之功也. 先以功求道, 次以道驗功 …… 推測以流行理爲準, 理學之理, 太極之理, 凡載籍之論理者, 儘是推測之理也."

여 성리학의 리는 인간의 주관적 인식에 지나지 않을 수도 있다고 본다. 또 최한기는 "자연이란 천지가 유행하는 법칙이고 당연이란 인심의 추측의 리이니 학자는 자연으로 표준을 삼고 당연으로 공부한다."[23]고 말하여 성리학의 리를 평가절하고 그것이 참된 리로 성립되기 위해서는 첫째 더 상위의 대기운화의 리〔大氣運化之理〕에 부합해야 하고, 둘째 기의 운동법칙 즉 유행지리(流行之理)에 일치해야 한다고 본다. 그러면 유교의 여러 덕목, 즉 성리학의 리의 내용들은 혜강의 기학에서 어떻게 합리화되며 상위의 대기운화의 리는 어떤 다른 성격을 지니게 되는가.

최한기는 인식의 주체가 되는 각 개인으로부터 시작하여 기의 운동을 일신운화 · 통민운화 · 대기운화로 나누었다. 따라서 기의 운동법칙인 리도 일신운화의 리, 통민운화의 리(사회규범, 人道), 대기운화의 리(자연의 법칙, 天道)로 나누어 생각할 수 있는데 개인의 삶이 보편적인 인간규범을 따라야 하듯이 통민운화의 리로 파악되는 사회규범도 당연히 더 포괄적인 대기운화의 리에 종속되어야 하는 것이다. 이러한 범위에 따른 구분 외에 또 최한기는 기 자체의 내재법칙을 유행의 리라 하고 여기에 대하여 인간의 인식능력〔推測之能〕이 자연 및 인간 사회의 경험(已然)을 가지고 자연(自然) 및 당연(當然)을 헤아릴 줄 아는데 이러한 헤아린 내용을 추측지리(推測之理)라고 불렀다.

"하늘의 기가 유행하는 리는 물에 있어 각각 마땅한 바가 있는지라 원래 증감이 없다. 이 리를 궁격(窮格)할 수 있는 것은 사람 마음의 추측인데 여기에는 사람에 따라 잘하고 잘못함과 진실하고 진실하지 못한 차이

---

23 같은 책, 권2, 推氣測理, 「自然當然」, "自然者, 天地流行之理也, 當然者, 人心推測之理也. 學者, 以自然爲標準, 以當然爲功夫."

가 있으나 이 역시 리라고 하지 않을 수 없다."[24]

　이러한 의미에서 최한기는 성리학의 리·태극·사단(四端) 등은 인도
이며 추측의 리라고 본다.[25] 최한기는 인도(人道)가 곧 천도(天道)라는
성리학, 더 나아가서는 유학의 대전제를 정면으로 부정한다. 그리고 성
리학에서 절대적인 진리였던 강상의 윤리는 유행의 리 그 자체가 아닌
상대적일 수도 있는 추측의 리에 불과한 것이라고 보아 상대적으로 유
가의 윤리적 가치가 지녔던 철학적 비중을 낮추고 있다. 이를 최한기는
다음과 같이 말하고 있다.

　"추측의 리가 운화의 리에 부합되면 이른바 얻음이고 착함이며, 추측의
리가 운화의 리에 부합되지 않으면 잃음이고 불선이다."[26]

　"하늘은 사람이 배울 대상이고 사람은 하늘이 가르칠 대상이다. 이러한
사실을 비록 옛사람이 말한 적은 있으나 기가 아니면 착수하여 이에 받들
수 없고 또 형질이 윤전도주해 나가는 것을 정확하게 살펴볼 수도 없다.
천지의 기와 인심의 기는 가르치고 배우고 이끌고 따르는 관계이다. ……
만약 '하늘의 도가 곧 사람의 도라고 할 수 있고 사람의 도가 하늘의 도에
즉해 있다〔天道卽人道 人道卽天道〕.'라 하여 천도의 질서 있는 법도에 어긋
남이 있는지를 돌아보지 않고 오직 심기만 좇아 학을 설하게 되면 인정이

24 『氣測體義』, 『推測錄』 권1, 「推測錄序」, "蓋天氣流行之理, 在物各有攸當, 原無增減. 能窮
格此理者, 卽人心之推測, 而有善不善誠不誠, 然是亦不可不謂之理也."
25 『推測錄』 권2, 推氣測理, 「推測以流行理爲準」, "理學之理, 太極之理, 凡載籍之論理者, 儘是
推測之理也."
26 『氣學』 권1, 13면, "推測之理, 合於運化之理, 所云得也善也, 不合於運化之理, 所運失也不
善也."

서로 비슷한 사람끼리는 화합하고 응하겠지만 천하인이 모두 기꺼이 승복하기를 기대하기는 어려울 것이다."[27]

이렇게 인도의 리는 철두철미 천도의 리를 따라야 한다고 최한기는 거듭 강조하면서도 정작 이러한 천도에 부합하는 인도의 내용, 즉 대기운화에 부합하고 통민운화의 유행지리에 맞는 참된 인도의 내용이 무엇인가에 대한 대답은 불분명할 수밖에 없고 검증할 수 없어 전통적인 유가의 윤리─최한기의 저술에서는 강상(綱常) 혹은 윤상(倫綱)이라고 표현되고 있다.─로 복귀하는 것 외에 다른 방도를 취하지 못한다. 수량화와 검증에 의한 객관성의 확보를 우선하는 과학의 근거로 제시되는 대기운화지리와 주관적 인격·의지를 강조하는 전근대적 윤리성 사이의 부조화는 동도서기(東道西器)론이 본격적으로 제기되기 이전인 혜강의 사상에서도 드러나고 있다고 할 것이다. 최한기는 이러한 시대적 한계내에서 인도와 인정(人政)을 말하다 보니 결국 성리학의 소당연이라는 전제와 성인의 권위를 업은 윤리규범의 객관성을 통민운화의 리로 인정하지 않을 수 없었다.

"인간이 세상에 태어나면 저절로 마땅히 해야만 하는〔所當行〕 인도가 있게 되는데 수신제가(修身齊家)로부터 치국평천하(治國平天下)에 이르기까지 운화에 승순하면 성실한 학이 되는 것이다."[28]

---

27 『氣學』 권1, 5면, "天人之學, 人天之教, 縱有前人之名, 言非氣無以接注承奉, 又無以的視形質. 輪轉陶鑄, 天地之氣, 教學導率, 人心之氣. 心氣導率, 不悖於天地陶鑄, 可通於宇宙. 若謂天道卽人道, 人道卽天道, 不顧大氣範圍有違無違, 惟從心氣而說學, 豈無人情之同類和應? 難期天下人共悅服."

28 『人政』 권9, 教人門 2, 「虛無誠實學」, "人生於世, 自有所當行之人道, 自修齊至治平, 承順運化 爲誠實之學, 得之於身, 而新有榮焉, 教之於人, 而人有惠焉. 不學此, 無以爲人, 學此者,

"옛 성왕이 오륜을 가르치고 문관의 직을 설치하고 인의의 본성과 예와 률을 낸 것은 오직 대중을 이끌어 안정시키기 위한 것인즉 이는 인기(人 氣)가 움직이는 큰 벼리이며 정치하고 제어하는 큰 줄기이다. 그 큰 몸체 를 들어 보면 만세가 지나도 바뀌지 않으나 그 세목을 자세히 보면 후인 의 의혹이 없을 수 없다."[29]

여기서 최한기는 풍속과 예교는 쉽게 바꿀 수 없다는 앞의 입장을 한 층 강고히 해서 당시의 예교에 어느 정도의 절대성을 부여하고 있다. 그 러한 점에서 혜강의 사상은 상업과 산업이 활기를 띠기 시작한 자본주 의 맹아기를 반영하는 세계관의 시도라고는 볼 수 있지만 신분사회의 중세적 구각을 벗어 버리지는 못한, 결국 동도서기(東道西器)에 머무를 수밖에 없었던 사상이라고 하겠다. 그러나 다른 한편에서 최한기는 다 음과 같이 말하여 물리와 사리가 일관성을 지닐 수 있는 새로운 윤리관 의 단초를 보여 주기도 한다.

"선악은 공의(公議)의 이해(利害)이고 이해는 사세(事勢)의 선악이다. 처음부터 끝까지 은미한 것에서 뚜렷한 것까지 모든 것은 선이 리이고 리 가 선이며 악이 해이고 해가 악이니 선악과 이해에 어찌 하늘이 정한 한 계가 있어서 변통할 수 없는 것이리오."[30]

有無窮之用, 天下之人, 盡學誠實, 可致泰平, 而猶恐一人之不學. 天下人, 盡學虛無, 人無以 生活, 勢不得已去虛無, 而趨誠實耳."
29 『氣學』권1, 25면, "古聖王, 五倫之敎, 六官之職, 仁義之性, 禮律之學, 惟爲導率衆庶以安天 良, 則乃是人氣運化之綱紀, 政治裁御之經常. 擧其大體, 雖萬歲而不易, 察其措行, 不無後人 之疑惑."
30 『神氣通』권3, 變通, 「善惡利害」.

여기서 최한기는 선악과 이해를 연관시키는데 이는 유가의 기본전제인 의리지분(義理之分)을 거부하는 방향으로 나아갈 가능성이 있는 말이다. 선과 이익을 관련시키게 되면 이익이 수량화될 수 있는 만큼 선도 대기운화의 리에 포함되게 되고 그러면 가치의 양화, 객관화라고 하는 새로운 국면에 접어들게 되기 때문이다.

최한기는 당시까지 학의 주류를 이루고 있던 성리학과 심학, 노장, 불교 심지어는 서양의 종교인 천주교까지도 시대의 조류에 맞지 않는 것으로 비판한 다음, 새로운 과학·기술과 부합하는 학문으로 기학을 제기한다. 최한기는 자신의 시대를 "학문의 성격이 변화하고 사물의 이치가 밝아지는"[31] 때라고 보고 종래의 유학이 규명하려고 애썼던 도·덕·인·지·성·리 등의 개념이 신기(神氣)에 의해서 재해석되어야만 제대로 해석될 수 있고 학문도 소기의 목적을 달성할 수 있다고 본다.[32] 또한 그 시대는 "바다에 선박이 두루 돌아다니고 서적이 번역되어 이목이 전달됨에 따라 법제와 기용(器用)이 전해지는"[33] 그러한 동서교류의 시대였다. 이러한 변화와 교류의 시대에 요청되는 학문은 좀 더 객관적이고 보편적이어야 하는데 최한기는 보편성과 객관성의 근거로 새로운 기개념과 이를 바탕으로 한 학문 즉 기학을 제시한다. 혜강에 의하면 기라고 하는 개념은 천(天)·제(帝)·도(道)·성(性)·심(心)·신(神)·기(器)·음

---

31 『明南樓隨錄』, 2면.
32 『明南樓隨錄』, 1면, "惟有運化神氣爲萬事萬物之本源, 道德仁義性理諸字, 俱以神氣明之, 道爲神氣之道, 而道成廣大之體, 德爲神氣之德, 而德成鎭物之體, 仁爲神氣之仁, 而仁成天地之準, 知爲神氣之知, 而知周萬物之通, 性爲神氣之性, 而有形質之可循, 理爲神氣之理, 而有形質之可踐, 無形名象, 到此爲有形名象. 在內之神氣, 道德仁知性理, 從諸竅而通在外之神氣. 道德仁知性理, 何事何物, 非神氣之所統乎?"
33 『推測錄』 권6, 推物測事, 「東西取舍」, "東西取捨, 海舶周遊, 書籍互譯, 耳目傳達, 法制之善, 器用之利, 土産之良, 苟有勝我者, 爲邦之道, 固宜取用."

(陰)·양(陽) 등 기존의 주요 개념들을 포괄하고 있을 뿐 아니라[34] 새로이 전해진 서구의 과학기술 즉 서법(西法)의 근거도 아울러 될 수 있는 것이었다.[35] 최한기는 "풍속과 예교는 쉽게 변화시킬 수 없는 것"[36]이기 때문에 전통적인 유교윤리에서 벗어날 수는 없으나 "나라의 제도나 풍속은 고금이 다르고 역산(曆算)과 물리(物理)는 후세로 올수록 더욱 밝아졌으니"[37]전통의 학을 묵수할 수만은 없다고 생각했다. 최한기는 당시 실학의 학문관과 비슷하게 한갓 도덕의 천명만으로는 학자의 사명을 다한다고는 생각하지 않고 진정한 학문은 "실제의 사무에 도움이 되어야 한다"[38]고 생각했다. 이러한 학이 이루어지기 위해서는 고법(古法)의 변통만으로는 부족할 뿐 아니라 물리의 혼명이 바뀌는 이 시대의 문제를 해결하기 위해서 필요하다면 "옛것은 버릴 수 있을지언정 지금은 버릴 수 없는"[39] 획기적인 학문관이 필요한 때라고 강조한다. 그래서 최한기는 학의 의미를 좀 더 확장해서 문자의 의미 그대로 모든 '배움'은 학(學)으로 성립한다고 주장한다.

"깨우쳐 안 것을 가지고 가르침을 받고 수업을 베푸는 것을 학이라고

---

34 『推測錄』 권2, 推氣測理, 「一氣異稱」, "氣卽一也. 指其所而名各殊焉. 指其全體, 謂之天, 指其主宰, 謂之帝, 指其流行, 謂之道, 指其賦於人物, 謂之命, 指其人物稟受, 謂之性, 指其主於身, 謂之心. 又指其動而各有稱焉. 伸爲神, 屈爲鬼, 暢爲陽, 斂爲陰, 往爲動. 來爲靜."

35 『人政』 권12, 敎人門 5, 「功效有七」.

36 『推測錄』 권6, 推物測事, 「東西取舍」, "至於風俗禮敎, 自有風氣之攸宜, 薰陶之習染, 縱有勝我者, 不可以猝變."

37 『氣測體義』, 序, "至於國制風俗 古今異宜, 歷算物理 後來益明."

38 『人政』 권12, 敎人門 5, 「以行事辨學問」"學問優劣, 但以言爭辨彼此, 引處經傳, 何嘗有一言之負哉? 常以措畵事務決處疑難, 各陳所學, 證驗在前, 違合立判 …… 是以, 學問誠僞, 可於動靜處事見之, 不可以言說爭辨. 使正知覺者, 聽其言論, 豈無優劣? 使衆人知之, 顯著莫如行事."

39 『人政』 권11, 敎人門 4, 「古今通不通」, "若以古今取捨論之, 我之所養育所依賴, 在今不在古, 所須用所遵行, 在今不在古, 寧可捨古, 而不可捨今."

한다. 옛날부터 지금까지 유와 무, 허와 실 또는 작은 일에 모두 학이란 칭호를 쓰지 않음이 없어 각각 그것이 민생에 도움이 됨을 스스로 자랑했는데 실제는 민생에 해가 되는 것, 해도 득도 안 되는 것도 어지러이 섞여 있었다."[40]

이러한 관점에서 최한기는 무형의 리를 추구하고 내면의 도덕성 확립에 주력하는 성리학을 하나로 통일된 도덕과 모든 사람의 천하〔一道德 公天下〕라는 보편성과 객관성을 확보하지 못한 중고의 학문〔中古之學〕이라 규정짓고[41] 시대에 부흥하는 새로운 학문으로 기학을 제시한다. 기학은 전통의 학문을 모두 포괄하지만 특히 역수학·물류학·기용학과 같은 새로운 과학기술에서 그 성격이 더욱 분명히 드러난다. 하지만 이러한 기학이 근세에 갑자기, 혹은 혜강 자신의 창안에 의해 생긴 것은 아니고 오랜 인지의 축적을 바탕으로 이룩된 인류 역사의 결실로 이루어진 것이라고 최한기는 말한다.

"만물을 총괄하고 운동변화가 무궁한 것으로 땅·달·해·별이 이로 인해 움직이고 바람과 비, 추위와 더위가 이로 인해 생기는 것인데도 상고 사람들은 미처 알지 못했고 그 다음 시대 사람은 의심만 했고 중고 사람들은 제멋대로 이해했는데 근대의 사람들이 시험 응용하기 시작하고 모든 사람들이 이를 쓰게 되었다. 이것은 고금 사람이 협력하여 추출해 내고 원근의 사람이 서로 논증하여 밝힌 것으로 그 이름은 기이다. 이 기로써

---

40 『氣學』권1, 5면, "以其覺悟受教傳業曰學. 自古及今, 有無虛實, 微細事務, 莫不有學之稱號, 各自鳴其所能. 有補於民生者, 有害於民生者, 無損益於民道者, 雜錯紛紜."
41 『氣學』, 「序」.

학을 삼으니 고금에 비교 검토해 보면 학의 차이를 알 수 있을 것이다."[42]

혜강의 이 말에서 알 수 있듯이 기학의 특색은 기의 형체가 있고, 추측할 수 있으며, 수량화할 수 있는〔有形, 有測, 有數〕성질에서 기인하는 것으로 역수와 기용으로 검증하고 수량화함으로써 객관성과 보편성을 지닌다는 데 있다. 최한기는 기학으로 자연계의 설명뿐 아니라 인간과 윤리의 문제까지도 설명할 수 있다고 믿었는데 혜강에 따르면 기의 운동은 대기운화·통민운화·일신운화로 나눌 수 있는데 적용 범위는 다르나 그 원리는 일기(一氣)의 운화로 환원되는 동일한 것이라 하여 "기학의 효과는 천지자연과 인간, 사물이 하나로 통일된 운화의 형적에서 찾아질 수 있어 비단 나 혼자에게서 닦아 밝게 하는 것이 용이할 뿐 아니라 또한 다른 사람을 가르치는 데도 이점과 편리함이 있다."[43]고 한다. 이를 오늘날의 표현으로 바꾸어 말하면 자연과학의 원리에 사회과학·윤리학이 포섭되는 통일과학이라고 할 수 있는데, 과연 통민운화로 지칭되는 정치·도덕의 원리가 대기운화라는 과학의 원리에 포섭되어 설명될 수 있을지는 의문이나, 인간의 가치로 천지의 운행원리를 설명하는 전통적인 유가의 입장을 뒤집어 인도의 근거를 물리에서 찾고자 한 기학은 근대적인 세계관을 지향하는 획기적인 시도였다.

---

42 『氣學』권1, 5면, "總包萬有, 運化無窮, 地月日星, 賴此幹旋, 風雨寒暑, 由此發作. 上古人未及知, 次古人所疑惑, 中古人所揣摩, 近古人所試用, 天下人所通行. 是乃古今人協力抽援, 遠近人相證闡明, 其名曰氣. 以此爲學 較驗于古今, 學之差異 可見."
43 『氣學』권2, 34면, "氣學功效, 在於天地人物 一統運化形迹可尋 …… 非獨於吾身修明 簡且易焉, 亦可在人物導達 因利乘便."

3. 신기(神氣)

신기는 눈에 보이지 않는 작용 혹은 원인을 알 수 없는 운동을 지칭하는 신이라는 개념과 그 작용 또는 운동의 주체로 간주된 기가 합쳐진 용어로 신령한 기 혹은 정신 현상을 가능하게 하는 기라는 의미로 사용되었다. 이러한 신기 개념이 더욱 확충되어 철학의 중심개념으로 사용된 것은 최한기의 기학(氣學)에서이다.

말하자면 신기는 활동운화(活動運化)하는 기의 별칭이다. 신기도 천지지기와 마찬가지로 현상의 세계와는 별도로 존재하는 어떤 것이 아니라 기의 한 측면 혹은 한 성격을 나타내는 것일 뿐이다. 신을 기의 펼침〔伸〕으로 본다든지 운동능력〔良能〕으로 보아 기(氣)와 신(神)을 동일시함[44]은 혜강이나 기존의 기철학자가 마찬가지이나 장재나 화담이 기의 보이지 않는 신비한 능력을 지칭한 데[45] 비해 최한기는 신기를 알 수 없는 신비한 그 무엇이 아니라 인식과 운동변화〔力行〕를 가능하게 하는 형적이 있는 기의 한 형태라고 본다.[46] 즉 신기는 활동운화하는 기 바로 그것이며 존재 양태에 따라 천지의 신기와 형체의 신기로 구분되기는 하나 본질적으로 성격이 다른 것은 아니다.[47] 그렇기 때문에 최한기는

---

[44] 『人政』 권5, 測人門 5, 「運化善不善」, "神卽氣. 神者, 氣之伸也 …… 幷言神氣, 則神包氣中, 單言神, 則氣之功用顯著也. 氣卽神, 神卽氣."

[45] 장재나 화담은 神을 陰陽의 造化가 복잡 미묘하여 알 수 없음으로 해석한다. 구체적으로는 귀신이 지니는 성격을 말하기도 한다. 張載, 『正蒙』, 「太和」, "鬼神者 二氣之良能也."

[46] 『神氣通』 권1, 體通, 「知覺優劣從神氣而生」, "神者, 氣之精華, 氣者, 神之基質也. 知覺從神明之閱歷而生, 運化從氣力之進就而成."

[47] 『神氣通』 권1, 體通, 「通有得失」, "氣者 天地用事之質也, 神者 氣之德也. 大器所涵, 謂之天地之神氣, 人身所貯, 謂之形體之神氣. 夫天人之神氣 已自我生之初, 相通而相接, 終始不違. 維人之知覺, 旣是自得之物, 從其所見, 而所主不同, 從其所主, 而所通亦異."

인간에게 주어진 형체의 신기로 현상의 기의 활동운화(活動運化)를 인식하여 천지의 신기의 본모습을 추측할 수 있다고 보았고 그 근거를 신기의 보편성에서 찾았다. 신기는 지각작용 그 자체는 아니나 지각을 가능하게 하는 기의 한 속성이고 동시에 지각의 대상인 셈이다. 이를 최한기는 다음과 같이 말하고 있다.

"신기는 지각의 근원이고 지각은 신기의 경험이니 신기를 지각이라고 이를 수 없고 지각을 신기라고 이를 수도 없다. 경험이 없으면 신기만 있을 따름이니 경험이 있어야만 신기가 지각을 갖게 된다."[48]

"기의 능함을 일컬어 신(神)이라고 한다."[49] "기는 천지의 작용하는 바탕[質]이요 신은 기의 덕(德)이다."[50] "그 기 전체의 무한한 공용의 덕을 총괄해 신이라고 한다."[51]

이러한 말들로 미루어 볼 때 최한기 기철학에서의 신 개념은 기 속에 내재된 기의 운동능력[氣之良能], 기의 작용변화[氣之伸]라는 전통적인 규정을 그대로 쓰고 있으나 전통적인 의미에서의 신이 정신 작용을 비롯한 눈에 보이지 않는 신비한 작용을 주로 지칭한 데 비해, 최한기는 기의 운동 및 변화 모두를 지칭하고 있는 점이 다르다.

---

48 『神氣通』 권1, 體通, 「經驗乃知覺」, "神氣者, 知覺之根基也, 知覺者, 神氣之經驗也. 不可以神氣謂知覺也, 又不可以知覺謂神氣也. 無經驗, 則徒有神氣而已, 有經驗, 則神氣自有知覺耳."

49 『氣學』 권1, "氣之能曰神."

50 『神氣通』 권1, 體通, 「通有得失」, "氣者, 天地用事之質也, 神者, 氣之德也."

51 『神氣通』 권1, 體通, 「氣之功用」, "其本性則不變, 擧其全體, 無限功用之德, 總括之曰神."

그래서 최한기는 "(기의 속성인) 활동운화가 신이 된다."고 하고, 나아가 "신이란 운화지능(運化之能)을 가리키므로 운화지기(運化之氣)가 곧 신이다."고 하여 기와 신을 동일시하기도 한다. 말하자면 형체 있는 사물을 구성하는 요소와 사물의 운동을 가능하게 하는 근원이 별개의 것이 아니라는 것이다.

따라서 이러한 신 개념과 합해 형성된 신기도 형체지기(形體之氣)·운화지기(運化之氣)·천지지기(天地之氣) 등과 구분되는 별개의 기가 아니라, 어떤 존재로 형성된 기가 지니는 작용 또는 운동의 측면에서 그 기를 규정짓는 기의 다른 이름일 뿐이다. 최한기는 "형질이 크면 그 신기도 크고 형질이 작으면 그 신기도 작다."고 말하면서 신기라는 기의 일종이 따로 있는 것이 아니라, 각 형질에 따라 형성되는 것임을 말하고 있다.

그 한 예로 가장 큰 형질인 천지는 만물을 형성하는 작용을 지니는데, 그 작용을 가능하게 하는 천지의 신기는 "천의 신기가 땅에 빈틈없이 접해 땅의 증발하는 기운과 더불어 서로 물들이고 섞여 한 덩어리로 뭉쳐서 천지의 신기를 이룬다."고 한다. 말하자면, 기의 측면에서는 천지만물이 동일하지만 기가 천·지·인·물의 형체를 이루고 있는 상태에서는 각각의 존재들이 각각의 운동법칙과 속성을 지니게 되고 그 측면에서 각각의 존재는 서로 다른 작용 즉 신기를 가지게 된다는 것이다. 인간의 신기도 다른 사물의 신기와 마찬가지로 사람이 외물에 반응하고 대응하는 작용 일체를 지칭하지만, 경험적 인식과 추측을 가능하게 한다는 점에서 특히 중요한 의미를 지닌다. 최한기는 사람의 신기가 형성되는 과정을 다음과 같이 설명하고 있다.

"사람의 몸에 신기를 생성하는 요소는 네 가지이니 첫째는 천(天)이요,

둘째는 토의(土宜)요, 셋째는 부모의 정혈(精血)이요, 넷째는 견문염습(見聞染習)하는 것이다. 위의 세 조목은 이미 품수한 바가 있는 것이므로 소급해 고칠 수 없지만, 아래의 한 조목은 실로 변통하는 공부가 된다."[52]

또한 최한기는 개인의 몸에서 신기가 형성되고 작용하는 과정을 설명하기도 한다. 최한기에 의하면, 신기는 여러 감각기관과 몸체가 모여 형성되는 것인데 인간이 외부의 대상을 인식할 때 여러 감각기관의 신기가 먼저 움직이고 혈액과 장부가 이어 응한다고 한다.

인간의 신기는 천지를 포함한 사물이 지니는 작용과 즉 사물의 신기를 지각하고 인식하는 인간의 능력을 지칭하는 것이고, 역으로 천지만물의 신기를 얼마나 잘 파악하느냐에 따라 각 개인의 능력 즉 개인의 신기도 달라지는 것이다.

이러한 최한기의 신기에 관한 논의를 종합해 보면 신기는 기의 형체와 운동작용이라는 두 측면 중 운동작용의 측면을 지칭하는 용어로 인간에 있어서는 명지(明知), 즉 지각과 추측이라는 인식 능력을 주로 의미한다고 볼 수 있다.

4. 천지(天地)의 기(氣)

최한기는 기학을 세계에 대한 새로운 인식의 틀일 뿐 아니라 유학을 비롯한 제 학문과 중국을 통해 도입된 서양의 과학을 포괄하는 보편학,

---

52 『神氣通』 권1, 體通, 「四一神氣」, "人身神氣生成之由有四, 其一天也, 其二土宜也, 其三父母精血也, 其四聞見習染也. 上三條, 旣有所稟, 不可追改, 下一條, 實爲變通之功夫."

세계학으로 정립하고자 한다. 이름 그대로 기 개념을 중심으로 동도(東道)와 서기(西器)가 연결되고 기 개념을 통해 혜강의 새로운 세계관과 경험적인 인식론이 전개되는, 말하자면 기라는 기존의 성리학 개념에 서양 과학의 내용을 담은 학문이라 하겠다. 그러므로 기 개념은 혜강철학의 핵심을 이룬다고 하겠는데 유학에 대한 혜강의 입장이 이중적이듯이 그의 기 개념도 한편으로는 전통적인 기의 의미에 충실하고 다른 한편에서는 전통적인 의미에서 벗어난 새로운 개념으로 쓰이고 있다. 여기서는 혜강의 기학이 서구 과학을 수용하기 위한 형이상학적 전초작업이라고 보고 그의 기 개념이 전통적인 기 개념에 어떠한 변용을 가했는지 살펴보고자 한다.

우선 장횡거·서화담·임녹문으로 이어지는 기론의 대강을 간략히 요약해 본 다음, 그것과 혜강의 기 개념이 어떤 점에서 비슷하며 어떤 점에서 다른지 보기로 하자. 장횡거로 대표되는 전통적 기론자들은 모두 세계를 태허(太虛)와 만물로 나누어 본체와 현상의 이원적인 구조로 파악한다. 장횡거에 의하면 태허는 담일무형(湛一無形)한 것으로 기의 본체인데 이는 감각적 인식으로는 포착되지 않는 활물로 스스로 운동하는 기능을 갖추고 있다. 이 태허의 기가 모여서 현상세계의 사물이 된다. 현상세계의 사물은 기가 흩어짐으로써 없어지지만 그 기는 태허로 돌아간다. 즉 태허의 기는 불생불멸이나 사물은 기의 일시적인 양태〔氣之客形〕에 지나지 않는 것으로 이 때문에 태허의 본체는 고요하고 비어 있고 맑은〔虛·靜·淸〕 성격을 지니고 현상의 사물은 꽉 차 있고 움직이며 탁한〔實·動·濁〕 성격을 지니게 되어 맑고 흐리고 순수하고 잡박하다는〔淸濁粹駁〕 가치의 우열이 나누어진다. 담일무형(湛一無形)·담일청허(湛一淸虛)로 표현되는 본체의 기는 스스로 모이고 흩어지고〔聚散〕, 오르내리고〔昇降〕, 움직이고 멈추고〔動靜〕, 뜨고 가라앉는〔浮沈〕 운동을 하는데 이는 음양의 대립조화로 설명된다. 즉 일기는 그 동정으로 말미암아 음양으로 나뉘는데 양은 지극히 고동하여 하늘이 되고 음은 지극히 응취하여 땅이 되고, 양이 고동하는 극(極)에서 그 정(精)이 결합된 것이 해가 되고 음이 응취하는 극에서 그 정이 결합하여 달이 된다. 남은 정은 흩어져 성진이 되며 그것이 땅에서는 물과 불이 된다. 이러한 기의 담연무형(湛然無形)하면서 복잡한 음양의 조화를 이루는 모습을 신(神)이라고 한다.

이상에서 전통적인 기론의 대략을 살펴보았는데 혜강의 기론도 존재하는 모든 것이 기로 이루어져 있고 우주에 기가 빈틈없이 가득 차 있다고 하는 점에서는 횡거·화담·녹문의 기론과 다름없다. 이를 최한기는 그의 초기 저술인 『신기통(神氣通)』의 서두에서 이렇게 표현하고 있다.

"천지를 꽉 채우고 물체에 푹 젖어 있어 모이고 흩어지는 것이나 모이지도 않고 흩어지지도 않는 것이 어느 것이나 기 아닌 것이 없다. 내가 태어나기 이전에는 천지의 기만이 있고 내가 처음 생길 때 비로소 형체의 기가 생기며 내가 죽은 뒤에는 도로 천지의 기가 된다. 천지의 기는 광대하여 영원히 존재하고 형체의 기는 편소하여 잠시 머물러 있다가 없어진다."[53]

천지의 기를 태허(太虛), 선천(先天), 담일기(湛一氣)로 형체의 기를 후천(後天), 사재(渣滓)의 기로 단어만 바꾸면 이 말이 횡거의 말인지 화

---

[53] 『神氣通』권1, 體通, 「天人之氣」, "充塞天地, 漬洽萬物, 而聚而散者, 不聚不散者, 莫非氣也. 我生之前, 惟有天地之氣, 我生之始, 方有形體之氣, 我沒之後, 還是天地之氣. 天地之氣, 大而長存, 形體之氣, 小而暫滅."

담의 말인지 구분하기 힘들 정도이다. 일기장존(一氣長存) 그리고 기가 우주에 가득 차 있다는 점, 기의 모임과 흩어짐으로 존재를 설명하는 점, 기 스스로 운동의 능력을 갖추고 있으며 그것은 기계적인 것으로 특별한 목적이 없다는 점, 일기의 본체에서 윤리성을 구하는 점 등 천지지기라는 기의 본체의 의미에서는 최한기는 기존의 기론을 대부분 계승하고 있는 것 같다. 그러나 기의 성격을 규정하는 결정적인 몇 가지 점에서 최한기는 전통적인 기론과 결별하고 있고 위에서 든 여러 비슷한 점에서도 강조점을 달리하고 있음을 주목할 필요가 있다.

우선 지적할 수 있는 점은 이전의 기론자들이 기를 본체의 기와 현상의 기를 이원화하고 본체의 기는 태허라고 한 말에서도 알 수 있듯이 무(無)가 아니라 기가 있음을 강조하지만 무형(無形)·허(虛)·정(靜)의 성격을 강조하는 데 비해 최한기는 천지의 기 자체도 그 근본적인 성격은 유형유적(有形有跡)의 기가 운화하는 데서 나타나고 그것이 무나 허(虛)가 아닌 유(有)임을 강조하고 있다.

> "충만한 기의 형질을 안 다음에야 운화의 도리를 알 수 있다. 주발을 물동이의 물 위에 엎었을 때 물이 주발 속으로 들어가지 않는 것은 그 주발속에 기가 가득 차 있어 물이 들어가지 못하는 것이니 이것이 기에 형질이 있다는 첫 번째 증거이다. …… 이 여섯 가지 증거를 가지고 몸에 흡족하게 젖어 있는 것과 만물의 변동을 증험해 보면 이들은 모두 기의 형질을 증명하는 것이 아님이 없다."[54]

---

54 『人政』권10, 敎人門 3, 「氣之形質」, "見得充滿氣之形質, 然後可以見運化之道. 以鉢覆於盆水之中, 而水不入鉢中, 以其鉢中氣滿而水不入, 是氣有形質之一證也. …… 以此六證, 驗之於身體之漬洽, 萬物之變移, 無非氣形質之可證也."

혜강이 기에 형질이 있다는 증거로 든 이 예들은 공기의 존재를 증명하는 것으로 이 말만 가지고 본다면 최한기는 공기와 전통적인 의미의 기를 동일시한 것 같다. 그런데 최한기는 다른 곳에서는 미물도 체취를 가지고 있는 것처럼 지구 둘레에도 땅의 유기(遊氣)가 위에 엉켜 있는 몽기(蒙氣)란 개념을 사용해서 달과 별의 굴절현상을 설명하고 있다.[55] 또 다른 곳에서는 조석의 변화와 별의 궤도는 몽기가 아닌 기의 소용돌이 현상으로 설명하고 있는 것으로 보아[56] 몽기와 기를 같은 것으로 보지는 않은 것 같다. 오늘날의 대기를 몽기라는 말로 표현한 예는 혜강 이전에 서구 과학을 중국을 통해 받아들인 홍대용·정약용의 글에서도 보인다고 한다.[57] 홍대용·정약용의 경우에는 근원적 존재로서의 기 개념과 기(氣)−음양(陰陽)−오행(五行)이라는 전통적 우주론을 부정하고 기(氣)·수(水)·화(火)·지(地)의 사원소설(四元素說)을 받아들여 기를 사원소 중의 하나인 공기와 동일시하는 데 비해 보면 혜강의 기 개념은 훨씬 전통의 기 개념을 많이 수용하고 있다고 할 수 있다. 최한기는 기의 기능에 따라 다른 이름을 붙인 것이 천(天)·제(帝)·도(道)·명(命)·성(性)·심(心)·신(身)·귀(鬼)·음양(陰陽)·동정(動靜)이라 하여[58] 전통적인 성리학의 여러 개념을 포괄하는 동시에 기에서 서구의 과학사상과 경험론적 인식론의 근거를 구하고자 했다. 최한기는 기 개념에서 존재의 충만성과 동질성을 찾았다. 따라서 기존의 기철학이 근원적 일기와

---

55 『推測錄』 권2, 「蒙氣飜影」.
56 『地球典要』 권1, 「七曜次序」.
57 朴星來(1978), 295면.
58 『推測錄』 권2, 推氣測理, 「一氣異稱」, "氣卽一也. 指其所而名各殊焉. 指其全體, 謂之天, 指其主宰, 謂之帝, 指其流行, 謂之道, 指其賦於人物, 謂之命, 指其人物稟受, 謂之性, 指其主於身, 謂之心. 又指其動而各有稱焉. 伸爲神, 屈爲鬼, 暢爲陽, 斂爲陰, 往爲動, 來爲靜."

현상의 개별자를 질적으로 다른 것으로 보고 근원적 일기의 성격이 현상에서 어떻게 구현되고 있나에 치중한 데 비해 최한기는 기는 한 덩이의 활물(活物)이고 천지지기의 본성은 그것이 어떠한 형태를 취하고 있든지 변하지 않는다고 한다.

"대체로 이 기는 한 덩어리의 활물이므로 본래부터 순수하고 담박하고 맑은 바탕을 가지고 있다. 비록 소리와 빛과 냄새와 맛에 따라 변하더라도 그 본성만은 변하지 아니한다. 이에 그 전체의 덕을 총괄하여 신이라 한다." [59]

이 말에서 형체를 통해 천지지기의 본성을 추측하고 따라서 경험세계의 객관적 사실로부터 세계의 본성에 이를 수 있다는 혜강 기철학의 형이상학적 전제를 엿볼 수 있다. 따라서 본체로서의 천지지기는 현상의 형체, 운동과는 구분되는 담일허정 담연무형(湛一虛靜 淡然無形)으로 규정되는 것이 아니라 움직임 그 자체를 본질로 하는, 즉 기는 그 전체가 한 덩어리의 활물이므로 활동운화(活動運化)라는 말로써만 그 성격을 나타낼 수 있다고 한다. [60] 혜강이 기를 활물로 규정했다고 해서 목적을 가지고 움직이는 생물과 같은 것이라고 생각한 것은 아니다. 그는 본체

---

59 『神氣通』 권1, 體通, 「氣之功用」, "氣之爲物 …… 大凡一團活物, 自有純澹澄澈之質. 縱有聲色臭味之隨變, 其本性則不變. 擧其全體無限功用之德, 總括之曰神."

60 『氣學』, 「序」, "夫氣之性 元是活動運化之物."; 권2, 23면, "以活動運化, 分晢於功夫條理, 活乃存養推測, 動乃建順日新, 運乃度量周旋, 化乃變通和融. 惟此功夫之活動運化, 因一身固有之活動運化, 承大氣之活動運化, 天人一致 事物一貫."; 권2, 32면, "惟言氣 則一團全體, 不可以劈破形言, 又不可以着手分開. 故以活動運化之性 分排四端, 始可以形言, 又可以着手. 猶爲不足, 則又釋之以活生氣也, 動振作也, 運周旋也, 化變通也. 將此推演萬事萬物, 皆可湊泊, 大小遠近, 無不脗合, 誠實有據, 莫過於此, 提絜綱紀, 又莫如斯."

로서의 기가 시간적 혹은 공간적으로 따로 존재하는 것이 아니라 현상을 이루고 있는 끊임없이 움직이는 기 그것이 바로 천지지기의 본래임을 강조하려고 한 것이 아닌가 한다. 그래서 최한기는 활동운화를 기의 본성으로, 한열조습을 기의 정(情)으로 짝지어서 현상세계의 경험에서 알 수 있는 기의 성격과 천지지기의 본성이 표리관계임을 암시하기도 했다.[61] 여기서 한 가지 주목할 만한 것은 최한기가 기의 정으로 제시한 한열조습은 아리스토텔레스의 사원성(四元性)과 같다는 것이다. 이로 미루어보면 혜강이 종래의 음양오행으로 기의 운동변화를 설명하지 않고 활동운화로 기의 성격을 규정지음은 그의 서구 과학 수용과 밀접한 관계가 있다고 할 수 있다.

5. 형체(形體)의 기(氣)와 수(數)

혜강의 천지의 신기[天地之神氣]를 형이하자로 파악하여 형이상학적인 기가 뚜렷이 드러나지 않음을 지적하고 이 점에서 혜강철학의 불완전성과 특색을 찾아 최한기는 화담과 같은 유기론자이면서도 선천기의 형이상학적인 문제보다도 후천기의 형이하학적인 문제, 즉 인식의 문제, 실용실사의 문제, 나아가 사회철학의 문제에 치중했다는 지적이 있다.[62] 앞 절에서도 언급했듯이 필자의 생각으로는 형이상·형이하의 문제보다도 혜강의 주된 관심사가 과학의 수용이었으므로 그의 기 개념

---

61 『運化測驗』 권1, 「氣之性情」, "氣以活動運化之性, 寒熱乾濕之情, 橐籥升降陶鑄萬物. 天氣之寒熱乾濕, 縱未得其詳, 旣有太陽之熱, 照射生大, 太陰之濕, 吸動水氣, 寒乾二情, 居其間而生者也."
62 孫炳旭(1982), 10~11면.

정립은 천지지기와 신기에 의한 존재론적인 해명보다도 형체지기의 인식에 의한 경험적·과학적 인식을 근거 짓는 데 주안점이 두어졌던 게 아닌가 한다. 일기가 형체를 이루고 그 형체가 흩어져 다시 일기로 되돌아간다는 구도는 전통의 기론과 다를 바 없으나 최한기는 그 과정에서 음양오행의 조화라는 설명방식을 쓰지 않고 그냥 기와 형질의 관계만을 말하고 있다.

"천하의 모든 개개 사물은 기와 질이 서로 합하여 생긴 것이다. 처음에는 질이 기로 말미암아 생기고 다음에는 기가 질로 말미암아 스스로 그 사물을 이루어 각각 제 기능을 드러낸다. …… 기는 하나이지만 사람에 품부되면 자연히 사람의 신기가 되고 사물에 품부되면 자연히 사물의 신기가 된다. 사람과 물의 신기가 같지 않은 까닭은 질에 있고 기에 있지 않다. 이것은 마치 사람에게 품부할 기를 사람에게 품부하지 않고 물에 품부하면 물의 신기가 되고 사람의 신기가 되지 아니하며 또 물에 품부할 기를 물에 품부하지 않고 사람에 품부하면 사람의 신기가 되고 물의 신기가 되지 않는 것과 같다." [63]

이 말로 미루어 보면 혜강의 관심사는 일기에서 인간과 만물이 어떻게 생겨나느냐 하는 발생론적인 의문의 해명이 아니라 단순히 모든 존재가 신기의 보편성을 존재의 근거로 하고 있다는 사실을 강조하는 데 있다는 것을 알 수 있다. 여기서 특기할 만한 것은 인간과 인간, 인간과

---

63 『神氣通』, 권1, 體通, 「氣質各異」, "天下萬殊, 在氣與質相合, 始則質由氣生, 次則氣由質而自成其物各呈其能. …… 氣是一也, 而賦於人, 則自然爲人之神氣, 賦於物, 則自然爲物之神氣. 人物之神氣不同, 在質而不在氣. 如使賦人之氣, 不賦於人而賦於物, 則爲物之神氣, 不爲人之神氣. 又使賦物之氣, 不賦於物而賦於人, 則爲人之神氣, 不爲物之神氣."

사물을 이루는 기가 청탁수박이라는 질적 차이를 지니지 않고 있다는 점이다. 각 개물의 성질과 기능은 이미 형성된 기인 질의 유전적 성질에 따라서 달리할 뿐 각 형질에 주어지는 신기는 동일하다는 것이다. 여기서 형체 있는 개별 현상에 대한 경험적 인식으로 세계의 진상을 파악할 수 있는 길이 열린다. 그러므로 혜강의 존재인식은 형이상학적 일기의 파악에서 아래로 내려가는 구조가 아니라 감각적 인식에서 시작하여 차츰 추상화하는 구조를 취하고 있고 여기서 중요한 것은 담일청허한 기를 직관으로 깨우치는 것이 아닌 개개 사물에 대한 경험적 지식의 객관화와 보편화이다.

"빛은 눈을 따라 통하고 소리는 귀를 따라 통하고 냄새와 맛은 입과 코를 따라 통하니 이것은 신기가 귀나 눈이나 입이나 코를 기다려 통하는 것이고, 눈이 모든 빛을 통하고 귀가 소리를 통하고 입이나 코는 모든 냄새와 맛을 통하니 이것은 소리와 빛과 냄새와 맛이 밖으로부터 이르러 신기와 통하는 것이다. 이 두 가지는 모두 형질의 통이나 수동과 능동의 차이가 있을 뿐 모든 사람이 같다. 그런데 이미 있는 형질의 통을 따라 분별하고 헤아리는 것이 있다. 이것이 추측의 통이니 사람마다 같지 않은 것이다. 그러므로 형질의 통을 근거로 추측의 통을 통달하려면 나의 주관을 가볍게 여기고 대상의 사물을 주장하는 객관성이 깊어야 거의 천과 인을 통할 수 있게 되어 잘못이 적다."[64]

---

64 『神氣通』, 권1, 體通, 「形質推測異通」, "色從目通, 聲從耳通, 臭味從口鼻通, 是神氣俟於耳目口鼻而有所通也. 目通諸色, 耳通諸聲, 口鼻通諸臭味, 是聲色臭味從外而來通於神氣也. 皆形質之通, 而但有俟於外而通者, 從外來而通之之別, 人人皆同矣. 旣因形質之通, 而有所分開商量者. 如非推前日之見聞閱歷, 卽因現在之物, 以此較彼, 以彼較此, 測度其優劣得失, 有得通達者, 是乃推測之通, 人人自有不同也. 如使諸人聞雷與砲, 其通於耳則皆同, 其分別商度, 自有不同. 一切聲聞, 莫不皆然. 至於諸色及臭味之通, 皆有同有異矣. 然則因形質之

그런데 어떻게 대상인식의 객관성을 기할 수 있는가 하는 문제가 생긴다. 앞에서 보았듯이 최한기는 천지지기의 본성(體)을 활동운화라 하고 현상[用]을 한열조습이라 하였다. 결국 한열조습이라는 이 네 성질은 모든 존재의 기본 성질을 규정짓는 척도가 되는 셈인데 최한기는 이네 성질은 기구를 써서 수학적으로 측정할 수 있고 그럼으로써 객관적지식을 확보할 수 있다고 보았다. 기일원론자인 그는 "기에는 반드시리가 있고 리에는 반드시 상(象)이 있고 상에는 반드시 수가 있다. 이들은 서로를 드러내어 준다."[65] 하여 전통의 상수학을 인용하고 있으나그 내용물은 서구 과학의 수 개념 그것이다. 그래서 그는 한열조습을객관적으로 측정할 수 있는 냉열기(온도계)와 음청의(습도계)를 그림까지 곁들여 자세히 설명하고 있다.[66] 더 부연해서 말하자면 최한기는 그의 기 개념을 통하여 감각적 인식의 보편성을 확보하였고 이를 다시 수량화함으로써 객관적 인식의 방법을 제시하였다 할 수 있다. 따라서 수

通, 而達之于推測之通. 主我者輕, 主物者深, 庶幾通天人而少差謬."

65 『神氣通』권1, 體通, 「數學生於氣」, "氣必有理, 理必有象, 象必有數, 從數而通象, 從象而通理, 從理而通氣, 有交發互將之益."

66 사람의 정상적인 맥박의 측정으로 시각을 측정할 수 있고, 冷熱(寒暖)의 측정도 신체의변화(피부와 胸次 즉 胸中)를 통해서 측정할 수 있음을 설명하고, 이어서 온도계와 습도계에 대해 말하고 있다. 『推測錄』권6, 推物測事, 「身爲器本」, "夫冷熱器者 以琉璃造球, 球下有管, 如匏葉莖而屈曲如鉤, 名爲左管右管, 安於架上. 管水有管口小許, 以塞管之屈處. 若天氣熱, 則球內之氣, 亦熱而舒放, 勢必驅逼左管之水, 而右管之水頭, 上於地平幾分. 外氣冷則球內氣收斂, 而左管之水, 隨實其虛, 不得不强之上升, 而右管之水頭, 亦退至地平, 以其水上下之分數, 驗外基之冷熱也. 蓋人之一身, 本是器也. 而古今人所制器用, 莫非近取諸身, 而推擴其所不逮, 增飾其所倣像而已. 若不根因於身體, 則曾無所制之器, 亦無所用之器.";권2, 推氣測理, 「陰晴儀」, "陰晴儀者, 所以驗陰晴雨晴明之儀器也. 以琉璃作球, 而納水小許, 使鋪底一寸, 厚堅緘其口, 使內氣不拽, 則晴明之日, 其中瑩澈無瑕. 及到雲陰之日, 大氣蒸鬱, 則儀器中所貯水, 亦蒸鬱發作, 自有霧雰之氣, 盤結於儀器中. 又到雨晴之時, 儀器中霧氣之氣, 亦斂下而霽, 自外視之, 如琉璃窻灑水形. 究其故則雖是常理, 然可見始作儀器者之有見於氣也."

는 기를 인식하는 가장 중요한 도구이며 천지지기로부터 현상의 개별자까지 존재하는 모든 것은 수를 통해 객관적이고 보편적인 모습으로 드러나게 된다. 이를 최한기는 다음과 같이 말하고 있다.

"(우주에 가득 차 여러 가지 형상으로) 나열되어 있는 이 기를 구획 짓고 이 기의 원근 지속을 비교 검증하고 이 기의 장단 대소 경중을 재고 헤아리며 이 기의 냉열조습을 징험하고 또 이 기가 시시각각 변해 가는 것을 측정한다. 물과 불의 기는 중대한 기이므로 역수학과 기계학이 능한 바이다. 기계가 아니면 이 기에 착수할 수 없고 역수가 아니면 이 기를 나누어 볼 수가 없으니 역수와 기계가 서로 드러내 주어야 기를 인식하고 증험할 수가 있으니 이 모두는 옛사람이 수천 년 동안 검토 증험하여 후인에 은혜를 베푼 것이다."[67]

우리는 이 말에서 혜강의 기학이 구체적으로 추구하는 바가 무엇인지 알 수 있다. 최한기가 추구한 기와 기의 운화법칙인 리의 의미는 옛 성인이 밝힌 만고불변의 진리가 아니라 수천 년 간의 경험을 통해서 밝혀지고 갖가지 기구를 사용하여 수량화된 경험적·객관적 지식으로 이를 통해서만이 대기운화의 리와 추측의 리가 일치될 수 있는 것이다. 그리고 역수와 기계라는 감각의 확장 또는 정량화의 도구를 통해 신기의 존재와 운행법칙, 즉 운화의 리와 유행의 리는 수라는 보편성을 통해 인간의 추측과 부합하게 된다고 한다.

---

67 「氣學」권1, 9면, "範圍此氣之排布, 較驗此氣之遠近遲速, 度此氣之長短, 量此氣之大小, 權此氣之輕重, 驗此氣之冷熱燥濕, 定此氣之時刻分招. 變通水火之氣, 運動重大之氣, 乃是歷數學器械學之所能也. 非器械無以着手乎此氣, 非歷數無以分開于此氣. 歷數器械 互相發明, 庶可以認氣 亦可以驗氣, 儘是古人千載積累測驗 漸次開明 以惠後人者也."

"기의 운동에는 모두 일정한 법칙이 있으므로 그 빠르고 느린 것이 자연히 차이가 있다. 큰 것으로는 금목수화토(金木水火土) 다섯 행성의 궤도로부터 작은 것으로는 일상의 작은 일까지 모든 것이 실로 보통의 추측이나 억측으로 다 할 수 없는 것이다. 여기에 기의 운동을 측량하는 산수(算數)의 학문이 있게 되며 그 가운데 리가 있어 한번 더하고 한번 빼는 것이 리 아닌 것이 없다. 기의 취산은 수가 아니면 그 상하를 소급해 알 수 없고 리의 가감도 수가 아니면 승제(乘除)까지 미루어 나갈 수 없다."[68]

여기서 최한기는 수를 기의 운행법칙〔流行之理〕과 거의 동일시함을 볼 수 있다. 그는 기가 물(物)이라면 수는 그 물의 묘(妙)라고 보고 모든 운화는 반드시 수로 나타낼 수 있다고 하여 수가 기의 한 중요한 속성이라고까지 생각한 것 같다.[69] 또 혜강은 기와 수의 관계에서 상수학의 기-리-상-수라는 도식을 인용하기도 하지만[70] 다른 곳에서는 하도낙서류에서 시작한 상수학은 천지의 기의 운행에 증험할 수 없는 추상적·관념적인 것이라고 비판하고 그의 운화기수(運化氣數)는 구체적이고 증험할 수 있는 증명된 기수〔質驗之氣數〕라고 하여 상수학과 자신의 역산학을 구분한다.[71]

이러한 최한기의 형질지기의 보편성에 대한 의미 부여와 수와 기의 밀접한 상관관계 설정은 최한기 자신이 전통적인 기 개념을 상당 부분 받아들이고 있음을 누차 언급하고 있는데도 이전의 성리학에서 설정했던 개체화의 원인으로서의 기, 청탁수박으로 인한 윤리적 우열을 설명

---

68 『推測錄』 권2, 推氣測理, 「數理」.
69 『運化測驗』 권1, 「氣之數」.
70 『神氣通』 권1, 體通, 「數學生於氣」.
71 『運化測驗』 권1, 「氣之數」.

하기 위한 기 개념과는 목적과 의미가 완전히 다르다. 특히 기의 보편성을 수의 보편성으로 환원하여 설명할 수 있다는 최한기의 주장은 전통적인 철학체계에 새로 받아들인 과학을 접맥시키기 위한 것으로 과학이 지니는 의미를 정확하게 파악하고 있었다.

6. 추측(推測)

리와 기, 수, 신 등의 개념을 완전히 새로이 해석하면서 최한기는 그의 경험론적인 인식론을 전개할 수 있는 형이상학적 토대를 마련하였다. 사람이 자신의 입장에서 대상을 마음대로 해석하지 않고 대상을 바르게 보고 신기의 통으로 알게 된 경험적 지식에서 보편적 법칙 즉 운화의 리를 끌어내기 위해서는 추측과 검증이라는 과정이 필요하다. 최한기는 기학의 운화지리와 성리학의 리가 결정적으로 다른 점은 바로 이 추측의 과정에 있다고 본다. 최한기는 추측이라는 인식론적 과제는 격물(格物)·혈구(絜矩)와 통한다고 보았다.

"하늘을 이어 이루어진 것이 인간의 본성이고 이 본성을 따라 익히는 것이 추(推)이고 이를 바르게 재는 것이 측(測)이다. 추측은 예로부터 모든 사람들이 함께하는 대도(大道)이다."[72]

추측을 어떻게 해석해야 할지 정확하게는 모르겠으나 신기의 통으로 생긴 개념들의 논리적 구성 정도로 생각하면 될 것 같다.

---

[72] 『推測錄』, 序.

"리는 기의 조리이다. …… 리는 기보다 앞선 적도 뒤선 적도 없는데 이 것이 천지유행지리이다. 사람의 마음에는 추측의 능력이 있어 이미 지나 간 것을 헤아려서 아직 생기지 않은 것을 예상하는데 이것이 마음이 지닌 추측의 리이다. 유행의 리는 세계의 원리이고 추측의 리는 사람의 마음이 만든 것이니, 먼저 힘써 천지의 법칙을 궁구하고 다음에 다시 천지의 도로 추측한 리를 징험한다."[73]

바로 여기서 추측과 궁리는 궤를 달리한다. 성리학의 격물궁리는 절 대적인 무형의 리 그 자체를 추구하므로 객관적이고 보편적인 인식을 끌어낼 수 없을 뿐 아니라 검증도 불가능한 지식을 양산할 뿐이다. 유형 의 기에 근거해 리를 찾으면 유행지리에 점차 근접해 가는 추측지리라 도 확보할 수 있지만, 무형의 리를 바로 구하면 허망함만 남게 된다.[74]

"신기가 감각기관을 통해 인정과 물리를 거두어 모아, 각각 우열을 비 교하고 거듭하여 성패를 시험하면 지혜를 밝히는 신기의 능력이 차츰 열 리고 안에 습염된다. …… 이때는 분별의 능력만 있고 다른 것이 터럭 하 나도 쌓여 있는 것이 없다."[75]

마치 경험론의 순수인상을 논하는 것 같은 느낌이다. 추측하는 주체 는 신기, 즉 감각기능과 추리의 능력을 갖춘 보편적 인간이고 재료는 감 각으로 파악되는 형적이 있는 기이다. 경험을 통해 지각된 것이 모여 관

---

73 『推測錄』 권2, 「流行理推測理」.
74 『推測錄』 권6, 推物測事, 「無推皆虛」.
75 『神氣通』 권1, 體通, 「知覺優劣從神氣而生」.

념을 형성하면 추측이 시작된다. 이 추측으로 법칙을 찾아 미래를 예상하고 다시 미래의 경험으로 이 법칙을 검증한다. 이것이 추측론의 대강이다. 말하자면 궁리는 자료 없는 추측인 것이다.

7. 경험(經驗)과 윤리(倫理)

윤리규범 또는 도덕법칙의 인식문제에서도 최한기는 경험론적 입장을 고수하고 있을까. 이 문제를 다룸에 있어 먼저 고려해야 할 점은 윤리적 인식의 문제에 대해서 최한기가 언급을 하지 않는 것은 아니나 성리학에서와는 달리 그것은 근원적 인식이 아니라는 점이다. 앞에서도 언급했듯이 최한기가 인식의 궁극적 목적으로 삼은 것은 대기운화의 법칙─유행지리(流行之理)─였다. 하위의 통민운화나 일신운화의 리를 추측해 내었다 해도 그것이 상위의 대기운화의 리와 어긋나면 안 되는 것이다. 따라서 통치의 규범이나 윤리규범을 통민운화·일신운화의 리로 세운다 하더라도 절대적인 진리치를 가지기에는 부족할 수밖에 없다. 그래서 기학이라는 형이상학적 틀을 마련한 후반부의 저작에서는 윤리를 경험적이 아닌 연역적 틀로 설명하고자 승순과 천인관계를 언급하게 된다. 이런 식의 설명은 적어도 겉으로 보기에는 성리학의 그것과 별 차이가 없는 것처럼 보이기도 한다. 하지만 최한기는 그러한 도덕에 대한 설명이 전통적인 경학이 취하는 바와는 다르다고 한다.

대기운화를 모르고 신령(神靈)한 것에 의혹되어 단지 심리(心理)로 성현(聖賢)의 말을 구명한다면, 이는 견강부회하는 경설(經說)이다. 지금을 버리고 예만을 취하면서 여러 책들을 증거로 끌어대고, 무엇인가 깨달음이 있다는 것이 실은 아무런 준적이 없다면, 이것은 입과 귀로만 전하고 익히는 학문이다. 따라서 경술을 선거하는 사람은 마땅히 현재 시행되는 경상(經常)의 도리로 여러 사람을 골라 써야 하니, 위로는 대기운화에 순응하고 아래로는 통민운화에 합치해야 취할 만한 좋은 경의를 해석하고 경상을 배우는 인재인 것이다. 반면에 운화의 형질에 대해서는 전혀 깨달음이 없이 오직 마음으로만 자득(自得)했다는 것과 옛 학설을 모방해서 늘어놓는 것은 취해서는 안 될 경설을 견강부회하고 입과 귀로만 전하고 익히는 학문을 한 자들이다."[76]

최한기도 경전의 해석을 통한 윤리규범의 정립이 가능하지 않은 건 아니나 경전의 뜻을 해석함으로써 가능한 것이 아니라 그것이 대기운화의 리에 부합하는지를 살펴야 한다는 것이다. 그런데 문제는 대기운화의 리에서 통민 일신운화를 어떻게 끌어낼 수 있는지를 말하지는 않는다는 것이다. 대기운화의 리는 경험과 실험으로 추측해 나갈 수 있지만 윤리규범은 그럴 수 없음을 암시하고 있다.

바로 이런 이유로 최한기의 철학에서 성리학의 본성론을 다시 끄집어내기도 한다. 최한기의 기학이 성리학의 여러 개념을 재해석하여 설명하는 것은 초기의 『기측체의』에서부터 후기의 『인정』에서까지 볼 수 있는데 인의예지(仁義禮知)가 사람의 본성이라고 말하기도 한다.

"사람과 만물로서 하늘의 기(氣)와 땅의 질(質)을 품부한 것은 성과 정

---

76 『人政』 권14, 選人門 1, 「選經術」, "不見大氣運化, 疑或神靈, 只以心理, 究明聖賢之言, 乃是附演經說也. 捨今學古, 引證羣書, 云有所得, 實無準的, 乃是口耳傳習之學也. 選擧經術者, 當以方今措施經常之道, 取擇諸人, 上順大氣運化, 下合統民運化, 可取之善釋經義. 善學經常也. 運化形質, 曾未見得, 從心自得, 飽飣古說, 不可取之附演經說, 口耳傳習也."

이 없는 것이 없으니, 그 생(生)의 리(理)를 성이라 하고, 성이 밖으로 나타나는 것을 정이라고 한다. 대개 성은 보기가 어렵고 정은 알기 쉬우므로 정을 미루어 성을 헤아리는 것이다. 사람과 만물은 모두 성과 정을 갖추고 있으니, 사람의 성과 정으로 만물의 성과 정을 비교 고찰하여 그들이 근본을 하나로 하고 있는 원리를 알게 되면, 알아낸 성과 정이 거의 잘못되지 않을 것이다. 사람의 성은 인의예지(仁義禮知)요 정은 희로애락(喜怒哀樂)이며, 금석초목(金石草木)의 성은 견강유인(堅剛柔靭)이요 정은 가물면 마르고 비 오면 붇는 것이니, 사람의 희로애락의 정으로 인의예지의 성을 헤아리는 것이 마치 금석초목의 마르고 붇는 정으로 견강유인의 성을 헤아리는 것과 같다."[77]

다른 한편에서는 인의예지가 본래부터 인간의 본성에 갖추어져 있다는 성리학적 명제를 비판하면서 인의예지는 추측으로 형성되는 것이라고도 한다.

"추측(推測)하는 가운데, 자연히 생성(生成)의 인(仁)과 적의(適宜)의 의(義)와 순서(循序)의 예(禮)와 권징(勸懲)의 지(知)가 있다. 다만 이것은 잡으면 보존되고 놓으면 없어진다. 사람과 만물이 생겨남에 각각 형질(形質)을 갖추게 되는데, 이 사이에서 주장하는 것은 오직 추측의 조리가 있을 뿐이다. 장해(戕害)를 미워하고 생성(生成)을 좋아하는 것이 인이요, 과실

77 『推測錄』권3, 推情測性, 「人物性情」, "人物之受天氣而稟地質者, 莫不有性情, 指其生之理曰性, 指其性之發用曰情, 蓋生之理難見, 而性之發用易知, 故推其情, 以測其性, 人與物, 俱有性情, 以人性情, 參稽於物之性情而得其一本之規, 則所認之性情, 庶不偏矣. 人之性, 仁義禮知也, 情, 喜怒哀樂也. 金石草木之性, 堅剛柔勒也, 情, 旱焦雨潤也. 以人之喜怒哀樂之情, 測其仁義禮知之性, 如以金石草木旱焦雨潤之情, 測其堅剛柔靭之性也."

이 있으면 불안해하고 적당하면 편안히 여기므로 적의를 의라 하며, 차례를 잃으면 어지럽고 순서를 따르면 일이 이루어지므로 순서를 따르는 것을 예라 하고, 한갓 보고 듣고 말하고 움직이는 것뿐 아니라 권장하고 징계하는 것이 바로 지(知)인 것이다. …… 사람들이 간혹 '인의예지는 본래부터 나의 성에 갖추어져 있는 것이다.' 하며, 이런 생각의 폐단이 결국 사물을 도외시하고 오직 나에게만 모든 것을 구하려 하니, 이렇게 해서야 어찌 그 구하여 얻는 방법을 논할 수 있겠는가."[78]

이렇게 언뜻 보아서는 모순되는 말이 같은 책의 앞뒤에서 혹는 다른 책에서 반복되고 있다. 최한기는 이를 모르고 그랬을까. 아마 자기 나름대로는 논리적인 일관성을 가지고 썼는데 우리가 본성이라는 개념을 너무 성리학적인 개념으로만 해석하고 있어서 최한기의 본성과 인의예지에 대한 해석을 일면만 보고 단정 짓는지도 모르겠다. 그래서 본성에 대한 최한기의 진술이 모순되어 보이지만, 결국 '사람과 사물에 리(理)가 내재해 있고 이것이 바로 성임'을 의미한다고 보아 성리학적 틀에서 최한기를 보기도 하고. 다른 한편에서는 '추측의 경험적 공부를 통해서만 비로소 사후적으로 인의예지라는 덕목을 실현할 수 있다'고 주장하여 최한기의 기학이 성리학의 틀을 완전히 벗어나 있다고 보기도 한다.[79] 좀 어설픈 절충이기는 하나 필자는 두 주장 다 일리가 있다고 생각한다. 최한기가 자신의 철학적 체계에 어긋나는 개념이기는 하나 본성이라는 개념으로 인의예지를 설명하는 이유는 일차적으로는 당시 보편화되어 있

---

78 『推測錄』권3, 推情測性, 「仁義禮知」, "推測之中, 自有生成之仁, 適宜之義, 循序之禮, 勸懲之知. 然操則存捨則亡, 人物之生, 各具形質, 而權度於這間者, 惟有推測之條理. …… 人或以爲仁義禮知, 素具於我性, 其流之弊, 遺物而只求於我, 烏可論其求得之方也?"

79 백민정(2009), 80~81면.

던 성리학의 용어를 빌려야만 다른 사람이 알아들을 수 있기 때문이고 철학적으로는 사람이라는 형체의 기가 천지라는 대기의 한 부분이기 때문이다.

앞에서 말했듯이 대기와 신기 등의 형체 없는 기와 활동운화라는 기의 속성은 최한기 철학의 형이상학이다. 최한기의 형이상학적 도식에서는 일신과 통민은 대기의 범위 안에 있다. 따라서 인의예지라는 윤리적 규범 즉 일신운화의 리도 대기운화의 리 즉 유행지리의 범위 안에 있을 수밖에 없다. 그러니 대기운화의 리만 알거나 깨달으면 일신운화의 리는 거기서 연역해 낼 수 있게 된다.

"천기운화(天氣運化)에 승순(承順)하여 인도(人道)의 경상(經常)을 세우려는 것이 바로 성경(聖經)의 본뜻이다. 후대의 이른바 훈고(訓詁)·장구(章句)·의리(義理)라는 것들은 다 경의(經義)를 해석하는 것인데, 성인의 뜻에 어김이 없기는 비교적 쉬우나 운화하는 기(氣)에 어김이 없기는 매우 어렵다. 따라서 운화기는 기에 합치하여 성인의 취지에 어김이 없는 것이 경의를 잘 해석하는 것이며, 일신운화(一身運化)로 대기운화(大氣運化)를 추측 증험하여 통민운화(統民運化)를 삼는 것이 경상을 잘 배우는 것이다."[80]

형이상학적 측면에서는 이렇게 되어야 하나 문제는 대기운화의 리를 깨달아서 알 수 없다는 것이다. 앞에서 누누이 말했듯이 절대 궁극의 법

---

80 『人政』 권14, 選人門 1, 「選經術」, "承順天氣運化, 以建人道經常, 卽聖經本義, 後來訓詁也, 章句也, 義理也, 皆所以解釋經義, 而無違於聖人之旨差易, 無違於運化之氣誠難, 合於運化氣, 而無違於聖人之旨, 乃是善釋經義也. 以一身運化, 測驗大氣運化, 以爲統民運化, 乃是善學經常也."

칙인 대기운화의 리 즉 대기가 유행하는 이치 또는 법칙〔大氣流行之理〕
은 선험적으로 혹은 내성을 통하여 알 수 있는 것이 아니라 거꾸로 형체
있는 사물들을 경험하고 관측하여 추측해 낼 수 있는 것이다. 따라서 당
시의 과학이 밝힌 대기운화의 리는 어디까지나 유행의 리에 가장 근접
한 추측의 리이다. 천도와 인도가 같고 내 마음속의 인을 깨달아 체인하
면 바로 천도에 이르는 성리학의 인식론과 반대 방향임을 짐작할 수 있
다. 최한기가 성이라는 개념으로 인의예지를 설명하는 데 있어서도 유
행의 리와 추측의 리라는 두 가지 층차를 염두에 두고 보면 모순되는
듯이 보이는 두 주장이 연결될 수 있음을 알 수 있다. 최한기는 윤리적
규범 인식도 수양이나 선험적으로 이루어지는 것이 아니라 추측에 입각
한 것임을 분명히 하고 있다. 이에 관련된 구절들을 살펴보면 최한기의
경험주의가 과학에서만이 아니라 윤리설에서도 관철되고 있음을 알 수
있다. 최한기는 신기(神氣)라는 형이상학적 전제를 바탕으로 추측에 의
한 인식의 보편성을 확보한다. 윤리적 인식도 마찬가지이다.

> "사람의 몸에 있는 기를 눈과 귀를 써서 밝게 닦으면 정밀한 밝음이
> 생긴다. 이것이 대학의 명덕(明德)이다. 만일 눈과 귀로써 듣고 보지 않고
> 하늘과 사람의 운화를 갈고 닦지 않으면 정밀하고 밝은 (인식이) 어떻게
> 생기겠는가. 단지 기질의 맑고 빼어남이나 눈과 귀의 총명함만으로 명덕
> 이라 하고 듣고 보아 얻지 못한다면 어찌 그 덕을 천하에 밝히겠는가."[81]

명덕이라는 윤리적 인식도 기본적으로는 감각기관에 의해 시작된다.

---

81 『氣學』 권2, 2면, "在人身之氣, 從耳目而修明, 則精明生焉, 大學之明德也. 若不以耳目之見
聞天人之運化, 磨琢灑磘, 則精明何以生焉? 但以氣質淸秀, 耳目聰明, 而無見聞之所得, 謂之
明德, 將何以明其德于天下也?"

인간은 감각을 통하여 외부 정보를 수용하여 축적하고 이를 종합하여 어떤 원칙을 찾아내고[推] 이를 다른 유사한 경험에 적용한다[測]. 이것이 추측에 의한 인식이다. 최한기에 의하면 사람이 본래 갖추고 있는 것은 기를 통하는 감각기관과 사지 그리고 이를 종합하여 유행지리를 추측해 나가는 능력이다.

> "사람이 하늘에서 받은 것은 바로 이 한 덩어리의 신기와, 기를 통하는 감각기관과 사지(四肢)이니, 수용하는 구비물은 이것뿐이요, 다시 별도로 다른 것에서 얻어온 것이라고는 아무것도 없다."[82]

인의예지는 리가 우리의 내면에 갖추어진 것이 아니라 신기가 추측하여 갖추어 가는 것이다. 말하자면 인의예지는 수천 년의 역사적 경험에 의해 추측된, 적어도 최한기 당시로서는 일신의 유행지리에 가장 근접한 것이라 보고, 그래서 이를 인간의 윤리적 본성이라고 볼 수 있다는 것이다.

> "스스로 장해에 빠지는 자를 불인(不仁)이라 하고, 불인한 잘못을 하는 자를 불의(不義)라 하고, 난잡하여 차례가 없는 것을 비례(非禮)라 하고, 시비에 어두워 선을 권장하고 악을 징계하지 못함을 부지(不知)라 한다. 천하에 불인·불의·무례·부지한 자가 많은 것은 대개 추측에 얻은 바가 없기 때문이니, 만약 추측에 얻은 바가 있다면, 반드시 옛날 성인들의 가르침을 기다리지 않고도 저절로 인의예지의 따라야 될 방법을 알 것이다.

---

82 『神氣通』권1, 體通,「知覺推測皆自得」, "人之所稟于天者, 乃一團神氣與通氣之諸竅四肢, 則須用之具, 如斯而已, 更無他分得來者矣."

사물(事物)을 참작하여 그것을 얻는 것은 나에게 달려 있으니, 이미 내가 그것을 얻은 다음에 그것을 이루는 것은 행사(行事)에 달려 있다. 사람들이 간혹 '인의예지는 본래부터 나의 성에 갖추어져 있는 것이다.' 하며, 이런 생각의 폐단이 결국 사물을 도외시하고 오직 나에게만 모든 것을 구하려 하니, 이렇게 해서야 어찌 그 구하여 얻는 방법을 논할 수 있겠는가.[83]

갓 태어난 인간은 인의예지를 갖추고 있지 않으며 경험 속에서, 추측을 활용하여 이를 갖추어 가야 한다. 전통적인 성리학에서는 인의예지가 곧 본성이고 수양을 통해 이를 현실화시키면 된다고 하여 거경궁리·함양성찰·미발공부 등 내면적 수양을 강조하나 최한기의 경험적 인식론에서는 이는 기의 본모습을 잘못 인식한 것이다. 최한기가 본성을 언급하기는 하지만 그때의 본성은 성리학의 본성과는 격을 달리하고 있다.

"남과 내가 본성은 같으나 익힌 바가 다르므로, 나는 그 같음을 들어서 그 다름을 헤아릴 수 있다. 본성이 만일 다르다면 어찌 그 다름을 가지고 다름을 헤아릴 수 있겠는가. 남과 나에게 같지 않음이 있는 것은, 그 처한 곳과 익힌 바가 달라 견문이 또한 다르고 견문이 이미 다르므로 나아가는 방향도 달라지기 때문이다. 태어날 때부터 갖춘 것으로 말하면 같지 않음

---

83 『推測錄』 권3, 推情測性, 「仁義禮知」, "自陷於戕害者曰不仁, 跪跪於過差者曰不義, 雜亂無倫序曰非禮, 擿埴而無勸懲曰不知也. 天下之不仁不義無禮不知者, 多以其無攸得於推測也, 若有得於推測, 則不必待古訓, 而自有仁義禮知可循之方, 參酌乎物, 而得之在我, 旣得乎我, 而成之在行與事矣. 人或以爲仁義禮知, 素具於我性, 其流之弊, 遺物而只求於我, 烏可論其求得之方也."

이 없으므로, 안으로는 오성 칠정과 그 다음으로는 목마르면 물 마시고 배고프면 밥 먹고 여름에는 베옷 입고 겨울에는 털옷 입는 것으로부터 군신·부자·부부·장유·붕우의 윤리에 이르기까지, 나에게도 있고 남에게도 있는 것이다. 이른바 같지 않은 것도 이 태어날 때부터 갖추어진 것에 말미암지 않음이 없으나, 다만 거기에 통하거나 막히거나, 따르거나 거스른 분별이 있을 뿐이다."[84]

이 인용문에서 주의해 보아야 할 점은 본성을 광범위하게 해석했다는 것과 처해진 상황에 따라 본성이 다르게 현실화될 수 있다는 것이다. 최한기의 본성은 글자 그대로 태어날 때부터 갖춘 것〔生之所具有〕에 지나지 않는다. 여기에 식욕·색욕 등에 윤리적 본성이 추가된 광범위한 본성이다. 이 본성들이 질적으로 같다면 기후에 따라 다른 옷을 입듯이 사회적 관계, 개인관계에서도 다른 윤리규범이 적용될 수 있다고도 해석할 수 있지 않을까. 따라서 본성은 수양을 통해 보편적으로 실현해 나가야 하는 규범의 원천이 아니라 본성을 잘 인지하여 통하거나 인지하지 못하여 막히거나〔通塞〕, 인지한 본성을 따르거나 인지했지만 다른 욕망으로 인해 거스르거나〔順逆〕 할 뿐이다. 천지의 유행지리가 있듯이 사람에게도 윤리의 유행지리가 있다고 하는 것은 형이상학적 전제이고 현실에서는 모두가 갖춘 본성을 미루어 짐작하여 추측할 뿐인 것이다.

---

84 『推測錄』 권5, 推己測人, 「性同習異」, "人與我性則同, 而習有異, 故我能擧其同而測其異. 性若有異, 則何能擧其異而測其異哉. 人與我有所不同者, 以其所處所習自異, 而聞見亦異, 聞見既異, 趨向亦異, 語其生之所具有, 則無有不同, 內而五性七情, 次而渴飮饑食, 夏裼冬裘, 以至于君臣父子夫婦長幼朋友之倫, 我旣有此, 人亦有此. 所謂不同者, 莫不由此所具有, 而有通塞順逆之別而已."

"마땅히 기뻐할 것에 도리어 노여워하는 이는, 다만 면전(面前)의 거스르는 정(情)만을 헤아리고 본래의 이루어진 성(性)을 미룰 줄은 모르기 때문이다. 칠정(七情) 중에 이미 희로가 있으니, 노여운 일을 당하면 노하고 기쁜 일을 당하면 기뻐하는 것이 진정한 희로이다. 만일 기쁜 일을 당하여 노하고 노여운 일을 당하여 기뻐한다면 이것은 망령된 희로인 것이다. 희로의 참되고 망령됨은 성정(性情)의 쓰임이 다른 데서 연유된 것이다. 대개 성에는 순역(順逆)이 있고 정에는 선악(善惡)이 있는데, 정이 선으로 흐른 사람은 성도 그 리(理)를 따르고, 정이 악으로 흐른 사람은 성 또한 그 리를 거스르는 것이다. 선한 일을 하는 사람을 유인하여 악한 일을 하라고 하더라도 당연히 노여워하지 않는 것은 그 성이 이미 순하기 때문이며, 악한 일을 하는 사람을 돌이켜 선한 일을 하라고 한다면 당연히 기뻐해야 할 일인데 도리어 노여워하는 것은, 그 성이 이미 역(逆)하여 도리어 역을 순으로 여기기 때문이다. 정의 선하고 악한 기미로부터 시작하여 마침내 성의 순역이 전도(顚倒)되는 데까지 이르는 것이, 마치 밖에서 감염된 병이 점점 깊어져 마침내 목숨을 해치기에 이르는 것과 같다. 조존(操存)의 공부는 발용(發用)에 있으며 함양(涵養)의 공부는 본원(本源)에 있으니, 한 가지도 폐할 수 없는 것이다. 성이 순할 때는 기가 평화롭고 고요하고, 성이 거스를 때는 기가 격하고 움직이며, 정이 선할 때는 기쁨과 노여움이 대상에 따라 마땅하게 되어 나의 성도 순하고, 정이 악할 때는 기쁨과 노여움이 뒤바뀌어 기를 부리고 심(心)을 부려 해로움이 성에까지 미친다."[85]

---

85 『推測錄』권3, 推情測性, 「反喜怒」, "當喜而反怒者, 只能測其面前之忤情, 不能推乎本來之成性, 七情之中, 旣有喜有怒, 則當怒而怒, 當喜而喜, 是眞喜怒也. 若當喜而怒, 當怒而喜, 是妄喜怒也. 喜怒之眞妄, 由於性情之異用, 蓋性有順逆, 情有善惡, 情之流於善者, 性亦順其理, 情之流於惡者, 性亦拂其理, 勸誘爲善之人, 使爲惡, 則不當怒, 以其性之已順也. 挽回爲惡之人, 使之爲善, 則是當喜而反怒者, 以其性之已逆而反以逆爲順也. 肇自情之善惡幾微, 終至於性之順逆倒置, 如外感受病, 沈染轉深, 竟致戕害性命, 則操存功夫在發用, 涵養功夫

여기서 최한기는 마땅히 기뻐해야 할 일에 도리어 노여워하는 사람에 대하여 인간이 보편적으로 지닌 본래의 이루어진 성[本來之成性]을 인지하지 못했기 때문이라고 한다. 이루어진 성[成性]을 따르는 성이 있다면 이루어지지 못한 성을 거스르는 성[逆性]도 있을 수 있다. 최한기의 본성은 실제로 갖추고 있는 것을 지칭하는 것이 아니라 천지의 대기에 신의 섭리와 같은 정해진 이치가 있지만 사람들은 수많은 시간 동안 경험과 관찰을 통해 차츰 추측해 나갔듯이 인간이 지켜야 할 이치도 역사적 경험을 통해 형성하고 추측해 가면서 이루어 나간 것이다. 최한기 당시 도덕적 본성으로 인정되고 있던 인의예지라는 본성도 이루어진 본성이고 이루어졌다고 하면 자연에 대한 과학적 진리처럼 바뀔 가능성도 있는 것이다.

본래의 이루어진 성[本來之成性]이라는 최한기의 본성에 대한 새로운 정의는 선천적으로 인간이 본래부터 가지고 있는 본성으로, 즉 성리학의 기질지성(氣質之性)으로 해석할 여지가 없는 것은 아니지만 이루어졌다[成]고 한 데 초점을 맞추면 기질지성과는 전혀 다른 맥락에서 말하고 있다 하겠다.

"가르침은 기에 어긋남[逆氣]을 버리고 기를 따름[順氣]을 취하며 나쁜 행동을 버리고 착한 길을 걷게 하는 것이다. 어버이를 섬김에 효도를 아는 것은 불효를 보고 이를 미워하는 데서 나오고, 임금을 섬김에 충성을 다하는 것은 불충을 보고 이를 그르게 여기는 데서 나온다. 일용만사(日用萬事)에 권징(勸懲)이 없는 것이 없으니, 권선은 징악에서 나오고 징악은

在本源, 不可偏廢, 性順時氣和而靜, 性逆時氣激而動, 情善時喜怒得當在物, 而己性亦順, 情惡時喜怒變換, 使氣使心而害及於性."

권선에서 나온다. 이 같은 뜻을 아는 사람이라야 남에게 가르침을 받을 수 있고 또한 남에게 가르침을 베풀 수 있다. 사람이 이 땅에 태어난 이래로 운화(運化)하는 기를 호흡하여 일신의 기가 통창(通彰)하는데, 기쁘고 즐거운 것은 몸 안팎의 기가 화순(和順)하는 것이다. 그러므로 음식·언사(言辭)·동용(動用)의 기에서 사람과 교접(交接)하는 기에 이르기까지 화순하기를 바라지 않는 것이 없다. 미워하고 싫어하는 것은, 몸 안팎의 기가 조금이라도 화순에 어긋나거나 음식·언어·행동의 기가 혹시 거스름이 있거나 사람과 교접하는 기가 기분을 거슬러서 그러한 것이다. 이 같은 본연(本然)의 호오(好惡)는 어릴 때부터 어른이 되기까지 습숙(習熟)해 왔으므로, 생각을 하지 않고도 미워하되 그 좋은 점을 알고, 좋아하되 그 미운 점을 아는 것이 마치 저절로 그러한 본성으로 생각하지 않고도 되는 것처럼 여긴다. 그러나 실상은 경험이 많이 쌓여서 그렇게 된 것이다. 대체로 사람들의 소견(所見)은 항상 과거의 경험을 소홀히 하고 매양 눈앞에 행할 수 있는 것만 신기하게 여기니, 이른바 나면서부터 안다는 것이나 배우지도 생각하지도 않고 아는 것이라는 말들이 모두 여기서 나온 것이다. 이처럼 현저하고 성실한 기인데, 사람이 항상 그 속에 잠겨서 자라기 때문에 쉽게 알지 못하고 또 그에 순응했는지 거슬렀는지도 분별하지 못한다. 그러므로 단지 기의 순역에서 생기는 선악과 호오를 가지고 심성(心性)의 고유한 바탕으로 삼아, 선악과 호오가 유래한 근원을 알지 못한다. 옛날부터 학문이란 것이 거의 이와 같았으니, 기화(氣化)의 가르침이 어찌 참으로 중대(重大)한 것이 아니겠는가."[86]

---

86 『人政』권8, 敎人門 1,「氣順逆生善惡」, "敎所以捨逆氣取順氣, 爲善道去惡事, 奉親知孝, 出於見不孝而惡之, 事君盡忠, 出於見不忠而誅之, 日用萬事, 莫不有勸懲, 勸出於懲, 懲出於勸, 知斯義者, 可以受敎於人, 亦可以施敎於人也. 人自落地以來, 呼吸運化之氣, 通彰一身之氣, 所喜悅者, 內外之氣和順, 至於飮食言辭動用之氣, 人物交接之氣, 無不要和順也. 所惡嫉

위 글에서 보면 최한기는 우리가 나면서부터 가지고 있다고 생각하는 것이 사실은 경험과 교육에 의한 것이라는 것을 되풀이하여 강조하고 있다. 고추장이 한국인의 고유성을 대표하는 것처럼 생각해 왔는데 알고 보니 우리가 고추를 먹기 시작한 게 불과 이삼백 년밖에 되지 않았다는 것을 알게 되면 우리의 고유한 본성에 고추장이 있다는 말을 하기 어려울 것이다. 한국인의 고유한 감성이라는 게 결국 음식이나 의복, 인간관계에서 드러난다고 하면 한국인의 고유한 감성은 본래 있었던 것이 아니라 최근 이삼백 년의 생활환경으로 말미암아 이루어진 것이 된다. 본성은 감성으로 미루어 알 수 있다고 하면 결국 본성이라고 하는 것도 수천 년 간의 삶이 온축되어 형성된 것이 된다. 물론 최한기는 목표로서의 변하지 않는 그리고 아직 도달하지 못한 유행지리로서의 본성이 있음을 형이상학적으로는 인정하고 있다. 그렇지만 당시 조선의 성리학자들이 변하지 않는 본성으로 든 유교적 인륜 즉 인의예지와 더 구체적으로는 삼강오륜이 기가 운화(運化) 유행(流行)하는 법칙 그 자체라고는 생각하지 않은 듯하다. 인간이라면 본래 지니고 있어야 할 것 같은 보편적 감각이 없는 것은 아니나 그것은 기 자체를 인지하고 수학적으로 측정했을 때만 가능하고 좋아하고 싫어하는 감정과 연결되는 순간 보편성은 상실된다. 음식을 먹어 생을 이어 감은 같으나 각 민족간, 지역간, 더 나아가서는 사람마다 식성은 다르고, 평화롭고 조화된 사회를 지향한다는 점에서는 동일하나 행동양식은 다 다르다. 형이상학적으로 전제

者, 內外之氣, 少違於和順, 飲食言語動用之氣, 或有忤逆, 人物交接之氣, 觸犯不平也. 以此本然之好惡, 自幼至長, 有此習熟, 不及思惡而知好, 雖不思好而知惡, 有若自然之性, 不思而得, 然其實, 已有漸累所致也. 凡人之所見, 常忽於已往積累, 而每神奇於目前之能行, 所謂生知, 所謂不學不慮而得者, 皆出於此也. 以若顯著誠實之氣, 人常潛養於其中, 故見得未易, 而順逆亦難辨, 只以生於氣順逆之善惡好惡, 爲心性固有之本, 不知善惡好惡所由之源, 從古學問, 率多若是, 氣化之敎, 顧不重且大歟."

된 기의 보편성은 모두 가지고 있으므로 모두 동질적인 기로 이루어져 있다면 그 기의 성질을 본성이라고 하고 거기서부터 윤리규범을 연역해 낼 수 있겠다. 그러나 "천하 만물이 받은 기는 하나이므로 서로 같지 않음이 없다. 그렇지만 형체를 이루면서 사람과 물이 다를 뿐 아니라 그것의 처음과 끝에도 서로 다르며, 처하는 곳과 익히는 것에 따라서도 각각 달라진다."[87]고 하고 있듯이 기는 순수한 기 자체로 존재하지 않고 형질을 이루며 각각의 속성을 가지게 된다. 최한기는 이것을 본성이라고 한 것 같다. 내용은 인물성동이론에서 다루어진 본연지성·기질지성의 관계와 비슷하나 본성과 습속을 연결하여 설명한다는 점에서 성리학적인 본성과는 완전히 다르다 하겠다. 그래서 결국 일신·통민운화가 대기운화에 포괄되듯이 보편적 윤리도 대기운화의 리를 승순하여 연역적으로 끌어낼 때라야 천하일통의 보편성을 확보할 수 있다. 최한기는 기학이 바로 그 역할을 할 수 있다고 자신하나 그것은 그 시대가 낳은 또 하나의 이념일 뿐이었다.

역사적·지역적으로 형성된 기의 성질이 다르므로 최한기는 인간의 본성에 입각한 보편적인 윤리를 주장하지 않는다. 양지양능·측은지심·인의예지·사단칠정 등이 인간의 본성을 드러낸 것이 아니고 역사적·지역적인 특성을 안고 형성된 것, 교육된 것에 지나지 않는다고 하면 최한기의 철학에서 유교의 중요성은 배제되는가. 그렇지는 않다. 최한기는 "군신유의·부자유친·부부유별·장유유서·붕우유신을 오륜의 조목을 삼고, 인의(仁義)와 예악(禮樂)을 교화의 방법으로 삼아야 하니, 이것은 실로 인도(人道)의 고유한 것"[88]이라고 하며 수천 년 간의 역사

---

87 『推測錄』권3, 推情測性, 「性有同異」, "凡天下之物, 其所稟氣, 則一也, 故無處不同. 其所成質, 非但人物不同, 一物終始亦異, 所處所習, 亦有異焉."

로 검증된 유교의 윤리규범이 그래도 인간이 도달할 수 있는 보편윤리에 가장 가깝고 인간의 본성을 실현하는 가장 실제적인 길이라고 확신한다. 본연지성과 절대적 보편성은 없지만 그래도 당시로서는 기의 실상에 가장 근접해 있고 그래서 유용하다는 최한기의 유교적 윤리설에 대한 입장을 '상대주의적 윤리설'로 규정하기도 한다.[89] 최한기의 주장이 상대주의 · 공리주의로 해석될 여지는 있지만 기학이라는 그의 형이상학에 대한 자신감을 감안하면 최한기의 인식론을 경험론만이라고 할 수 없듯이 온전한 상대주의라고도 하기 어렵다. 최한기는 현재의 여러 학설이 절대적이 아니라고 했지 절대가 없다고 하지는 않았기 때문이다. 그리고 유학이 절대적은 아니나 절대와의 거리는 그래도 가깝다고 하기 때문에 종래 절대적 진리치를 지녔다고 여겼던 유학을 상대화했다고는 말할 수 있어도 윤리 자체가 상대적이라고 보지는 않았다. 그는 장차 "천하의 사람을 다 헤아리고 동양과 서양의 같고 다름을 조화시켜 하나의 규범(一統)을 만들고 남북의 풍속을 비교하여 공통점을 알게 된다."[90]고 하며 언젠가는 보편적이고 절대적인 윤리규범을 알게 될 것이라는 희망을 피력하고 있다. 유학에 대한 아래의 글을 보면 그러한 최한기의 생각을 잘 볼 수 있다. 유학을 유교 · 유도라고 하지 않고 유술이라고 한 것은 유학을 다른 통치술과 동일한 차원에 놓고 비교했기 때문일 것이다. 그 결과 적어도 통민운화에서는 유학에 비견할 만한 것을 찾지 못했다는 말이기도 하다.

---

88 『神氣通』 권1, 體通, 「通敎」, "君臣有義, 父子有親, 夫婦有別, 長幼有序, 朋友有信, 以爲倫常之目, 仁義禮樂, 以爲導化之方, 是實人道之所固有."

89 김용헌(1994), 18면.

90 『人政』 권12, 測人門 1, 「推擴測人」, "惟天下之測人, 東西異同, 參和而見其一統, 南北風俗, 比較而知其一般."

"유술이 곧 통민운화의 도이다. 인도를 밝혀 사람이 마땅히 해야 할 바를 가르치고, 기강을 세워 충절을 높이며, 염양(廉讓)을 귀히 여겨 쟁탈(爭奪)을 피하며, 탐욕과 비루함을 천히 여겨 치욕을 멀리하며, 정교(政敎)의 도화(導化)를 열고 생령의 포폄(褒貶)을 중히 한다. 백왕(百王)의 손익(損益)을 통관(統貫)하고 연혁(沿革)해 볼 때, 시대는 더러 오륭(汚隆)이 있었지만 이 도는 길이 보존되어 왔으니, 군생을 이끌어 일통(一統)으로 돌아가게 하는 것은 이 유술이 아니면 어찌 이룰 수 있겠는가. 만약 한때 한 사람의 짧은 생애(生涯)를 가지고 논한다면 비록 유술이 없더라도 안 될 것이 없을 듯하나, 백관(百官)과 만성(萬姓)이 일치 협력하여 정책을 제정하고 교화를 펴며, 다스려질 때를 인하여 어지러움을 염려하고 어지러울 때를 인하여 다스림을 도모하는 데에 이르러서는 유술이 없어서는 안 된다. 이러한 유술은 비록 옛날에 없었더라도 오늘날 마땅히 창도(倡道)하여야 할 터인데, 하물며 요순(堯舜)과 주공(周孔) 이래로 통민제치(統民制治)에는 모두 이 유술을 높였던 것임에랴. 다만 오유(汚儒)와 속사(俗士)들이 그 논설을 과격하게 하고 그 의리를 각박하게 하여, 도리어 통민의 도를 해쳐 사법(死法)으로 만들었고, 운화가 활법(活法)이 되는 것을 통달하지 못했을 뿐이다. 치평(治平)한 세상에서는 이 유술이 위에 있으나, 썩어가는 나라에서는 이 유술이 아래에 있게 된다."[91]

---

91 『人政』권11, 敎人門 4, 「儒術」, "儒術, 乃統民運化之道也. 明人道而講人義, 立紀綱而尙忠節, 貴廉讓以避爭奪, 賤貪鄙以遠恥辱, 開政敎之導化, 重生靈之褒貶, 百王損益, 統貫沿革, 世或汙隆, 而斯道長存, 統羣生歸一統, 非此術, 何以成哉? 若以一時一人之饔飧生涯論之, 雖無儒術, 似無不可, 於百官萬姓, 同寅協恭, 制化政敎, 因治而慮亂, 因亂而圖治, 不可無儒術, 雖古之所無, 宜倡於今, 況自堯舜周孔以來, 統民制治, 皆尊此術乎. 但迂儒俗士, 過激其論, 刻薄其義, 反傷統民之道, 以爲死法, 不達運化之爲活法, 治平世界, 此術在上, 靡爛邦國, 此術在下."

어쨌건 최한기는 당시로서는 유술(儒術)이 경험적·역사적으로 볼 때 일신운화와 통민운화의 리에 가장 근접한 학설이라고 생각한 듯하다. 그렇지만 당시의 최한기가 볼 때에는 이제 글로벌한 새로운 시대에 유학적 규범만으로는 약간은 부족했던 것 같다. 그래서 유학의 오륜에다 조민유화(兆民有和)를 덧붙여 육륜(六倫)을 제안하기도 하고[92] 마침내는 성리학을 대체할 새로운 학문으로 자신의 기학을 제창한다.

"기학(氣學)이 밝아지게 된 것은 실로 성리학(心學)이 끝까지 궁구하다가 병폐가 있는 데까지 이른 것에 힘입은 것이다. 만약 기학이 심학보다 앞에 나왔다면 심학에서 밝힌 바가 있어 후생들의 노고를 덜어 주게 되었을 것이다. 사람의 지각 운화는 시대가 감에 따라 자연히 점차 밝아지는지라 기학이 심학의 뒤에 생겨나게 된 것이다."[93]

8. 맺음말

최한기는 자신의 기학이 기존의 유·불·도 삼교를 포괄할 뿐 아니라 서구의 자연과학과도 무리없이 접합되는 통교(通教), 천하지교(天下之教)라고 자신한다. 이처럼 보편성을 추구하는 최한기 사상의 전모와 대응되는 개념으로서의 기는 한편에서는 전통적인 의미와 구조를 계승

---

92 『人政』 권18, 選人門 5, 「畎畝教法兆民有和」, "五倫之教, 至矣盡矣, 而推擴天下, 自有萬國咸和. 父子有親, 君臣有義, 夫婦有別, 長幼有序, 朋友有信之下, 添一兆民有和一句, 以著五倫通行, 兆民致和之實效."

93 『人政』 권11, 教人門 4, 「知覺之源」, "斯教之得明, 實賴心學之到抵窮蔽, 至有病蔽, 若使斯教, 出於心學之前, 心學庶有所明, 爲後生減勞苦, 而自有生靈知覺運化, 隨時漸明而發於心學之後."

하고 있고 다른 한편에서는 서구의 과학사상을 수용하는 매개 개념 역할을 하였다고 생각한다. 최한기의 기학은 유학의 강상윤리(綱常倫理)와 자연과학적 세계관을 신기의 추측에 의해 얻어지는 동일한 차원의 진리라고 주장하였고, 더 나아가서는 천도(天道)는 인도(人道)의 준적이 된다고 하여 성리학의 도덕형이상학적인 해석에서 벗어나 있다. 여기서 최한기의 기학은 새로운 의미를 가지게 된다.

최한기의 저술목록을 대충만 훑어보아도 쉽게 알 수 있는 것은 그가 당시 중국에서 전래된 서구의 과학기술을 이해하고 수용하는 데 대단한 열의를 가지고 있었다는 것이다. 최한기의 기 개념은 전통적인 일기취산설(一氣聚散說)의 구도를 비슷하게 지니고 있지만 경험적 인식이나 과학적 사고의 대상은 천지기기 본연의 모습과 성질이 아니라 기의 일시적 모습인 형질이다. 따라서 형체와 형적이 있는 기가 기의 본모습을 보여 주게 된다. 이 기는 경험할 수 있는 기이고 자연과 인간에 대한 여러 가지 지식을 검증해 줄 수 있는 유일한 통로가 되므로 과학적 관심에서 높은 비중을 지닌 개념으로 재정립되지 않을 수 없었다.

기는 먼저 형체(연장성)와 맛, 소리, 촉감으로 우리에게 지각된다. 불, 하늘처럼 형체 없는 것도 있고 한열조습(寒熱燥濕)의 성질만 지닌 기(氣)도 있으나 이도 모두 신기 즉 감각에 포착되기는 마찬가지다. 이것이 통(通)의 시초이다. 최한기에 의하면 이 모든 기의 운동은 활동운화로 요약되고 현상에서는 한열조습의 사원성(四元性)으로 드러난다고 한다. 그렇지만 이러한 포괄적인 개념의 제시로 그의 기철학이 완성되는 것이 아니라 개별 형체의 경험적 탐구를 바탕으로 한 추측을 통하여 지식을 축적하고 검증을 통해 수정함으로써 추측은 차츰 실체에 접근하게 된다. 추측의 리와 유행의 리〔大氣運化之理, 統民運化之理〕가 일치할 때 통(通)은 완성된다. 현상에 대한 과학적 인식에서 출발한다는 점에서 최한기 기학은 이전의 기철학과 구분된다 하겠다.

최한기는 전통적인 기철학을 형이상학으로 일부 받아들이면서 기에 수를 연결시켜 과학적 지식과 조화될 수 있는 길을 모색했다. 그는 우선 허즉기(虛卽氣), 일기무형(一氣無形)을 부정하고 모든 기는 유형 유적이므로 연장성을 지니고, 한열조습의 사원성을 지니므로 기용(器用)의 학(學)에 의해 수로 표시될 수 있다고 보았다. 수는 기의 운화를 객관적으로 그리고 보편성을 가지고 드러내므로 자연현상을 계수 계량화하여 설명하는 역산물리의 학이 세계의 진상을 가장 정확하게 드러내는 학문분야가 된다. 더 나아가서 최한기는 기의 운화법칙이 바로 수학적이라고까지 생각했다. 최한기의 기철학은 가치론 중심이며 직관적인 방법에 의존하는 성리학적 사고에서 탈피하여 근대적인 사유방식으로 나아가는 과정에서 체계화된 의미 있는 사상체계라 할 수 있다.

부언해서 하나만 더 말하면 이런 생각을 한번 해 보았다. 오늘날 우리가 서양의 Science를 번역해서 과학이라는 용어로 통일해 쓰고 있다. 이 말은 1870년대 일본의 니시 아마네(西周)가 분과학문이라는 뜻으로 쓴 말이 1900년대 일본에서부터 일반화되었다고 한다.[94] 과거지학(科擧之學)을 줄인 말처럼 보이는 '과학'보다는 '기학'이 'Science'의 번역으로 훨씬 더 적절해 보이지 않은가. 최한기가 기학을 표방하고 '기학'이라는 제목의 책을 펴낸 때가 1857년이다. 시간상으로도 훨씬 빠르다. 만약 조선이 동아시아 사상을 주도하였고 최한기의 사상이 단절되지 않았다면 우리는 오늘 '과학'이라는 말 대신 '기학'이라고 쓰고 있지 않을까. 자연과학은 '자연기학', 사회과학은 '사회기학'으로 말이다.

---

94 김성근(2003), 131~146면 참조.

參 考 文 獻

권오영(1999), 『최한기의 학문과 사상연구』, 집문당.

_____(1990), 「최한기의 정치관」, 『한국학보』 59집.

금장태(1980), 「국역 인정 해제」, 『국역인정』, 민족문화추진회.

_____(1984), 「혜강 최한기 철학의 근대적 특성」, 『세계속의 한국문화』, 정문연.

_____(1985), 「최한기의 인간관 연구」, 『철학적 인간관』, 정문연.

_____(1989), 「기철학의 전통과 최한기의 철학적 특성」, 『동양학』 19집, 단국대.

김낙필(1984), 「혜강 기학의 구조와 성격」, 『한국근대종교사상사』, 원광대.

김선희(2014), 「최한기를 읽기 위한 제언」, 『철학사상』 52.

김성근(2003), 「일본의 메이지 사상계와 '과학'이라는 용어의 성립과정」, 『한국과학사학회지』 25, 한국과학사학회.

김용헌(1995), 「최한기의 서양과학 수용과 철학형성」, 고려대학교 박사학위논문.

朴星來(1978), 「韓國近世의 西歐科學 受容」, 『東方學志』 20, 292면, 연세대학교 國學研究院.

박종홍(1988), 「崔漢綺의 科學的 哲學思想」, 『朴鍾鴻全集 V』, 형설(朴鍾鴻, 1965, 「崔漢綺의 經驗主義」, 『亞細亞研究』 20, 高大의 재수록).

_____(1977), 「최한기의 과학적인 철학사상」, 『한국사상사논고』, 서문당.

박충석(1982), 「경험론과 정치적 리얼리즘 : 혜강」, 『한국정치사상사』, 삼영사.

백민정(2009), 「최한기 철학의 변모 양상에 관한 일고찰」, 『철학사상』 33호.

孫炳旭(1982), 「惠岡 崔漢綺의 氣哲學에 관한 연구」, 한국정신문화연구원.

_____(1984), 「惠岡 崔漢綺에 있어서 認識의 문제」, 『慶尙大 論文集』 23.

_____(1992), 「기학 해제」, 『기학』, 여강출판사.

_____(1994), 「혜강 최한기철학의 연구」, 고려대학교 대학원 박사학위논문.

신원봉(1989), 「최한기의 기학연구」, 『한국학대학원 논문집』 4, 한국정신문화연구원.

_____(1998), 「최한기의 기화적 윤리관」, 『동양철학연구』 18, 동양철학연구회.

이우성(1971), 「최한기의 가계와 연표」, 『유홍열박사 회갑기념논총』.

_____(1985), 「해제」, 『명남루전집』.

_____(1990), 「혜강 최한기의 사회적 처지와 서울생활」, 『제4회 동양학 국제학술회의논문집』, 성균관대학교 대동문화연구원.

_____(1988), 「최한기의 사회관」, 『동양학』 18집, 단국대학교 동양학연구소.

이원순(1979), 「혜강 최한기의 교육관 서설」, 『단국대대학원 학술논총』 3집.

이종란(2008), 『최한기의 운화와 윤리』, 문사철.

정성철(1988), 『조선철학사』(상)(1988, 『조선철학사연구』, 도서출판 광주 재간행).

최영진(1996), 「최한기 이기론에 있어서의 리의 위상」, 『동양철학연구』 15호.

한형조(2000), 「최한기의 기학 : 선험에서 경험으로」, 『최한기』, 청계.

| 惠 岡 |

최한기 정치사상의 재조명

─ 통민운화와 정치적 공공성의 문제를 중심으로 ─

백민정 | 가톨릭대학교 인문학부 교수

1. 들어가는 말

19세기 중반에 활약했던 혜강(惠岡) 최한기(崔漢綺, 1803~1877)는 알려진 것처럼 다양한 분야에 관한 서학서(西學書)를 탐독했고, 그 결과 서구 중세 및 근대 지식과의 소통과정에서 독특한 자기 철학을 전개했던 인물이다. 이 글은 최한기의 철학적 사유 가운데 정치적 문제의식과 쟁점을 중심으로 그의 정치사상을 재조명하기 위해 기획된 것이다. 최한기는 서학의 강렬한 충격에 노출되었지만, 유교적 소양의 동아시아 지식인으로서 그가 견지했던 정치사상에는, 서양 전통의 그것과는 상당히 이질적인 문제의식과 쟁점들이 존재했다. 가령 토마스 홉스(Thomas Hobbes, 1588~1679)나 존 로크(John Locke, 1632~1704) 등 주로 17세기에 활약했고 18세기 서양 근대철학과 계몽주의에 영향을 미친 사상가들의 경우, 이들의 국가관과 정치철학을 살펴보면 몇 가지 공통된 특징을 확인할 수 있다. 그들은 국가를 구성원간의 협약(pact)이나 계약(contract)에 의해 구성원이 가진 자연의 권리를 양도함으로써 자신의 인신(人身)과 재산(財産), 안전(安全)을 보장받기 위해서 만든 인위의 산물, 즉 인공인간(artificial man)과 같은 존재로 국가를 이해했다. 이때 계약 당사자들이 자기 권리의 일부를 자발적으로 양도함으로써 자신의 이권과 안전, 복지 등을 보장받고자 만들어 낸 인위적 인격의 결합체 혹은 통일체를 토마스 홉스의 경우는 '코먼웰스(Common wealth ; Civitas ; Leviathan)'라고 불렀다.[1]

---

1 Thomas Hobbes, *Leviathan: The Matter, Form And Power of A Commonwealth, Ecclesiastical*

홉스는 유기체주의적 입장에서 인공신체인 국가에 부여된 영혼(靈魂)을 주권(Sovereign)이라고 불렀는데, 이 주권에 의해 구성원은 노주(奴主) 관계가 아닌 시민(citizen ; persona civitatis)으로서 국가와 협약을 맺을 수 있다고 보았다. 이러한 국가관에 전제된 몇 가지 정치철학적 관점을 열거하면, 우선 국가를 철저히 인위적인 인공의 산물로 본 것을 알 수 있다. 둘째, 국가라는 인공의 정치조직체는 구성원 자신이 가진 자연의 권리를 어쩔 수 없이 ('만인에 의한 만인의 투쟁'을 막기 위해서) 양도함으로써 만들어지는 존재로 간주되었다. 국가를 믿을 수 없지만 마치 신과의 계약(covenants)처럼 미래의 보장을 신앙하면서 자연권의 일부를 주권으로 양도한다고 본 것이다.[2] 셋째, 국가(State ; Civitas)와 국가의 인격인 시민(citizen ; persona civitatis)은 선천적 혹은 윤리적 관계가 아니라 법률(Civil law)상의 의무의 이행 관계라고 이해했다. 따라서 국가는 구성원의 복리증진에 도움이 되지 않거나 협약 이행의 의무를 위배하면 언제든 해체할 수 있는 대상으로 간주되었다. 이 점에서 서구 근대 사상가들은 국가와 국가 운영원리로서의 정치를, 자연주의적이고 목적론적인 전통적 윤리관에서 철저히 분리해서 이해하려는 경향이 강했다고 볼 수 있다.

19세기에 활동한 최한기도 국가를 인간 신체의 생명활동에 비유하면서 유기체주의적 입장에서 국가의 구조와 기능을 설명한 적이 있다.[3] 그

---

and Civil.; 토마스 홉스, 진석용 옮김(2013), 232~235면 참조.

2 이때 신과 인간 간의 장래에나 실현 가능하다고 믿은 신뢰의 약속을 가리키는 용어인 '신의 계약(covenants)'처럼, 국가라는 인공조직과 구성원 사이에도 쌍방 계약 당사자간에 인민이 먼저 권리를 양도하고 나중에 국가로부터 복리 증진을 보장받는다는 조건이 첨부되었다.

3 "조정의 범위를 사람 몸에 배열해 보면 관할하는 영역은 몸체가 될 것이고, 서민은 피부가 되고 臺閣은 눈과 귀가 되고 육경은 오장육부가 되고 백관은 뼈와 마디가 되고, 방백

러나 본인 스스로 인위적인 것을 비판한 데서 알 수 있듯이, 그에게 국가란 인위의 산물-인공의 정치소직체-이 결코 아니었다. 정치와 교화(교육·학문)의 운화[政敎運化]가 자연의 운화[天地運化]를 따라서 연속적 통일성[一統]을 이뤄야 한다고 보았기 때문이다. 최한기가 모든 판단의 최종준거라고 생각했던 천지운화는 윤리적 선악의 판단준거[準的]가 되며 정치적 삶의 최종목적으로 간주되었다. 따라서 도덕과 학문, 정치 등 인간 사회의 모든 활동이 운화기에 기반한 자연의 목적론적 세계관에 통일적으로 귀속된다고 이해했던 것으로 보인다. 그렇다면 최한기 철학에서 우리는 근대 서구 사상가들이 주목했던 정치와 국가 논리의 고유성을 확인하기 어려운 것이 아닐까? 오히려 최한기는 서구 사상가들과 달리 '정교일치(政敎一致)'를 지향했고 인간과 자연의 완벽한 통일을 상정함으로써, 정치를 포함한 모든 사회적 행위가 운화기라는 자연법칙에 종속되고 순치될 수 있다고 생각했다. 인간 문명과 국가를 인위의 산물로, 다시 말해 자연과 별개의 영역으로 간주하고, 정치를 도덕이나 학문이 아닌 법적인 권리·의무의 이행 문제로 이해했던 서구 사상가들과 최한기의 관점은 이 점에서 매우 이질적이었다고 볼 수 있다. 서양 정치론에 대한 반성과 대응 과정에서 자신의 정치사상을 구축했던

수령은 팔다리가 된다. 임금은 天君[=心]이고 임금의 명령·조칙·상소 등은 곧 핏줄이다. 한 사람의 형체를 미루어 조정의 구성체에 비유하는 것은 비록 그 대강은 얻을 수 있으나 운화의 방법은 다르다. …… 조정이라는 구성체는 사람을 쓰는 데 달려 있다. 눈과 귀가 되는 대각에 그에 맞는 사람을 얻으면 총명하게 되고 그런 사람을 얻지 못하면 귀머거리나 장님이 된다. …… 나라를 통제하고 다스리는 사람은 한 나라를 자기 몸과 동일시해서 한 나라를 살펴야 한다. …… 일국의 人氣를 통합하여 一體를 이루면 政敎運化가 통달하여 걸림이 없고 자자손손의 이목에 두루 미칠 것이다. 이렇게 해서 일정한 규모를 이루면 소장성쇠의 한계가 없으며, 저절로 섭생하고 보양하며 병을 치료하는 기술이 생길 것이다."『增補 明南樓叢書』권5, 『氣學』권1, 79조목; 손병욱 역주(2004), 146~147면 참조.

최한기의 지적 작업을 유교적 정치사상의 재구성 과정이라고 볼 수 있는 것은 바로 이런 점 때문이다.

이 글은 최한기가 말한 '통민운화(統民運化)'의 정치〔政〕가 그의 전체 철학에서 어떤 위상과 의미를 차지하는지 살피는 것으로부터 논의를 시작한다. 최한기가 그토록 강조한 '천지운화'라는 자연의 법칙이, 인간의 정치사회적 삶의 문맥에서 어떤 실질적인 영향력을 갖는 것이었는지 비판적으로 해명하고자 한다. 만약 운화기를 인간 사회의 정치 문제를 성찰하기 위한 일종의 '규제적 이념(The Regulative Idee)'과 유사한 것이었다고 가정한다면,[4] 우리는 최한기가 말한 정치와 교화의 문제를 굳이 자연의 논리로 환원해서 설명하거나 정당화하지 않고도, 그가 강조했던 정치 공공성과 공론의 형성 과정, 그리고 정치적 행위의 의미들을 철학적 맥락에서 새롭게 조명할 수 있을 것이다. 이 논증 과정을 통해 최한기가 강조한 운화의 자연법칙이, 오히려 인간의 주체적인 정치 사유와 행위를 포괄하는 통민운화의 구상을 거치면서 비로소 유의미성을 갖는다는 점을 보이고자 한다(2장). 또한 최한기의 정치론이 학문과 종교 등으로 귀속되는 제한된 규범적 정치학이 아니라는 점도 설명할 계획이다. 나아가 현대 대의민주정의 선거제(투표제)라는 특정한 제도의 속박에서 벗어나 최한기의 '국인공치론(國人共治論)'에 보이는 다양한 정치적 통찰과 함의를 살펴볼 예정이다(3장). 비록 우리가 원하는 방식의 명

---

4 칸트의 '구성적' 이념에 대비되는 용어로서 '규제적' 이념이란, 우리가 그 내용이나 실질을 논리적·이성적으로 증명할 수 없고 단지 이율배반적인 형이상학적 상상력을 통해서만 이해할 수 있지만, 이 규제적 이념에 속한 다른 하위 개념과 관념을 이성적으로 성찰하고 반성할 수 있게 해 주는 가상의 최고이념을 의미한다. 가령 '神'이나 '자유' 등의 개념이 이에 해당된다. 최한기가 '천지운화기'를 말했을 때, 바로 이 개념에 근거해서 人道와 公論, 정치와 교화의 문제를 이상적 방향으로 숙고할 수 있었기 때문에 최한기의 정치적 사유와 판단의 성격을 해명하기 위해 방법론적으로 이 개념을 차용했다.

시적인 정치 제도화 문제에 이르지 못했지만, 최한기의 정치사상에서 강조된 공론의 수렴 과정을 통해 그의 독특한 인식론과 공부법이 공적인 정치 여론의 형성 과정에 어떻게 기여했는지 살펴볼 수 있을 것이다 (4장). 본론에서는 위의 쟁점들을 순차적으로 논의하겠다.

2. 최한기 철학에서 통민운화(統民運化)와 정치의 위상

1850년대 중반 이후 최한기는 『지구전요(地球典要)』(1857)와 『기학 (氣學)』(1857) 등을 작성하면서 『기측체의(氣測體義)』(1836)에 나타난 기존의 관점을 계승하여 보다 명료하게 표현하되 자신의 기학적 관점에 부합되지 않는 몇몇 요소들을 선별적으로 수정했다. 이 시기 최한기는 프랑스 선교사 브노아(Michel Benoit)의 『지구도설(地球圖說)』을 접하고 비로소 지구자전설뿐 아니라 지구공전설의 의미까지 이해할 수 있게 되었다.[5] 최한기 이전에도 김석문과 홍대용이 지구자전설을 의미하는 지전설(地轉說)을 언급했지만, 이 관점에서는 여전히 지구를 천계의 중심으로 놓거나 혹은 지구 공전의 의미에 대해서는 설명하지 못했다. 최한기에 이르러 코페르니쿠스의 지동설을 통해 지구가 태양을 중심으로 공전한다는 사실을 인지했는데, 『지구전요』[6]와 1860년에 완성한 『운화측

---

5 사실 『기측체의』에서도 지구구형설과 지구자전설에 대해서는 여러 차례 언급한 적이 있다. 다음 조목들을 참조할 수 있다. 『增補 明南樓叢書』 권1, 「神氣通」 권1, 體通, 「地體諸曜」; 『推測錄』 권2, 推氣測理, 「地體蒙氣」; 『推測錄』 권2, 推己測理, 「地球右旋」.
6 『增補 明南樓叢書』 권4, 「地球典要」 권1, 「七曜次序」 11~12면에서 최한기는 프톨레마이오스, 티코 브라헤, 메르센, 코페르니쿠스의 우주론을 소개하고 그 가운데 코페르니쿠스

험(運化測驗)』[7] 및 『인정(人政)』[8]의 일부 내용을 살펴보면 이 시기에도 여전히 최한기가 천동설과 지동설 사이에서 고민하면서 결국 두 원리 가운데 장단점을 취사선택한 타협안을 내놓은 것을 알 수 있다.[9]

이처럼 1850년대 이후 습득했던 태양 중심의 지구공전설은 최한기 본인에게도 미심쩍은 의문을 남길 만큼 당시로서는 매우 놀랍고 혁신적인 천문학 정보 가운데 하나였다. 기존 연구자들은 최한기가 지구공전설을 알게 됨으로써 결국 모든 것이 절대적으로 변화하고 움직인다는 관념을 철저하게 인지했고, 그 결과 잠시도 쉬지 않고 변화하는 기(氣)의 '활동운화(活動運化)'하는 본성을 주장하게 되었다고 분석했다.[10] 사

의 이론이 가장 정밀하다고 인정하면서도, 어떻게 지동설을 확신할 수 있는지 여전히 의문을 표시하고 있다.

7 『增補 明南樓叢書』 권5, 『運化測驗』, 序文, 61면과 「地體輪轉」, 78~79면에서 최한기는 지구 자전과 공전의 의미를 함께 설명하면서 공전설을 의심할 수 없다고 인정하고 있다. 그러나 『운화측험』, 「氣之活動」, 76면에서는 어느 것이 옳은지 아직 밝혀지지 않았다는 유보적 자세를 취하였다. 『운화측험』의 번역본은 최한기, 이종란 역(2014) 참조.

8 최한기는 『人政』 권8, 敎人門 1, 「曆」 조목에서 태양중심설과 지구중심설 가운데 어느 하나만을 취할 것이 아니라 두 설을 모두 취해 참고하는 것이 좋겠다는 타협안을 내놓았다.

9 이 점에 대해서는 김용헌의 다음 논문에서 자세히 설명하였다(김용헌, 1997, 505~513면 참조). 한편 문중양도 1830년대 地球說을 주장할 때와 1850년대 이후 地動說을 주장했을 무렵, 그리고 1860년대 후반 『성기운화』에서 氣輪說을 주장했을 때를 시기적으로 구분하면서, 최한기의 우주론적 관점이 어떻게 변모되는지를 잘 설명해 주었다(문중양, 2003, 287면 以下). 특히 최한기의 기륜설이 한역서인 『空際格致』, 『談天』 등으로부터 구체적으로 어떤 영향을 받았는지 분석하면서 『운화측험』, 『지구전요』, 『성기운화』 등의 관련 내용을 상세히 소개하고 있다(上同, 297~298, 302~307면). 이현구의 논문에서도 『성기운화』의 기륜설이 사실 이전에 저작된 『운화측험』과 관련되어 있으며 이는 최한기가 『공제격치』를 통해 얻은 서양 기상학의 내용 일부를 이미 『운화측험』에 반영했기 때문이라고 보았다(이현구, 2002, 10~11면).

10 문중양은 『地球典要』, 「論氣火」편을 분석하면서 최한기가 氣의 活動運化를 주장하게 된 것은 여러 천체들의 氣輪이 旋轉하는 것으로부터 연유한다고 설명한 대목에 주목하였다(문중양, 2003, 300면). 이에 따르면 『기학』 이후 최한기의 핵심 개념이 되는 活動運化之氣는 지구설, 지구의 旋轉운동, 여러 천체들의 旋轉 운동이 종합적으로 작용하여 일어나는 것으로 결국 태양 중심 우주론인 지동설의 체계 내에서 복합적으로 해명될 수 있는

실 최한기는 초년에도 신기(神氣)가 활동(活動)하는 것이라서 고요하기 어렵다며 기(氣)의 성격을 설명한 적이 있다.[11] 그리고 한 차례 '운화(運化)'라는 개념을 사용한 적도 있다.[12] 하지만 당시 언급된 '활동지물(活動之物)' 혹은 '운화'라는 표현은 아직 최한기 사유에서 핵심 쟁점으로 부각된 것이 아니고, 다만 기의 유행(流行) 혹은 운행(運行) 같은 관용적 표현과 혼용된 표현이었을 뿐이다.[13] 초년에도 신기(神氣) 혹은 천기(天氣)의 특성을 기철학자들처럼 끊임없이 움직이는 것으로 막연히 생각했지만, 이것을 '활〔生氣〕동〔振作〕운〔周旋〕화〔變通〕'라는 성격을 통해 명백히 인식하지 못했던 것이다.[14] 최한기는 기의 활동운화를 한마디로 '운화(運化)' 혹은 '기화(氣化)'라고 부르면서, 이것은 기존의 기설(氣說)과 완전히 다른 자신만의 창견이라는 점을 확신했다.[15] 이로부터 1850년대 중반 이후 저작들에서 최한기는 '활동운화'하는 기(氣)의 본성을 일관되게 주장하기 시작한다.

것이었다(上同). 그렇다면 최한기가 강조한 활동운화론은 그의 氣輪說에 관한 설명을 함께 참조해야 제대로 해명될 수 있다는 것을 알 수 있다.

[11] 『神氣通』권1, 體通, 「通虛」, "蓋神氣, 原是活動之物, 難得常靜, 易致幻妄, 須從事物上研究, 又從事物上驗試. 不可驗試者, 不必研究, 當待驗試者, 亦可研究."

[12] 『推測錄』권2, 推氣測理, 「推形質測神道」 조목에서 '一氣運化'라는 표현을 한 번 사용했다.

[13] 이 부분의 설명에 대해서는 권오영(2004a), 67면; 권오영(2004b), 28~29면 참조.

[14] 『氣學』권2, 84조목, "惟言氣, 則一團全體, 不可以劈破形言, 又不可着手分開. 故以活動運化之性, 分排四端, 始可以形言, 又可以着手. 猶爲不足, 則又釋之, 以活生氣也, 動振作也, 運周旋也, 化變通也."

[15] 『氣學』권1, 47조목, "古人知識, 每以人事爲主而說法測天, 不以氣化爲標準而變通人事, 此所以古今氣說之判異也." 최한기가 말한 氣 개념의 의미가 기존의 기철학 전통의 주장들과 어떻게 다른지 그 차이점에 대해서는 허남진(2005), 257~259면 참조. 허남진은 최한기가 氣의 보편성을 검증하기 위해 數의 보편성을 강조했던 것은 전통철학에 과학을 접목시킨 대표적 사례라고 평가하였다(上同, 267면). 또한 금장태는 명·청대 기철학과 조선 후기 기철학자들의 관점을 소개한 뒤 이어서 최한기의 기철학을 상호 비교하면서 그의 사유가 가진 한계와 가능성에 대해 평가한 바 있다(금장태, 2005).

『기학』의 서문에서 최한기는 자신이 말하는 기학이란 학문은 결국 '유형(有形)'의 물체와 '검증(檢證)'할 수 있는 것만을 대상으로 한다는 점을 분명히 했다.[16] '기화(氣化, 氣之活動運化)' 그리고 '형질(形質)'에 대한 논의는 오직 최근에 밝혀진 것으로서 이전 중국 성인들도 결코 말한 적이 없던 것이라고 주장했다.[17] 눈에 보이지 않는 모호한 기(氣)가 구체적인 형질을 가진 유형의 존재로 분명하게 인지된 것은, 그 당시 최한기가 습득한 서구의 역수학(歷數學)·기계학(器械學)·기용학(器用學) 등을 통해서다.[18] 최한기는 『운화측험』에서 인간의 식견이 넓어지고 경험이 확충되면서 비로소 천지운화의 형질로서의 기를 이해할 수 있게 되었으며, 오늘에서야 비로소 기계(器械)를 설치하여 형질의 기를 시험하고 수리(數理)에 의해 활동운화를 논리적으로 설명할 수 있게 되었다고 말한다.[19] 또한 운화기를 준거로 기존의 추측법(推測法)을 보완한 측험법(測驗法)을 제시하고 있다.[20] 측험(測驗)은 추측(推測)의 방법론에, 활동운화

---

16 『氣學』, 序文, "中古之學, 多宗無形之理, 無形之神, 以爲上乘高致, 若宗有形之物, 有證之事, 以爲下乘庸品."

17 『明南樓隨錄』, "大體形質, 未暢露之前, 不可以天下萬事眞實道理, 向說於諸人, 縱得向說, 只以迷昧所見, 俗習所聞, 做出糢糊說話, 聽之者, 亦以顓蒙見開, 徒添疑惑, 轉成是非矣. 大體形質, 自數百年前, 始闡其端, 至百年而轉得方向, 又過百年, 而漸多証驗. …… 至於談天論地, 氣化形質, 近世之所明, 不可以中國古聖言之所未有廢, 此宇內億兆之樂取用, 是實天地運化隨時有宜也."

18 『氣學』 권1, 10번째 조목, "非器械, 無以着手乎此氣, 非歷數, 無以分開于此氣. 歷數器械, 互相發明, 庶可以認氣, 亦可以驗氣.";『氣學』 권1, 53번째 조목, "器用學, 實出於用氣衛氣驗氣試氣稱氣量氣度氣變通氣. 比諸徒言其氣無所着手, 快有措施方略, 利用厚生. …… 冷熱器, 燥濕器, 各有所驗. 挈水器, 生火器, 亦擅其能. 儀器, 度氣之遠近高低, 稱量, 辨氣之輕重多寡, 旣有多般用氣之術. 又有器皿無窮之制. 變而通之, 通而變之, 惟在其人矣."

19 『增補 明南樓叢書』 권5, 『運化測驗』 권1, 「古今人言氣」, "自古及今, 四五千年, 大氣運化無少差異, 人之所見倍蓰不等. 上古只知有天道變化而驗惑乎鬼神, 中古乃知地道應天承順而理沒乎傅會, 近古人經驗稍廣, 始知氣爲天地運化之形質, 猶未及乎裁制須用. 方今果能設器械而驗試形質之氣, 因度數而闡明活動之化."

20 『增補 明南樓叢書』 권5, 『運化測驗』, 序文, "生靈事務自有大小. 日用常行處事之小節, 天地

196

기라는 기준을 전제로 한 검증 과정을 좀 더 보완한 방법이었다고 볼 수 있다.[21]

이처럼 최한기는 근 이삼백 년 이래 세계 지식인들이 '실측경험(實測 經驗, 測驗)'해서 쌓아 놓은 민생 일용에 유용한 것들이 결국 '신기'와 '형질운화기'의 논의로부터 산출되었음을 강조했다.[22] 새로운 과학지식을 통해 천명된 운화기에 대한 최한기의 확고한 믿음은, 인간의 실천행위

運化生道之大本. 此物彼物比較而生測, 一事二事經歷而得驗測. 驗立然後信之篤而疑惑銷, 誠力進而明德著. 測驗不立, 平生行事率多罔昧, 多少言說俱無準的, 知覺之明不明, 學業之成不成, 皆以測驗之有無多少爲斷. …… 自地球闡明以後, 可測驗之氣數漸次啓發. 自轉而爲晝夜, 輪轉而爲四時, 熱氣升而爲雲雨, 蒙氣包而接日月以成萬事萬物. 運化之大本自上古已然而人自不知, 由於大地大氣之測驗. 決非一人一時徒將意思而排布也, 統合宇宙可測驗之書籍考準於方今運化驗則取之."

21 『운화측험』에서 최한기는 지구의 자전과 공전, 열기와 몽기 등 당시로서는 최신의 천문학 지식을 동원하면서 지금에서야 비로소 測驗의 기수가 점차로 계발되었다는 점을 강조하였다. 이에 따르면 '測'이란 이 사물과 저 사물을 상호 비교하는 것이고, '驗'이란 이일 저 일을 경험적으로 거치면서 점차 분명하게 이해하게 되는 과정을 의미했다. 추상적이긴 하지만 조금 더 풀어보면, 測驗에서의 '測'이 기존의 推測의 의미를 모두 갖고 있는 용어라면, '驗'이란 檢證 혹은 證驗의 의미를 담고 있는 것 같고 따라서 '驗'은 결국 '검증을 거친다'는 점을 말하려고 했던 표현인 듯하다(최한기, 이종란 역, 2014 참조). 임형택은 최한기가 30대에 推測의 방법을 말하고 50~60대에 測驗의 방법을 말했다고 구분하면서 이 양자 사이에 어떠한 의미 변화가 있는지 이미 문제제기를 한 적이 있다(임형택, 2001, 133~134면). 그런데 測驗의 새로운 의미를 풀면서 '測'이 추측의 함의를 갖고 '驗'은 경험을 나타내므로, 이 말은 기존의 推測 의미에 經驗이 더 추가된 것이라고 설명하였다(上同). 필자 역시 대략적으로는 이와 같다고 보지만, 驗의 의미를 그냥 經驗으로 풀기보다는 '證驗을 거친다'는 고전적 의미로 이해함으로써 검증 혹은 증험의 맥락이 강조되도록 해석하는 것이 좋지 않을까 생각한다. 김용옥은 최한기의 용어 가운데 '經驗'이란 '證驗을 거친다'는 의미이며 '知覺' 개념 역시 감각경험을 가리키는 것이 아니라 '알고 깨닫는[悟] 포괄적인 도덕적 인식작용'을 의미한다고 설명한 적이 있었다(김용옥, 2004a, 74~76면). 이것은 최한기가 사용한 개념들이 오늘날 우리가 사용하는 개념과 표현상 정확히 일치되더라도, 내용적으로 다른 의미를 가질 수 있음을 지적했다는 점에서 유의미한 설명이라고 본다.

22 『明南樓隨錄』, "若以神氣形質運化, 謂古所無之言說, 而毁蔑之, 是廢棄數三百年以來, 宇內賢知之實測經驗, 有補於民生日用, 有益於曆象漸明, 是乃泥古, 偏執匹夫之論, 非爲萬世開泰平之義也."

들, 가령 윤리와 도덕, 사업과 공업을 포함한 학문(學問) 및 정교(政教)의 모든 행위들이 결국 천지운화(대기운화)의 원리에 승순하고 복속되어야 한다고 보는 논의로 귀결되었다. 다음 인용문에서 보이듯 "일신운화(一身運化)에서 교접운화(交接運化)와 통민운화(統民運化)에 이르기까지 모두 대기운화(大氣運化)를 본받아야 …… 일통(一統)의 운화(運化)로 천인(天人)이 일치(一致)하게 된다."는 점을 강조한 것이다. 더구나 최한기는 『논어』이래 유학자들의 관용적 표현처럼 정치[政]를 '바로잡는[正]' 행위로 이해했다. "정(政)이란 바로잡는다는 뜻이니 인위(人爲)의 바르지 못한 것을 금지해서 막고 천도(天道)의 올바른 것을 본받아서 따르도록 한다."[23] 인위의 바르지 못한 것을 바로잡는다고 말했을 때 그 교정의 기준, 최한기의 표현에 따르면 바로잡는 정치적 행위의 기준인 준적(準的)을 그가 '천지운화기(天地運化氣)'로 설정했던 점을 상기할 필요가 있다. 인간의 모든 정치적 교정 행위들이 천지운화·천인기화의 원리에 부합될 때 비로소 올바르고 선한 행위로 변화될 수 있다고 본 것이다. "대기운화를 따르는 것이 선(善)이 되고 대기운화를 거역하는 것이 악(惡)이 된다는 것은 세상 어디에서나 동일한 것이며 조금도 차이가 없다. 이 방법으로 세상을 평화롭게 만드는 교화를 베풀면 세상이 평화로워진다."[24] 그는 인정(人政)의 올바름과 공정함을, 이처럼 운화기에 대한 인간의 승순과 자발적 복종으로부터 정당화한다.

---

23 『增補 明南樓叢書』권3, 『人政』, 序文, "政者, 正也. 禁遏人爲之不正, 效順天道之正, 統察宇內人民, 而政之大體, 時觀一隅風俗, 而政之弛張有術." 번역문은 『국역 人政(Ⅰ~Ⅴ)』(1980~1982) 참조.

24 『人政』권9, 教人門 2, 「敷運化平宇內」, "大氣運化, 承順爲善, 逆逆爲惡. 宇內人皆同, 一無差謬, 擧比以施平宇內之教化, 則宇內可平矣."

"사람이 세상을 살아갈 때 윤리와 도덕과 사무와 공업이 있는데, 그 일통(一統)의 준적(準的)을 얻지 못하면 마음이 주장하는 것이 각기 달라져서 온갖 장해가 발생한다. 이것이 또한 인도(人道)를 연구할 때 널리 찾지 않음이 없고 선악의 행사가 갖추어지지 않음이 없도록 해야 하는 까닭이다. 사람의 삶을 깊이 궁구하면 어긋나서는 안 되고 오직 도리에 승순(承順)해야만 한다. 일신운화(一身運化)에서 교접운화(交接運化)와 통민운화(統民運化)에 이르기까지 모두 대기운화(大氣運化)를 본받는다면 진퇴(進退)·지속(遲速)·위합(違合)·순역(順逆)이 자연운화의 추이에 따라 적절히 재어(裁御)되고, 형세(形勢)에 따라 잘 인도하면 천백 가지의 이론(異論)이 소멸되어 일통의 운화로 천인(天人)이 일치하게 될 것이니, 이것을 일러 '인정(人政)'이라고 한다. 사람이 정치를 하는 데 있어 그 천인기화(天人氣化)의 정치를 통해서 교접·통민의 정치를 밝혀야 한다. 만약 천인기화의 정치에 통달하지 못하면 모든 언론이 준적이 없게 될 것이다."[25]

"공(公)은 운화기(運化氣)의 공(公)보다 더 큰 것이 없다. 제왕은 이것을 얻어 천하인의 사정(私情)을 안정시키고, 사장(師長)은 이것을 얻어 천하인의 사정을 안정시키며, 일반인은 이것을 얻어 가정과 마을 사람의 사정을 통제하고 조절한다. 이 어찌 혼자 마음에서 얻은 것으로써 백성에게 강제로 베풀 수 있는 것이겠는가?"[26]

25 『人政』, 凡例, "人之生也, 有倫有道有事有業, 而不得其一統準的, 必有各心所主, 戕害多端, 是亦究明人道之無不搜覓, 善惡行事之無所不備也. 潛究人生, 不可違越, 惟當承順之道. 自一身運化, 至交接運化, 至統民運化, 皆效則于大氣運化, 進退遲速違合順逆, 自有運移之裁御正宜, 因勢而利導, 千百異論, 咸歸零落, 一統運化, 脗合天人, 是謂人政. 人之爲政, 因其天人氣化之政, 以明交接統民之政, 若不達天人氣化之政, 多般言論, 歸于無準."

26 『氣學』 권1, 42조목, "公莫大於運化氣之公, 帝王得之, 以安天下民之私情, 師長得之, 調和天下人之私情, 衆庶得之, 裁制家鄉人之私情, 是豈以獨心所得, 强施於民?"

정치는 바르지 못한 것을 바르게 바꾸는 것이며, 바꾸는 행위의 기준 혹은 준거인 대기운화를 이해할 때 비로소 정치가 완수될 수 있다고 본 점에서, 최한기의 정치론은 그가 동서사상을 모두 섭렵함으로써 수립했던 독특한 자연과학적 세계관에 통섭되는 것처럼 보인다. 그렇다면 이 것은 천지운화·대기운화로 표현되는 유형한 형질의 자연과학적 세계를 엄밀히 분석하고 이해하면 인간의 정치적 쟁점에 대한 어떤 실마리나 단초를 얻을 수 있다는 말이었을까? 김용옥이 지적했듯이 "최한기의 사유를 특징짓는 것은 (운화기에 대한) '승순'이라는 막연한 연속성이다. 이 연속성은 역사의 연속성, 다시 말해 제도의 연속성으로 나타난다. 그리고 이것은 결국 제도가 개선되리라는 막연한 낙관적 기대로 나타난다."[27] 자연의 대기운화에 대한 이해와 승순은 최한기가 말한 '통민운화(統民運化)'의 구성과 전개에 어떤 영향을 미친다고 볼 수 있을까? 개인(일신운화)과 개인 사이의 교접운화, 그리고 정치적 통민운화와 마지막 자연의 대기운화 사이에 설정된 유기적인 연속성을 그대로 받아들이기에는, 인간과 자연 간의 관계 혹은 인식과 행위주체로서 인간의 기능 등이 불명료한 문제로 남는다.

이 점에서 최한기가 통민운화(정치)가 승순하고 준행해야 할 제1의 절대원리로 천지운화기를 강조했을 때, 그가 말한 운화기에 대한 '승순'의 실제 의미가 무엇인지 재고할 필요가 있다. 운화기에 맞춘 동물의 사육행위를 언급한 다음 인용문에서 볼 수 있듯이, 최한기는 대기의 활동운화를 따르는 인간의 정치행위가 단순히 정해진 자연의 원리를 그대로 수용하는 것이 아니라, 인간의 행위 자체가 이미 수동적 추종이나 복종이 아닌 창조적 조율과 구성과정이라고 이해했던 것으로 보인다. 짐승

---

27 김용옥(2004a), 87면 참조.

을 사육하는 것과 정치적 목민행위를 비유하면서, 최한기는 짐승을 그들의 성명운화(性命運化)에 맞게 사육한다는 것은, 결국 인간의 삶과 문명에 도움이 되는 방식으로 효율적으로 혹은 인간에게 순종하도록 짐승을 훈련시키는 것이라고 설명한다. 이 점에서 필자는 자연의 운화기를 따르라고 최한기가 강조한 것은 정치적 문맥에서 볼 때, 어떤 구체적 규정을 제시하지 않는 요청된 이념 같은 것을 재해석하는 과정이었다고 본다. 인간은 천지운화의 어떤 과학적 내용을 추종하거나 그대로 모방하는 것이 아니라, 마치 칸트의 '규제적 이념'처럼 자연의 운화기를 정치적 사유의 방향을 규제하는 이념처럼 상정하면서 스스로 이상적이고 도덕적인 정치모델을 재구성하는 존재라고 볼 수 있다.[28]

"호랑이를 기르는 자는 살아 있는 생물을 먹이로 주지 않는데, 그것은 호랑이가 생물을 죽이는 노여움에 익숙해지기 때문이고, 또 생물 전체를 먹이로 주지도 않는데, 그것은 호랑이가 생물을 찢어발기는 노여움에 빠지기 때문이다. 그러므로 호랑이가 굶주리고 배부를 때에 맞추고 그 희로(喜怒)를 알아채서 호랑이로 하여금 자기를 기르는 자에게 순종하도록 만드는데, 이것이 바로 운화를 따르는 데서 오는 것이니 운화를 거역하는 것은 옳지 않다. …… 그러므로 짐승을 기르는 것이나 백성을 다스리는 것의 크고 작은 조치에 있어 모두 운화를 승순(承順)하는 것을 첫 번째 의미로 삼는다. …… 금수(禽獸)도 기를 수 있는데 하물며 동류(同類)인 백성을 기르지 못하겠는가. 물고기를 개천에 내보내고 짐승을 산에 놓아 주는 것은

---

28 최한기가 강조한 천지운화기라는 최종준거(The final criterion)는 구체적인 내용을 인간에게 직접 제시하지는 않되 人道와 公義 같은 하위개념(subordinate concept)을 타당하게 산출하는 데 결정적으로 기여하는 '규제적 이념(The Regulative Idee)'과 유사한 기능을 갖는다고 본다.

사물의 성명운화(性命運化)를 따르는 것이고 어진 이를 조정에 등용하고 백성을 전야(田野)에서 기르는 것은 용인(用人)의 운화(運化)를 따르는 것이다." [29]

운화에 맞춰 동물을 사육하듯이 백성도 운화에 맞춰서 교화하고 바르게 만들 수 있다고 본 것이 위 인용문의 핵심 논지다. 인간에게 순종하고 도움이 되는 방식으로 동물을 양육하고 기르는 것이 운화에 맞는 일이듯이, 인간 사회에 유용하고 효과적인 방식으로 민(民)을 교육하고 계몽하는 것이 정치적으로 통민운화를 잘 구현하는 길이다. 앞서 인정(人政)이 무엇인지 해명하면서 최한기는 인도(人道)를 널리 연구해서 밝히고 선악(善惡)의 행사를 모두 갖춰야 비로소 일통(一統)의 운화로 천인(天人)이 일치(一致)하게 된다고 보았다.[30] 또한 "천인기화(天人氣化)의 정치에 통달하지 못하면 모든 언론이 준적이 없게 된다."고도 말했다. 기존의 '천지운화(天地運化)'나 '대기운화(大氣運化)'와 달리 이곳에서 인용한 '천인운화(天人運化)'라는 표현은, 최한기가 말하고자 한 정치모델을 가장 잘 보여 주는 개념이라고 생각한다. "기학의 공효는 결국 천지(天地)와 인물(人物)이 모두 하나로 통일되어 운화하는 데 있다."[31] 기학에서 밝힌 '천지인물의 일통운화'라는 것이 바로 '천인운화'와 동일한 표현이라고 생각한다. 대기운화(천지운화)에 인간의 노력이 가미되어 혼용

---

29 『人政』 권25, 用人門 6, 「以養獸喩牧民」, "養虎者, 不敢以生物與之, 爲習殺之之怒也, 不敢以全物與之, 爲狃碎之之怒也. 時其饑飽, 達其喜怒, 使虎媚于養己者, 由於順運化, 不宜逆運化. …… 故養獸與牧民, 大小施爲, 俱以順運化爲第一義諦. …… 禽獸猶可養也, 況儕類之人民乎. 放魚於川, 縱獸於山, 順物之性命運化, 登賢于朝, 養民於野, 順用人之運化."
30 각주 25번 참조.
31 『氣學』 권2, 88조목, "氣學功效, 在於天地人物, 一統運化."

일치된 '천인일치(天人一致)'의 상황을 잘 보여 주기 때문이다. 이것은 인간의 정치행위, 즉 통민운화가 천지운화를 승순한다는 (이념적) 가정뿐 아니라, 인간의 주체적인 실천행위 혹은 인식론적인 참여행위〔=推測〕에 의해서 천인간에 조화가 이루어진 이상적 상태를 기술한 표현이라고 할 수 있을 것이다.

가령 "일신의 사정(私情)을 미루어 나가〔推〕 천하인〔人人〕의 공도(公道)를 통찰하고, 천하인의 공도를 미루어 나가 '천인운화(天人運化)'를 체인해야 한다. 그래야 공도(公道)가 근원과 지류를 완비하게 된다."(『氣學』 卷1, 14조목)고 한 최한기 발언에서도 같은 맥락을 살필 수 있다. '천인운화'를 체인하는 것은 결과적으로 천하 사람들, 즉 사람과 사람 간의 여론에서 공론을 구성하고 창출하는 행위 주체로서의 인간 본인이다. 김봉진의 표현처럼 "개인의 사정(私情)과 인인(人人)의 공도 그리고 운화기의 관계에서 인인(人人)의 공이 이 양자 사이를 매개한다. 근원과 지류를 연결하여 매개하는 것이다."[32] 천지운화를 이해하고 승순하려는 노력을 발휘하는 것은 인간이며, 인간이 개입된 천지운화를 직접 체인하고 실현하는 것도 다름 아닌 인간 자신이다. 나아가 '통민운화'에 의해서 인식론적·실천적으로 매개될 때 비로소 천지운화도 유의미성을 갖는다고 볼 수 있다. 기학의 핵심 강령, 중심축을 '통민운화'로 최한기가 강조했던 다음 대목을 살펴보자.

"통민운화는 기학의 중심축이다. 일신운화는 통민운화에 준거하면 나아가고 물러갈 바가 있게 되고, 대기운화(천지운화)가 통민운화에 이르러 미치게 되면 어긋나거나 넘치는 일이 없게 될 것이다. 만약 일신운화가

---

32 김봉진(2006), 45~46면 참조.

통민운화에 준거하지 않으면 인도를 세워서 정치와 교화를 실천할 방법이 없게 될 것이요, 또한 대기운화가 통민운화에 이르러(도달하여) 미치지 못하면 표준을 세워서 범위를 정할 수 없게 될 것이다."[33]

개인의 일신운화가 정치적 통민운화에 따라 교정되고 변화되어야 한다고 본 것은 그리 어려운 이야기가 아닐 것이다. 다만 대기운화조차도 결국 통민운화에 이르게 될 때, 다시 말해 인간의 사회적 인식과 정치행위에 의해 구체적으로 포착될 때 비로소 유의미한 표준과 준적으로 기능할 수 있다고 본 점에 주목할 필요가 있다. 그는 개인의 사정과 천지의 운화기를 매개하는 것은 역시 인간의 정치적 행위인 통민운화이며, 통민운화의 구성을 통해 발현되는 한에서 '천지운화(天地運化, 자연)'도 결국 '천인운화(天人運化, 자연+인간)'로서의 유의미성을 갖게 된다고 보았던 것 같다. 최한기가 말하는 일통(一統)은 분명히 천기(天氣)와 인기(人氣), 자연과 인간이 하나의 연속적인 운화의 법칙에 복속되어 통일된 상태를 말한 것이다.[34] 이러한 천인의 관계는 결국 통민운화의 층위에서 비로소 완수된다고 볼 수 있다. 천지운화도 인간이 파악한 법칙의 운화라고 본다면―끊임없이 유행지리에 맞추려고 노력하면서 구성되는 인간의 수준 높은 추측지리―, 그것 역시 통민운화라는 정치적 기능과 역할을 통해서 그 구체적 내용을 드러낼 수 있을 것이다. 최한기가 제시한 궁극의 학문 시스템인 기학에서 '통민운화'가 가진 중추적이고 핵심적인 의미는 여러 구절을 통해 강조되고 있다. "통민운화는 치체(治體)의 대

---

33 『氣學』권2, 97조목, "統民運化爲氣學之樞紐. 一身運化準於統民運化, 有所進退, 大氣運化達於統民運化, 無所違越. 若一身運化不準於統民運化, 則無以入人道行政敎, 大氣運化不達乎統民運化, 則無以建標準定範圍."; 손병욱 역주(2004), 300~301면.
34 김용옥(2004a), 83면 참조.

두뇌"(『氣學』卷2, 37조목), "통민운화의 도에 따라 수신제가함으로써 모두가 마땅함을 얻어 이를 천하에 실현하면 마땅하지 않은 것이 없게 된다."(『氣學』卷2, 50조목) 이 점에서 '통민운화'로서의 '정치〔政〕'야말로 최한기의 기학에서 인간과 자연의 원리를 매개하고 유기적으로 종합하는 가장 능동적이고 적극적인 기능을 갖는 것이라고 볼 수 있다.

'천인운화(天人運化)'를 이해함으로써 인간과 자연 사이에 일통의 운화를 구현하는 인간의 정치행위와 관련해 다음 두 가지 문제를 더 짚어보고자 한다. 최한기는 학문(學問)과 정교(政敎) 혹은 학문(學問)과 선거(選擧, 정치)의 관계를 언급한 경우가 적지 않다. 최한기는 기존의 허리(虛理) · 허학적(虛學的) 학문관을 비판하면서 참된 학문〔實學〕과 올바른 학문〔正學〕을 강조했기 때문에, 자신이 인정한 참된 학문(學問)과 그것을 정치사회적으로 적용해서 실현하는 정교(政敎)의 영역을 필요에 따라서 구분하고 있다. 최한기가 인정한 참된 학문은 고대 주공(周公)과 공맹(孔孟)의 유술(儒術)이며 학문이 제대로 시행되어야 비로소 정치의 흥망을 점칠 수 있다고 볼 정도로 학문과 선거, 학문과 정치를 밀접한 관련을 갖는 것으로 이해했다. 특히 방술(方術) · 선불(禪佛)이 아닌 유술(儒術)만이 일통(一統)의 운화(運化)로 통일시키는 기능을 갖는다는 점을 역설한다.

"치란(治亂)의 조짐을 알고자 하면 마땅히 '교(敎)'의 '행불행(行不行)'으로 판단해야 한다. 다스려지다가 결국 교육이 쇠하면 그 나라가 앞으로 어지러워질 것을 알 것이고, 어지럽다가도 결국 교육이 흥하면 그 나라가 앞으로 다스려질 것을 알 수 있다. 어찌 일시의 정령(政令)만으로 치란을 증험할 수 있겠는가." [35]

"유술(儒術)이 곧 통민운화(統民運化)의 도(道)이다. 인도(人道)를 밝혀 인의(人義)를 강론하며, 기강을 세워 충절을 높이고, 염양(廉讓)을 귀하게 여겨 쟁탈(爭奪)을 피하며, 탐욕과 비루함을 천하게 여겨 치욕을 멀리하고, 정교(政敎)의 도화(導化)를 열고 생령(生靈)의 포폄(褒貶)을 중하게 여긴다. …… 군생(群生)을 이끌어서 일통(一統)으로 돌아가게 하는 것은 이 유술이 아니면 어찌 이룰 수 있겠는가."[36]

"옛날부터 학문의 연혁(沿革)이 바로 선거(選擧)의 연혁이 되고 선거의 연혁이 바로 학문의 연혁이 되었다. 학문이 질략(質略)하면 선거도 질략하고 선거가 번잡하면 학문도 따라서 번잡했다. 중고에 와서 학문은 방술(方術)·선불(禪佛)로 빠지고 과목이 잡다해졌는데, 그것이 한번 시작되자 사라지지 않고 계속 해를 끼쳤다. 그때부터 천작(天爵)을 타고난 현준들은 모두 근심과 한탄에 잠겼고 정교(政敎)와 학문(學問)이 두 가지로 갈라져서 정교(政敎)는 조정에 속하고 학문(學問)은 유림(儒林)들만 수고롭게 만들었다. 그러나 참으로 위아래 없이 만성(萬姓)이 혼연일체가 되고 정교와 학문도 한 곳으로 귀일되면, 학문이 정교를 따라 밝아지고 정교도 또한 학문으로 인해 바르게 될 것이다. 이렇게 되면 선거는 자연히 그 안에서 치안(治安)의 준적(準的)을 얻게 될 것이다."[37]

35 『人政』권11, 敎人門 4, 「統民制治」, "欲知治亂之兆, 當以敎之行不行爲斷. 治餘敎衰, 知其國之將亂, 亂餘敎興, 知其國之將治. 豈可以一時政令, 驗治亂哉?"

36 『人政』권11, 敎人門 4, 「儒術」, "儒術, 乃統民運化之道也. 明人道而講人義, 立紀綱而尙忠節, 貴廉讓以避爭奪, 賤貪鄙以遠恥辱, 開政敎之導化, 重生靈之褒貶. …… 統羣生歸一統, 非此術, 何以成哉?"

37 『人政』권19, 選人門 6, 「學問從選擧而沿革」, "從古以來, 學問沿革, 爲選擧沿革. 選擧沿革, 爲學問沿革, 學問質略. 選擧亦質略, 選擧繁雜, 學問從而繁雜. 中古學問之方術禪佛, 選擧之科目雜類, 一起不滅, 貽害千秋. 自玆以降, 天爵賢俊, 無不虞歎, 政敎學問, 未得歸一. 政敎屬之朝廷, 學問徒勞儒林. 苟能通上下合萬姓, 以爲政敎學問之歸一. 學問從政敎而得明, 政

최한기가 생각한 학문이란 무엇일까? 그가 '통민운화'로 강조했던 정치는 참된 학문의 범위와 내용에 종속되는 것일까? 최한기는 여느 유학자들처럼 바른 학문으로서의 정학을 수립하면 정치가 완수된다고 보았을까? 최한기는 『승순사무(承順事務)』에서 공허하지 않은 참된 학문이란 실용사무(實用事務)에 관계된 것이며 크게는 치법(治法)과 이용후생(利用厚生)이 모두 실용사무라고 말했다. "학문이 사무에 있으면 실이 되고 학문이 사무에 있지 않으면 허가 된다. 학문이란 크게는 치법정모(治法政謨)요, 작게는 이용후생(利用厚生)이니 어느 것인들 인간 세상에서 실용사무(實用事務)가 아닌 것이 있겠는가."[38] 결과적으로 학문이 학문으로서 정체성을 가지려면, 반드시 치법과 이용후생의 정치적 요구에 부응해야 한다는 말이다. 참된 학문뿐 아니라 올바른 학문[正學]에 대한 최한기의 발언도 유사한 지점을 강조한다. "운화유형(運化有形)의 기(氣)는 천인(天人)이 일치한다. 마음속 운화의 기로 천지의 운화의 기를 본받으면 선후의 배포와 간격의 조리가 마음속에 이루어져서 유형의 사물에 베풀 수 있다. 이것이 곧 천하의 정학(正學)이다."[39] 올바른 학문이란 '천인일치(天人一致)', 앞서 말한 것처럼 통민운화의 정치행위에 의해 구현되는 '천인운화(天人運化)'를 체인하고 (유형의 사물에) 그것을 적용하는 것이다. 이것은 통민운화의 정치적 효과에 부합하고 정치행위를 완수하는 데 유용한 한에서 학문의 가치와 참됨을 인정했던 것이며, 이 점에서 최한기가 강조한 정치 논리의 우선성을 잘 엿볼 수 있다.

敎由學問而得正, 選擧自其中, 得治安之準的."

[38] 『增補 明南樓叢書』 권5, 『承順事務』, "學問在事務爲實, 學問不在事務爲虛, 學問, 大而治法政謨, 小而厚生利用, 何者非人生實用事務也?"

[39] 『氣學』 권1, 6조목, "運化有形之氣, 天人一致. 以心中運化之氣, 效則天地運化之氣, 先後排布, 間格條理, 形諸胸中, 敷施於有形之物, 爲天下之正學."

"세상에 통행하는 바뀌지 않을 교학은 마땅히 정치를 근본으로 삼아야
만 한다. 정치를 외면하고 교학을 설립하면 곧 이단이요, 정치를 해치면서
교학을 설립하면 곧 사도(邪道)이다. 정치는 천지기화를 준칙으로 삼아야
하니 만약 기화와는 아무 관계가 없이 정치를 시행하면 곧 비루한 습속이
될 뿐이다."[40]

이 인용문은 최한기의 인문지리서인『지구전요』에서 기독교와 회교
도를 비판하면서 논평한 짧은 글의 한 대목이다. 비록 종교로서의 외래
종교를 비판하는 내용이었지만, 이곳에서의 '교학(敎學)'이란 서구의 경
우를 염두에 둔 종교 혹은 전통적인 학문과 윤리의 의미를 포괄하는 용
어라고 볼 수 있다. 위와 관련해 임형택은 '정치'를 기준으로 이단과 사
도를 분별하는 방법론이야말로 가장 최한기적인 논리가 아닐 수 없다고
평가한다.[41] "기실 (최한기의 관점은) 유교적 정치주의를 적극적으로 계승
한 논리이다. 그런데 교학의 근본인 정치 또한 기학을 준칙으로 삼아야
할 것으로 말하였다. 교학 · 정치 · 기학의 상호 관계를 어떻게 설명할 것
인가? 정치를 중시하면서도 정치 또한 기학을 근본 준칙으로 삼아야 한
다는 그 논리는 따져 물을 필요가 있는 대목이다."[42] 통민운화의 정치야
말로 학문의 가치를 평가하는 준거가 된다고 본 것은 분명해 보인다. 나
아가 정치와 기학 사이의 관계도 앞서 논의한 것처럼 천인운화를 포착하
고 구성하는 통민운화의 기능을 중심으로, 정치 우위적 관점에서 최한기

---

40 『增補 明南樓叢書』권4,『地球典要』권12,「洋回敎文辨」, "宇內通行不易之敎學, 當以政治
爲本, 外政治而設敎學, 乃異端也. 害政治而建敎學, 乃邪道也. 政治以天地氣化爲準. 若將無
關於氣化, 而施政治, 則陋習也."
41 임형택(2001), 141면 참조.
42 임형택(2001), 145면 참조.

의 정치사상을 좀 더 적극적으로 해명할 필요가 있다고 본다.

임형택은 같은 논문에서 정지와 기학[천시운화기]의 관계를 해명하면서 인간의 주체적 개입을 강조했다. "인간 고유의 지적 역량 내지 사고 작용을 논하여 천지 사이의 운화의 기를 본받아서 구성하고 발현하는 형태를 말한 것이다. …… 공학적 제작뿐만 아니라 법률제도까지 모두 천지운화를 합작하여 이루어지는 것으로 주장한 논법과 같다. …… 천인일치라는 것은 인간 주체의 내부에서 오직 자연의 법칙을 준수하여 창조적으로 연출하는 것이다. 이러한 인간 주체의 창조적 연출을 가능하게 하는 것이 바로 천하의 정학(正學)이다."[43] 인간이 자연의 법칙을 준수함으로써 운화기에 승순한다는 것은, 앞서 언급했듯이 운화기를 규제적 이념처럼 제1원리로 상정하면서 현실적으로 유의미한 정치적 담론과 행위를 구성하고 연출하는 창조적 과정을 의미한다고 볼 수 있다. 최한기에게 천지운화기란 유형하며 측정 가능한 형질적 대상으로 간주되었지만, 인간의 정치행위는 자연을 모방하려고 노력할 뿐 영원히 자연 그 자체와 일치될 수는 없다고 보기 때문이다. 말하자면 자연에 부합하는 천인운화는 결국 인간의 정치적 구상과 행위에 의해서만, 즉 통민운화의 구성에 의해서만 유의미한 내용과 가치를 갖게 된다고 볼 수 있다.[44]

---

43 위와 같음.
44 이종란은 최한기가 자연적 질서를 본받아 인사에 실행한다고 보았지만, 자연은 인간의 사회 윤리적 문제에 직접적인 메시지를 던지지 않으며 다만 인간의 인식 수준에 의해 그 원리가 상이하게 해석된다고 보았다. 자연의 법칙이 있든 없든 그것은 전적으로 인간의 몫이고 사회적 문제를 해결하고자 하는 인간의 가치의식의 소산이라는 것이다(이종란, 1996, 12~13면). 이종란은 운화기를 최종준거로 삼는 최한기 사유의 논리적 방향을, 자연법에 근거한 民權의 도출에 유사하게 접근한 것으로 평가하면서, 民의 평등과 생존권리의 근거를 자연(운화)에 두고 정치의 목적을 民으로 설정하기 위해 운화를 승순해야 한다는 관점을 제시한 것으로 이해했다고 볼 수 있다(이종란, 17~18면 참조).

한편 최한기는 운화에 순응하려는 정치적 노력이 곧 '민심(民心)'을 따르는 것과 같다고 해명하면서 민본주의적(民本主義的) 관점을 피력한 바 있다. 운화기에 따라야 한다는 다소 막연한 정치적 요청을, 전통 유학자들이 흔히 강조했던 것처럼 '민심'의 요구에 따르는 것이라고 해석한 것이다. 그에 따르면 민심에 따른다는 것은, 민심의 여론에 부응하는 현준(賢俊)한 인재나 관료를 추천하고 선발해서 그들로 하여금 운화의 원리에 승순하는 통민운화의 정치를 수행하도록 요구하는 것을 의미한다.

"대개 민심에 순응(順應)하는 것이 곧 운화(運化)에 순응하는 것이다. 한 사람을 진출시키는 것도 민심에 순응하는 데서 나오고 한 사람을 퇴출시키는 것도 민심에 순응하는 데서 나온다."[45]

"국가의 큰 정사는 마땅히 위로는 운화(運化)에 순응해야 하고 아래로는 백성의 소원에 부합해야 치평(治平)을 이룰 수 있다. 만약 운화에 위배됨이 있을 때는 그 위배된 단서를 밝혀 그에 승순(承順)할 수 있는 방법을 열어야 하고, 백성의 소원에 어긋남이 있을 때도 옳지 않은 어긋난 점을 자세히 진술해서 화협(和協)할 수 있는 방략을 간언하여 바로잡는 것이 인도학문(人道學問)의 원법(元法)이다."[46]

---

45 『人政』 권16, 選人門 3, 「運化選擧」, "蓋順民心, 卽順運化也. 進一人, 出於順民心, 退一人, 亦由於順民心. …… 國家之命脉在民, 事力在民, 動靜施爲, 所依賴, 惟民, 則朝廷之報於民者, 選擧賢俊, 俾順運化之天則. 其實, 乃得於民, 而治其民, 非駕虛翼僞, 而行其事也."
46 『人政』 권17, 選人門 4, 「言事之選卽選人」, "國家大政, 當上順運化, 下協民願, 乃可治平. 若有運化之違越, 明其違越之端, 開其承順之方, 又有民願之拂戾, 詳陳拂戾之不可, 諫正和協之方畧, 乃人道學問之元法也."

"세상은 한 기(氣)의 운화(運化)로써 만물을 생장하고 나라는 현준(賢俊)을 선거(選擧)히여 만민(萬民)을 가르치고 기른다. 진실로 현준을 선거하는 것이 일기운화(一氣運化)를 본받으면, 위아래의 기강이 위배됨이 없고 재덕(才德)과 천분(天分)이 순서대로 진출하게 되어, 작은 재주가 감히 큰 재주에 앞서지 못하고 작은 덕이 자연히 큰 덕의 뒤에 서게 된다. …… 대체로 민심에 순응(順應)하는 것이 바로 운화(運化)를 순리로 이끄는 것이 되므로 …… 민심에 대한 순역(順逆)으로 선거(選擧)의 선악(善惡)이 결정된다."[47]

민심이 원하는 것〔民願〕에 따른다는 것은 무슨 의미일까? '향거이선(鄕擧里選)'으로 알려진 방법처럼 지방 향촌에서 각 지역의 백성들이 선망하고 존중하는 자를 관리로 천거하고 관리로 임용해서 운화의 정치를 펴도록 한다는 말이었을까? 그렇다면 민중을 교화의 수동적 대상으로 간주하고 소수의 현준한 엘리트 관료들이 현명하게 천지운화의 원리를 파악하여 백성을 다스리게 하면 된다고 본 것일까? 이와 같은 교화의 대상인 민중과 통치의 주체인 엘리트 위정자 사이의 이분법에 그쳤다면, 최한기의 논의가 기존의 유교적 통치 관념과 크게 달라진 점이 없었을 것이다. 정치가들을 통해 최한기가 구현하려고 했던 통민운화의 실제 모습, 즉 민원을 실현하는 과정의 구체적 면모를 살펴보면서 이 점에 대해 재평가할 필요가 있을 것이다. 다음 본론 3, 4장을 통해 논하겠지만, 최한기의 철학에는 인간의 자연적 욕망과 감정을 적극적으로 긍정하면

---

47 『人政』권16, 選人門 3, 「運化選擧」, "天以一氣運化, 生長萬物, 國以選擧賢俊, 教養萬姓. 苟使選擧賢俊, 效則一氣運化, 上下綱紀, 無有違越, 才德天分, 循序而進, 小才不敢先大才, 小德自然後大德. …… 蓋順民心, 卽順運化也. …… 以民心順逆, 爲選擧之善惡."

서 개인의 사정(私情)에 바탕해서 사회적 공의(公義)를 창출하려는 새로운 시대적 분위기가 반영되어 있다. 더구나 사회적 공(公)의 담당자가 일부 조정 대신이나 엘리트 관료들이 아니라 일반 백성으로 점차 이행해 가는 과도기적 경향도 그의 사유에서 엿볼 수 있다.[48] 이 역시 최한기가 염두에 둔 통민운화의 바람직한 구현 과정에 포함되는 쟁점일 것이다. 이 점에서 보더라도 자연의 운화기에 따라야 한다는 최한기의 주장은, 민심과 민원의 측량 가능한 사적 욕망과 감정을 적절히 조율하면서 정치적 통민운화의 기능과 역할을 활성화하는 과정에 초점을 맞춘 것이라고 볼 수 있다.

3. 민원(民願)에 기반한 국인공치(國人共治)의 정치적 함의

지금까지 정치문제와 관련해 조선 후기의 새로운 지적 경향을 분석했던 선행 연구자들은 정약용이나 최한기 같은 실학자에게서 서양 민주주의에 비견될 만한 선거(선출)의 맹아적 관념을 찾으려고 고심했던 것으로 보인다. 하지만 지방 향촌의 유력자가 덕행과 학문이 뛰어난 인재들을 중앙 정계에 천거하도록 한 '향거이선(鄕擧里選)'의 추천제가 있었을 뿐 인민에 의한 정치가의 직접 선출[선거]이란 관념은 조선시대 사회에 거의 존재하지 않았던 것으로 보인다.[49] 정치주체로서 민(民)의 잠

---

48 김봉진(2006), 45~46면 및 각주 31번 참조.

49 최한기의 경우 지방의 유력한 鄕老들이 民心[民願]을 반영해서 일정한 수의 인재를 추천했던 鄕選 방식, 각 지역의 관리들이 뛰어난 인재라고 생각한 자를 천거하는 徵辟 방식[辟召] 등에 대해 제안했던 것은 잘 알려져 있다. 그는 당시 과거제의 폐단을 지적하면서

재적 가능성과 민원(民願)의 실현을 특히 중시했던 최한기도 민심(民心)을 최종 확인하는 제도적 절차 — 서구식 투표제도에 견줄 민헌 — 에 대해서는 거의 관심을 표명하지 않았다.[50] 최한기는 "한 나라의 일은 마땅히 한 나라 사람들이 함께 '공치(共治)'해야지 친한 한두 사람들끼리 욕심을 채우려고 통치해서는 안 된다."[51]고 강조한다. 또한 "한 나라의 공론(公論)에서 지목하는 사람을 취하여 관직을 맡기고 성취 여부를 책임지우는 것이 곧 나라 사람들과 더불어 공치(共治)하는 것이다."라고 설명한다.[52] 그렇다면 최한기가 말한 '국인공치(國人共治)' 혹은 '만인공치(萬人共治)'는 실질적으로 국인 혹은 만인으로서의 백성이 직접 정치에 개입하거나 제도적으로 참여하는 길을 모색한 발언이 아니라, '위민론(爲民論)'이나 '민본론(民本論)'의 한계를 벗어나지 못한 전통적 논의[53] 혹은 유가적 군주론의 범위 내에 있는 새로운 '공치론(共治論)'의 모색이었다고 볼 수 있을 것이다.[54] 민심과 민원에 따른 공론에 주목했지만 결국 뛰어난 소수의 엘리트 관료들을 선발해서 그들로 하여금 천인운화에 따라 인민을 교도(敎導)하고 일통의 운화를 실현하도록 해야 한다고 보

鄕老들의 推薦이나 관리들의 辟召를 통해 賢才를 등용할 것을 적극 권장했고, 굳이 과거제를 실시하더라도 이런 추천의 과정을 통해 선발된 정예 구성원을 대상으로 시행할 것을 권유했다. 최한기 이전 조선시대의 일반적인 薦擧制의 형태와 관리 선발 및 평가 과정에 대해서는 정구선(1993), 36~38면 참조.

50 안외순(2001), 77~78면.

51 『人政』 권16, 選人門 3, 「國心選人」, "一國之事. 當與一國人共治, 不可與一二私人, 從欲而治."

52 『人政』 권16, 選人門 3, 「國心選人」, "取一國公論所指望之人, 任官責成, 卽與國人共治也."

53 유봉학은 최한기가 말한 國人共治도 그 내실을 살펴보면 뛰어난 한 인물이 위에서 통치하는 一人治의 구조를 갖고 있기에, 그가 주장한 共治論도 사실 유교적 통치론인 賢人政治論에 지나지 않는다고 부정적으로 평가하였다(유봉학, 1999, 272면; 1994, 143면 참조).

54 안외순(2001), 77면.

앉기 때문이다.[55]

그렇다면 유럽의 입헌주의와 미국식 민주정치의 요체를 이해했던 최한기가 여전히 전통적인 유가적 민본주의의 범주에 머물렀던 것을 비판적으로 평가해야 할까?[56] 안외순이 지적한 것처럼 최한기가 민주정의 의미나 가치를 몰랐다기보다는 오히려 당시 조선의 정황상 민주정이 시기상조라고 판단했을 가능성도 있다.[57] 이런 관점에 따르면 유가적 군주정도 통치자의 개인수양이 미흡할 경우 자의에 의한 전제정치나 독재로 흐를 위험이 있지만, 민주정 역시 통치주체로서의 백성들이 주체적인 정치참여가 가능한 지적 교육 상태에 도달하지 못하면 중우정치나 분열정치로 흐를 위험을 내포한 정치체라고 평가할 수 있다.[58] 이념적인 면에서 민주정의 가치를 부정할 수는 없지만, 어떤 방식으로 그 가치와 이념을 제도화하느냐에 따라서 전혀 상반된 결과가 도출되는 것을 우리는 역사적 선례를 통해 어렵지 않게 추론할 수 있다. 따라서 최한기가 외국

---

55 박희병은 『인정』, 『향약추인』 등의 내용을 검토하면서, 향촌자치의 구도를 최한기가 생각했던 것은 소박하나마 민주주의 지향을 담고 있다고 말했다(박희병, 2005, 123면). 권오영도 최한기가 백성의 참정권과 저항권 등을 인정한 것은 제한적이긴 해도 근대민주주의 사상의 토양을 마련하는 계기가 되었을 것이라고 평가했다(권오영, 1996, 266면). 물론 이것은 최한기가 주장한 政治體가 곧 민주정에 해당된다는 말은 아니다. 다만 유가적 군주정 혹은 賢人政治論을 변형시킨 君民共治論의 형태 가운데 오늘날 민주주의 원리에 상응할 만한 일부 단서를 함축하고 있다는 정도의 평가라고 볼 수 있을 것이다.

56 최한기가 서구 제도들, 특히 정치제도와 관련해서 『瀛環志略』, 『海國圖志』 등을 어느 정도까지 이해했는지 문제는 다음 논문들을 통해 상세히 살펴볼 수 있다. 권오영(1990, 1991); 안외순(2000, 2001); 정용화(1998) 등 참조. 최한기는 입헌군주정의 상하원 의회 조직, 국왕과 수상의 관계, 국왕의 의회해산권, 民의 직접투표권 등을 이해했고, 미국식 대통령제에 대해서는 조선 국왕이 전결권을 가진 것과 다르다고 평가했으며, 국왕이 없음에도 政事가 신속히 실행되고 法令이 준수되는 점 등을 들어 바람직한 政體의 하나라는 점을 인정한 것을 알 수 있다.

57 안외순(2001), 78면.

58 위와 같음.

의 정체에 대한 해박한 정보를 가졌음에도 그 정치적 원리들을 적극 차용하지 않은 태도에 대해서는 그 의미를 다른 측면에서 재조명할 필요가 있을 것이다. 최한기에게 서구 정치체는 자기 전통을 반성적으로 성찰하게 하는 중요한 매체가 되었지만, 그 자체로 수용할 만한 이상적 모델은 아니었던 것이다.

사실 우리가 바람직한 정치제도에 대해 논할 때 반드시 투표권을 동등하게 행사하는 것과 같은 대의 민주정의 특수한 제도에 매몰될 필요는 없다고 본다. 정량적으로 많은 구성원들이 동시에 정치행위에 참여한다고 해도, 그것이 곧바로 정치주체의 다양화 혹은 실질적인 민주정의 이념을 구현한 정치제도는 아니기 때문이다. 가령 서구 정치사에서 중요한 전환점이 된 투표제(선거제), 다수결의 원리, 그리고 대표제(representational system)에 기반한 제도적·형식적 민주정의 등장과 심각한 문제점은, 현대 서양 연구자들에게도 초미의 관심사라고 할 수 있다. 오늘날 대의 민주정에서 주장하는 다수결 원칙, 선거제도, 대표제 등이 서양 정치학자들 사이에서도 민주주의 이념에 맞지 않는 제도로 부정되는 경우가 늘고 있다.[59] 특히 국민의 권리를 대행할 정치 지도자를 선발하는 '선거'제도에 대한 불신은 이미 극에 달했다. 논리적으로 개인의 권리란 누구에게도 양도할 수 없는 것이지만, 현실적으로 더 큰 문제는 선거제도가 기존에 습득한 부와 권력에 따라 특정 집단에게 유리한 비민주적 결과를 초래한다는 점이다. 이 때문에 서양에서도 참된 민주정의 유일한 역사적 선례를, 고대 그리스 도시국가에서 존재했던 아테네의 '추첨제'밖에 없다고 평가하기도 한다. 기득권을 가진 계파나 조직이 어떤 영향력도 발휘할 수 없도록 무작위적인 우발적 선출방식으

---

59 Paul Woodruff(2005), 4~7면; 폴 우드러프, 이윤철 번역(2012), 68~82면 참조.

로 '추첨제'를 활용했던 것이다.[60]

그렇다면 정치를 다수의 정량적 견해를 반영하여 결정하는 선거 방식에 천착해서 살피기보다는, 다수의 이질적 견해와 욕망을 어떻게 조율하면서 사회적 공론을 조성할지의 문제에 주목했던 최한기의 정치적 안목을 다른 측면에서 조명할 필요가 있을 것이다. 명시적인 제도화의 문제가 정치적으로 중요한 쟁점이지만, 바람직한 제도를 구성하기 위한 예비 담론도 유의미한 통찰을 제공한다고 보기 때문이다. 만인(萬人)이 스스로 다스리는 '만인자치(萬人自治)'와 군주 혼자 다스리는 '일인제치(一人制治)'를 비교 설명한 최한기의 다음 구절을 상기하며 논의를 이어가 보자.

"만민(萬民)으로 하여금 만민(萬民)을 다스리게 하면 각자 다스리려고 해서 일통(一統)의 다스림을 이루기 어렵다. 흉년을 대비하고 큰 역사(役事)를 취산(聚散)하는 것을 장차 어떻게 통제할 수 있겠는가. 마땅히 식견이 넓어 치안(治安)을 이룰 수 있는 자를 써서 운화(運化)를 따라 만민(萬民)을 절제하도록 해야 하니, 이것이 일통운화(一統運化)를 승순(承順)하여 만민(萬民)을 교도(教導)하는 것이다. 일통(一統)의 치화(治化)는 한 사람의 주견(主見)으로 만인(萬人)의 각기 다른 견해를 다스리는 것이 아니다. 근원을 거슬러서 찾아보면, 사람이 비록 많더라도 모두 하나의 법도를 품수(稟受)받아 있고, 근본에서 보면 사물이 비록 많더라도 한마디로 총괄할 수 있으니, 운화에 관계되지 않은 일은 하나도 없고 운화에서 연유하지 않

---

60 따라서 다수결의 의사를 반영하는 투표제와 같은 특정한 정치제도에만 초점을 맞춰서 최한기와 같은 조선 후기 유교적 소양의 지식인들이 피력한 '共治論'의 가치를 폄하할 필요는 없다고 본다.

는 사람은 한 사람도 없다. 수십 수백 가지 일의 단서가 비록 한꺼번에 닥치더라도 운화의 실마리를 잃지 않으면 조리 있게 구분된다. 수만 수억의 생령(生靈)들이 비록 멀리 혹은 가까이 흩어져 살더라도 운화의 기미(幾微)를 살펴 선후(先後)를 지도(指導)할 수 있으니, 어찌 '모든 사람들이 제각기 다스리는 것이냐', '한 사람이 만인(萬人)을 다스리느냐'를 논할 것이 있겠는가?"[61]

"뭇사람들이 함께 추천하는 것이 공론〔衆人共推是公論〕이지만, 한 사람이 독단(獨斷)하더라도 그것이 대중(大衆)의 추천(推薦)에서 나온 것이라면, 이것은 바로 공론(公論)을 따라서 선거(選擧)하는 것이다. 그러므로 선거하는 사람은 통민운화(統民運化)를 살펴서 백성 가운데 뛰어난 자를 선거하고, 선거에 응하는 사람도 통민운화에서 얻은 바가 있으면 자연히 가리기가 어렵다. 이처럼 위아래가 모두 조그만 사의(私意)도 없으면, 인도를 통찰하여 인도를 깨달은 사람을 천거하고, 민사(民事)를 조화(調和)시켜 민사를 안정시킬 수 있는 사람을 선거하게 된다."[62]

위의 인용문에서 최한기가 강조했듯이 그에게는 다수가 정치행위에 직접 참여하느냐〔萬人治〕 혹은 일인이나 소수만이 정치행위에 참여하느

---

61 『人政』권25, 用人門 6, 「萬人治一人治」, "使萬民治萬民, 則各自爲治, 難成一統之治. 穉荒豫備, 大役聚散, 將何以節制? 當用識量竑遠可得治安者, 循運化而節制萬民, 是乃承順一統運化, 教導萬民. 一統治化, 非以一人之主見, 制治萬民不齊之見也. 溱統而尋之, 人雖多, 皆有一軌稟受, 由本以觀之, 物雖衆, 可以一言總括, 無一事不關於運化, 無一人不由於運化. 十百事端, 雖値一時幷臻, 勿失運化之緖, 而條條區畫. 萬億生靈, 雖是散處遐邇, 須察運化之幾, 而先後指導, 夫何論萬人自治, 一人制治?"

62 『人政』권14, 選人門 1, 「選統人道之人」, "衆人共推是公論, 一人獨斷, 出自衆推, 卽從公所擧也. 擧之者, 察統民運化, 而取其出類, 應選者, 有得於統民運化, 而自有難掩. 上下俱無一毫私意, 而統人道, 以擧統人道之人, 和民事, 以擧和民事之人."

냐[一人治]가 정치의 핵심 관건은 아니었다. 정치를 사회 구성원의 다수결 의사나 양적인 정치 참여의 문제로 이해하지 않았기 때문이다. 최한기는 정치가 기본적으로 인도(人道)가 제시하는 선하고 올바른 기준에 부합하도록 인민을 교화하는 과정이고, 인도(人道)의 대강은 결국 천인운화(天人運化)의 원리를 이해함으로써 구성되는 것이라고 보았다. 그런데 운화기에 대한 계몽과 교화가 진행되지 못한 상태라면 단지 소수의 정치가만이 인도(人道)와 기화(氣化)를 체득하고 있겠지만, 사회적 계몽이 폭넓게 진전되면 누구나 운화와 치안의 원리를 깨달음으로써 정치에 직접 참여할 수 있다고 보았다. 따라서 논리적으로 최한기에는 '일인치'와 '만인치'가 동일한 정체였던 셈이고, 굳이 양자를 인위적으로 구별할 필요가 없었던 것이다. 개인에게 주어진 신기운화의 조건에 맞게 교화하고 가르치면, 교화의 대상이었던 백성이 곧 천인운화(天人運化)의 원리에 따라 치안을 실현하는 정치의 주체가 될 수도 있다고 보았기 때문이다.

최한기에게는 사회를 구성하는 한 인간이 어떤 과정을 거쳐 천인운화의 원리를 깨닫고 운화에 부합되는 공론을 창출할 수 있는지의 과정이 더 중요한 문제였을 것이다. 우선 그가 나와 타인이 서로 다르며, 나의 욕망과 타인의 욕망이 서로 같지 않다고 보았던 점을 상기할 필요가 있을 것 같다. 최한기는 대부분의 사람이 유사한 보편적 욕망을 갖고 있다고 말한 경우가 있지만, 이것은 추측과 변통의 결과 도달하게 된 욕망과 이해관계의 조율 상태 혹은 균형 상태를 가리키는 표현이라고 볼 수 있다. 오히려 정치의 운영 과정에서는 그가 "사람의 욕심은 모두 똑같은 것이 아니다."라고 강조한 대목에 더 초점을 맞출 필요가 있을 것이다.[63] 최한기가 식견이 뛰어난 정치가 혹은 군주가 어떻게든 천인치안(天人治安)의 도리를 먼저 강구해야 한다고 본 것은, 그 이면에 천차만

별의 이해(利害)와 욕망(欲望), 고르지 못한 다양한 사욕(私欲)이 잠복해 있다고 보았기 때문이다. 따라서 누구라도 먼저 타당한 통합과 일통의 원리를 찾아낼 수 있다면 그로 하여금 사람들의 욕망과 욕망 사이의 충돌, 침해(침탈), 분쟁을 막도록 촉구해야 한다고 본 것이다. 누구나 똑같은 욕망(欲望)과 민원(民願)을 가지고 있다고 가정한다면 오히려 위정자 입장에서는 통민운화를 달성하는 것이 어려운 일이 아닐 것이다. 완급과 순서만 조절하면서 백성들의 동질적인 요구사항[民願]을 그대로 충족시키기만 하면 되기 때문이다. 하지만 문제는 모든 사람들이 서로 상이한 이질적 욕망과 기대를 가진 다양한 경향의 중인(衆人)들, 즉 '다중(多衆)'[64]이라는 점이다.

"사람과 사람이 교접할 때 이해(利害)가 고르기 쉽지 않다. 이 사람에게 이로운 것이 저 사람에게 해를 끼치고 저 사람에게 이로운 것이 이 사람에게 해가 되며, 혹 자신을 해치되 남까지 해치기도 하고 남을 해치되 자신까지 해치기도 한다. 성왕(聖王)은 이것을 근심하여 치안(治安)할 수 있는 사람을 등용해서 남을 해치고 자신까지 해치는 것을 제거하고 천인(天人)의 치안(治安)을 회복하도록 했다. 사우(師友)는 학문을 강구하여 치

---

63 『人政』 권8, 敎人門 1, 「勸懲其欲」, "無欲, 不可敎. 先使激起所欲, 從而施敎. 過欲者, 不可敎, 先使抑制其欲, 從而施敎. 期欲敎人, 亦是欲也, 推敎子孫之欲, 以敎多少之人, 有何間於遠近親疎? 有欲學之心者, 先授其敎, 然人之所欲不一."

64 여기서 다중이란 표현은 최한기가 말한 "대중을 모아 대중과 화합하게 하여 저절로 큰 조화에 이른다[集衆和衆自底大化/以人治人, 無有間焉]"라는 구절을 염두에 두고 사용한 말이다(『人政』 권22, 用人門 3, 「所尙各異用人異」). 그가 말한 대중은 이해관계와 욕망, 사욕이 모두 다르기 때문에 갈등하게 되고 그런 갈등과 긴장 속에서 조화를 이뤄야만 하는 존재로 상정되었기에 이런 의미를 살려서 한자어상의 다중이란 표현을 사용한 것이지, 현대 서양 철학 개념의 번역어로 사용되는 시민사회의 다중지성 등을 염두에 둔 다중 개념을 언급한 것은 아니다.

안에 이르는 도리를 밝혀서, 남을 해치고 자신까지 해치는 문제점을 교화시켜서 천인(天人)의 치안을 회복하도록 하였다."[65]

"임금이 만백성을 통솔하려면 만물을 제재(制裁)하고 조절하는 기화(氣化)를 체득하고 수만 가지로 가지런하지 못한 인기(人氣)를 고르게 하여 그들로 하여금 서로 침범하거나 서로 해치지 못하게 함으로써 각자 그 자신의 자리와 생업에 평안토록 해야 한다. 불가불 전례(典禮)를 제정하여 인기(人氣)가 준수하고 시행해야 할 순서를 정하고 형률을 밝혀서 인기(人氣)가 서로 어긋나거나 참람되는 것을 막아야 한다."[66]

"만백성의 운화는 그것을 나누면 각각 사욕(私欲)을 좇게 되고 통합하면 공정하고 밝은 것이 저절로 드러나게 된다. 고르지 못한 사사로움은 통합의 도로써 절제할 것이고, 각각으로 좇아가는 욕심은 통합의 의로써 재단하고 통제하여 각기 그 사욕을 안정시킴으로써 정교의 공정하고 밝은 것을 이루면 크고 작은 것에 통용될 수 있을 것이다."[67]

최한기가 어떤 미정(未定)의 조화로운 결과[公論]에 도달할 수 있다는 믿음을 가졌던 것은 분명하지만, 그렇다고 처음부터 인민 대중이 동

---

65 『人政』권23, 用人門 4, 「天人本自治安」, "人與人交接之際, 利害之均平未易. 以此人之利, 貽彼人之害, 以彼人之利, 爲此人之害, 或自害而害人, 或害人而自害. 聖王憂此, 用可治安之人, 以除其害人及自害, 復天人之治安. 師友講學, 明致治安之道, 以化其害人及自害, 復天人之治安."

66 『氣學』권1, 40조목, "人主統率萬姓, 體氣化之裁御萬物, 齊人氣之有萬不齊, 俾無相侵相害, 各安其所其業. 不可不制置典禮, 以定人氣之遵行次序, 修明刑律, 以防人氣之違越僭濫."

67 『氣學』권2, 98조목, "萬姓運化, 分之, 則各從私欲, 統合, 則自生公明. 不齊之私, 以統合之道節制焉, 各遂之欲, 以統合之義裁御焉. 俾各安其私欲, 成政教之公明, 可通用於大小矣."

일한 욕구와 이해관계를 가졌다고 전제한 것은 아니었던 것으로 보인다. 기령 최한기는 인민이 운회의 준적을 얻어서 공론을 만들어 갈 때 천하인(天下人), 우부우부(愚夫愚婦) 누구라도 모두 '동성(同聲)'으로 '상응(相應)'한다는 표현을 쓴 적이 있다.[68] 하지만 본인이 밝히고 있듯이 이것은 공적 의론을 수합하면서 선거를 치른 이후에 도달하게 된 대중들의 심리 상태를 일컬은 것이다. 이 점에서 '동성으로 상응한다'는 것은 운화의 준적에 따라 선거한 이후, 다시 말해 통민운화의 정치적 효과가 발현된 이후의 모습이라고 할 수 있다. "백성의 소원에 따라 사람을 출척(黜陟)하는 것이 용인(用人)의 본래 의미이다. …… 사람으로써 사람을 다스리니 벌어지는 틈이 없고, 대중과 대중을 모아서 자연히 큰 조화에 이르게 된다. 그러면 사해(四海)가 모두 거울 같아서 모든 것이 그곳에 비추니 어찌 가리고 은폐함이 있겠는가. 다만 스스로 승순(承順)할 뿐이다."[69] 최한기는 민원에 따라서 관리를 출척하여 정치하도록 하면 결과적으로 대중과 대중이 서로 결집되어 큰 조화에 이른다고 보았고, 그 결과 "사해를 일가로 삼고 만성을 일체로 삼게 된다〔『人政』卷16, '爲民選擧在於心'〕."고 말한다. 물론 이것은 군주(君主)와 사도(師徒), 현준한 관리가 백성의 민원을 적절히 반영하여 통치함으로써 일궈 낸 이상적인 정치적 결과라고 말할 수 있다. 따라서 통민운화의 조화로운 결과와 그에 이르는 과정에서의 이질적인 욕망들 사이의 갈등 국면을 서로 구분할

---

68 『人政』권16, 選人門 3,「選前後公論」, "公論有虛實, 以運化治體, 用捨人器, 爲準的, 人人皆同, 乃實公論也. 以時情世態, 各肆己見, 無準的, 人人皆異, 乃虛公論也. …… 準的有契, 不言所以然, 而天則耳順, 未染世俗之愚夫愚婦, 同聲相應, 是眞民間褒貶, 不在於選前, 惟在於選後矣."

69 『人政』권22, 用人門 3,「所尙各異用人異」, "從萬姓之所願, 黜陟用人, 用人之本義也. …… 惟有從民願而用人, 卽萬古之經常, 治安之長策. 以人治人, 無有間焉, 集衆和衆自底大化. 四海盡鏡, 萬象涵影, 豈有隱蔽? 但自承順."

필요가 있을 것이다.

최한기는 중인과 중인들 사이의 상이한 욕망과 기대를 '군성(群聲)'이라는 표현을 통해 설명한 적이 있다. 다음 인용문에서 최한기는 큰 음악이란 것이 똑같은 소리가 아닌 서로 다른 소리들[群聲]을 모아서 고르게 만듦으로써 비로소 완성된다고 말한다. 음식 맛도 마찬가지라면서 똑같은 재료만으로는 결코 훌륭한 맛을 조화롭게 만들어 낼 수 없다고 비유하고 있다. 물론 이것은 통민운화를 구현하는 정치도 군주 혼자만의 '일인치(一人治)'로는 감당할 수 없는 일이라는 점을 밝히기 위한 논거로 등장한 것이다. 민원에 따라 현준(賢俊)·적재(適才)를 뽑아서 그들과 더불어 군주가 '공치(共治)'를 시행함으로써 비로소 '천칙(天則, 운화원리)'을 수행(修行)하는 치안(治安)의 덕(德)을 이룰 수 있다는 점을 다시 한 번 강조한다.

"대악(大樂)이 이루어짐은 한 음(音)만을 취해서 되는 것이 아니라 여러 소리를 모아 고르게 이루어지는 것이다. 좋은 음식은 한 가지 맛을 취해서 되는 것이 아니라 여러 맛을 조화하여 만들어지는 것이다. 그러니 나라를 다스리는 것이 어찌 한 사람이 혼자서 이룰 수 있는 것이겠는가. 반드시 여러 어진 사람을 뽑아 조정에 가득 채워야 총명(聰明)이 원근에 두루 펴지고 정교(政敎)가 생령들에게 미루어져서 일통(一統)의 치안을 이루게 된다. 온갖 선(善)이 일심(一心)에 모이고 온갖 말이 한결같이 정교에 집중되어, 전후 천년을 헤아리기를 마치 한때처럼 보고, 원근의 서로 다른 풍속을 논하기를 마치 같은 방에 있는 것과 같이 볼 수 있을 것이다. ⋯⋯ 그런데 옛날에 이른바 '한 사람이 천하를 다스릴 수 있다.'고 한 것은, 그 임금이 성덕(盛德)이 있어 어진 이를 써서 천칙(天則)을 수행(修行)하는 것을 가리킨 말이다. 이 말은 천하를 다스림에 점진적으로 한다는 것이지,

임금 한 사람이 혼자서 넓은 천하를 다스릴 수 있다는 말이 아니다. 그런데 후인이 이 뜻을 오해하여 임금이 어질면 나라를 다스릴 수 있고, 어질지 못하면 나라를 다스릴 수 없다고들 말한다. 그렇다면 사람을 등용하는 뜻은 없어지고 말 것이다. 임금이 비록 어질더라도 등용하는 사람이 적재(適才)가 아니면 점점 위란을 불러오고, 임금이 비록 어질지 않아도 등용하는 사람에 적재(適才)가 많으면 임금의 마음을 바로잡아 잘 다스려지도록 만든다."[70]

"선악(善惡)은 공의(公議)의 이해(利害)이고, 이해(利害)는 사세(事勢)의 선악(善惡)이다. …… 선악(善惡)과 이해(利害)에 어찌 하늘이 정한 한계가 있어서 변통할 수 없는 것이겠는가. …… 대개 선악은 정해진 곳이 있는 것이 아니므로 남의 시비에서 취하여 표준을 삼고, 물리(物理)의 순역(順逆)에서 증험하여 귀착(歸着)을 삼아, 때에 따라 도와주거나 억누르고 곳에 따라 드러내기도 숨기기도 해야 한다. 따라서 일시(一時)에 얻은 것으로 영원히 어기지 않을 것을 기약해서도 안 되고, 또 혼자 자득(自得)한 것을 쾌족(快足)하게 여겨서 공의(公議)를 생각하지 않아서도 안 된다."[71]

70 『人政』권25, 用人門 6, 「集群賢成治」, "大樂之成, 非取乎一音. 集羣聲而成均. 嘉膳之和, 非取乎一味, 和諸品而爲劑. 治國豈一人之所獨爲? 必使擢羣彦而盈廷, 聰明達於遐邇, 政教推於生靈, 以成一統治. 衆善集於一心, 羣言一乎政教, 測前後之千載, 若共一時, 論遠近之殊俗, 若與同室. …… 古所謂一人可治天下, 指其君有盛德, 收用賢俊, 修行天則云, 有治天下之漸, 非謂人主一身, 獨能治天下之廣. 後人或誤解斯義, 謂君賢則可治國, 君不賢則不可以治國, 然則用人之義蔑如矣. 君雖賢, 所用多非其人, 則漸致危亂, 君雖不賢, 所用多其人, 則格君心而隆治化."

71 『增補 明南樓叢書』권1, 『氣測體義』, 『神氣通』권3, 變通, 「善惡利害」, "善惡者, 公議之利害也. 利害者, 事勢之善惡也. …… 善惡利害, 豈有天定之限截, 而未有變通哉? …… 蓋善惡無定所, 取諸人之是非, 以爲準的, 驗諸物理之順逆, 以爲歸宿, 隨時扶抑, 到處章釐. 未可以一時所得, 永期無違, 又不可以自得快足, 而不顧公議也."

"아래에는 만백성의 바람이 있고 위에는 운화의 기가 있으며 중간에는 선도(善導)하는 신하(臣下)가 있으니, 통민운화는 그 형세가 혼자서 행하는 것이 아니며 또한 점진적으로 행해지는 것이다."[72]

큰 음악이 여러 다양한 소리를 모아 조화를 이룬 결과이듯이, 운화의 준칙을 따르는 정치적 치안의 결과도 군주 혼자가 아니라 현명하고 뛰어난 여러 인재들의 다양하고 상이한 견해와 관점을 모아서 실현할 수 있다는 것을 말한 대목이다.[73] 최한기는 정치 담당자들 사이에서도 여전히 상이한 견해로 인한 갈등과 논쟁이 있을 수 있다는 점에 주목했던 것으로 보인다. 더구나 선악시비는 결정된 것이 아니라 상황과 사세에 따라서 항상 변화한다고 보았기에 혼자서 자득한 일시적 판단 내용을 공의(公義)로 믿어서는 결코 안 된다고 경계하고 있다. 두 번째 인용문에서 보이듯이 최한기는 타인 그리고 대상과의 관계에서 시비를 다시 판단하고 역순을 다시 증명할 필요가 있다는 점을 강조한다. 통민운화는 일시에 혼자서 행하는 것이 결코 아니라 점진적으로 타인과 더불어 함께 이해하고 구성하는 과정이라는 점을 마지막 문단에서도 명시적으로 밝히고 있다. 혼자가 아닌 타인과 더불어 점진적으로 통민운화를 이

---

72 『人政』권11, 教人門 4, 「統民制治」, "下有萬姓之願, 上有運化之氣, 中有善導之臣, 統民運化, 勢不孤, 而行有漸."

73 『氣學』권2, 36조목. 손병욱 역주(2004), 220~221면 참조. "조정에는 현명한 사람들이 많이 모여 있다. 정치적 사안이 있으면 그들에게 맡겨 상정하게 하고 전례가 있으면 그들로 하여금 토론하게 하고, 어려운 일이 있으면 모여서 토론하게 하며, 군사에 관한 일이 있으면 그들로 하여금 經略하게 한다. 각자가 자신의 생각을 진술하게 하되 서로 지향하는 바가 다르면 우열을 가려서 그 방향을 결정한다. 자기의 생각과 같다고 선택해서는 안 되고 다른 사람의 생각이라고 해서 무조건 받아들여도 안 된다. 마땅히 천인운화에 부합하느냐의 여부를 기준으로 삼되 많고 적은 차이가 있으면 많은 것을 따르고, 얕고 깊은 차이가 있으면 깊은 것을 따라야 한다."

룬다고 보았을 때 관건은 역시 한 개인의 추측이나 견해와는 다른 상이한 시비 판단들의 내용을 수합하고 조율하면서 공적인 의론을 새롭게 조성하는 일일 것이다.

그렇다면 우리는 최한기가 강조한 '공치(共治)'의 정치적 의미를 어떻게 해석하면 좋을까? 흔히 이 대목에서 군신공치(君臣共治)·군민공치(君民共治)·만인공치(萬人共治)·국인공치(國人共治) 등 유사한 여러 문구들을 떠올릴 수 있다. 앞서 언급했듯이 민원에 따라 현준한 자를 뽑아서 올리는 것이 최한기가 염두에 둔 공치의 대표적인 사례다. 그리고 분야마다 전문가들의 의견을 충분히 경청하고 논쟁하여 사안을 공의에 따라서 해결하려고 했던 것도 그가 생각했던 공치의 중요한 특징이었다고 볼 수 있다. 비록 다수의 견해와 좀 더 심도 깊은 견해를 존중했지만, 단순히 군주 일인에서 소수 엘리트 관료로, 나아가 백성들 다수를 포함시키는 숫자상의 정치적 행위자들의 확충을 그가 '공치(共治)'의 가장 중요한 관건으로 이해했던 것은 아니라는 말이다. 사실 아무리 많은 대중과 더불어 '공치(共治)'한다고 해도 그들의 욕망(欲望)과 민원(民願)이 동일하다면, 그것은 결국 군주 혼자만의 '일인치(一人治)'와 별반 다를 것이 없기 때문이다. 앞서 최한기가 "집중화중(集衆和衆), 자저대화(自底大化).", "통민운화(統民運化), 세불고(勢不孤), 이행유점(而行有漸)."이라고 발언할 때 전제했던 몇 가지 가정을 염두에 둘 필요가 있을 것 같다. 상이한 성향과 욕구 주체로서의 대중과 대중을 서로 화합시켜야 하고, 이러한 조율의 과정은 빼어난 식자나 위정자 일인이 아니라 상이한 대중들의 견해를 수합하고 모아서 정치적 공론을 창출함으로써 가능하다고 보았던 점이 바로 그것이다.

4. 정치 공공성의 의미와 공론(公論)의 수렴 과정

최한기가 염두에 둔 정치적 공공성의 의미는 무엇이었을까? 그가 강조한 통민운화상의 공론(公論)과 공도(公道)의 조성 과정을 통해서 이 문제를 살펴볼 수 있다.[74] 조선시대 지식인들이 오랫동안 공사(公私) 논쟁에 심취한 것은 잘 알려진 사실이다. 다만 19세기 중반 혜강의 시대에 이르러서 공(公)의 의미를 어떻게 전화시켰는지가 쟁점일 것이다. 주자학적 세계관에서 정치적 '공(公)'의 위상을 담보하던 천리(天理)·천도(天道) 혹은 태극(太極)의 이(理) 등 존재론적 원리가 학문적으로 훈련된 윤리적 엘리트들에 의해 이해 가능한 대상이었다면, 18~19세기 최한기 시대에 이르면 '일신지사(一身之私)'에 근거해서 '천하만인지공(天下萬人之公)'을 창출한다고 보는 새로운 지적 조류가 성장했다고 볼 수 있다. 최한기는 인간이라면 누구나 가진 보편적인 욕망에 주목했고, 여기서 한 걸음 더 나아가 욕망과 천리, 욕망과 도덕의 이분법을 넘어서고자 했다.[75] 사람에게는 누구에게나 음식남녀의 욕망이 있고[76] 재물과 벼슬에

---

74 최한기 정치론에서 公選·公擧·公論·公議·共治 등의 개념이 가진 중요성에 대해서는 김봉진(2006), 33~34면 참조. 그는 최한기 정치론에서 民이 私의 주체일 뿐만 아니라 公의 담당자가 된다고 보았다(34면). 또한 최한기는 한 개인의 私情을 미루어 나가 천하의 公道를 이해한다고 주장했으므로 그는 公과 私, 公道와 私情을 상호 연속적인 것으로 보았지 결코 대립되는 것으로 보지는 않았다고 평가하고 있다(45면). 채석영의 논문 (2007, 123면)에서도 최한기가 자신의 저작 어디에서든 '공공성'의 문제를 염두에 두지 않은 적이 없다는 점을 강조하고 있다. 그는 최한기가 강조한 추측·습염·변통의 과정도 개인을 공공의 영역으로 나오게 함으로써 공적 요청을 통해 규범의 보편성을 확립해 가도록 한 과정이라고 보았다(124면).

75 박희병은 최한기의 公私 개념을 비평하면서, 인간의 利欲을 긍정한 최한기에게서 공과 사, 선과 악은 고정된 것이 아니라 서로 바뀔 수 있는 개념으로 간주되었지만 최한기가 공사를 선악 개념과 관련해 대립적·가치적으로 이해하던 관점을 폐기한 것은 아니라고

대한 이욕이 있다고 가정하면서[77] 최한기는 개인의 사정(私情)과 물욕(物欲), 이욕(利欲)에 대한 긍정적 세계관[欲世界]을 바탕으로, '이지대동(利之大同)' 혹은 '인의(仁義)의 이(利)'라는 사정(私情)에 기반을 둔 공도(公道)의 실현을 강조한다.

"욕망이 없으면 하는 일이 없고 욕망이 있으면 하는 일이 있으니, 욕망을 가진 중에도 마땅히 착한 욕망인지 악한 욕망인지와 고귀한 욕망인지 비천한 욕망인지를 분간해야 한다. 착한 욕망과 고귀한 욕망은 인도(人道)에 유익하게 쓰일 수 있으므로 오히려 용맹하게 추진하지 못할까 걱정하고, 악한 욕망과 비천한 욕망은 단지 자기의 이익만 위하고 남의 피해는 돌보지 않는 것이므로 기꺼이 제거해야 한다. …… 사람은 욕망의 세계에 태어났으므로 먼저 자신이 하고 싶은 바를 가리고 또 남이 하고 싶어하는 것도 헤아려야, 착한 욕망·악한 욕망·고귀한 욕망·비천한 욕망을 교접운화(交接運化)에서 펼칠 수 있을 것이다."[78]

"이(利)에는 의로운 것과 의롭지 못한 것이 있으니, 의로운 이(利)는 취

보았다(박희병, 2005, 114~115면). 이에 대해 김봉진은 최한기가 공사 개념의 대립적 이해 관점을 넘어섰다고 비판적으로 논평했다. 최한기의 공사론과 관련해서 김봉진(2006), 34~36면 함께 참조.

76 『氣測體義』, 『神氣通』 권2, 口通, 「饑飽與人同」, "人各有飲食之事, 又各有飲食之欲, 有千萬人, 則有千萬人之飲食, 有億兆民, 則有億兆民之飲食. 我不可以獨取飲食, 而不顧念人之飲食."

77 『人政』 권11, 敎人門 4, 「除物欲」, "務除物欲, 不如因物欲而究明其道. 貨色科宦, 物欲之大者, 而亦是運化中事."

78 『人政』 권4, 測人門 4, 行事, 「無欲有欲」, "無欲而無爲, 有欲而有爲, 有欲之中, 當分善欲惡欲貴欲賤欲. 善欲貴欲, 可用於人道之有益, 猶恐其不勇進, 惡欲賤欲, 只爲自己之利, 不顧在人之害, 當喜其除却也. …… 夫人生於欲世界, 先自擇我所欲, 又測人之所欲, 善惡貴賤, 交接運化, 可以措施."

할 만하나 의롭지 못한 이(利)는 취해서는 안 된다. …… 대개 해로움을 피하고 이익을 좇는 것은 인정(人情)의 모두 같은 점이다. 자기의 이(利)를 좇는 마음을 가지고 대동(大同)의 이(利)를 취하는 데로 나가면 인의(仁義)의 이(利)로 나갈 수 있으므로, 사소한 이익 혹은 해가 되는 이(利)를 제거할 수 있을 것이다. …… 그러므로 오직 이(利)를 좇아감이 진전되지 않은 것을 걱정할 뿐이지, 사람들이 이(利)를 좇는 것을 걱정하지 않는다."[79]

인용문에서 보이듯 인간의 보편적 욕망과 욕망의 공정한 실현을 중요한 사회적 문제로 인식했던 최한기의 관점은 그보다 앞선 시대 이익(李瀷)의 발언에도 이미 드러나고 있다. 이익은 '성현동인지사(聖賢同仁之私)', '천하동기사(天下同其私)'라는 표현을 애용하면서 보통 사람의 평범한 사적 욕망이 가진 보편성에 주목했다. "방시자오신욕오지사(方是自吾身欲惡之私), 이추향공거야(而推向共去也)."라는 이익의 발언에서도 확인할 수 있듯이 우리가 좋아하고 싫어하는 사적 욕구와 욕망을 공정하게 함께 미루어 나가 (공도를) 실현한다고 본 것이다.[80] 이익은 개인의 사적 욕망, 이익 추구의 경향을 인정하면서도, 만약 '이기이불이인(利己而不利人)'하면 이것이야말로 부정한 의미의 사(私, 私慝)이며, '이기이이인(利己而利人)'할 수 있으면 이때의 사적 욕망과 감정이 공공한 도리의 바탕이 될 수 있다고 보았다.[81]

---

79 『增補 明南樓叢書』권1, 『氣測體義』, 『推測錄』권5, 推己測人, 「義利」, "利有義不義, 義之利可取, 不義之利不可取. …… 蓋避害趍利, 人情之大同也. 因其趍利之心, 進取利之大同, 則可進於仁義之利, 而些少之利, 反害之利, 庶可除矣. …… 故惟患趍利之不進, 不患人之趍利也."

80 『星湖全書』권7, 『四七新編』4, "聖賢之七情. 若向所謂孟子之喜, 舜之怒之類, 亦是聖賢同仁之私也. 傳曰, '好色則與百姓同之, 好貨則與百姓同之'者, 方是自吾身欲惡之私, 而推向共去也. …… 豈非物欲淨盡, 天理流行, 與天下同其私者乎?"

한편 보편적인 욕망과 사정(私情)에 주목했던 최한기의 관점은 동시대에 지술활동을 한 심대윤(沈大允)의 입장과도 유사하다고 볼 수 있다. 심대윤은 이익(利)을 좋아하고 명성(名)을 좋아하는 것을 인간의 타고난 본성이라고 말한다.[82]『백운문초(白雲文抄)』에서는 인간의 본성을 '호리오해(好利惡害)'라고 개념 정의했다.[83] 이곳에서 심대윤이 강조한 '이(利)' 개념도 결국 개인이 사적으로 자기 욕망만을 충족하려는 것이 아니라 오히려 세상 사람들과 함께 이익을 공유한다는 의미에서의 '천하동리(天下同利)', '공리(公利=全利)'의 의미를 함축한 것이다. 반대로 심대윤은 개인의 이익만 추구하는 '편리(偏利, =私利)' 혹은 쟁리(爭利)를 강하게 비판한다.『복리전서(福利全書)』에서 '여인동리(與人同利)'하는 것이야말로 '지공지도(至公之道)'라고 강조한 것을 보면, 19세기 유학자 심대윤의 관점도 18세기 선배 유학자 이익의 보편적 욕망, 그리고 동시대 활동한 최한기의 의로운 욕망 및 이익에 대한 관점과 크게 다르지 않았던 것을 알 수 있다.[84] 최한기도 이와 같은 지적 상황의 변화 속에서, 사회 구성원의 보편적 욕망을 공정하게 실현하는 방법을 통해 정치 공

81　『星湖全書』권4,『論語疾書』, 里仁 12조목, "利者, 義之和也. 天地間, 元有此理. 利若無人己之別, 則何所往而不可? 聖人者, 以四海爲家, 固欲同仁而極利之. 則愈利愈善, 惟恐其一毫之不利也. 若主一國, 則利吾國, 而未必利他國…主一身, 則利吾身, 而未必利他身. 此利己而不利人, 私也, 非公也, 利所以不可行也. 若利吾身吾家, 而達之天下, 亦無害者, 亦不害爲公利."

82　『福利全書』, "天地之理, 虛實相配而行, 人稟天地之氣而爲性曰欲, 欲有二焉, 好利也, 好名也."

83　『白雲文抄』권3, 39조목,「柳君名字說」, "天地之心, 主利而去害, 人物之性, 好利而惡害, 聖人之道, 非戕賊其性而爲仁義也. 仁義, 乃所以利之也."

84　『白雲文抄』권2, 21조목,「驗實篇」, "擧天下之所欲, 可與之同濟也, 不可以獨取者也. 同濟者公也, 獨取者私也. 夫不能與人爲善而獨取者, 虛名也, 非實名也, 不能與人爲利而獨取者, 偏利也, 非全利也. 人必怨而天必怒, 此謂必亡之道也, 其同舟共濟者, 必興之道也. 必亡之道者, 不善也, 必興之道者, 善也."

공성의 실질적 의미를 확보하고자 시도한다.

"다만 사정(私情)에 있어서 베어 낼 수도 없고 녹여 버릴 수도 없는 경우라면 그 사정(私情)을 넓히고 키워서 만백성으로 하여금 각기 자신의 사정(私情)을 이루도록 하고 안정되지 못한 점이 없도록 하면 이것이 곧 공론(公論)이다. 단지 한 사람의 사정만 돌아보아 만백성의 사정을 해롭게 하면 이것이 참으로 사사로운 감정이다. 생각건대 천하의 생령(生靈)에게는 누구나 버릴 수 없는 사정(私情)이 있어서 침해당하는 것을 싫어하고 생업(生業)에 안정되는 것을 좋아한다."[85]

"일신의 사정(私情)을 미루어 천하인의 공도(公道)를 통찰하고 천하인의 공도(公道)를 미루어 천인기(天人氣)의 운화(運化)를 체인하면 이것이 뿌리와 가지, 근원과 지류가 완비된 공도(公道)가 된다. 공(公)은 운화기의 공(公)보다 큰 것이 없다."[86]

"물욕(物欲)을 제거하기에만 힘쓰는 것은 물욕을 통하여 그 도를 구명하는 것만 못하다. 재물과 여색과 벼슬이 물욕 중의 큰 것이나 역시 운화 중의 일이다. …… 사람이 가진 도리에 산업을 경영하는 자본과 백성을 다스리는 벼슬이 없을 수 없으니, 당연히 백성이 옳은 방법으로 그것을 얻도록 가르치고 옳지 않은 방법으로 영위하고 구하는 것을 금해야 한다. 이

---

85 『人政』 권17, 選人門 4,「一人私情害選擧」, "惟在私情, 不可割斷, 又不可銷蔑, 則當廣大其私情, 使萬姓各得私情, 無不安所, 卽是公論. 但顧一人之私情, 以害萬姓之私情, 乃眞私情也. 念天下生靈, 皆有不可祛之私情, 惡侵害好安業."
86 『氣學』 권1, 42조목, "推一身之私情, 而統察天下人之公道, 推天下人之公道, 而體認天人氣之運化, 是爲根枝源流完備之公道. 公莫大於運化氣之公."

것이 운화의 가르침이 치우침 없는 중(中)을 찾은 것이다."[87]

최한기가 생각한 정치 공공성, 다시 말해 공도(公道)라는 것은 한 인간의 보편적 사정과 욕망으로부터 출발한다는 특징을 갖는다.[88] 또한 사적인 욕망을 다른 타인과 함께 공동으로 실현한다는 공생과 공존의 의미를 담고 있다. 개인의 욕망이 중요하지만 나 혼자 욕망을 추구하면 결국 부정적인 의미의 협소한 사욕으로 그 의미가 변질된다고 보았다. 그는 우리가 인도의 존귀함을 깨닫게 되면 사람을 가장 귀하게 여기며 다른 사람과 공생하는 뜻을 중시하게 된다고 말한다.[89] 그렇다면 최한기가 강조했던 '추측(推測)'(『氣測體義』) 및 '측험(測驗)'(『運化測驗』)의 공부법을 어떻게 활용해서, 우리가 위와 같은 의미의 공도를 분명하게 성찰하고 체득하며 나아가 실현할 수 있는지가 중요한 관건이 될 것이다. 최한기는 일반 대중들이 흔히 자기 욕망과 이해관계의 절실함만 알고 타인의 상황을 배려하지 못하거나, 혹은 상대방을 엄격하게 평가하고 비판할 줄만 알지 상대와 자신이 서로 화합하는 방도를 찾지 못하기 때문에 결국 정치적 공공성의 형성에 도달하지 못하고 실패하게 된다고 보았다. 하지만 미혹과 자기편견에 속박된 중인들이 스스로 자신의 추측의

---

87 『人政』 권11, 敎人門 4, 「除物欲」, "務除物欲, 不如因物欲而究明其道. 貨色科宦, 物欲之大者, 而亦是運化中事. …… 人之有道也, 不可無濟産之資治民之官, 則當敎民以道得之, 禁其不以道營求, 乃是運化敎之得中也."

88 권오영은 최한기가 衆人의 議論 그리고 衆人의 私情을 통해 公論의 의미를 이해할 것을 주장한 것은 결국 당시 民의 위상이 무시할 수 없을 만큼 성장했던 점을 보여 주는 것이라고 말하면서, 이는 세도정치하에서 民願을 중시하지 않던 현실 정치를 질타한 의미를 담고 있다고도 평가했다(권오영, 1996, 260면 참조).

89 『人政』 권23, 用人門 4, 「爲財擇人爲民用人」, "事其共生之義, 人民最貴, 無物可擬. 不識人道之尊, 人民至賤, 每居物後. 至於愛惜不及財貨, 而爲民用人無審愼, 給償擇人多詳察, 豈可謂知本末量輕重也?"

한계에서 벗어나 인도의 대체를 이해하고 타인과 신기를 소통하면서 대기운화에 이르게 되면, 최한기는 누구라도 위와 같은 공도의 의미를 깨달을 수 있다고 생각했다.[90]

하지만 대다수 중인(衆人)들이 아직 이런 수준에 미치지 못했다면, 어쩔 수 없이 수만 가지 가지런하지 못한 인기(人氣)를 고르게 만들고 상이한 인기(人氣)와 인기(人氣)가 서로 침범하면서 해치지 않도록 하기 위해서 인주(人主) 한 사람이 전례(典禮) 및 형률 제도를 만들어 통제해야 하거나,[91] 혹은 선조(先祖)와 군사(君師)들이 먼저 대중으로 하여금 운화기를 이해하고 승순하도록 이끄는 선도적인 모범이 되어야 하고,[92] 운화기의 원리를 먼저 알게 된 뛰어난 현준을 관리로 선발해서 만민을 교화하는 책무를 그들에게 맡겨야만 한다.[93] 이것은 아직 중인(衆人)의 앎과 이해가 '물아(物我)'를 모두 통관하여 나와 타인을 화합시키는 인도의 대체, 즉 천지운화기에 준거한 정치적 삶과 질서의 원리를 철저히 이해하지 못했다고 보았기 때문이다.

---

90 박희병은 최한기가 일생을 통해 民을 지도자에 의한 교화와 통치의 대상으로 간주했던 점을 지적하면서 이 점에 있어 최한기가 사유한 共治論의 한계를 엿볼 수 있다고 평가한 바 있다(박희병, 2005, 123면). 民을 정치 참여의 주체로 인정하면서도 결국 위정자들의 訓導의 대상으로 간주했던 점을 비판한 것이다. 물론 이런 측면이 엿보이는 것이 사실이지만, 그렇다고 해도 모든 중인은 스스로 만민운화의 원리를 자기 신기 안에 내재해 있다고 보았고, 바로 이런 점 때문에 최한기는 중인들도 언젠가 대기운화의 준적을 이해해서 스스로 진보할 수 있다고 강조했다.

91 『氣學』 권1, 40조목, "人主統率萬姓, 體氣化之裁御萬物, 齊人氣之有萬不齊, 俾無相侵相害, 各安其所其業. 不可不制置典禮, 以定人氣之遵行次序, 修明刑律, 以防人氣之違越僭濫."

92 『人政』 권4, 測人門 4, 行事, "是非", "氣化者, 生之本也. 先祖者, 身之本也. 君師者, 教之本也. 承順乎三本是也, 違越乎三本非也."

93 『人政』 권16, 選人門 3, 「運化選擧」, "天以一氣運化, 生長萬物, 國以選擧賢俊, 教養萬姓. 苟使選擧賢俊, 效則一氣運化, 上下綱紀, 無有違越, 才德天分, 循序而進, 小才不敢先大才, 小德自然後大德."

"중인(衆人)의 앎은 능히 물아(物我)를 통관(統觀)하지 못하고 오직 자기만을 믿을 뿐이니, 이 때문에 아는 것이 인도(人道)에 미치지 못한다. 용모가 비록 아름다워도 인도의 아름다움에 나아가지 못하고, 사색(辭色)이 비록 좋아도 인도의 좋음에 나아가지 못해서 필경 아름다운 용모와 사색으로도 자포자기하는 데 이른다. 또한 천인(天人)이 화합하여 성취하는 운화의 도리를 확실히 근거 있게 맥락에 부합되도록 통관(統觀)하지 못하면, 인도 경상(人道經常)이 어두워지는 데 이를 것이다. 진실로 무리에서 뛰어난 사람이 인도(人道)와 기화(氣化)를 이해하는 것이 어찌 일부러 중인(衆人)이 이해한 것을 어기려고 그러는 것이겠는가. 중인(衆人)이 보지 못한 것을 혼자 보았기 때문이니, 이것은 중인(衆人)이 인도(人道)와 기화(氣化)에 어긋나는 까닭에 (拔萃之人과) 중인(衆人)이 서로 어긋나게 된 것이다."[94]

"대인(大人)의 처사(處事)에 일반 중인(衆人)의 의사(意思)와 다른 점이 있는 것은 통민도화(統民導化)에 보는 바가 있어서다. 중인(衆人)의 소견은 대부분 다른 사람의 일에 대해 밝지 못하고 오직 자기 일이 있다는 것만 알기에 다른 사람을 평가하는 것도 역시 자기 생각을 벗어나지 못한다. 그래서 단지 그 사람을 평가할 줄만 알지 그와 나의 화합에 대해서는 생각이 미치지 않으니, 어찌 인도(人道)의 대체(大體)를 알 수 있겠는가. 중인(衆人) 가운데 점차로 진보하여 수백 인을 통솔할 수 있고 또 십만 인을 통솔하는 데까지 이르고 더 나아가 도화(導化)의 가르침까지 갖게 되는 것

---

94 『人政』 권2, 測人門 2, 總論, 「從衆違衆」, "衆人之見, 不能統觀物我, 惟恃有己, 此所以見不及於人道. 容貌雖美, 而不能就人道之美, 辭色雖好, 而不能就人道之好, 竟使容貌辭色之美好, 歸於暴棄. 又不能統觀天人和合成就之運化道理, 的實依據, 接湊脉絡, 至使人道經常, 罔昧大致矣. 苟有拔萃之人, 見得人道氣化, 豈欲故違於衆人也? 衆人之所不見, 獨能見之, 是衆人違於人道氣化, 故與衆相違也."

은, 오직 신기(神氣)를 통하게 하고 대기운화(大氣運化)에 이르러 교화를 펴서 만세 태평을 열어주는 데 달려 있으니, 이것이 어찌 허리(虛理)와 공언(空言)으로 할 수 있는 것이겠는가. 일을 처리하는 데 미쳐서 중인(衆人)이 속박된 것을 가리켜서 화해시키고 중인(衆人)이 미혹된 것을 깨우쳐서 이끌어 주어야 한다."[95]

앞서 필자는 최한기가 강조한 최종준거(The final criterion)로서의 운화기란 구체적 내용을 인간에게 직접 제시하지는 않되 인도(人道)와 공의(公義) 같은 하위개념(subordinate concept)을 타당하게 산출하는 데 결정적으로 기여하는 '규제적 이념(The Regulative Idee)'과 유사한 기능을 갖는다고 보았다. 또한 인도(人道)와 공의(公義)로 구성되는 통민운화를 통해서만 비로소 천인운화의 구체적 내용도 유의미하게 언급할 수 있다고 보았다. 말하자면 최한기가 강조한 최종 준적으로서의 운화기는, 한 개인이 자신의 섣부른 추측(推測) 결과만이 가장 옳다고 맹신하지 않게끔 규제하는 역할을 하고, 나아가 대중의 집단추측[衆人共推]이 그래도 대부분 옳을 것이라고 맹신하는 양적 다수결의 논리에도 빠지지 않도록 규제하는 역할을 담당하는 것이었다고 생각한다. 견문열력(見聞閱歷)이 낮은 개인의 주관적 추측(推測)을 그가 경계한 것은 말할 것도 없거니와 나아가 중인의 견해보다 통찰력이 뛰어난 한 사람의 '독단(獨斷)'이 오히려 올바를 수 있다고 강조한 최한기의 발언에서 엿볼 수 있듯이, 그는

---

95 『人政』권11, 教人門 4, 「凡人不識統民」, "大人處事, 有違於凡衆意思者, 以其有見於統民導化也. 衆人所見, 多不亮人之事, 惟知有自己事, 其所忖度人, 亦不離於自己意思. 而但忖其人, 不克念及於人我之和合, 何能知人道大體也? 衆人中漸次進修, 有能統十百人, 至於統十萬人, 又至有導化之教, 惟在於通神氣而達大氣運化, 敷教化而開萬歲泰平, 豈是虛理空言, 所可能哉? 及其處事, 衆人之所縛束, 指示而和解之, 衆人之所迷惑, 曉牖而導化之."

수적으로 유리한 '중인공추(衆人共推)'의 의론(議論)이 그렇다고 해서 반드시 타당한 것이라고 인정하지도 않았다. 그리고 지속적으로 중인(衆人)의 이해와 견해는 '물아(物我)'를 모두 '통관(統觀)'하지 못하고 오직 자신의 관점 안에만 제한될 수 있다는 점을 경계시킨다. 이것은 달리 보면, 인도와 기화를 통관하려고 하는 자는 반드시 자기와 다른 타인의 관점을 포괄적으로 통찰할 수 있어야 한다는 말이다. 따라서 최한기는 협소한 추측과 측험에 머물 수 있는 한 사람의 주관적인 견해를 넘어서도록 촉구할 뿐만 아니라, 이와 동시에 나 아닌 다수 대중의 똑같은 요구를 그대로 수긍해서도 안 된다는 점을 환기시키고 있다. 오직 무엇이 가장 타당하고 적실한 의론이며 천지운화의 원리에 부합되는 올바른 정치적 판단인지는, 특정한 때와 사건의 성격에 따라서 매번 다시 생각하지 않을 수 없는 문제로 간주되었다.

앞의 인용문 말미에서도 드러나듯이 최한기는 중인(衆人) 가운데 진보한 자가 등장하면 스스로 대기운화에 통달하여 세상을 교화하는 정치의 주체로 전화된다고 생각했다. 이것은 최한기가 통민운화 혹은 만민운화의 원리가 누구에게나 잠재적으로 주어져 있다고 보았던 점과 일맥상통한다.[96] 바로 이 점에서 중인(衆人)의 다양한 견해를 함께 모아서 추측(推測)하면 공론(公論)이 그 가운데서 산출된다고 말한 것이다["合一國之耳目, 公論自著", "合衆見而測人, 公論自其中抽拔"]. 비록 한 개인의 추측 내용은 위험하고 매우 주관적일 수 있지만, 나와 타인들이 보고 이해한 것이 서로 다르기 때문에 반드시 나와 타인의 상이한 경험에 바탕해서 이루어진 서로 다른 추측과 변통의 내용을 잘 취합하면 앎의 진보가 가능하다고 본 것이다. 이런 쌍방향적인 추측 공부의 결과 최한기는 자기

---

96 『氣學』 권2, 51조목, "萬民運化, 各自具於其身."

자신의 선행된 이해가 다시 개선될 수 있다고 말한다〔"合聚人我所見 …… 我之所見, 益有所明"〕. 중인(衆人)들의 다양하고 상이한 추측(推測)의 결과를 통해 점진적으로 공론(公論)이 형성됨과 동시에 중인 각자가 자기 이해의 폭을 스스로 넓히는 정치적 교육 효과도 거둘 수 있다고 생각한 것이다. 이처럼 최한기에게 중인(衆人)은 정치와 교화의 수혜자이자 동시에 타인에 대한 잠재적인 계몽의 주체, 혹은 정치행위의 주체로 간주되었다.

"백성이 비록 지극히 우둔하나 수많은 이목(耳目)에는 저절로 전해지는 신기(神氣)가 있어서 공론(公論)이 그 가운데서 일어나고 추천(推薦)이 그들의 말에서 정해진다."[97]

"한 나라 사람의 이목(耳目)을 합해서 본다면 공론(公論)이 저절로 드러날 것이니, 어찌 한 사람의 혼자 생각으로 뜻을 둔 자를 뽑겠는가. 이것을 일러 천칙선거(天則選舉)라고 하니, 이런 표준을 세워서 이에 따라 준행(遵行)하면 취사(取捨)하기가 어렵지 않다."[98]

"중인(衆人)의 견해를 합쳐 측인(測人)하면 공론(公論)이 자연히 그 가운데서 가려져 나올 것이고 여러 사람의 말을 모아서 측인(測人)하면 달도(達道)가 그 가운데 있어서 표준이 세워질 것이니, 이것이 바로 중인(衆人)의 이목(耳目)으로써 취사(取捨)하여 측인(測人)하는 것이다. 남이 본 것을

---

97 『人政』 권17, 選人門 4, 「從民願擇選官」, "民雖至愚, 衆多耳目, 自有傳達之神, 公論從其中 而起, 推薦從其言而定."
98 『人政』 권14, 選人門, 序文, "合一國之耳目, 公論自著, 豈一人之獨見, 惟意是取? 是謂天則 選舉, 特立標準, 依此遵行, 取捨非難."

내가 간혹 보지 못하고 내가 본 것을 남이 간혹 보지 못하니, 남과 내가 본 것을 함께 모아 빠진 것이 없게 하여 서로 비교하면, 내가 보는 것이 더 밝아질 것이다."[99]

최한기는 대중의 다양한 추측(推測)과 측험(測驗)의 내용을 수합하여 상호 비교하고 반성하면서 취사선택하는 공론화의 과정이 필요하다고 생각했던 것으로 보았다. 최한기는 선악의 구분이 인도(人道)에 미리 주어진 것이 아니며, 다만 교접운화(交接運化)상에서 수시로 변화되는 것이라고 생각했다. 효제와 인의예지의 덕목을 경험적으로 고찰했던 최한기의 유명한 사례들이 이 점을 잘 보여 준다.[100] 효제나 인의예지의 도덕규범조차 그것의 보편성을 경험의 지평에서, 다시 말해 나와 타인 간의 교섭관계에서 새롭게 도출해야 한다고 보았던 최한기의 입장에서 볼 때, 정치적 공공성의 의미를 위와 같은 중인추측(衆人推測)의 취사 과정과 조합으로써 산출한다고 본 것은 자연스러운 귀결로 보인다. 하지만 다수의 발언을 숫치 자체만으로 인정하지 않았던 최한기의 관점을 고려한다면, 과연 누구의 이목(耳目)으로 추측(推測)한 것이 더 합당하고, 나

---

99 『人政』권1, 測人門 1, 總論, 「輯群言合衆見」, "合衆見而測人, 公論自其中抽拔, 集羣言而測人, 達道在其中斡立, 是乃以衆人之耳目, 取捨而測人也. 人之所見, 我或未及見, 我之所見, 人或未克見, 合聚人我所見, 無遺漏有比較, 我之所見, 益有所明."

100 『推測錄』권1, 推測提綱, 「愛敬出於推測」, "孩提之童, 無不知愛其親, 無不知敬其兄, 出於推測. 未有推測, 親與兄天屬之義難知, 何暇論其愛敬? 生養於父兄之側者, 自有漬染之見聞, 至二三歲孩提時, 愛其親, 及其長也, 敬其兄. 若使出胎時, 即爲他人收養, 不露言論氣色, 雖至十數年, 斯人何能靈通而識得? 且有天聾天盲, 雖長養於父兄之側, 何能盡其愛敬也? 是以愛親敬兄, 實出於積年染習之見聞推測矣. 所謂愛敬出於良知良能者, 特擧其染習以後而言也, 非謂染習以前之事也.";『人政』권9, 教人門 2, 「善惡虛實生於交接」, "前日聞知壓溺者多死, 故乍見孺子入井, 有怵惕惻隱之心. 曾未聞壓溺之患者, 見孺子入井, 未有惻隱之心. 是以多聞多見, 認得交接運化, 以爲生前事物酬應, 如衡以物之輕重, 爲分別彼此, 鑑以物之姸媸, 爲分別彼此."

는 어느 경우에 자신의 협소한 식견을 수정해야 한다고 판단할 수 있을지, 그 기준의 의미가 선명하게 이해되지 않는다. 중인의 추측에 우열(優劣)과 천심(淺深)이 있어서 그 등급이 다름을 설명했던 최한기의 다음 발언을 살펴보자.

"자기의 용모는 비록 스스로 보기 어렵지만, 자기의 행사(行事)는 스스로 알 수 있다. 먼저 자기에 대한 측기(測己)에 얻음이 있어야 남을 측인(測人)할 수도 있다. 자기의 행사를 공정한 마음으로 살피지 못하면 편폐(偏蔽)에 빠지기 쉽고, 남을 헤아리는 데도 애증(愛憎)에 의해 가려짐을 면하기 어렵다. 나와 남을 논할 것 없이 뭇사람의 견해(見解)를 함께 모아서 공론(公論)에 맞도록 해야 바른 헤아림〔測〕이 된다. 헤아림은 마땅히 넓어야 하고 좁아서는 안 되며, 멀리까지 미치는 것이 귀하니, 비근(卑近)한 헤아림은 귀한 것이 아니다. …… 사람들 모두 헤아리는 여러 도구를 가지고 있고, 각각 헤아릴 수 있는 사물(事物)도 있다. 천만인(千萬人)이 있으면 천만인 모두 헤아림이 있고, 억조민(億兆民)이 있으면 억조민 모두 헤아림이 있다. 갑(甲)이 헤아리는 것을 을(乙)이 헤아리지 못하고, 병(丙)이 헤아리기 어려운 것을 혹 정(丁)이 쉽게 헤아리는 등 그 우열과 천심에 각각 여러 등급의 다름이 있다. 그러나 이 중에는 천기(天氣)·인도(人道)의 일통한 헤아림이 있으니, 이것은 모든 백성의 헤아림을 이끌어서 그 극(極, 기준)을 세우고, 모든 백성의 헤아림을 분별하여 그 범위를 확충하는 것이다. 이 일통의 헤아림을 밝혀서 미지의 헤아림을 유도하면 성현(聖賢)이 되지만, 일통의 헤아림을 알지 못하면 비록 한두 가지를 잘 헤아렸더라도 하류(下類)를 면치 못한다." [101]

101 『人政』 권1, 測人門 1, 總論, 「一統測」, "自己容貌, 縱難自見, 自己行事, 可以自見. 先有得

최한기는 나와 남을 구별할 것 없이 여러 중인들의 견해를 함께 모아서 추측해야 공론(公論)에 부합한다고 말한다. 이때 올바른 추측이란 마땅히 폭넓게 사유할 수 있고 자신과 자신에게 비근하고 가까운 대상에만 매몰되어서는 안 되며, 결과적으로 천인(天人)을 일통하는 보편적인 추측〔天氣人道一統之測〕에 이를 수 있도록 개방되고 확충되어야 한다. 이런 '천인일통'의 추측이 가능해야 비로소 모든 백성의 추측 내용을 수합하여 그 기준과 범위를 세울 수 있고, 이를 바탕으로 미지의 알려지지 않은 대상조차 추측으로 이해할 수 있다고 설명한다. 당연히 이것이 가장 뛰어나고 심도 깊은 추측의 사례, 즉 그의 표현대로 성현(聖賢)이 행할 수 있는 우수한 추측의 경우라고 볼 수 있을 것이다.

하지만 그렇다고 해도 서로 다른 욕망과 감정에 기반해서 중인(衆人)이 자기의 이목으로 추측해 낸 결과들을 우리가 어떤 방식으로 조합하여 취사할 수 있다는 것인지, 그 공론화의 구체적 과정이 선명하게 그려지지 않는다. 알려진 것처럼 최한기는 『인정』의 '측인문(測人門)' 편에서 인재를 알아보고 수량적·과학적으로 그 인재를 평가할 수 있는 인물감평법의 오래된 구상을 소개한 적이 있다. 기품(氣稟)과 심덕(心德), 견문(見聞) 등 다섯 가지의 항목을 중심으로 인물의 잠재성과 미래적 가능성 등을 정량적으로 평가할 수 있다고 보았던 것이다.[102] 아마도 최한기

於自己之測, 乃可以測人. 自己行事, 不能以公心反觀, 易陷於偏蔽, 其所測人, 亦難免愛憎之蔽. 無論在己在人, 集衆見合公論, 乃是測也. 測宜廣, 不宜狹, 測貴遠, 不貴近. …… 皆有測人之諸具, 各有可測之事物. 有千萬人, 則千萬人皆有測, 有億兆民, 則億兆民皆有測. 甲之所測, 乙不能測, 丙之所難測, 丁或容易測, 得優劣淺深, 又有倍蓰之不等. 然箇中有天氣人道一統之測, 提挈億兆之測, 建其有極, 派分億兆之測, 充其範圍. 明此一統之測, 導率未達之測, 爲聖爲賢, 不知一統之測, 雖有一二端善測, 未免下類."

102 『人政』에 나타난 최한기의 정량적이고 실증적인 測人의 방법론에 대해서는 김용옥(2004a), 이승환(2001) 참조.

는 이러한 방식을 통해 인재를 공적으로 선출[선거]하는 공론화의 일차적인 작업이 진행될 수 있다고 본 듯하다. 다소 상식적인 논의들로 구성된 '측인문(測人門)'의 다양한 해명들은 차치하더라도, 인재를 선발하는 것 이외의 복잡한 정치적 쟁점들을 어떻게 분석하고 평가해서 공론에 기반한 정치행위로 풀어낼 수 있다고 본 것인지 여전히 의문이 남는다. 상이한 경우마다 타당한 정치적 판단과 행위에 이르게 해 주는 정치적 공론화 과정과 공론의 수렴 과정에 대한 좀 더 상세한 해명이 필요한 것으로 보인다.

다만 마지막 인용문을 통해 이 문제를 짐작해 보면, 최한기는 타인과의 상이한 추측 내용을 조합하고 취사하는 과정에서, 단순히 인식론적인 추측의 이해 정도만이 아니라 인격과 태도의 변화라는 모종의 삶의 실천적 변화까지 수반된다는 점을 강조하고 싶었던 것으로 보인다. 타인의 추측을 공유하면서 진행되는 인식론적인 이해 과정이 자기 변화와 수양을 동반한다고 보았기 때문이다. 말하자면 대중 사이의 공도(공론)를 도출하는 과정에서 상이한 욕망 주체로서의 대중이 서로 공존할 수 있는 삶의 기술과 태도를 함께 습득하게 된다고 본 것이고, 이로써 통민운화라는 정치 구상이 실현될 수 있다고 본 듯하다. 결국 통민운화는 자기 변화[修身]를 통해 상대와 공존할 수 있는 화합과 조화의 가능성을 모색하는 일이 될 것이다. 올바른 측인(測人)의 기준은 결국 나와 남을 화합시키는 데 있다고 본 혜강의 다음 발언을 살펴보자.

"측인(測人)의 도리를 알지 못하면 남을 살필 수도 없고 자신을 수양할 수도 없다. …… 헤아릴 때는 반드시 양단(兩端)을 비교해서 실(實)한 것을 따르고 허(虛)한 것을 버리며 많은 것을 따르고 적은 것을 버려서 편폐(偏廢)되는 탄식을 남기지 말고 적확(的確)한 판단을 내려야 한다. 이렇게 하면 남과 내가 서로 변통할 여망(餘望)이 있고 귀천(貴賤)의 구분과 나눔에 조리(條理)가 있어서 남을 살피고 자신을 수양하는 두 가지 일이 모두 적절하게 될 것이다. …… 남을 살피는 것을 논하여 수신하는 도리를 얻고 수신을 미루어서 남을 살피는 방법을 밝히면, 이것을 일러 남과 나를 합하고 저것과 이것을 함께 측량하는 도리라고 말한다. 떨어진 것을 합치고 합친 것을 떨어지게 하는 사이에, 신기(神氣)가 서로 통하여 정숙(精熟)해지고 경험이 갖추어져서 융화(融和)되어, 수신(修身)과 상인(相人)을 아울러서 관찰하는 것이 바로 측인(測人)의 도리다. …… 무릇 천하의 일은, 크게는 학문·정교로부터 작게는 여염(閭閻)의 산업에 이르기까지 어느 것인들 남과 내가 함께 하여 이뤄지지 않는 것이 있겠는가. 자신을 수양해서 남을 다스리고 자신을 이루어서 남을 이루어 주며, 사람을 얻어 일을 이루는 것 등이 모두 이것이다. 하물며 측인(測人)의 대도는 장차 측인하는 것으로써 성취(成就)함이 있게 하려는 것이지, 단지 측인(測人)에 그치려고 하는 것이 아니니, 측인의 준적은 남과 나를 합치는 데 있다."[103]

최한기는 "측인(測人)의 도리를 알지 못하면 남을 살필 수도 없고 자신을 수양할 수도 없다."고 말하며, 추측의 인식론적 이해 과정이 동시에 자신을 바꾸는 윤리적 행위가 된다고 말한다. 모든 대소사가 나와 타인이 함께 이루는 협업의 사례이기 때문에 측인(測人)의 도는 측인하는

---

103 『人政』 권1, 測人門 1, 總論, 「合人己爲測」, "不識測人之道, 不可以相人, 不可以修身. …… 測必參於兩端, 從其實捨其虛, 從其多捨其寡, 勿留偏廢之歎, 擧其的確之見. 人己有變通之餘望, 貴賤有分開之條理, 相人修身, 兩得其宜. …… 論相人而得修身之道, 推修身而明相人之術, 是謂參合人己, 測量彼此之道也. 離而合之, 合而離之之間, 神氣相通而精熟, 經驗備至而和融, 修身相人, 并觀兼察, 卽測人之道也. …… 凡天下事務, 大而學問政敎, 小而閭閻産業, 有何不兼人己而成就者乎? 修己治人, 成己成人, 因人濟事, 皆是也. 況測人大道, 爲將測之而有成就, 非但測人而尼之, 則測人準的, 在於合人己."

지적 행위에 그치지 않고 나와 타인 모두를 변화시키는 새로운 성취를 창출한다고 본 것이다. 그렇다면 단순히 나와 다른 타인의 상이한 관점을 용납하고 수용하는 데서 한 걸음 더 나아가 자신을 변화시킴으로써 자기와 타인이 공존하는 새로운 길을 모색하려고 시도했던 것을 알 수 있다. 최한기는 이런 경험의 과정을, 운화기라는 최종준거를 염두에 둔 통민운화의 형성 과정으로 이해했던 것으로 보인다. 서로 다른 중인(衆人)들의 추측을, 보편적으로 공유할 만한 유사한 추측으로 수렴하면서 〔會其異測而歸於同測〕,[104] 최한기는 중인의 의견을 상호 변통하여 공론을 형성하는 정치적 공공성을 실현하게 된다고 보았고, 이것이 단순한 지적 이해를 넘어서 구성원 자신을 변화시키는 실천적 효과를 낳는다고 생각했던 것이다.

하지만 과연 나와 타인 사이에서, 측험(測驗)의 이해 과정이 성숙해지는 것과 개인이 자기 변화의 과정을 경험하는 것 간에 어떤 필연적인 연관성이 있다고 볼 수 있을까? 공도의 창출을 위해 자신의 협소한 추측 내용을 포기하고 자신을 반성적으로 성찰하는 인식론적인 행위 자체가 타인과의 공존을 가능하게 하는 심리적인 삶의 태도를 형성하도록 돕는다고 이해했던 것일까? 다양한 중인들의 욕망과 추측의 내용을 모아 공론으로 수렴하는 과정에서 여전히 해명하지 못한 몇 가지 문제점들이 남는다. 뿐만 아니라 지적 이해와 성품의 변화, 그리고 성품의 변화를 통한 타인과의 공존 모색 등, 다음 단계로 진행하는 과정에서도 논리적·경험적 비약과 단절의 문제가 발생할 수 있다. 다만 최한기 본인이 한 개인의 협소한 신념과 제한된 자기 이해를 넘어서 좀 더 포괄적이고 보편적인 공적인 삶의 지평을 새롭게 모색하려고 시도했던 것은 분명해

---

104 『人政』 권2, 測人門 2, 總論, 「測之同異」 참조.

보인다. 자기 신념과 사회적 공론 사이의 괴리를 의식하면서 추측, 검증, 변통 혹은 측험(『運化測驗』)의 수련 과정을 지속적으로 반복하고, 이 과정에서 타인을 관찰〔相人〕할 뿐만 아니라 스스로 자기 개선과 자기 변화〔修身〕를 유도할 수 있다고 보았기 때문이다. 이 점에서 최한기의 정치사상은 개인의 사적 의견과 정치적 공공성 간의 긴장 및 조율의 문제를 심도 깊게 사유했던 중요한 철학적 성찰의 산물이라고 볼 수 있을 것이다.

5. 나가는 말

최한기는 19세기 조선 후기의 지식인들 가운데 누구보다도 서구 근현대의 정치사상과 정치체에 밝았던 인물이라고 볼 수 있다. 기존 연구에서 잘 알려진 것처럼 그는 유럽식 의회주의와 미국식 대통령제 등에 대해 상세히 논평한 바 있고 그 장단점을 비교적 상세히 숙지하고 있었다. 그럼에도 최한기가 더 적극적으로 외국의 정치체를 원용하거나 활용하지 않고 오히려 지적 거리를 견지했던 것은, 자신의 정치적 문제의식과 관점이 어느 정도 수립되어 있었기 때문이다. 최한기의 정치사상은 유교적 소양의 지식인이 상상할 수 있는 전통의 새로운 변주, 독창적인 자기 전통의 재구성 과정이라고 평가할 수 있다. 유덕하고 현명한 인격체에 의한 민중의 교화를 가정했으며, 지적 이해를 넘어 자기 변화를 수반하는 수양의 문제를 정치 공론화 과정에 개입시킨 점, 개인의 사적 욕망을 조율하여 공공의 보편적 욕망과 이해를 창출하려고 시도했던 점 등, 최한기의 관점에는 유학자들의 전통적인 정치 사유가 풍부하게 함유되어 있다. 다른 한편 추측(推測)과 측험(測驗)의 인식론적 방법론을 도입하고, 운화기라는 자연의 이념적 준거를 통해 정치적 공론의 수렴과 형성 과정을 해명하려고 시도했던 점, 공치(共治)의 다양한 정치모델을 숙고하면서 상이한 욕망의 주체, 정치 주체로서의 인간에 주목했고, 대중의 이질적 욕망을 조율하는 방법을 모색했던 점 등은 독특한 정치 사상가로서 최한기 사유의 특징을 잘 보여 주고 있다.

최한기가 원숙한 시기에 작성했던 『기학』과 『인정』, 『지구전요』와 『운화측험』 등에는 다양하고 풍부한 정치적 통찰들이 담겨 있다. 여기서 최한기는 명시적인 제도적 절차와 정치 운영 방법론 등을 완전한 형태로 드러내지 못했지만, 우리가 직면한 정치적 난제들에 도전하도록 돕는 중요한 사유의 실마리를 제공했다고 볼 수 있다. 우선 다양한 형이상학과 존재론 등을 앞세우는 철학적 사유의 속성에도 불구하고 최한기가 일관되게 '정치' 우위의 태도를 견지했던 점에 주목할 필요가 있을 것 같다. 신기와 운화기를 전제로 한 자신의 존재론에 그대로 환원되거나 함몰되기 쉬운 정치적 쟁점들과 문제의식 그리고 실천행위를, 최한기는 '통민운화'의 개념을 통해 더 적극적으로 부각시키고 재조명했다. 적어도 정치와 관련해서는, 자연에 부합하는 천인운화도 통민운화의 구상에 수반되는 중요한 결과로 인식되었으며, 학문과 종교도 유효한 정치적 효과를 산출하는 데 기여함으로써 비로소 유의미성을 갖는 대상으로 간주되었다. 이것은 천인(天人)의 운화, 최한기가 강조한 일통(一統)의 운화를 사유하고 실천하며 연출하는 주체가 바로 다름 아닌 인간 자신이라고 보았기 때문에 가능했던 일일 것이다.

최한기가 생각한 인간은 상이한 욕망과 물욕의 주체이자 자신의 욕망을 구현하기 위해 타인과의 관계에서 비판적으로 자신을 성찰하고 개선할 수 있는 정치적 판단과 행위의 주체였다. 비록 일시적으로 제한된 추측(推測)과 측험(測驗)의 인식 상태에 속박될 수도 있다고 보았지만,

최한기가 염두에 둔 인간은 타인의 추측(推測)을 함께 습득하고 배우면서 스스로 취사선택할 수 있고 자신을 개선히는 자기 변화[修身]의 과정을 경험할 수 있는 존재로 상정되었다. 따라서 모든 사람은 일통의 운화를 체득할 수 있으며 나아가 계몽과 교화의 주체, 정치적 주체로 성장할 수 있는 존재로 간주되었다. 자신과 남의 관계에서 물아(物我)를 통관하는 성숙한 추측의 공부 과정을 거치면서, 최한기가 어떻게 한 인간이 정치 공동체 속에서 공론의 형성에 직접 참여할 수 있다고 보았는지 그 성찰의 과정을 음미할 필요가 있을 것이다. 그에 따르면 공론의 형성에 이르게 하는 추측과 측험의 공부는, 인식론적인 이해와 성찰의 과정이자 동시에 자신의 기질과 삶을 변화시키는 실존적 체험의 과정이기도 했다. 이 양자의 변화를 거치면서 비로소 공론에 기반한 정치적 공공성이 수립될 수 있다고 본 점에 최한기의 독특한 정치사유가 담겨 있다고 생각한다.

풍성한 정치적 통찰을 제공했음에도 오늘날 우리가 기대하는 정치적 제도화의 문제에 대한 명백한 답을 제시하지는 못했다는 이유로 혹자는 최한기의 사유에 의문을 던질 수도 있다. 하지만 우리 시대에 남겨진 유사한 정치 과제들을 염두에 둘 때 이것은 어쩌면 당연한 결과일지도 모른다. 정량적인 대의 민주정의 선거제는 사회 구성원 대다수의 동질적 의사를 가정하고 있으며, 이와 다른 상이한 욕망의 정치 주체를 소외시키는 부당한 결과를 초래한다. 더구나 선거제에 반영된 다수결의 원리는 다수가 추종하는 원칙과 목표가 과연 타당한 것인지 검증하는 어떤 절차나 검증 방법도 갖고 있지 않다. 따라서 우리가 어렵지 않게 비판할 수 있듯이, 폭력적이고 부도덕한 원칙 또한 다수의 수적 우위라는 논리로 얼마든지 정당화하는 것이 오늘날 우리가 직면한 정치의 현실이다. 이 점만 보더라도 우리에게 주어진 정치적 공공성의 구현과 제도화 문제가 얼마나 어려운 과제인지 직감할 수 있다. 최한기는 적어도 공치(共治)의 정치 모델이 상이한 욕망의 주체를 인정해야 한다는 점을 분명히 인식했고, 욕망과 욕망 사이의 갈등을 조율하기 위한 인식론적·실천적 방법을 모색했다. 실존적 삶과 태도의 변화 없이 서로 다른 욕망과 추측을 견지한 타자와 공존하는 것은 불가능하다고 보았기 때문이다. 정치적 공공성의 문제를 새롭게 숙고해야 하는 우리에게 최한기의 통찰이 의미를 갖는 것은 바로 이런 점 때문이 아닐까 생각한다.

参考文献

『增補 明南樓叢書』, 성균관대학교 대동문화연구원, 2002.
      :『神氣通』,『推測錄』,『氣學』,『明南樓隨錄』,『運化測驗』,
      『地球典要』,『承順事務』,『人政』
민족문화추진회 공역(1979~1980),『국역 氣測體義』(Ⅰ-Ⅱ).
민족문화추진회 공역(1980~1982),『국역 人政』(Ⅰ-Ⅴ).
혜강 최한기 지음, 손병욱 역주(2004),『氣學』, 통나무.
최한기, 이종란 역(2014),『運化測驗』, 한길사.
『星湖全書』, 여강출판사, 1984.
『星湖全集』, 한국고전번역원 문집총간본.
『沈大允全集』上·中·下, 성균관대학교 대동문화연구원, 2005.
심대윤, 익선재 백운집 강독회 공역(2015),『백운 심대윤의 백운집』,
      사람의무늬.

권오영(1990),「최한기의 정치관」,『한국학보』59, 일지사.
_____(1991),「최한기의 서구제도에 대한 인식」,『한국학보』62, 일
      지사.
_____(1996),「최한기의 사회사상」,『진단학보』81, 진단학회.
_____(1999),『최한기의 학문과 사상 연구』, 집문당.
_____(2004a),「새로 발굴된 자료를 통해 본 혜강의 기학」,『혜강 최
      한기』, 청계.
_____(2004b),「최한기 氣學의 사상사적 의미와 위상」,『대동문화연
      구』45호, 성균관대학교 대동문화연구원.

금장태(2005), 「기철학의 전통과 최한기의 철학적 특성」, 『혜강 최한기』, 예문서원.

김봉진(2006), 「최한기의 기학에 나타난 공공성」, 『정치사상연구』 12-1, 정치사상연구회.

김석근·조진만(2001), 「19세기 말 조선의 참정권 개념에 대한 인식과 수용」, 『한국정치학회보』 35집 2호, 한국정치학회.

김용옥(2004a), 「測人에 나타난 혜강의 생각 : 독인정설」, 『대동문화연구』 45호, 성균관대학교 대동문화연구원.

_____(2004b), 『혜강 최한기와 유교 : 『기학』과 『인정』을 다시 말한다』, 통나무.

김용헌(2000), 「최한기의 자연관」, 『최한기의 철학과 사상』, 철학과현실사.

_____(2005), 「주자학적 세계관의 해체와 실학」, 『혜강 최한기』, 예문서원.

문중양(1999), 「18세기 조선 실학자의 자연인식의 성격 : 상수학적 우주론을 중심으로」, 『한국과학사학회지』 21, 한국과학사학회.

_____(2003), 「최한기의 기론적 서양과학 읽기와 기륜설」, 『대동문화연구』 43호, 성균관대학교 대동문화연구원.

박종홍(1988), 「최한기의 과학적 철학사상」, 『박종홍전집 5』, 형설출판사.

박희병(2003), 「최한기 사상에 있어서 自然과 人爲의 관계」, 『대동문화연구』 42호, 성균관대학교 대동문화연구원.

_____(2005), 『운화와 근대』, 돌베개.

백민정(2009), 「최한기 정치론에서 民의 위상에 관한 문제」, 『대동문화연구』 67호, 성균관대학교 대동문화연구원.

_____(2009), 「최한기 철학의 변모 양상에 관한 일고찰 : 전후기 사상

의 연속 및 불연속 문제를 중심으로」, 『철학사상』 33호, 서울
대학교 철학사상연구소.

손병욱(1998), 「혜강 최한기 기학의 철학적 구조」, 『동양철학연구』 18
호, 동양철학연구회.

＿＿＿＿(2004a), 「학문 방법론을 통해서 본 기학의 구조와 성격」, 『혜
강 최한기』, 청계.

＿＿＿＿(2004b), 『『기학』 해제」, 『기학 : 19세기 한 조선인의 우주론』,
통나무.

＿＿＿＿(2005), 「혜강 최한기 철학의 기학적 해명」, 『혜강 최한기』, 예
문서원.

신원봉(2000), 「최한기의 기화적 윤리관」, 『최한기의 철학과 사상』,
철학과현실사.

＿＿＿＿(2004), 「혜강 기학에 나타난 주자학의 전환과 근대과학의 영
향」, 『혜강 최한기』, 청계.

신해순(2005), 「최한기의 사민평등사상」, 『혜강 최한기』, 예문서원.

안외순(2000), 「조선에서의 민주주의 수용론의 추이 : 최한기에서 독
립협회까지」, 『사회과학연구』 9, 서강대 사회과학연구소.

＿＿＿＿(2001), 「유가적 군주정과 서구 민주정에 대한 조선 실학자의
인식 : 혜강 최한기를 중심으로」, 『한국정치학회보』 35집 4호,
한국정치학회.

유봉학(1999), 『조선후기 학계와 지식인』, 신구문화사.

＿＿＿＿(2000), 「19세기 경화사족의 생활과 사상」, 『최한기의 철학과
사상』, 철학과현실사.

이승환(2001), 「조선후기 과폐와 최한기의 측인학」, 『한국사상사학』
16집, 한국사상사학회.

이우성(1988), 「최한기의 사회관 : 『氣學』과 『人政』의 連繫 위에서」,

동양학학술회의 講演鈔, 『동양학』 18호, 단국대 동양학연구소.

_____(1990), 「혜강 최한기의 사회적 처지와 서울 생활」, 동양학국제학술회의논문집 4, 성균관대학교 대동문화연구원.

이종란(1996), 「19세기 중기 최한기의 현실인식과 정치윤리」, 『유교사상문화연구』 8호, 한국유교학회.

_____(2008), 『최한기의 운화와 윤리』, 문사철.

이행훈(2002), 「최한기 정치사상의 근대적 성격 연구」, 『한국철학논집』 11호, 한국철학사연구회.

이현구(2000), 『최한기의 기철학과 서양과학』, 성균관대학교 대동문화연구원.

_____(2003), 「최한기 사상의 인식론적 의의」, 『대동문화연구』 43호, 성균관대학교 대동문화연구원.

_____(2005), 「최한기의 학문관」, 『혜강 최한기』, 예문서원.

임형택(2001), 「개항기 유교지식인의 '근대' 대응 논리 : 혜강 최한기의 기학을 중심으로」, 『대동문화연구』 38호, 성균관대학교 대동문화연구원.

_____(2002), 「혜강 최한기의 시간관과 일통사상」, 『창작과 비평』 통권 115호(30권 1호), 창작과비평사.

_____(2004), 「정약용의 경학과 최한기의 기학 : 동서의 학적 만남의 두 길」, 『대동문화연구』 45호, 성균관대학교 대동문화연구원.

정구선(1993), 「최한기의 관리등용제도 개혁안 : 薦擧制論을 중심으로」, 『동국사학』 27호, 동국사학회.

정용화(1998), 「조선에서의 입헌민주주의 관념의 수용 : 1880년대를 중심으로」, 『한국정치학회보』 32집 2호, 한국정치학회.

채석용(2007), 『최한기 사회철학의 이론적 토대와 형성과정』, 한국학중앙연구원 박사학위논문.

허남진(2005), 「혜강 과학사상의 철학적 기초」, 『혜강 최한기』, 예문서원.

황경숙(1993), 「혜강 최한기의 사회사상의 구조와 성격」, 『한국학보』 70, 일지사.

황경숙(2005), 「혜강 최한기 사상의 근대적 성격」, 『혜강 최한기』, 예 문서원.

Thomas Hobbes, *Leviathan : The Matter, Form And Power of A Commonwealth, Ecclesiastical and Civil*, William Molesworth, ed. The English Works of Thomas Hobbes, Vol.3.; 토마스 홉스, 진석용 번역(2013), 『리바이어던 : 교회국가 및 시민국가 의 재료와 형태, 권력』, 나남출판사.

Paul Woodruff, *First Democracy : The Challenge of an Ancient Idea*, Oxford University Press, 2005.; 폴 우드러프, 이윤철 번역 (2012), 『최초의 민주주의 : 오래된 이상과 도전』, 돌베개.

최한기의 氣化論과 세계인식

권오영 | 한국학중앙연구원 교수

1. 머리말

최한기(崔漢綺, 1803~1877)는 19세기 중반에 이학(理學)을 비판적으로 계승하면서 새롭게 기학(氣學)을 제창하였다. 그의 기학 제창은 조선의 이학에서 기학으로 새로운 사상적 방향 전환을 선언한 것이다. 그는 이학을 하는 사람이 기학에 밝다면 이학은 더욱 밝아지고, 기학을 하는 사람이 이학을 겸한다면 이학은 바르게 된다고 보았다. 그는 기를 미루어 이를 밝히면 기학이 이학에 도움이 될 수 있고, 이를 미루어 기를 증험하면 이학도 기학에 도움이 될 수가 있다고 했다.[1]

최한기는 동서 문명의 충돌과 교섭 속에서 학자로서 어떻게 하면 조선의 문화를 지키면서 다른 문명을 수용할 수 있을까 깊이 고뇌하였다. 그는 1834년에는 서울 남촌 창동에서 「지구전후도」를 제작하여 지구와 세계 각국에 대한 인식의 지평을 넓혔다. 그는 1830년대에 신기(神氣)와 추측(推測)이라는 독창적인 개념을 제출하여 세계 각국의 인물과 풍토와 물산, 법제를 수용할 수 있는 학문적 체계를 세웠다. 그러나 1830년대에는 기학의 학문적 이론 체계를 수립하는 단계였지 구체적으로 세계 각국의 지리와 정교(政敎)의 실상에 대한 이해에는 아직 도달하지 못하였다.

19세기 중반에 중국에서 간행된 신서적인 위원(魏源)의 『해국도지(海

---

1 『人政』 권12, 敎人門 5, 「理氣學」, "理學先起, 導氣學之眞的, 事勢之固然, 假使氣學先發, 必有心中推測之理, 擧而論之者."; 권12, 敎人門 5, 「理氣學就質」, "理學人明氣學, 則理學益明, 氣學人兼理學, 則理學得正. 氣學可使有補於理學, 理學亦可有助於氣學也."

國圖志)』와 서계여(徐啓畬)의 『영환지략(瀛環志略)』이 간행되자 최한기는 이를 구입하여 깊이 연구하여 조선에 소개할 필요를 절실하게 느끼었다. 그는 1857년에 자신의 학문을 기학이라 선언하고 기화(氣化)와 운화(運化) 개념을 제시하고 세계 각국의 지연과 역사와 문물을 신별하여 『지구전요』를 편집하였다. 따라서 기화 개념은 운화 개념과 함께 최한기 기학의 핵심 개념일 뿐만 아니라 그의 세계인식의 방법과 범주로 설정된 개념이므로 이 두 개념의 연원과 의미를 우선 검토할 필요가 있다.

최한기는 동아시아에서의 오랜 중화 중심의 세계인식에서 완전히 벗어나 세계 각국의 기화와 인도(人道)의 대동(大同)을 강조하고 세계 각국의 소통과 세계 인민의 화합을 통해 우내(宇內) 일통(一統)을 주장했다. 특히 기화와 인도는 그의 세계인식에 있어 새의 두 날개요 수레의 두 바퀴라고 할 수 있다.

이 글에서는 우선 최한기 기학의 기화와 운화 개념의 연원을 더듬어 본 뒤, 기화와 운화 개념이 그에 의해 새롭게 해석된 내용을 알아보고, 이어 그가 인도를 중심으로 세계인식을 한 실상과 그 의미를 밝혀 보고자 한다.

2. 기화와 운화 개념의 연원과 변모

최한기는 경전과 역사, 예서, 수학, 천문 등을 연구하여 천 권의 저술을 남긴 조선 역사상 최고의 저술가로 일컬어지고 있다.[2] 그와 학문적 교류를 했던 이규경(李圭景)은 최한기를 평하여 "재예(才藝)가 무리에 빼

---

2 崔南善, 『朝鮮常識問答續編』 제13, 圖書.

어났고 기억력이 뛰어나고 박학(博學)하여 속사(俗士)에 견줄 수 없다."
고 했다.[3] 그는 또 "최생원 한기는 학문의 폭이 넓고 정밀한 사람〔學問覃精人〕이다."[4], "최생원은 간정(簡精)하고 독실(篤實)하여 이 세상의 속인(俗人)이 아니다."[5]라고 높이 평가했다.

최한기는 19세기 초에 개성에서 서울로 올라와 생활하면서 새로운 양반으로 활동하였다. 그는 대대로 벼슬이나 탐하고 성리학에나 골몰하던 구태의연한 양반이나 학자들과는 그 근본바탕이 달랐다. 최한기의 선대는 묘소가 8대 조부까지 개성에 있는 것으로 보아 본래 개성에서 경제적 기반을 바탕으로 살아온 것 같다. 그러다가 최한기가 서울에 올라와 현직과 증직 벼슬(교지)을 획득함으로써 18세기 중엽 이후부터 19세기 말에 이르기까지 서울에서 새로운 유형의 양반으로 행세하였다. 분명 그는 당시 당론(黨論)이나 따지고 조상의 신주(神主)나 들먹이며 양반 행세를 해대는 벌열((閥閱)의 가문이나 시골 양반과는 달랐고, 어떤 당파에도 간여하지 않고 오직 현실에 충실하면서 학문에만 열중하였다.

최한기는 19세기 중엽에 경제력을 갖춘 서울 사족으로 당시의 현실을 충실하게 반영한 학문으로 기학을 제창하였다. 그는 기성의 양반집 자제들과 어울리지 않았고 자기와 뜻을 같이하는 이규경 · 김정호(金正浩) 등과 학문 토론을 하였다. 이들이야말로 조선의 현실을 개혁하고 앞날을 전망한 새로운 지식인들이었으나 당대에는 전혀 수용되지 못하였

---

3 李圭景, 『五洲衍文長箋散稿』 經史篇, 經史雜類, 其他典籍, 「士小節分編刻本辨證說」, "崔漢綺, 字芝老, 朔寧人, 司馬. 才藝出類, 嘗著通經通史禮書及律數曆象等書, 滙集彙考, 强記博學, 非俗士可比也."
4 『五洲衍文長箋散稿』 萬物篇, 鳥獸類, 鳥獸雜說, 「騸畜辨證說」, "崔上舍漢綺學問覃精人也."
5 『五洲衍文長箋散稿』 萬物篇, 蟲魚類, 魚, 「蛇血開瞖辨證說」, "崔上舍簡精篤實, 非斯世俗人也."

다. 이들은 바로 19세기 조선 사회의 선각자들로 분류할 수 있을 것이다. 그는 당시 민(民)의 동요와 자각(自覺)이 동시에 일어나고 있다는 것을 감지하면서 새롭고 밝은 미래를 열기 위해 기학이라는 학문을 제창했다. 그는 기존 양반들과 어울리게 되면 자칫 자기가 추구하는 학문의 자유를 확보할 수 없게 되기 때문에 자신의 연구실에서 학문 연구에만 몸을 바쳤다.

현재까지 밝혀진 자료에 의하면, 최한기는 서울의 오부(五部) 중에서 서부(西部)에 살았다. 1823년 무렵에 그는 서울 서부 회현방(會峴坊) 장동(長洞, 장흥곳골, 현재의 충무로 1가)에 살았던 것으로 나타나고 있다. 그리고 그 뒤 1834년에 김정호가 남촌(南村) 창동(倉洞) 최한기의 집에서 만국경위지구도(萬國經緯地球圖)를 판각했다고 한 것으로 보아 1830년대 초에는 장동에서 창동으로 이사를 했던 것 같다. 또한 최한기의 양부 최광현(崔光鉉)의 준호구(准戶口, 1837년 작성)에 거주지가 서울 서부 양생방(養生坊) 창동계(倉洞契) 제14통 제5호에 살았다고 한 것으로 보아 청장년기는 회현방 장동과 양생방 창동에서 보냈던 것을 알 수 있다. 그러다가 최한기는 1851년 49세 때에 창동에서 양생방 송현(松峴)으로 이사를 하였다.[6] 이같이 최한기는 개성에서 서울 서부 회현방 장동을 거쳐 1830년대부터 1850년대 초까지는 서부 양생방 창동계에서, 그리고 1850년대 초부터는 서부 양생방 송현계에서 살았다는 것을 알 수 있다.

그동안 최한기 집안의 경제력에 대해서는 그저 막연하게 부자였다는 것으로 이해되어 왔다. 그의 선대가 개성에 뿌리를 두고 있다 보니 그의 가문이 혹시 개성의 상업도시 분위기 속에서 상업을 통해 부를 축적하지 않았을까 추측한 경우도 있었다. 또한 그가 서울에 여러 채의 집을

---

6 권오영(2000).

소유하고 있었고, 책을 많이 사고 또 저술하였으며, 북경에서 『기측체의 (氣測體義)』를 출판한 것으로 보아 경제적 부가 대단하지 않았을까 생각하기도 하였다. 그러나 그러한 사실을 알려 주는 자료는 지금까지 나타나지 않았다. 다만 1990년 「혜강최공전(惠岡崔公傳)」이 발굴되어 그 내용에 "집이 본래 부유했다〔家素裕〕."라는 표현이 있어 그의 집이 본래 어느 정도 경제적 부를 갖추고 있었으나 북경에서 들어오는 신간도서를 사서 연구하다가 가세가 기운 것으로 파악되었다.[7]

사실 지금까지 드러난 자료로 보더라도 최한기는 1850년대에는 매우 부유한 생활을 했고, 그때 서울 중심에 많은 집을 건축하고 가장 왕성하게 저술을 통한 학문활동을 했던 것으로 생각된다. 그러나 구체적인 자료가 없어 정확한 경제적 기반을 파악하기는 어려웠다. 다행히 1837년에 작성된 최광현의 준호구와 1852년에 작성된 최한기의 준호구가 새로 발견됨으로써 그 집안의 경제력 중에서도 노비(奴婢) 소유의 상황을 자세히 알 수 있게 되었다.[8]

최한기는 이러한 경제적 기반 위에서 서울 생활에 부러울 것이 없었으나 자기 혼자 미래의 새로운 세계를 꿈꾸고 있었던 것이 그저 고독했을 뿐이었다. 그의 학문이 비록 당대에 지지를 얻지 못한 기학이었지만 그는 오륜(五倫)을 기본으로 하면서 서학(西學)의 종교적 측면을 철저히 배제하였기에 당시 학계에서 어느 정도 비판의 화살은 피하면서 연구와 저술활동을 할 수 있었다. 그러다가 1860년대 이후 최한기의 집안은 경제적으로 기울기 시작하여 1870년대 중반에는 귀중한 책과 물건을 전당 잡히는 등 경제적 어려움을 겪었고, 기껏해야 개성에 논 11마지기와 약

---

7 李佑成(1990) ; 김용옥(1990).
8 권오영(2000).

간의 밭뙈기를 갖는 정도였다.[9]

최한기는 천하의 알기 쉬운 것으로는 기(氣)만한 것이 없고 보기 쉬운 것도 기만한 것이 없다고 했다.[10] 그는 기의 조리를 일러 이(理)라고 하면서 기를 분명하게 이해하기 전에는 다만 심(心)으로써 이(理)를 논했지만 기(氣)를 본 뒤에는 모든 이치가 다 의거할 곳이 있게 되었다고 했다. 그는 송대 이후 정호와 정이 형제에 의해 새롭게 해석된 천리(天理) 두 글자가 모두 기(氣)에 인하여 밝게 통하게 되었고 천리에 대한 무한한 논설이 이에 이르러 한번 변하게 되었다고 했다.[11] 그는 옛 성현이 표제로 제시한 학문이 모두 천도와 천리에서 나왔다고 이르는데 천도와 천리가 곧 운화(運化)라고 했다.[12] 그리하여 이학(理學)의 천리와 천도의 자리에 그는 운화라는 개념으로 대체하여 버렸다.

이같이 최한기는 이학의 여러 개념을 자신이 새로 구축한 기학의 관점에서 새롭게 의미 부여를 했다. 그는 심(心) 또는 심체(心體)·신천(神天, 天主)에 대응하여 신기(神氣)라는 개념을, 궁리(窮理)에 대응하여 추측(推測) 개념을, 도(道)와 이(理)에 대응하여 기화(氣化)와 운화 개념을,[13] 이학·심학(心學)·천학(天學)에 대응하여 새로운 학문으로 기학을 제창하였다고 할 수 있다.

최한기는 1830년대에는 기화와 운화라는 개념을 한두 차례만 언급하

---

9 권오영(2000).

10 『人政』 권12, 敎人門 5, 「通行天下」.

11 『承順事務』, 「天理一變於氣現」, "理指其氣之條理, 而未見氣之前, 只以心論理, 見得氣之後, 萬理皆有依據, 如形之影聲之響, 天理二字, 俱因氣而明徹, 已往天理之無限論說, 到此而一變."

12 『氣學』 권2, "德無常師, 運化爲師, 善無常主, 運化爲主 …… 古聖賢之標題學問, 皆云出於天道天理, 則天道天理卽運化也."

13 『人政』 권11, 敎人門 4, 「文字解義」, "心字以神氣認之, 道字理字, 以運化認之, 虛字以氣之實認之.";『人政』 권9, 敎人門 2, 「善惡虛實生於交接」, "古所謂心體, 卽神氣也."

고 있다.[14] 그러다가 1850년대에는 그의 저술에서 자주 운화와 기화를 거론하고 있다. 그는 기화와 운화 등의 개념을 제기하여 동서남북을 두루 서로 소통하게 하고 화합하게 하는 학문적 이론을 지속적으로 구축해 나갔다. 이러한 그의 새로운 개념 창출은 이학의 시대를 마감하고 기학의 시대를 열기 위해 노력한 학문적 결실이었다.

1) 기화 개념

그렇다면 최한기의 기화 개념은 어떤 사상사적 연원에서 나왔고 그 이전 학자의 기화 인식과는 어떤 차이가 있는 것일까. 우선 기화 개념부터 살펴보고자 한다. 이 기화라는 개념은 형화(形化)라는 개념과 함께 역학(易學)에서 자주 사용하던 용어였다. 기화는 생명이 처음 태어나는 것이고 형화는 일단 처음 탄생한 생명이 번식해 나가는 것을 의미했다. 따라서 지금도 기화에 의해 생명이 발생 또는 소멸하고 있고 형화에 의해 생명이 계속 이어지고 있다고 할 수 있는 것이다. 『주역』 상경(上經)의 건(乾)·곤(坤)괘와 하경(下經)의 함(咸)·항(恒)괘는 기화와 형화를 설명하는 괘로 일찍부터 널리 이해되고 있다.

"기화라는 것은 생명의 처음이고 처음 태어나는 것이다. 그러므로 역(易)의 상경에 건(乾)·곤(坤)괘를 맨처음 실은 것은 기화의 시작이고, 하경에 함(咸)·항(恒)괘를 맨 처음 실은 것은 형화(形化)의 시작이다."[15]

---

14 『推測錄』 권2, 推氣測理, 「推形質測神道」, "一氣運化, 自有實理之眞跡, 是爲神道也."; 『農政會要』 2책, 土宜, "地居天中, 運化不息, 原是活物而非死物."

15 蔡淵, 『易象意言』, "氣化者, 有生之始而初生也, 故上經始乾坤. 形化者, 運行之終而復生也, 故下經始咸恒."; 張獻翼, 『讀易紀聞』 권6.

이 기화와 형화는 역의 태극과 양의(兩儀)의 생성과 관련하여 더 자세하게 논의되었다. 역에 태극이 있는 것은 이(理)이고 양의는 기(氣)이고 형화는 형(形)이라고 한 것에서 기화와 형화는 이기론의 범위에서 설명될 수 있는 것이기도 했다.

"역(易)에 태극(太極)이 있어 양의(兩儀)를 낳는다. 양의가 각각 하나의 태극을 갖추고 생생(生生)하는 것은 기화와 형화의 일과 동일한 뜻이다. 역에 태극이 있는 것은 이(理)이다. 양의는 기(氣)이고 형화는 형이다. 이가 있으면 곧 기가 있고 기가 있으면 곧 형이 있으니 본래 하나의 도이다. 그러므로 비록 양의가 각각 태극을 갖추고서 생생하나 역에 태극이 있는 묘함은 있지 않는 곳이 없다. 형화가 비록 종류로써 생생하나 기화의 이(理)는 있지 않는 것이 없다. 다만 형으로써 기를 말하면 형은 보기가 쉽고 기는 보기가 어렵고 기로써 이를 말하면 기는 밝히기가 쉽고 이는 밝히기가 어렵다. 지금 또한 형화의 일로 밝히면 천하의 물은 각각 종류로써 태어나니 기화의 일이 없는 것 같으나 물에 모여 있는 벌레와 고기, 흙에 쌓여 있는 풀과 나무가 모두 자연으로 생긴 것이니 어찌 기화의 일이 없다고 하겠는가. 대개 형화가 곧 기화이니 둘인 것 같으나 둘이 아니다."[16]

"천지의 처음에는 인물에 종자가 없으니 순수하게 기화이다. 사람과 금

---

16 蔡淵, 『易象意言』, "易有太極而生兩儀, 兩儀各具一太極而生生, 與氣化形化之事, 同一義也. 易有太極理也. 兩儀氣也, 形化形也. 有理斯有氣, 有氣斯有形, 本一道也. 故兩儀雖各具太極而生生, 而易有太極之妙, 無不在也. 形化雖各以種類而生生, 而氣化之理, 無不在也. 但以形而言氣, 則形易見而氣難見, 以氣而言理, 則氣易明而理難明. 今且以形化之事明之, 天下之物, 各以種類而生, 則氣化之事, 宜若無矣, 而聚水之蟲魚, 積土之草木, 皆自然而生, 又豈可謂無氣化之事耶? 蓋形化卽氣化, 似二而非二也."

수, 오곡의 따위는 무릇 종자가 있는 것이니 모두 형화이다. 곤충과 초목의 따위와 같은 것은 종자가 없는데도 태어나는 것이 오히려 많으니 어떤 이가 이르기를 형화가 성하면 기화는 사그러진다는 것은 아마 그렇지 않은 것 같다."[17]

천지의 처음에는 인물에 종자가 없으므로 순수하게 기화이다가 그 뒤 인물과 금수 등이 발생하는 것은 형화로 설명된다. 그런데 형화가 성하면 기화는 사그러진다고 이해하는 학자도 있었지만 기화와 형화는 매 순간 이루어지고 있다고 보아야 한다는 것이다.

이같이 기화라는 말은 역의 태극과 음양의 설명에서 천지의 생물의 처음 발생과 관련하여 사용되고 있었다. 그러나 송대의 학자인 장재(張載, 1020~1077) 이후에는 기화는 도(道)라는 용어와 관련하여 널리 사용되기 시작했다.

"태허(太虛)로 말미암아서 천(天)이라는 이름이 있게 되고, 기화(氣化)로 말미암아서 도(道)라는 이름이 있게 되고, 허(虛)와 기(氣)가 합해져 성(性)이라는 이름이 있게 되고, 성(性)과 지각(知覺)이 합해져 심(心)이라는 이름이 있게 되었다."[18]

---

17 薛宣,『讀書錄附續錄』, 讀書錄 권4; 章潢,『圖書編』권7, "天地之初, 人物無種, 純是氣化, 自人物有種之後, 則形化雖盛, 而氣化亦未嘗息. 自今觀之, 人與禽獸五穀之類, 凡有種者, 皆形化, 至若昆蟲草木之類, 無種而生者尙多, 試以一片白紙驗之, 雖掘至泉壤暴晒, 焚燒其土, 俾草木之遺種根蘗, 皆盡然, 一得雨露滋澤, 風日吹晅, 則草木復生其處, 此非氣化而何? 又若腐草爲螢, 朽木生蠹, 濕氣生蟲, 人氣生虱之類, 無非氣化也. 或謂形化盛而氣化消者, 竊以爲不然."

18 張載,『張子全書』권2, 正蒙 1, "由太虛有天之名, 由氣化有道之名, 合虛與氣有性之名, 合性與知覺有心之名."

장재는 태허(太虛)로 말미암아서 천(天)이라는 이름이 있게 되었고 기화(氣化)로 말미암아서 도(道)라는 이름이 생기게 되었다고 했다. 이 때의 도는 천도의 측면에서 논의된 것이다. 장재 등이 사용한 기화에 대해 주희(朱熹, 1130~1200)는 음양의 조화로, 추위와 더위, 낮과 밤, 비와 이슬, 서리와 눈, 산과 내, 나무와 돌, 금(金)과 수(水), 화(火)와 토(土)를 의미한다고 하면서 도와 관련하여 해석하였다.[19] 이같이 기화를 도로 인식한 것은 기의 변화로 말미암아 만물이 각각 생장하고 소멸하는 도리가 있다고 보았기 때문이다.

장재를 이어 정자(程子)는 기화가 사람에 있는 것이 하늘에 있는 것과 더불어 같다고 했다.[20] 그리고 만물의 처음은 기화뿐이라고 했다. 이미 형화와 기화가 서로 전달이 되면 형화는 자라고 기화는 사라진다고 했다.[21]

주희는 천지의 인온(絪縕)은 기화이고 남녀의 구정(構精)은 형화라고 했다.[22] 그는 주돈이의 「태극도(太極圖)」를 해석하면서 건남곤녀(乾男坤女)는 기화하는 것으로 말한 것으로 각각 그 성(性)을 하나로 하면서 남녀가 하나의 태극이라고 했고, 만물의 화생은 형화하는 것으로 말한 것으로 각각 그 성을 하나로 하면서 만물이 각각 하나의 태극이라고 했다.[23] 또한 그는 대개 사람의 성(性)은 모두 하늘에서 나오는데, 하늘의

---

19 張載, 『張子全書』 권2, 正蒙 1, "氣化是陰陽造化寒暑晝夜雨露霜雪山川木石金水火土皆是."
20 程顥・程頤, 『二程全書』, 二程粹言 권2, 天地篇, "子曰氣化之在人與在天, 一也. 聖人於其間 有功用而已."
21 程顥・程頤, 『二程全書』, 二程粹言 권2, 人物篇, "子曰萬物之始, 氣化而已. 旣形氣相禪, 則形化長而氣化消."
22 黎靖德, 『朱子語類』 권제76, 易12, 繫辭 下, "天地絪縕, 言氣化也. 男女構精, 言形化也."
23 周敦頤, 『周元公集』 권1, 遺書, 附晦庵解義, "乾男坤女, 以氣化者言也, 各一性而男女一太極也. 萬物化生, 以形化者言也, 各一性而萬物一太極也."

기화는 반드시 오행으로 용을 삼는다고 했다.[24] 이같이 주희는 기화를 태극, 오행과 관련하여 설명하고 있다.

그런데 장재의 기화와 도의 관계에 대한 설을 이어받아 원대의 허겸 (許謙, 1270~1337)과 명말 청초의 왕부지(王夫之, 1619~1692)와 청대의 대진(戴震, 1724~1777) 등은 기화에 대해 좀 더 깊이 있게 논의하였다. 먼저 허겸은 기화의 유행을 천도(天道)로 언급하고 이어 사람이 천도의 유행을 얻은 것이 성(性)이고 이를 따라서 시행하는 것이 인도(人道)라 고 했다.

"대개 기화가 유행하여 쉬지 않는 것은 하늘의 도(道)이니 이것은 이 (理)이다. 사람이 천도의 유행을 얻은 것이 성(性)이 되고 마땅히 이것을 따라서 행하는 것이 사람의 도이다."[25]

허겸의 견해에서 보면 기화와 인도는 무관한 것이 아니다. 기화의 유 행인 천도를 사람이 성으로 부여받아 이를 잘 따라서 행하는 것이 인도 인 것이다. 이러한 허겸의 견해는 대진도 그대로 받아들이고 있다.

"인도는 인륜으로 일상생활에 몸소 행하는 것 모두를 말한다. 천지에 있어서는 기화가 유행하여 생생(生生)하여 쉬지 않는 것을 일러 도(道)라 고 하고, 인물에 있어서는 무릇 생생하여 있는 바의 일이 또한 기화가 그 칠 수 없는 것과 같은 것을 일러 도라고 한다."[26]

---

24 朱熹, 『晦庵集』 권제56, 書, 答方賓王, "盖人之性, 皆出於天, 而天之氣化, 必以五行爲用."
25 許謙, 『讀中庸叢說』 상, 首章, "盖氣化流行不息者, 天之道也, 是理也. 人得天道之流行者, 爲性, 當順此而行者, 人之道也, 所謂率性也, 亦是理也."
26 戴震, 『孟子字義疏證』 권하, 道, "人道, 人倫日用, 身之所行, 皆是也. 在天地則氣化流行,

대진은 천지와 인물에 있어서 생생의 이치를 파악하여 도라는 것을 찾아내고 기화와 인도가 서로 연계되어 있음을 말하였다.

한편 왕부지는 기화를 기(氣)의 화(化) 즉 기의 변화로 보고, 음양과 오행의 작용으로 물(物)의 도, 귀신의 도가 있게 된다고 설명했다.

"기화라는 것은 기(氣)의 화(化)함이다. 음양이 태허(太虛)가 기운이 성한 가운데 갖추어져 한번 음(陰)하고 한번 양(陽)하여 혹은 동(動)하고 혹은 정(靜)하여 서로 더불어 마탕(摩盪)하여 그 때와 자리를 타서 그 공능(功能)을 드러낸다. 오행(五行)과 만물이 엉기고 유동하고 그치어 조류와 어류, 동물과 식물이 각각 그 조리를 이루어 망령되지 않으면 물(物)은 물(物)의 도(道)가 있고 귀신은 귀신의 도가 있는데, 이것을 알면 반드시 똑똑하고 처함에 반드시 마땅하여 모두 이것을 따라서 당연의 법칙이 되니 여기에서 말하면 도(道)라고 이른다."[27]

위의 글에서 보면 왕부지는 음양과 오행의 변화에서 기화를 이해하고 있다. 이어 왕부지는 기화와 도의 관계를 성(性)과 이(理)와 관련하여 더욱 깊이 있게 분석하여 설명을 했다. 그는 기(氣)가 화(化)하여 사람이 태어나고 사람이 태어나 성(性)이 이루어진다고 했다.

"기(氣)가 화(化)하여 사람이 태어나고 사람이 태어나 성(性)이 이루어

生生不息, 是謂道, 在人物則凡生生所有事, 亦氣化之不可已, 是謂道."

27 王夫之,『張子正蒙注』권1상, "氣化者, 氣之化也. 陰陽具於太虛絪縕之中, 其一陰一陽, 或動或靜, 相與摩盪, 乘其時位, 以著其功能. 五行萬物之融結流止, 飛潛動植, 各自成其條理而不妄, 則物有物之道, 鬼神有鬼神之道, 而知之必明, 處之必當, 皆循此以爲當然之則, 於此言之, 則謂之道."

진다. 기화에 말미암은 후에 이(理)의 실(實)이 드러나니 도(道)의 이름이 인하여 있게 된다. …… 기화가 천지에 유행하는 것에 나아가 각각 당연한 것이 있으니 도라고 말한다. 기화가 인신(人身)에 이루어진 것에 나아가 진실로 당연한 것이 있으니 성(性)이라고 말한다."[28]

왕부지는 기화에 말미암은 후에 이(理)의 실(實)이 드러나니 도(道)의 이름이 그로 인하여 생기게 된다고 했다. 최한기가 기는 실리(實理)의 근본이라고 하고 기의 운화(運化)를 도로 이해한 것은 이러한 왕부지의 기화에 대한 인식과 궤를 같이한다고 할 수 있다.

그렇다면 최한기 이전의 조선 학자의 기화에 대한 인식은 어떠했는 가. 이익(李瀷, 1681~1763)과 홍대용(洪大容, 1731~1783)은 기화와 형화에 대해 설명하면서 형화가 이루어진 뒤에는 기화가 사라지는 것으로 이해했다.

"태고 시대에는 반드시 먼저 천지가 있고 그 뒤에 사람이 있게 되었을 것이다. 천지 사이에는 본래 사람이 생겨나는 이치가 있으므로, 맨 처음 아무것도 없었을 때는 기화로 생겨났다는 것이 그 이치로 보아 마땅히 그 러했을 것이지만, 사람이 이미 생겨난 후에는 형화로 연이어지게 되는데, 어찌 다시 기화로 형성되는 자가 있겠는가."[29]

---

28 王夫之, 『讀四書全說』 권10, 盡心上篇, "氣之化而人生焉, 人生而性成焉. 縣氣化而後理之實 著, 則道之名, 亦因以立 …… 就氣化之流行於天壤, 各有其當然者曰道, 就氣化之成於人身, 實有其當然者, 則曰性."
29 李瀷, 『星湖僿說』 권20, 經史門, 「氣化」, "太古之時, 必先有天地而後有人, 天地間, 元有人 生之理, 而其始無有, 則氣化而生, 其理宜然, 人旣生矣, 形化繼繼, 豈復有氣化成者?"

"바위 골짜기와 땅 속에 뚫린 굴은 기(氣)가 모여 바탕을 이룬 것이니 기화라 이르고, 남녀가 서로 느끼어 육체로 교접하여 태(胎)로 낳은 것은 형화라 이른다. 상고 시대에는 오로지 기화로 되었기 때문에 인물이 많지 않았으나 태어난 성품이 두텁고 정신과 지혜가 밝고 동정(動靜)도 점잖았다. 중고로 내려오면서부터 지기(地氣)가 비로소 쇠해지자 인물들이 점점 박잡하고 흐리게 되었다. 남녀가 서로 모이면 곧 정욕이 생기고 정신이 감동되어 아이를 배게 되었으니, 비로소 형화가 생긴 것이다. 형화가 있음으로부터 인물은 점점 늘어나고 지기는 더욱 줄어지며 기화가 끊어졌다."[30]

이익과 홍대용의 기화 인식은 형화가 있음으로부터 인물은 점점 늘어나고 지기는 더욱 줄어지며 기화가 끊어진다는 것이다. 이러한 기화 인식은 송대의 학자인 정자의 기화에 대한 견해를 받아들인 것으로 분명 최한기의 기화 인식과는 다르다. 최한기는 기에 대한 인식의 변화 단계에 대해 장자(莊子)에서 말한 기는 심기(心氣)의 텅 비어 있음이고 맹자(孟子)의 호연지기는 심기를 미루어 확산한 것이고 장재의 「정몽(正蒙)」에서 말한 기는 주역의 음양의 기에 인하여 학문을 부지하고 억누르는 설을 비유한 것이라고 했다.[31] 그는 심기가 텅 비어 있다거나 기를

30 洪大容, 『湛軒書』 內集 권4, 補遺, 「醫山問答」, "巖洞土窟, 氣聚成質, 謂之氣化, 男女相感, 形交胎産, 謂之形化. 邃古之時, 專於氣化, 人物不繁, 鍾禀深厚, 神智淸明, 動止純厖, 養生不資於物, 喜怒不萌於心, 呼吸吐納, 不飢不渴, 無營無欲, 遊戱于于, 鳥獸魚鼈, 咸遂其生, 草木金石, 各葆其體, 天無淫沴之灾, 地無崩渴之害, 此人物之本, 眞太和之世也. 降自中古, 地氣始衰, 人物生成, 轉就駁濁, 男女相聚, 乃生情欲, 感精結胎, 始有形化, 自有形化, 人物繁衍, 地氣益泄而氣化絶矣."

31 『承順事務』, 「論氣至於三變而承順著」, "或摘抉一角薄皮. 引接心氣之虛曠, 卽莊子論氣, 或以心氣推擴, 譬喩於充塞天地之氣, 未有踐履測驗之迹, 卽孟子浩然之氣, 或因周易陰陽之氣, 以喩學問扶抑之說, 卽張子正蒙所言氣也."

음양과 관련지어 이해하지 않았다. 최한기 이전의 장재·왕부지·대진 등의 기화에 대한 인식은 반드시 역과 태극, 음양, 오행이 운행하여 그치지 않는 것을 천지의 기화로 인식했고 이로 말미암아 형화로 인물이 생생하는 것으로 이해했다.[32] 그러나 최한기는 기화라는 용어를 쓰면서도 역과 태극, 음양, 오행설에서 완전히 벗어나 있었다. 그가 사용하는 기화는 기의 운화(運化)라는 의미의 기화이다. 그러면 이 운화 개념에 대해 그 연원부터 최한기가 이 개념을 기학의 핵심 개념으로 제창하기까지의 사상적 맥락을 검토해 보고자 한다.

2) 운화 개념의 연원

최한기는 1850년대의 저술인 『인정』과 『기학』, 『지구전요』 등에서 운화라는 용어를 거듭 사용하였다. 그런데 이 운화라는 용어도 기화와 마찬가지로 본래 역(易)의 태극(太極), 음양(陰陽)과 의서(醫書) 등에 자주 사용되던 용어였다.[33]

우선 의서에서는 "대개 비장(脾臟)은 음식을 운화한다."[34]라고 한 데서 알 수 있듯이 비장과 위장의 음식의 소화작용을 설명할 때 사용하고 있다.

"무릇 위(胃)는 양(陽)이니 기(氣)를 주관하고 받아들이는 것을 주관하

---

32 戴震, 『孟子字義疏證』 권중, 性, "陰陽五行之運而不已, 天地之氣化也, 人物之生生, 本乎是, 由其分而有之不齊."

33 中國基本古籍庫에 '運化'라는 용어를 검색하니 총 1,501건이 나온다.

34 朱橚, 『普濟方』 권22, 脾臟門, "蓋脾能運化飮食也."; 권25, 脾臟門, "夫脾爲倉廩之官, 胃爲 水穀之海, 二者氣盛, 則能運化穀食, 榮養血氣."

고 비(脾)는 음(陰)이니 혈(血)을 주관하고, 운화(運化)를 주관하여 한번 받아들이고 한번 운행하여 정기(精氣)를 화생하여 진액(津液)은 위로 올라가고 찌꺼기는 아래로 내려가 이에 병이 없어진다."[35]

위의 글에서 보면 운화라는 용어는 위장과 비장, 기와 혈을 음과 양과 관련지어 사용되고 있는 것을 알 수 있다.

그런데 이러한 의서에서의 운화 용어는 그 뒤 자연의 운동과 변화를 설명하거나 만물의 생장과 변화를 설명할 때 이따금 사용되었다. 곧 천지운화 · 태극운화 · 일기운화 · 음양운화 · 오행운화 등이 바로 그것이다. 특히 이 운화라는 용어는 송대에 정호(程顥)가 소옹(邵雍)의 묘지명을 쓰면서 "천지의 운화와 음양의 소장을 살피어 만물의 변화에 미치었다."고 한 이후 중국과 조선의 학자들은 더욱 널리 사용하여 왔다.

"천지운화가 유행하여 쉬지 않고 음양이 함께 합하여 만물이 자연히 화생하니 인위(人爲)를 기다리지 않고 유행하여 쉬지 않고 함께 합하여 화생하는 즈음에 즐거움 또한 자연스럽게 일어난다."[36]

"천지운화는 오직 생물로 마음을 삼는다."[37]

천지의 운행과 변화를 설명하는 말로 사용된 운화는 태극, 일기(一

35 盧守愼,『穌齋內集』下篇 庶幾錄丁, 治心養胃保腎之要, 右治心之要一, "夫胃陽, 主氣, 主納受, 脾陰, 主血, 主運化, 一納, 一運, 化生精氣, 津液上升, 精粕下降, 斯無病矣."
36 黃震『黃氏日鈔』권21,「讀禮記」, "天地運化, 流行而不息, 陰陽合同萬物, 自然而化生, 不待人爲而流而不息, 合同而化之際, 樂亦自然而興矣."
37 金安國,『慕齋集』권11, 序,「分門瘟疫易解方序」, "竊惟天地運化, 唯以生物爲心."

氣), 음양, 오행의 운행과 변화를 설명하는 말로도 사용되었다. 일기운화
라는 말에서 알 수 있듯이 운화는 일기의 운동과 변화를 설명하는 말이
라 할 수 있다. 그렇다면 일기운화를 기화라고 해도 크게 어긋나지는 않
을 것이다. 천지의 생물은 일기의 운화를 통해 생기는 것이다.

"이른바 태극(太極)의 운화라는 것은 원(元)으로부터 형(亨)으로 나아
간다."[38]

"천지생물을 보면 다만 일기운화(一氣運化)이다."[39]

"일기(一氣)로서 운화하는 것은 천지의 하나의 근원이고 일도(一道)로
서 가르침을 베푸는 것은 성현의 하나의 법칙이다."[40]

"음양운화는 천도의 자연이다."[41]

"천지의 사이에는 오행운화(五行運化)의 묘(妙)함보다 큰 것이 없다."[42]

한편 이이(李珥, 1536~1584)는 "일기운화(一氣運化)가 흩어져 만수(萬
殊)가 되니 나누어서 말하면 천지만상(天地萬象)이니 각각 일기(一氣)이

---

38 保八, 『周子通書訓義』, "所謂太極之運化者, 自元而亨也."
39 董迫, 『廣川畫跋』 권3, 「書徐熙畫牡丹圖」; 孫岳頒, 『佩文齋書畫譜』 권15, 「論畫」 5.
40 李珥, 『栗谷全書』 拾遺 권6, 雜著 3, 「四子立言不同疑」, "一氣而運化者, 天地之一原也, 一
道而設教者, 聖賢之一揆也."
41 萬表, 『皇明經濟文錄』 권17, 淞山水利, "陰陽運化, 天道之自然也."
42 金守溫, 『拭疣集』 권2, 記類, 「同知成均林公守謙所受諭書後記」, "天地之間, 莫大於五行運
化之妙, 收視返初, 則鏗鏗然如大雷之響."

고 합하여 말하면 천지만상이 동일한 기(氣)이다."라고 했다.[43]

지금까지 살펴본 바와 같이 최한기 이전의 운화 용어는 주로 신체의 비장의 활동과 역의 태극, 음양, 오행과 관련하여 사용되어 온 것을 알 수 있다. 최한기는 천지운화라는 표현은 사용해도 운화라는 용어를 태극·음양·오행이란 용어와 연결시켜 사용하지는 않았다.

3) 기화, 운화와 인사(人事)

그러면 기화와 인사의 관계에 대한 역대 학자들의 견해를 살펴보자. 주희(朱熹)는 천하는 한번 다스려지고 한번 어지러움이 있으니 기화의 성쇠와 인사의 득실이 반복되는 것이 일반적인 이치라고 생각하였다.[44] 원대의 김이상(金履祥, 1232~1303)은 무릇 기화가 성함이 있으면 반드시 쇠함이 있고 인사가 성함에 처하면 반드시 잃음이 있으니 이것이 한번 다스려짐에 한번 어지러워지는 까닭이라고 했다. 기화가 쇠해지면 반드시 다시 성해지고 인사를 잃으면 반드시 다시 변하는 것이니 한번 어지러워짐에 반드시 한번 다스려지는 까닭이라고 했다.[45] 그리고 허겸(許謙)은 기화가 성하고 인사가 얻어지면 천하가 다스려지고, 기화가 쇠하고 인사가 잃어지면 천하가 어지러워지는 것은 진실로 그러하다고 했다.[46]

---

43 『栗谷全書』 권14, 雜著 1, 「天道策」, "一氣運化, 散爲萬殊, 分而言之, 則天地萬象, 各一氣也, 合而言之, 則天地萬象, 同一氣也."

44 朱熹, 『四書章句集注』, 『孟子』 권제6, 「滕文章句」 下, "一治一亂, 氣化盛衰, 人事得失, 反覆相尋, 理之常也."

45 金履祥, 『論孟集注考證』, 『孟子集注考證』 권3; 『書經注』 제1, 虞書, "大抵氣化有盛, 則必有衰, 人事處盛, 則必有失, 此一治所以一亂也. 氣化衰, 則必復盛, 人事失, 則必復變, 此一亂所以一治也."

46 許謙, 『讀孟子叢說』 권하, 「滕文公」 下, "氣化盛人事得, 則天下治, 氣化衰人事失, 則天下亂, 固然矣."

한편 청대의 육농기(陸隴其, 1630~1693)는 기화와 인사는 원래 서로 떨어질 수 없는 것이라고 했다. 즉 기화는 인사와 밀집한 관련 속에서 논의되어야 한다고 보았다.

"대개 기화의 성쇠로서 인사에 관계하지 않는 것은 진실로 논할 필요도 없지만, 기화가 우선 성할 것 같으면 모름지기 인사가 받들어 감당을 하게 하고 기화가 바야흐로 성할 것 같으면 모름지기 인사로 부합을 하게 하고 기화가 아직 성하지 않을 것 같으면 모름지기 인사로 만회를 하게 한다. 또한 인사를 얻지 못했으면 기화로 열어 주고 인사를 바야흐로 얻었으면 기화로 합해 주고 인사를 이미 얻었으면 기화로 응해야 한다."[47]

황종희(黃宗羲, 1610~1695)는 자연의 운화와 인간의 강상(綱常)을 관련지어 설명하기도 하였다. 그는 대개 이(理)는 자연이 있어 본래 말을 하지 않아도 사시가 운행하고 만물이 생기며 하늘은 말을 기다리지 않고 자연의 운화가 있으니 크게는 삼강과 오상이 되고 작게는 자질구레한 일들이라고 했다.[48] 그의 이러한 견해는 최한기가 기화와 인도, 운화와 인도를 연계하여 설명하고 있는 것과 같은 사상적 맥락에서 이해할 수 있을 것이다.

최한기는 천도(天道)는 인사(人事) 때문에 변경되지 않고, 인사는 다

---

47 陸隴其, 『四書講義困勉錄』 권29, 『孟子』, 「滕文公」 下, "盖氣化之盛衰, 而不關人事者, 固不必論矣. 若夫氣化先盛, 則須人事承當之, 氣化方盛, 則須人事以符合之, 氣化未盛, 則須人事以挽回之, 卽使氣化無可承當, 無可符合, 亦未可挽回, 而亦必賴人事以爲之底柱. 又按氣化亦未嘗不重, 如人事未得, 則氣化有以開之, 人事方得, 則氣化有以合之, 人事旣得, 則氣化有以應之."
48 黃宗羲, 『宋元學案』 권86, 東發學案, "盖理有自然, 本不待言, 四時行百物生, 天不待言, 有自然之運化, 大之爲三綱五常, 微之爲薄物細故."

만 천도를 따르는 것으로 시종하는 것일 뿐이라고 했다.[49] 그는 기화는 천도의 일이고 인사의 큰 것인 정교는 인도의 일이라고 했다.[50] 그가 기화와 인도를 연계하여 그의 기학 속에서 논의할 수 있었던 것도 이 같은 전통적인 기화와 인시, 기화와 인도에 대한 이해 속에서 나온 것이라 할 수 있다.

4) 최한기의 기화와 운화 인식

최한기는 1830년대까지는 기화라는 전통적인 용어를 거의 사용하지 않다가 1850년대에 운화 개념의 제창과 함께 기화라는 개념을 자주 사용하기 시작했다. 그는 기화가 점점 열리면 인문도 점점 발전한다고 생각하였다. 그래서 그는 기화라는 개념을 통해 천하의 치란과 풍기의 차이와 인사의 득실과 인심의 추향, 인재의 흥성 등을 논할 수 있다고 생각했다. 또한 그는 자연과 인간의 성쇠와 소식을 기화의 자연스런 현상으로 설명할 수 있다고 보았다.[51]

그렇다면 최한기가 사용하는 기화는 기존 학자의 기화와 어떤 차이가 있는가. 최한기는 기(氣)의 운화(運化), 대기운화(大氣運化), 일기운화(一氣運化), 천기운화(天氣運化), 지기운화(地氣運化), 인기운화(人氣運化) 등을 간략하게 기화로 표현하기도 했다. 또한 하늘과 사람의 기화를 통괄하여 천인기화(天人氣化)라고 말하기도 했다. 그는 기화는 생(生)의 근본으로[52] 모든 생명이 똑같이 기화를 품부받았다고 보았다.[53]

---

49 『推測錄』 권6, 推物測事, 「以人事承天道」.
50 『承順事務』 人事務取準天事務, "大氣運化, 天道之行事成務, 政教運化, 人道之行事成務."
51 『人政』 권1, 測人門 1, 總論, 「察氣推達」.
52 『人政』 권4, 測人門 4, 行事, 「是非」, "氣化者, 生之本也."

그런데 최한기는 1850년대에 운화라는 개념을 제창했다. 그는 "지구와 달과 해와 별이 순환하는 이치와 차고 덥고 건조하고 습함이 생겨나는 이유와 생장과 쇠로에 승순하는 방향의 세 가지를 합하여 요점을 든 것이 곧 운화이다."라고 했다.[54] 그의 운화 개념은 지구 등의 순환하는 이치와 한열건습이 일어나는 이유와 인물의 생장쇠로의 변화에 대한 인식에서 탄생한 것이라는 것을 알 수 있다. 그는 도(道)는 운화(運化)의 유행(流行)이고[55] 기(氣)의 운화가 도이니, 천도(天道)란 하늘의 운화요, 인도(人道)란 사람의 운화요, 왕도(王道)란 왕의 운화라고 했다.[56]

최한기는 운화를 크게 4등(等)으로 분류하여 제시했다.[57] 그는 일신운화로부터 본말을 구명하여 교접운화로 원근에 통하고, 또 통민운화로 미루어 천하에 통하면, 이것은 곧 사람들을 포용하는 국량이 적은 데서부터 많은 데로 이르는 것이라고 했다.[58]

"사람의 일신운화(一身運化)는 자연히 때를 따라 바뀌는 데다가, 또 교접운화(交接運化)·통민운화(統民運化)·대기운화(大氣運化)가 있어 이 네 가지가 서로 어우러져 일이 형성되는 것이다. 일신에는 생장(生長)·쇠로

---

53 『氣學』 권1, "億兆民生, 同稟氣化."
54 『人政』 권9, 教人門 2, 「數運化平宇內」, "地月日星, 循環之理, 冷熱乾濕, 發作之由, 生長衰老, 承順之方, 參合而提要日運化."
55 『人政』 권13, 教人門 6, 「天道未盡測」.
56 『人政』 권25, 用人門 6, 「道之名得正」.
57 『明南樓隨錄』, "四海書籍, 咸聚一室, 積聞見累證驗, 四等運化, 神氣形質, 發前未發, 啓後當啓, 不知老之已隆, 惟日不足. 繼往固所略備, 開來自多無窮, 非我生前所訖, 惟有望於在後之宇內賢知." 四等運化는 大氣·統民·交接·身氣(一身)運化이다(『人政』 권24, 用人門 5, 「用人爲萬事之最」). 최한기는 신기는 하늘과 땅과 사람이 모두 한가지이나 형질은 하늘과 땅과 사람이 각각 다르다고 했다(『神氣通』 권1, 體通, 「四一神氣」).
58 『明南樓隨錄』, "神氣形質, 暢載書籍, 如長夜世界, 太陽昇天."

(衰老)가 있고, 교접에는 순역(順逆)·왕래(往來)가 있고, 통민에는 화합(和合)·이산(離散)이 있고, 대기에는 지월(地月)·일성(日星)의 일정한 법칙과 풍우(風雨)·한서(寒暑)의 만물을 빚어냄이 있다. 여기에는 다 질서가 있어 좌로 끌고 우로 밀며, 앞에서 딩기고 뒤에서 따르며, 가고 그치고, 변화하는 것이 그 만나는 바의 운화에 말미암지 않는 것이 없다."[59]

최한기는 일신운화는 수신(修身)의 요체가 되고, 교접운화는 제가(齊家)의 요체가 되며, 통민운화는 치국(治國)의 요체가 되고, 대기운화는 평천하(平天下)의 요체가 되어, 크고 작은 범위가 각기 해당되는 바가 있다고 했다.[60] 특히 그는 통민운화를 제기하여 세계 각국의 민중을 하나로 화합시키고 일통(一統)시키려고 했다. 그는 교접운화를 제기하여 각국의 민중이 인도로 서로 소통하고 접촉할 수 있다는 근거를 마련했고, 궁극적으로는 운화를 통해 일통의 세계를 이룰 수 있다고 전망했다.[61] 그는 대기운화와 통민운화의 조화 또는 양자의 완전일치를 통하여 국가와 사회, 나아가 세계 인류 전체의 이상적 생활질서와 무궁한 발전을 이룩해야 할 것을 중언부언하였다.[62]

그렇다면 좀 더 구체적으로 최한기는 어떤 계기로 1850년대에 이러한 운화 개념을 제창했을까. 그는 『지구전요(地球典要)』를 편집해 가는 과정에서 프랑스 선교사 브노아(Michael Benoist, 蔣友仁, 1715~1774)의

59 『人政』 권18, 選人門 5, 「誤知人選之」, "人之一身運化, 自有隨時遷移, 又有交接運化統民運化大氣運化, 四等迭推, 一身有生長衰老, 交接有順逆往來, 統民有和合離散, 大氣有地月日星之常度, 風雨寒暑之陶鑄, 皆有條序, 左牽右推, 前引後逐, 行止遷移, 莫不由所值之運化."
60 『人政』 권9, 敎人門 2, 「敷運化平宇內」.
61 『人政』 권10, 敎人門 3, 「人心義理」.
62 李佑成(2010), 166면.

『지구도설(地球圖說)』을 통해 지구의 자전과 공전을 확신한 뒤 운화를 기학의 새 이론으로 정립하였다. 이『지구도실』은 1767년에 중국 북경에서 간행되었고 동양에 지구의 자전과 공전을 소개한 최초의 책이다. 그는 지구가 자전과 공전을 한다는 사실에 확신을 갖지 못하던 1830년대까지는 그저 기에 대한 전통적인 인식을 계승하면서 '기의 유행(流行)' 또는 '기의 운행(運行)'이라고 표현하다가『지구도설』을 통하여 확고하게 지구의 자전과 공전을 이해하고부터는 기의 성(性)을 활동운화(活動運化)로 제시하였다. 활동운화의 활은 기의 생명성, 동은 기의 운동성, 운은 기의 순환성, 화는 기의 변화성을 의미한다고 이해할 수 있다.[63]

최한기의 기학에서는 무극(無極)과 태극(太極)이 사라졌고 이(理)를 무형(無形)이라고 보거나 허(虛)라고 인식했던 것은 철저히 비판되었다. 이제 그의 기학에서는 우주에 무성(無聲)과 무취(無臭)는 없어졌고 존재하는 모든 것은 형질(形質)이 있다는 것이다. 그는 기를 버리고 이를 궁구하면 허리(虛理)가 되고, 기를 인하여 이를 궁구하면 실리(實理)가 된다고 했다. 실리를 궁구하여 터득하고 밖에서 증험하여 자기의 신기(神氣)의 운화를 인식한다면, 이른바 허리도 모두 실리로 돌아가서 다시 허(虛)란 글자는 논할 것이 없게 된다는 것이다.[64]

사실 최한기는 이미 1830년대에 간지(干支)로 화복을 설명해 왔던 것은 허망하다고 했다. 그는 육십갑자(六十甲子)는 본래 해와 달의 왕래의 원근을 알기 위해 이름을 붙여 놓은 것이니, 해를 기록하는 작년·금년·명년의 따위이고, 계절을 기록하는 춘하추동의 따위이며, 날의 조만(早晩)을 기록한 새벽·아침·저녁·밤의 따위와 같은 것일 뿐이라고

---

63 權五榮(1999), 110면 참조.
64 『人政』 권12, 教人門 5, 「理氣學」.

했다. 그는 후세의 술가(術家)들이 간지를 가지고 오행생극(五行生克)에 배정하여, 사람의 운명을 논하여 귀천을 판단하고 시일을 가려 길흉을 점치니, 이는 전혀 신빙할 만한 근거가 없다고 했다.[65] 그는 19세기 중반에 태극·음양·오행·간지 등으로 자연과 사회, 인간을 설명해 오던 오랜 유학적 세계관을 극복하고 기화와 운화, 인도를 중시하는 기학의 세계관을 열었다.

3. 세계인식의 방법론과 범주

19세기 중반에 최한기는 세계 각국의 인물과 소통하고 화합하는 학문적 방법으로 신기(神氣)와 추측(推測), 기화(氣化)와 운화(運化), 승순(承順)과 사무(事務) 등의 주요 개념을 제창하고 활용하였다. 그는 기(氣)는 실리(實理)의 근본이요 추측(推測)은 지식을 확충하는 요법(要法)이므로 이 기에 연유하지 아니하면 궁구하는 것이 모두 허망(虛妄)하고 괴탄(怪誕)한 이치이고, 추측에 말미암지 아니하면 안다는 것이 모두 근거가 없고 증험할 수 없는 말일 뿐이라고 했다.[66]

최한기는 옛날의 이른바 심체(心體)라는 것이 곧 신기라고 했다.[67] 그는 신기가 통하는 것을 따라 미루어 넓히면 천하도 통달할 수 있고 통하는 것을 따라 거두어들이면 가슴속에도 간직할 수 있다고 했다.[68] 그는 신기는 지각의 근기(根基)요 지각은 신기의 경험이니, 신기를 지각이라

---

65 『推測錄』 권6, 推物測事, 「干支禍福虛妄」.
66 『氣測體義』, 氣測體義序.
67 『人政』 권9, 敎人門 2, 「善惡虛實生於交接」.
68 『神氣通』 권1, 體通, 「自形質通神氣」.

고 이를 수 없고 또 지각을 신기라고 이를 수도 없다고 했다. 그는 경험이 없으면 한갓 신기만 있을 따름이니 경험이 있어야만 신기가 지각을 갖게 된다고 보았다. 따라서 경험이 적은 사람은 지각도 역시 적고 경험이 많은 사람은 지각도 역시 많다고 했다.[69]

최한기는 처음에는 나의 신기를 근거로 남의 신기를 통하고, 이 물건을 가지고서 저 물건을 통하다가, 마침내 저 물건을 가지고 먼 데 있는 물건까지 통하고, 형체가 있는 것을 가지고 형체가 없는 것을 통하는 것이니, 평생 동안 탐구하여 찾는 것이 기(氣)와 물(物) 두 가지에서 떠나지 않을 뿐이라고 했다.[70] 그래서 그는 기의 체(體)를 논한 『신기통』을 저술하여 체통(體通) · 이통(耳通) · 목통(目通) · 구통(口通) · 비통(鼻通) · 족통(足通) · 수통(手通) · 생통(生通) 등을 제시하고 아울러 변통(變通)과 주통(周通)을 거론하였다.

최한기는 1830년대에 천하에 통해야 할 일은 비록 그 꼬투리는 많지만 그 근본을 말하면, 나의 신기가 상대의 신기에 통하고 상대의 신기가 나의 신기에 이르는 것이라고 했다. 그 일의 예로 윤강(倫綱)과 인(仁) · 의(義)와 예(禮) · 악(樂) · 형(刑) · 정(政)과 경사(經史)와 기술(記述)과 사(士) · 농(農) · 공(工) · 상(商)과 재용(財用)과 산수(算數)와 역상(曆象)과 기명(器皿) 등을 들었다.[71]

최한기는 세계 각국의 인물은 신기가 서로 통한다고 하면서[72] 무릇 천하 모든 인물의 신기를 통하면 나의 신기는 참여하여 증험하는 힘이 완전하게 갖추어지니 천하의 신기를 통합(統合)하여 회통(會通)하고 천

69 『神氣通』 권1, 體通, 「經驗乃知覺」.
70 『神氣通』 권1, 體通, 「通有源委」.
71 『神氣通』 권1, 體通, 「十七條可通」.
72 『氣學』 권2, "四海人物, 神氣相通."

하에 교화를 세울 수 있다고 했다. 그러나 한 나라 인물의 신기만을 통하면, 보고 듣는 것이 다만 한쪽 좁은 지방의 관습과 풍속에만 얽매여 이웃 나라의 특수한 처지를 알지 못하므로 내게 있는 신기가 완전히 갖추어지지 못하고, 인물의 신기를 논하는 데도 편벽되고 가려짐을 면하지 못한다고 보았다.[73]

한편 신기 개념의 새로운 제창과 함께 최한기는 종래의 이학(理學)의 학문방법인 궁리(窮理) 대신에 기학의 독특한 학문방법론으로 지식을 확충해 나가는 요령이라 할 수 있는 추측(推測)이라는 개념을 새롭게 제시하였다. 이제 기존 이학에서의 궁리 자리에 기학의 추측이 들어선 것이다.

최한기는 기의 용(用)을 논한 『추측록(推測錄)』에서 우선 추측의 강령(綱領)을 제시한 뒤 이어 추측의 방법을 크게 다섯 가지로 나누어 ① 기(氣)를 미루어 이(理)를 헤아리고〔推氣測理〕 ② 정(情)을 미루어 성(性)을 헤아리고〔推情測性〕 ③ 동(動)을 미루어 정(靜)을 헤아리고〔推動測靜〕 ④ 자기를 미루어 남을 헤아리고〔推己測人〕 ⑤ 물(物)을 미루어 일을 헤아리는 것〔推物測事〕을 제시하였다.

최한기는 추측으로 세계 각국의 토의(土宜)와 물산, 정교와 풍속을 이해해야 한다고 보았다. 그는 집과 나라와 천하는 가까운 것을 미루어 먼 것을 헤아려야 한다고 하면서[74] 세계 각국의 토의와 물산은 대동소이하고 정교와 풍속은 관습에 따라 다름이 있다고 보았다.[75] 그는 집을 미루어 나라를 헤아리고 나라를 미루어 천하를 헤아리고 지금을 미루어 옛

---

73 『神氣通』 권1, 體通, 「通有大小遠近」.

74 『推測錄』 권6, 推物測事, 「推測有方」.

75 『神氣通』 권1, 體通, 「天地通難易」, "推之於天下海陸諸邦, 土宜物産, 大同而小異, 法敎風俗, 隨習而有異."

날을 헤아리는 것을 일러 대동(大同)이라 했다.[76]

그런데 동아시아의 전통직인 친하관과 세계인식은 천원지방과 직방(職方)세계 중심의 인식이라고 할 수 있다. 특히 직방은 주(周)대에 천하지도와 사방에서 들어오는 조공을 관리하던 관작으로, 직방세계란 중국 및 그와 조공 관계에 있던 세계를 합해서 말하는 것이다. 그러나 명말 서양 선교사를 통해 전해진 서양식 세계지도와 지리서는 직방세계를 중심으로 천하를 생각하던 조선의 지식인들에게 큰 충격을 주었고 점차 그 영향력을 확대해 나갔다.[77]

18세기 조선에서도 진보적 학자들에 의해 지지(地志)와 세계지도에 대한 이해가 깊어지면서 세계에 대한 인식이 확대되어 가고 있었다.[78] 1793년에 의주 부윤 이의직(李義直)은 서양 문물을 소개하면서 천구전도(天球全圖)와 지구전도(地球全圖)를 거론했다. 천구전도는 하늘을 쪽빛으로 만들고 금과 은으로 별을 만들었으며 안에 은사(銀絲)로 하늘 각 곳의 도수를 구별하였고, 지구전도는 천하만국과 4대주의 산·하천·바다·섬들을 둥근 지구 표면에다 그렸고 또 바다의 뱃길과 서양의 배를 그려 넣었다는 것이다.[79] 이제 지구가 원형이라는 것이 밝혀지면서 지구의 어느 곳이든 중심이 아닌 곳이 없게 되었고 이른바 동서남북의 구분도 사람이 거주하는 곳에 나아가 이름이 정해지는 것일 뿐이어서[80] 중국

---

76 『推測錄』 권1, 推測提綱, 「所習各異」, "推測由於見聞, 而一人之見聞, 難得遍天下歷千古, 則推家而測國, 推國而測天下, 推今而測古, 是謂大同."

77 김문식(2009), 67~68면.

78 『星湖全集』 권55, 題跋, 「跋職方外紀」, "又按萬國全圖, 自中國西藩, 距歐羅巴最東, 不過六十餘度, 則是萬五千里之程, 而謂之八萬里風濤者, 從各國起程, 一年始聚于西邊一國, 遂北過夏至線, 復南過冬至線, 見南極高三十餘度, 復逆轉以東, 達於中國. 故若是之迤遠也, 其事極異, 故並錄之."

79 『正祖實錄』, 정조 17년 10월 26일(병술).

80 魏源, 『海國圖志』 권75, 國地總論 中, 「艾儒略五大洲總圖略度解」.

중심의 화이관은 점차 극복되어 나갔다.

최한기는 1830년대에 이미 지구와 세계지도와 각국의 풍기(風氣)와 정교(政敎)에 관심을 두기 시작했다.[81] 그는 1834년(순조 34) 서울 남촌 창동(倉洞)에서 청나라 장정부(莊廷尃, 1728~1800)[82]의 「만국경위지구도(萬國經緯地球圖)」(「지구전후도」) 제작을 김정호(金正浩)에게 의뢰하였다.[83] 1834년 제작된 「지구전후도」는 이전 시기 선교사들이 제작했던 서구식 세계지도에 비해 진일보한 것이었다. 특히 「지구전후도」는 목판본으로 제작되어 민간에 널리 유포되면서 세계인식의 변화에 영향을 주기도 했다.[84]

장정부가 만든 지도(地圖)는 조선 지식인들이 세계 지리에 대한 이해를 넓히는 데 크게 기여하였다. 정약용(丁若鏞)은 장정부가 만든 지도를 보고 "영길리(暎咭唎, 영국)는 조그마한 섬으로 극서(極西)의 에스파니아(以西把尼亞) 해중에 있다."는 사실을 알았다.[85] 이규경은 최한기와 김정호가 장정부의 「만국경위지구도」를 제작한 사실을 소개하고 있고[86] 직접

---

81 『增補 明南樓叢書』 5, 惠岡雜蘽, 「地球圖說」.

82 莊廷尃는 武進 사람으로 字는 安調, 號는 恰甫이다. 『皇朝統屬職貢萬國經緯地球圖說』, 『海洋外國圖編』을 지었다. 中國基本古籍庫에 편입되어 있는 魏源의 『海國圖志』와 何秋濤의 『朔方備乘』에는 莊廷尃로 되어 있고, 『五洲衍文長箋散稿』 등에는 모두 표기가 莊廷尃으로 되어 있다. 『四部總錄天文編』 제2책(丁福保・周云靑 編, 文物出版社, 1984) 56면에 "莊廷尃 萬國經緯地球圖式 一卷 存"이라 했고, 86면에 "萬國經緯地球圖式 淸 莊廷尃 撰"이라 하여 이름이 '莊廷尃'로 되어 있다.

83 『五洲衍文長箋散稿』, 天地篇, 地理類, 地理總說, 「萬國經緯地球圖辨證說」, "地球之爲圖者甚多, 而我東無刻本, 每從燕京出來, 故藏弆亦鮮矣. 近者(純廟甲午) 崔上舍漢綺家, 始爲重刊中原莊廷尃搨本, 俾行于世, 圖說則未克鋟焉. 予從他得其說, 恐其遺佚, 鈔辨之(崔上舍家住京師南村倉洞, 甲午以棗木板模刻晉陵莊廷尃地球搨本, 而金正皥剞劂焉)."

84 오상학(2011), 387~388면.

85 丁若鏞, 『與猶堂全書』 제1집, 詩文集 제22권, 文集, 雜評, 「柳冷齋得恭筆記評」, "近見淸人莊廷尃地圖, 暎咭唎小島也, 在極西以西把尼亞海中."

86 『五洲衍文長箋散稿』, 天地篇, 地理類, 地理總說, 「萬國經緯地球圖辨證說」.

282

장정부의 지구도를 보고 "일찍이 불랑서(佛郎西, 프랑스) 해군이 대랑산(大浪山, 희망봉)에서 널리 바라보니 육지가 보이므로 찾아가 보니 오직 아득히 펼쳐진 벌판뿐이었다. 밤이 되자 하늘에는 성화(星火)가 가득하였고 대낮에는 사람이라고는 없고 단지 한 곳에 앵무새만 보이므로 이곳을 앵무지(鸚鵡地)라 이름 붙였다 한다."라는 구절을 인용하고 있다.[87]

당시 김정호 등 조선 지식인들이 아직 완전히 중화적 세계인식에서 탈피하지는 못했다고 할지라도 유럽·아프리카·오세아니아 대륙까지 표현하여 지리적 외연을 넓혀 가고 있었다.[88] 이같이 정약용·김정호·이규경 등 조선의 학자들은 장정부의 「만국경위지구도」 등을 통해 점차 세계에 대한 인식의 지평을 넓혀 가고 있었다.

19세기 중엽 최한기의 집에는 청에서 새로 간행된 기서(奇書)인 위원(魏源)의 『해국도지(海國圖志)』 수십 책, 서계여(徐啓畬)의 『영환지략(瀛環志略)』 10여 책, 완원(阮元)의 『완씨전서(阮氏全書, 일명 文選樓叢書)』 100책, 전희조(錢熙祚)의 『수산각총서(守山閣叢書)』 120책, 주징(朱澂)의 『휘각서목(彙刻書目)』 10책 등이 소장되어 있었다.[89] 최한기는 특히 『해국도지』와 『영환지략』을 통해 지구의 5대주에 대한 인식을 명확하게 하고 있었다. 그는 지구에 대한 정확한 이해는 곧 천지의 바른 모습을 밝히고 천고의 어두운 긴 밤을 밝게 하였다고 하였다. 그는 카노(Juan Sebastian del Cano, 1460?~1526)가 지구를 일주한 사실을 '천지의 개벽'이라고 말하고[90] 지구의 일주를 통하여 천고의 의혹을 깨뜨리고 만사의

---

87 『五洲衍文長箋散稿』, 經史篇, 釋典類, 西學, 「斥邪教辨證說」.

88 오상학(2011), 371~372면 참조.

89 『五洲衍文長箋散稿』, 經史篇, 經史雜類, 典籍雜說, 「中原新出奇書辨證說」.

90 『神氣通』권1, 體通, 「天下教法就天人而質正」, "盖天下之周通, 粤在大明弘治年間, 歐羅巴西海隅布路亞國人嘉奴, 始圜地球, 是乃天地之開闢也."

방향을 열었다고 하였다.[91]

　"훌륭하도다! 지구에 대한 설이여. 천지의 정체(正體)를 밝혔고, 천 년의 몽매를 일깨웠다. 역술가(曆術家)가 천체(天體)는 왼쪽으로 돈다고 한 것은 역산(曆算)의 간편을 위해 그랬을 뿐이니, 학자는 반드시 지구가 오른쪽으로 돈다는 것을 알아야 천체 운행의 연관성을 알게 된다. 지구는 둥근데 그것을 싸고 있는 대기가 해의 빛을 받아 구슬처럼 광채를 내니, 이것을 지구라고 한다. 만력(萬曆, 명 神宗의 연호) 연간에 서양 사람이 처음 지구도를 헌상하였는데 지면을 오대주(五大洲)로 나누었다. 화하대계(華夏大界)라 한 것은 즉 아세아(亞細亞)이고 남쪽으로는 여송(呂宋)·아제(亞齊)·갈라파(曷喇巴), 북쪽으로는 신증백랍도(新增白臘島)·빙해(氷海), 동쪽으로는 일본도(日本島), 서쪽으로는 다뉴브[大乃河]·흑해(黑海)·서홍해(西紅海)·소서양(小西洋)에 이른다. 대서양(大西洋)이라 한 것은 즉 구라파(歐羅巴)이고 남쪽으로는 지중해(地中海), 북쪽으로는 백해(白海), 동쪽으로는 흑해(黑海), 서쪽으로는 대서양의 각 섬에 이른다. 서남양(西南洋)이라 한 것은 즉 이미아(利未亞, 아프리카)이고 남쪽으로 대랑산(大浪山), 북쪽으로는 지중해(地中海), 동쪽으로는 홍해(紅海)의 성로능좌도(聖老楞佐島, 마다가스카르), 서쪽으로는 성다묵도(聖多默島)에 이른다. 외대서양(外大西洋)이라 한 것은 즉 아묵리가(亞墨利加, 아메리카)인데, 지형이 길쭉하면서 허리 부분이 가늘므로 남아묵(南亞墨, 남아메리카)·북아묵(北亞墨, 북아메리카) 2주(洲)로 나누었다."[92]

91　『氣學』권2, "推測之驗, 運化之方, 今明于古, 球面周通以來, 罷千古之疑惑, 開萬事之方向, 恨古人之未及聞, 幸今人之皆得見."

92　『推測錄』권2, 推氣測理, 「地球右旋」, "至哉! 地球之論, 明天地之正體, 晳千古之長夜, 歷家雖謂天體左旋, 特爲入算之簡便, 學者須知地球右旋, 乃見幹運之連綴, 地體圓而所包蒙氣,

284

그러나 당시 조선 학자들의 지구에 대한 이해는 서양과 동양을 음계 (陰界)와 양계(陽界)로 이해하는 등 정확하게 인식을 하지 못하였다. 이 항로(李恒老, 1792~1868)는 당시 돌아다니는 지구도(地球圖)를 보고 말하기를 양인(洋人)이 손으로 그린 것이라 하면서 양계와 음계의 큰 구분이 이미 정해져 있고 풍기(風氣)가 판이하게 상반된다고 했다. 그러므로 양계의 인물이 어찌 음계에 왕래하여 눈으로 그 산천과 물산을 이같이 자세하게 볼 수 있겠느냐고 했다.[93] 이같이 그는 지구도를 양계와 음계로 나누어 보았고 만약 양계의 인물이 음계에 이를 수 있고 살 수 있다면 크게 이치에 해가 된다고 했다.[94] 이항로의 제자 김평묵(金平默, 1819~1891)도 지구도의 핵심은 화리(貨利)에 있고 선천도(先天圖)와 태극도(太極圖)의 핵심은 떳떳한 윤리에 있다고 했다.[95]

최한기는 이항로와 같은 시대를 살았지만 세계인식을 달리했다. 그는 세계 각국의 풍토와 물산, 정치와 법제 등을 비교하여 수용하자면 이론적 범주와 기준이 필요하다고 생각했다.[96] 최한기는 동양과 서양의 문명을 기화(氣化)를 통하여 절충을 하면 우내(宇內)의 학도가 동문생이 된다고 했다.[97] 그는 이 세상의 사물을 경험하여 기화를 알게 되면 이것은 치우침이 없는 기화가 될 것이요, 각국의 민생을 추측하여 인도를

受日光而生耀如珠, 故謂之地球. 萬歷時, 西人始進地球圖, 蓋以地面, 分爲五大洲, 曰華夏大界, 卽亞細亞, 南至呂宋亞齊噶喇巴, 北至新增白臘氷海, 東至日本島, 西至大乃河黑海西紅海小西洋. 曰大西洋, 卽歐羅巴, 南至地中海, 北至白海, 東至黑海, 西至大西洋海各島. 曰西南洋, 卽利未亞, 南至大浪山, 北至地中海, 東至西紅海聖老楞佐島, 西至聖多默島. 曰外大西洋, 卽亞墨利加, 地形長而腰纖. 故分爲南亞墨北亞墨二洲."

93 李恒老, 『華西文集』, 附錄 권9, 年譜, 乙丑 先生七十四歲. 題地球圖後.
94 『華西文集』 권25, 雜著, 「地球圖辨」.
95 金平默, 『重菴文集』 권36, 雜著, 「大谷問答」丙寅八月.
96 『神氣通』 권1, 體通, 「通天下爲一體」.
97 『人政』 권12, 敎人門 5, 「立本有偏黨」, "中國西法, 通氣化而折衷, 宇內學徒, 爲同門生."

수립하면 이것은 사사로운 일신의 인도가 아니게 된다고 했다. 고금 천하의 사람은 누구나 인도를 갖추지 않거나 운화를 말미암지 않은 사람이 없으니, 비록 몰라서 행하지 아니하는 사람이 있더라도 누가 감히 기화가 근기(根基)가 아니고 인도가 표준이 아니라고 말할 수 있겠는가 라고 했다.[98]

최한기는 1850년대 후반에 예로부터 지구를 논한 책이 대부분 각국의 강역(疆域)·풍토(風土)·물산(物産)·인민(人民)·정속(政俗)·연혁(沿革)의 따위를 설명하는데 지구 전체의 운화는 오직 브노아가 편찬한 『지구도설』에 대략 밝혀져 있다고 했다.[99] 그는 이미 1836년에 지지와 지도 제작의 필요성을 잘 인식하였다.

"천하의 경륜(經綸)은 모두 지지도(地志圖)에 있으니, 전체 국면을 상고하고 형세를 살펴서 착수하는 완급을 정하며, 이웃 나라를 관찰하고 우열을 비교하여 적절한 조처의 취사(取捨)를 결정한다."[100]

최한기는 지지(地志)라는 것은 풍토와 물산 및 고금의 사실을 기록한 것이고, 지도라는 것은 군국(郡國)의 경계와 크고 작은 면적을 본떠서 그린 것이라고 했다. 그는 지도와 지지를 버리고서는 지리를 알 수 없다

---

98 『人政』 권8, 教人門 1,「根基標準」.

99 『人政』 권8, 教人門 1,「根基標準」,“天下萬事, 皆本於定根基立標準, 不見氣化, 將何以定根基, 捨此人道, 又何以立標準? 經驗宇宙事物, 而見得氣化, 則非偏隅適然之氣化, 推測天下生靈, 而樹立人道, 則非一身自私之人道……古今天下之人, 無一人不具人道, 不由運化, 則縱或不知而不行, 孰敢曰氣化非根基, 人道非標準乎? 無論男女老少, 皆知氣化人道之外, 更無實據之根基標準, 不惟進就有康莊之踐履, 抑亦道學有一統之和平, 萬事萬物, 皆循運化而成就, 一動一靜, 儘向人道而修學.”

100 『推測錄』 권6, 推物測事,「地志學」,“天下經綸, 盡在地志圖. 案全局而察形勢, 以定着手之緩急, 觀隣國而較優劣, 以定時措之取捨.”

고 보았다. 그는 서방 사람들로 하여금 동방의 지도와 지지를 읽게 하면 서방의 사업이 더욱 밝게 창달할 것이고, 북방 사람들로 하여금 남방의 지도와 지지를 관찰하게 하면 북방의 경륜이 더욱 상세할 것이니, 인간 의 사업은 대동(大同)하기 때문에 남에게 취하는 것은 원근의 한계가 없 다고 했다. 그는 만일 각국의 총명하고 뜻있는 사람이 각각 그 나라의 지도와 지지를 밝히되 허망한 것은 제거하고 실적만을 보존하였다가 후 일에 종합하여 대성하기를 기다리면, 아름다운 혜택을 후세에 베풀 수 있다고 했다.[101] 그는 『지구도설』과 『해국도지』, 『영환지략』을 깊이 연 구하여 기화를 기준으로 세계 각국의 풍토(風土)의 이동(異同)과 역대의 치란과 인물의 성쇠를 살피고 실용적 내용만 취하여 『지구전요(地球典 要)』를 편집했다.[102]

최한기는 천하의 형세를 알더라도 기화를 알지 못하면 치평(治平)을 논할 수 없다고 했다.[103] 그는 나라의 원근과 사람의 존비를 막론하고 그 저술한 서적을 취하는 것은 다만 내 마음으로 좋아하기 때문만이 아 니라, 실로 천하의 현지(賢知)가 함께 좋아하고 천지 기화의 범위가 같 은 것을 취해서라고 했다.[104] 그는 기화에 대한 이해를 통해 귀신화복 (鬼神禍福)의 설이 기화의 창고에서 녹아 버리고 허망하고 괴이한 설이 진실의 광산에서 사라지기를 바랐다.[105]

최한기는 『지구전요』를 읽는 자가 기화를 알고 인도를 세우고 인도

---

101 『推測錄』 권6, 推物測事, 「地志學」.
102 『人政』 권8, 敎人門 1, 地體.
103 『承順事務』, 「治平爲承順效驗」, "雖知天下形勢, 不知氣化, 則不可以論治平, 雖知氣化, 而 不知承順之方, 又不可以論治平."
104 『明南樓隨錄』, "無論國之遠近人之尊卑, 擇取其所著籍, 非獨主乎我心所好, 實有取乎宇內 賢知所共悅樂, 天地氣化所同範圍."
105 『地球典要』, 「地球典要序」, "鬼神禍福, 鑠於氣化之府, 靈怪虛異, 熄于眞實之鑛."

를 행하면 인도가 정해져 세계 각국에 두루 미칠 수 있을 것이라고 했다.[106] 그는 마땅히 세계 각국의 인물이 지구상의 사무(事務)를 조목별로 분류하고 선별하여 연구하고 익혀 수용을 함에 있어 인도의 떳떳함을 명료하게 말하고 정교의 변화를 이루어야 지구상의 인생 도리를 잘 인식할 수 있다고 했다.[107]

최한기는 사람과 물이 지구의 기화를 타고서 일어나고 없어지고 태어나고 사라진다고 했고[108] 사람이 지구의 표면에 공생하면서 기화를 타고 평생을 보내는 것은 고금이 차이가 없다고 했다.[109] 그는 이 인민을 깨닫게 하게 이 세상을 각성하게 하고자 하는 자는 오직 지구운화에 철저히 발명을 해야 한다고 했다.[110]

최한기는 지구운화는 여러 별의 조응에 의해 이루어지고 인생의 도리는 지구의 운화에 말미암아 생긴다고 했다.[111] 그는 『지구전요』에서 세계 각국의 다양한 모습을 기화를 공통 기준으로 삼아 네 가지 분류로 설정하여 선별 수록했다.

첫째, 기화의 생성 부문은 강역(疆域)·산수(山水)·풍기(風氣)·인민(人民)·물산(物産)이다. 인민의 범위에는 호구(戶口)·용모(容貌)가 포함된다.

둘째, 기화에 순응하는 여러 기구 부문은 의식(衣食)·궁성(宮城)·문자(文

---

106 『地球典要』, 「地球典要序」, "讀之者, 見氣化而立人道行人道, 則人道定而可偏達于球面."
107 『地球典要』, 「地球典要序」, "當於宇內人物, 關涉地球之事務, 條別勸懲, 研習須用, 明言人道之經常, 樹立政教之化行, 足可謂認地球之人生道理也."
108 『地球典要』, 「地球典要序」, "人與物, 乘地之氣化, 而起滅生息."
109 『地球典要』, 「地球典要序」, "夫人共生於地球之面, 資旋轉而乘氣化, 以度平生."
110 『地球典要』, 「地球典要序」, "欲覺斯民悟斯世者, 惟於地球運化, 到底發明."
111 『地球典要』, 「地球典要序」, "地球運化, 由諸曜之照應而成, 人生道理, 由地球之運化而生."

字)·역(曆)·농(農)·상(商)·공(工)·기용(器用)이다. 궁성에는 도
(都), 농에는 업(業), 상에는 시부(市埠)·기호(旗號), 기용에는 전
(錢)·포(礮)·선(船)·재(財)·전부(田賦)가 포함된다.

셋째, 기화를 인도하는 통법 부문은 정(政)·교(敎)·학(學)·예(禮)·형금
(刑禁)·속상(俗尙)·사빙(使聘)이다. 정(政)에는 왕(王)·관(官)·용
인(用人), 예에는 악(樂)·의(義), 형금에는 법(法)·병(兵), 속상에는
외도(外道)·귀신(鬼神), 사빙에는 정도(程途)가 포함된다.

넷째, 기화의 경력 부문은 각부(各部)·연혁(沿革)이다. 각부에는 도(島)가
포함된다.

최한기는 기화의 생성은 지식과 기교로써 더하거나 감할 수 없고 망
령된 생각으로 변개할 수 없다고 했다. 그는 기화로 생성하는 것의 세목
으로 우선 강역을 들고 이어 산수와 풍기, 그리고 인민과 물산을 들었
다. 이제 그는 일국의 강역이 아니라 세계 각국의 강역과 그 안에서 일
어나는 자연과 인민, 물산에 대해, 인식의 지평을 크게 넓혀 나갔다.[112]

최한기는 기화의 여러 도구는 기화를 어기면 마땅함을 잃고 기화에
합하면 마땅함을 얻게 된다고 했다. 그는 세계 각국 인민의 의식과 궁성
과 도시, 그리고 그들이 사용하는 문자와 달력, 그리고 그들의 직업인
농업과 상업, 공업을 비롯하여 화폐·대포·선박·재용·전부(田賦) 등
기용(器用)을 두루 다루었다.

최한기는 기화의 통법(通法)은 기화에 어두우면 선하지 않고 기화에
통달하면 선을 얻게 된다고 했다. 그는 국왕, 관료, 용인을 포함하는 정
치와 교육, 학문, 예악과 의리, 형법과 국방, 외도(外道)와 귀신을 포함한

---

112 『人政』 권20, 用人門 1, 「氣數用人」.

다양한 각국의 풍속과 사빙(使聘)과 거리를 거론했다.

최한기는 기화의 경력은 기화를 보면 떳떳함이 저절로 드러나고 기화를 보지 못하면 다만 괴탄함을 숭상하게 된다고 했다. 그는 기화의 경력에서는 세계 각국의 각 지역과 섬과 연혁(沿革)을 거론하였다. 그는 풍토가 다르면 습속도 역시 다르므로 천하의 각 나라 법이 대체는 같으나 조금씩은 달라서 다 알 수 없는 것과 같다고 했다.[113]

그런데 당시의 이학(理學)의 대가인 이항로는 중국의 도(道)가 망하면 이적(夷狄)과 금수(禽獸)가 이르니 북로(北虜) 즉 청은 이적이지만 오히려 말할 수 있으나 서양은 금수이니 말할 수 없다고 했다.[114] 그러나 최한기는 세계 각국이 조금 다른 것은 습속이 되고 크게 같은 것은 윤강(倫綱)과 정교(政教)라고 했다. 그는 각국의 자질구레한 습속이 윤강과 정교에 화융하여 천하 대동(大同)의 풍속으로 돌아가기를 바랐다.[115]

한편 최한기는 『지구전요』와 내외전(內外詮)의 관계에 있는 명저인 『우주책(宇宙策)』12권을 저술하여 우내(宇內)의 승평(昇平)을 갈망했다. 그는 1860년대에 수천 년 동안 이루어진 동서의 수많은 책을 서재에 쌓아놓고 『우주책』을 쓰면서 지칠 줄 모르는 저술활동과 우내의 현지(賢知)가 자신의 학문 사업을 계승해 주기를 바랐다.

"수천 년 동안 생긴 천하의 서적을 모두 한 집에 모아 견문을 쌓고 증험을 쌓아, 사등(四等)의 운화(運化)와 신기(神氣)·형질(形質)에 대하여

---

113 『推測錄』 권2, 推氣測理, 「理非多端」.

114 『華西文集』, 附錄 권2, 語錄, 金平默錄 2, "中國之道亡, 則夷狄禽獸至, 北虜夷狄也, 猶可言也, 西洋禽獸也, 不可言也."

115 『氣學』 권1, "宇宙萬國, 小異者, 風土物産, 大同者, 神氣運化, 散處人民, 因其小異者, 以爲細行習俗, 承其大同者, 以爲倫綱政教, …… 風土物産, 因其發育, 知其地之氣化, 又有得於人氣運化, 則細行習俗, 總和瀜於倫綱政教."

전에 드러나지 않았던 것을 드러내고 후인이 계발해야 할 것을 계발하기 위하여, 세월 가는 줄도 모르고 오직 부지런히 해 왔을 뿐이다. 지나간 성인을 계승하는 것은 대략 갖추었으나, 미래의 학자를 개도(開導)하는 것은 자연 한계가 없어 내 생전에 끝날 일이 아니니, 오직 후세에 태어날 우내(宇內)의 현지(賢知)의 사람들에게 희망을 가질 뿐이다."116

최한기는 오직 이『우주책』은 만고를 일생으로 삼고 천하 사람이 일체가 되는 방도이니, 후학을 열어 인도하는 방도가 이보다 더할 것이 없다고 했다.117 그는 동서남북의 풍속과 습관을 통합해 보면 자연 천지 대기의 운화가 생기어 동서남북이 모두 일통(一統)으로 돌아가게 된다고 보았다.118

4. 기화와 인도 중심의 세계인식

최한기가 살았던 19세기 전반기는 천주교에 대한 박해의 시대였다. 이 시기에 명철보신하면서 서학을 비판적으로 수용하여 자신의 새로운 학문체계를 이룬다는 것은 결코 쉬운 일은 아니었다. 그는 서학의 종교적 측면을 철저히 비판하고 서학을 오직 학문적 실용의 입장에서 받아들이려고 노력하였다.

---

116 『明南樓隨錄』, "念此宇宙策, 乃數千年, 四海書籍, 咸聚一室, 積閒見累證驗, 四等運化, 神氣形質, 發前未發, 啓後當啓, 不知老之已隆, 惟日不足, 繼往固所略備, 開來自多無窮, 非我生前所訖, 惟有望於在後之宇內賢知."

117 『明南樓隨錄』, "惟此宇宙策, 乃萬古爲一生, 億兆成一體之道, 開來大方, 豈有過此?"

118 『人政』 권8, 敎人門 1, 「敎法相訏」.

19세기 초에 조선 해안에도 영국 상선 등 서양 선박이 자주 나타나기 시작했다.[119] 또한 서학이 급속도로 확산되어 나가자 조선 정부는 서학을 대대적으로 탄압하기 시작했다. 이른바 1801년 신유박해로 이가환(李家煥) · 권철신(權哲身) · 정약용(丁若鏞) 등 진보적 지식인들이 처형되거나 유배에 처해졌다. 1839년에 조선 정부에서는 척사윤음을 반포하고 또다시 천주교도에 대해 박해를 가했으나 천주교도의 숫자는 더욱 확산되어 나갔다.

최한기는 앞으로 기학이 크게 밝혀져서 학문이 융성해지고 인류는 문명세계에서 생활하게 될 것으로 내다보았다. 이에 따라 각국이 널리 문호를 열어 세계만방과 호흡을 통하고 도덕 · 정치 · 문물제도를 교류하여 동양은 서양의 것을 섭취하고 서양은 동양의 것을 섭취함으로써 인류는 더욱 문명을 향수하게 된다고 주장하였다.[120]

최한기는 새로운 지지(地志)와 지도(地圖) 등 신서적을 접하여 읽고 서학의 확산과 서양 세력의 동점(東漸)을 정확하게 간파하고 있었다. 그는 말레이 반도의 말라카에 설립된 영화서원(英華書院)과 싱가포르에 설립된 견하서원(堅夏書院)에 대해서도 잘 알고 있었다.[121] 사실 영화서원에서는 중국의 복건성과 광동성 사람이 교사로 근무했고, 매달『매월통기전(每月統記傳)』1종을 발간하였고 기타 언어 · 천문 · 지리 · 신문 등에 관한 자료를 편찬하고 있었다. 이『매월통기전』은 1815년부터 1821년까지 영국 런던 전도회 교사 모리슨(Robert Morrison)이 헨리(Walter Henry), 중국인 양발(梁發)과 함께 편집을 맡아『Chinese Monthly Magazine(察

119 『純祖實錄』, 순조 32년 7월 21일(을축).
120 李佑成(2010), 168면.
121 『地球典要』 권8, 11면, 英吉利國 文字 ;『海國圖志』 권9, 東南洋 海岸國 5, 267~274면.

世俗每月統記傳)』을 간행하였다.[122]

한편 견하서원에는 중국의 경사자집이 비치되어 있었고 미국 메사추세츠주 출신인 브리지먼(Elijah C. Bridgman)이 이곳에서 활동하고 있었다. 브리지먼은 자바 · 피낭 · 말라카 · 싱가포르에서 중국인을 만나 중국 서적을 7, 8년 간 공부하고 한자지구도(漢字地球圖)와 「미리가합성국전도(美理哥合省國全圖)」를 만들고, 또 미국의 실상과 풍속을 분류하여 『합성국지(合省國志)』를 편찬한 인물이었다.[123] 최한기는 영화서원과 견하서원은 번역을 전문으로 일삼고 있으니, 서양 여러 나라가 중국을 본받기는 쉽고 중국의 글을 서양의 글로 바꾸기는 어렵다고 하면서도 이것은 저쪽이 이쪽보다 좋다거나 이쪽이 저쪽보다 좋다는 것을 비교하여 말하려고 하는 것은 아니요, 다만 문자는 동일한 것을 통행해야 한다는 뜻을 취한 것뿐이라고 했다.[124] 그는 『해국도지』를 통해 동서의 학술과 문물의 교류에 대해 잘 알고 있었고, 구체적으로 영어 알파벳을 조선에 처음으로 소개하기도 했다.[125]

그런데 최한기의 세계인식에서 중요한 부분이 바로 기화(氣化)와 인도(人道)이다. 그는 세상의 모든 일은 다 근기(根基)를 정하고 표준(標準)을 세우는 데 근본을 두고 있는데, 기화를 모르면 장차 근기를 정할 수 없고 인도를 버리고서는 표준을 세울 수 없다고 했다. 그는 고금 천하의 사람은 누구나 인도를 갖추지 않거나 운화를 말미암지 않은 사람이 없으니, 비록 몰라서 행하지 아니하는 사람이 있을지라도 누가 감히

---

122 王家儉, 『魏源年譜』, 9면 참조.
123 『海國圖志』 권59, 外大西洋, 「彌利堅總記」 上, 911~912면.
124 『神氣通』 권1, 體通, 「四海文字變通」.
125 『地球典要』 권11, 中西同異. 미국의 문자 부분은 『海國圖志』 권94, 四洲音語, 「美理哥國志略」에서 전재하고 있다.

기화가 근기가 아니고 인도가 표준이 아니라고 말할 수 있겠느냐고 하면서, 남녀노소를 막론하고 모두 기화와 인도 밖에는 실제로 의거(依據)할 근기와 표준이 없다는 것을 알게 되면, 도학(道學)도 하나로 통일되는 평화가 있게 될 것이라고 했다.[126] 그러면서 그는 『인정』에서 「기화인도교(氣化人道敎)」란 항목을 설정하여 아래와 같이 말하고 있다.

"우주 안의 사람들은 운화(運化)의 기(氣)를 받아서 평생을 살아가고 수천 년 경험해서 얻은 것을 쌓아서 인도(人道)의 상법(常法)으로 삼으니, 이러한 뜻을 총괄한 가르침을 이름하여 기화인도교(氣化人道敎) 또는 천인교(天人敎)라고 한다. 이것은 원위(源委)가 서로 어울려 맥락이 통하고 본말(本末)이 갖추어져서 일의 기미(幾微)에 감통(感通)하며, 운화를 미루어 인도를 구명하고 인도를 들어 운화에 질정(質正)한 것이니, 파벌끼리 서로 헐뜯는 습관을 가지고 이 완전하고 성실한 가르침을 욕하고 헐뜯어서는 안 된다. 만일 천도만을 가르침으로 삼으면 인사(人事)는 소략(疏略)하게 되어, 역법(曆法)은 지극히 정교(精巧)하게 되지만 천당(天堂)과 지옥(地獄)이란 등의 말과 인사는 허망(虛妄)하게 될 것이다. 반면에 인도만을 가르침으로 삼으면 사람이 항상 자뢰(資賴)하는 기화(氣化)에 대해서는 도리어 깜깜하게 되어, 각기 자기가 얻은 바를 따라 어떤 사람은 심성(心性)을 미루어서 허리(虛理)를 궁구하고, 어떤 사람은 형체를 따라서 지극한 도리를 궁구하게 된다."[127]

---

126 『人政』 권8, 敎人門 1, 「根基標準」, "天下萬事, 皆本於定根基立標準, 不見氣化, 將何以定根基, 捨此人道, 又何以立標準? …… 古今天下之人, 無一人不具人道, 不由運化, 則縱或不知而不行, 孰敢曰氣化非根基人道非標準乎? 無論男女老少, 皆知氣化人道之外, 更無實據之根基標準, 不惟進就有康莊之踐履, 抑亦道學有一統之和平,"

127 『人政』 권8, 敎人門 1, 「氣化人道敎」, "宇宙人, 稟承運化之氣, 以爲生死始終, 數千載積累經驗所得, 以爲人道經行, 總括此義, 樹立敎名, 曰氣化人道敎, 又曰天人敎. 源委相準, 而脉

기화와 인도에 대해 이렇게 인식한 최한기는 당시 각국의 종교에 대해 어떻게 생각했을까. 7는 세계에는 불교·이슬람교·천주교·유교의 넷이 있다고 하면서 각 종교의 지역적 분포를 소개했다. 그리고 그는 불교·이슬람교·천주교 자체에도 서로 분열되어 같은 가운데 이론(異論)을 세우고 드디어 지파의 문호(門戶)를 열어 다양한 교파가 있다고 소개했다.[128] 그는 저 네 교(敎)에는 각기 받들고 섬기는 것이 있으니, 유교의 상제(上帝)와 불교의 제천(諸天)과 이슬람교의 사천(事天)과 천주교의 신천(神天, 天主)이 이것인데, 비록 그 이름은 다르나 실은 모두 하늘을 섬긴다는 것이라고 했다.[129] 그는 구라파주의 여러 나라 사람은 모두 천주교와 야소교를 믿고 있는데[130] 천주교에서 섬기는 신천은 무형으로 가장 높은 종동천(宗動天)에 있으면서 천지와 만물을 창조했고, 천지는 시종이 있으나 신천은 시종이 없으며 천지는 형체가 있으나 신천은 형체가 없다고 했다.[131]

최한기는 천주교가 처음 생긴 당시에는 역상(曆象)과 지구에 대한 이해가 밝지 못하던 때라고 했다. 그는 1일, 2일이라는 것은 천체(天體)가 일주하는 것에서 생기는 것이 아니고, 곧 지구의 자전에서 생기니 설사

絡貫澈, 本末兼備, 而幾微感通, 推運化而究明人道, 擧人道而就質運化, 不可以門戶傾訐之習, 皆毁此完備誠實之敎. 若只擧天道以爲敎, 則人事自歸疎略, 歷法趨於極巧, 堂獄至於虛誕, 但以人道爲敎, 則氣化之所常資賴者, 反歸晦昧, 各從自己所得, 或推心性而窮虛理, 或踐形體而究至道."

128 최한기는 이 부분은 『海國圖志』권71, 南洋西洋各國敎門表에서 전재하고 있다.

129 『推測錄』권5, 推己測人,「推師道測君道」.

130 『增補 明南樓叢書』5, 惠岡雜稿, 竑獻.

131 『氣學』권1, "西洋學所事之神天無形, 居於最上之宗動天, 造天造地造萬物, 此神外, 更無可事之神, 天地有始終, 神天無始終, 天地有形, 神天無形 …… 天方敎以多行禮拜爲貴, 每日有五時禮拜, 每月每歲有隨行之無數禮拜, 以要死後靈魂之安樂.";『海國圖志』권27, 西南洋, 天主敎考 上, "天地有形可見, 神天無形, 天地有終始, 神天無始, 天地乃受造之物, 所造之者, 神也."

주재(主宰)가 있다 하더라도 작은 지구가 도는 일수로 안식(安息)과 동작(動作)의 정식으로 삼을 수 없다고 했다. 그는 결론적으로 신천에 대한 예배 여부는 실로 집과 나라와 천하의 치란(治亂)에 아무런 관계가 없다는 것이다.[132]

최한기는 도교나 불교에서처럼 허무를 숭상하면 다만 허무 가운데서만 천착하여 허무를 버리고 성실(誠實)을 구하지 않으며, 천주교에서처럼 신천을 섬기면 만사의 공을 모두 신천의 공으로 돌려 예배를 경건하고 성실하게 드릴 것이라고 했다. 그래서 죄를 멸하고 복(福)을 얻으려 하고 신천을 버리고 다시 성실을 구하지 아니하고 있다고 비판했다.[133] 그는 근세 이래로 기설(氣說)이 점차 번창하고 기구(器具)의 실험이 모두 갖추어졌으니, 조물(造物)의 신묘한 공덕(功德)이 여기에 있음을 약간이라도 지각이 있는 사람이라면 보고 알기가 쉽다고 했다. 이미 운화기(運化氣)를 알게 되면 허무가 실(實)이 되고 신천이 신기(神氣)가 되어, 만사와 만물이 진정한 모습을 드러내고 만화(萬化)와 만변(萬變)이 참되고 바른 곳으로 모여들어, 네 교(敎)가 모두 운화 가운데로 화합이 될 것이라고 했다.[134]

최한기는 기존의 학문에서 거론되던 순천(順天)·법천(法天)·봉천(奉天)·사천(事天)의 천(天)이란 글자는 마땅히 천지운화(天地運化)의 기(氣)로 인식을 하면 유형과 무형의 사이에 의혹이 없을 것이라고 했다.[135]

132 『地球典要』 권12, 「洋回敎文辨」.

133 『地球典要』 권12, 「洋回敎文辨」.

134 『人政』 권8, 敎人門 1, 「諸敎」, "近古以來, 氣說漸暢, 諸器之試驗咸備, 造物之神功在玆, 稍有知覺者, 何難見而知之? 旣有得於運化之氣, 虛無爲實有, 神天爲神氣, 萬事萬物, 開眞正面目, 萬化萬變, 有誠正湊泊, 四敎皆和融於一統運化之中."

135 『氣學』 권1. "凡政學經學之順天法天奉天事天之天字 …… 當以天地運化之氣認之, 則無疑惑於有形無形之間, 有遵守於政學經學之原."

그는 도교에서 선천지(先天地) · 후천지(後天地)를 말하고 불교에서 산하대지(山河大地)가 공허하다고 말하고 천주교에서 신천이 곧 천지를 창조하고 만물을 창조했다고 말하지만 이것은 모두 억측과 어림짐작에서 나온 것이지 몸소 그 처음과 끝을 관찰하고 실적(實跡)을 증험한 것은 아니라고 했다.[136] 그는 천은 곧 대기(大氣)라고 이해하고 신천이 천지와 만물을 창조했다는 것은 결코 실상이 아니라고 했다.[137]

그렇다면 최한기에게 있어 신(神)은 무엇인가. 그는 운화의 기(氣)가 곧 유형(有形)의 신이고 유형의 이(理)라고 했다.[138] 또한 그는 기의 운화가 능한 바를 신이라고 했다.[139] 그러면서 그는 유도(儒道) 중에서는 윤강(倫綱)과 인의(仁義)를 취하고 귀신과 재앙이나 상서에 대한 것을 분변하여 버리며, 서양의 법 중에서 역산(曆算)과 기설(氣說)을 취하고 괴이하고 속이는 것과 화복에 관한 것은 제거하며, 불교 중에서 허무(虛無)를 실유(實有)로 바꾸어서, 삼교(三敎)를 화합하여 하나로 돌아가게 하되 옛것을 기본으로 삼아 새로운 것으로 개혁하면, 진실로 온 천하를 통하여 행할 수 있는 교(敎)가 될 것이라고 했다.[140]

최한기는 1859년부터 이듬해까지 『인정(人政)』을 저술했다. 이 『인정』은 크게 측인(測人) · 교인(敎人) · 선인(選人) · 용인(用人)의 네 부문으로 이루어져 있다. 그는 왜 1850년대에 『기학』과 『인정』을 저술했을까. 그것은 바로 기화와 인도로 세계 각국의 자연과 인도와 정교를 소통시키고 화합시키기 위해서였다고 볼 수 있다. 특히 『인정』은 세계 인민의 인도와

---

136 『人政』 권8, 敎人門 1, 「敎學虛實」.
137 『氣學』 권2, "旣有此大氣之活動運化, 的實可據, 則造化造物之造字, 決非實象也."
138 『氣學』 권1, "運化之氣, 卽有形之神, 有形之理."
139 『地球典要』 권12, 「洋回敎文辨」, "氣之運化攸能, 謂之神."
140 『神氣通』 권1, 體通, 「天下敎法就天人而質正」.

정교의 문제를 다루었다고 할 수 있다.

19세기 중반 조선은 아직도 청과 일본은 물론 서양을 오랑캐로 지칭하고 야만시하였다. 그러나 최한기는 1850년대에 세계 각국의 화합의 구현을 위해 지구상에 존재하는 모든 인간을 동일하게 보아 '이(夷)'라는 단어를 쓰지 않았다. 이제 화이관(華夷觀)이 그에 의해 완전히 붕괴되었고 지구 위에 존재하는 각국의 인물과 정교를 인정하였다. 그는 서양의 인재 선발제도도 수용할 필요가 있다고 생각하여 『인정』에 과감하게 수록하였다.

최한기는 서양 여러 나라의 선비를 시험하는 방법은, 사유(師儒)가 위에 군집(群集)하고 생도(生徒)는 아래에서 북면(北面)하여 한 사유가 어려운 것을 물어 끝나면 또 돌아가면서 다른 사유가 묻는다. 그래서 과연 대답함이 물 흐르듯 하면 그 시험에 합격하게 되는 것이다. 또 하루에 한두 사람에 그친다. 한 사람이 두루 여러 사유의 물음에 응하여 이와 같이 합격하면 바로 백성을 다스리는 일을 맡기고, 임기가 찬 후에는 관리를 보내어 그의 정사한 업적을 민간에게 물어서 자세히 살핀다. 무릇 사송(詞訟)의 판결이나 농상(農桑)의 권과(勸課)나 이로운 일을 흥기시키고 폐단을 바로잡은 성적이나 백성을 잘 교양한 것들에 대해서 그 공과 죄의 실상을 살피어 임금에게 아뢰어 출척(黜陟)한다. 대개 그 선비를 시험하는 물음과 대답하는 사이에는 반드시 언론(言論)·기색(氣色)·동작·용모·지식이 드러나는 것이라, 그 실제를 감추기 어려워 마지막에는 그 온축이 드러난다. 또 임기가 만료된 후에는 민간의 포폄(褒貶)이 이러한 고적(考績)에 이미 정해져서 그것으로 출척을 삼는다고 했다.[141]

---

141 『人政』 권14, 選人門 1, 「歷代選人」.; 『海國圖志』 권37, 大西洋, 大西洋各國總沿革, "試士之法, 師儒群集於上, 生徒北面於下, 一師問難畢, 又輪一師, 果能對答如流, 然後取中, 其

최한기는 세계 각국에는 모두 인민을 가르치는 학문이 있다고 했다.
그 가운데 직은 차이기 있는 것은 교문(教文)이 허(虛)를 숭상하느냐 실
(實)을 숭상하느냐와 풍기(風氣)가 남북의 차이가 있는 것이라고 했다.
그는 일본의 교(敎)에 대해 아래와 같이 소개를 했다.

"정교(政敎)와 민풍(民風)은 병(兵)이 아니면 불교이다. …… 회진후(會
津侯) 원정지(源正之)가 귀공자로써 작위를 받고 율기치인(律己治人)을 하
여 정주(程朱)의 가르침을 따랐다. 산기암재(山崎闇齋) 씨라고 호를 하는
이가 있어 또 정주의 학을 사모하여 소학(小學) 편목으로 송유(宋儒)의 언
행을 모아서 저술을 하여 세상에 전한다. …… 근세에 경도(京都) 사람 이
등유정(伊藤惟貞)이 학문으로 나라 안에 이름이 나서 자신이 터득한 바를
저술하여 나라 사람을 가르치는데 성리존양(性理存養)의 설을 무익하다고
하고 다만 일용행도(日用行道)의 실을 힘쓰게 한다. 항상 말하기를 사람의
효제충신(孝悌忠信)은 다만 일용에 있어 자기에게 절실한 공부이다. 학자
는 성리존양이 어떤 것인지 묻는 것은 마땅하지 않다. 『중용(中庸)』 수장
(首章)의 솔성(率性)의 해석은 곧 도(道)가 성리(性理) 중에서 나왔다는 것
이지 도를 행하는 자가 성리로써 공부를 삼는다는 것은 아니다. 그 밖의
나머지 학설도 선유에 배반되니 한 시대의 사류(士類)들이 혹은 높이어 믿
기도 하고 혹은 비난하고 헐뜯기도 한다."[142]

試, 一日止一二人, 一人遍應諸師之問, 如是取中, 便許任事, 學道者, 專務化民, 不與國事,
治民者, 秩滿後, 國王遣官, 察其政績, 詳訪於民間, 凡所爲聽理詞訟, 勸課農桑, 興革利弊,
育養人民之類, 皆審其功罪之實, 以告于王而黜陟之."

142 『地球典要』 권2, 日本, 敎, "政敎與民風, 非兵則佛 …… 會津侯源正之, 以貴公子受爵, 而
律己治人, 一遵程朱之訓, 有號闇齋山崎氏者, 亦慕程朱之學, 以小學篇目, 輯宋儒言行, 著
書傳世. 近世京都人伊藤惟貞, 以學問名於國中, 撰集所得, 以敎國人, 性理存養之說爲無益,
而只將日用行道之實爲務, 常曰人之孝悌忠信, 只是日用切己工夫, 學者不當問性理存養何

위의 글은 최한기가 신유한(申維翰, 1681~1752)의 『해유록(海游錄)』의 내용을 인용하여 『지구전요』에 전재한 것이다.[143] 그는 일본 학계의 새로운 학풍을 정확하게 이해하고 있었고 일본 학계가 성리존양(性理存養)의 설을 무익하다고 하고 다만 일용행도(日用行道)의 실을 힘쓰게 하고 있다는 것을 지지하고 있었던 것 같다. 이러한 사실은 그가 육구연의 글과 이토 진사이의 주자 비판설을 외웠다는 것에서 알 수 있다.[144]

최한기는 대체로 나라를 다스리는 데 이웃 나라나 먼 나라의 정(政)과 교(敎)를 살피지 않는다면 그것은 독부(獨夫)의 나라가 될 것이고, 나라 안에 숨은 인재를 살피지 않으면 그것은 귀머거리나 봉사의 나라가 될 것이라고 했다.[145] 그는 각국의 선거제는 대동하다고 했다. 세계 각국에는 인재를 고르는 방법이 있는데 그들은 모두 인망(人望)에 따라 어진 덕기(德器)를 추천하고 재능(才能)이 있는 사람을 차례로 뽑아서, 높고 낮은 직관(職官)을 맡겨 민정(民政)을 다스리게 하고 그 직무의 공과(功過)를 따져 출척(黜陟)하지 않는 나라가 없다는 것이다. 그중에서 흥륭(興隆)하는 나라는 선거가 잘되고, 쇠미(衰微)한 나라는 선거가 잘못되어 있다고 했다.[146] 그는 『지구전요』에서 세계 각국의 관(官)을 소개하

如. 中庸首章率性之訓, 乃爲道從性理中出來, 非謂行道者, 以性理爲工夫也. 餘外立論, 多畔先儒, 一時士類, 或有崇信, 或有非毁也." 최한기는 일본 부분을 申維翰의 『海遊錄』에서 전재했다.

143 申維翰, 『海遊錄』 下, 附聞見雜錄.

144 田愚, 『田愚全集』 8, 艮齋年譜 권1, 癸亥 10月.

145 『人政』 권18, 選人門 5, 「家國天下選人」.

146 『人政』 권18, 選人門 5, 「方今各國選人」, "四大洲諸國, 無論大小, 皆有敎民之學, 選人之法, 莫不以人望推薦德器之賢, 較試才能之人, 委任尊卑職官, 以治民政, 考其職務功過而黜陟之. 興隆之國, 選擧得其宜, 衰微之邦, 選擧失其宜, 與中華歷代諸國, 選擧法制大同, 可見宇宙萬國, 地之相距數萬里, 歲之前後數千載, 承運化制治民, 自有不易之規. 其中少有差異, 敎文之尙虛尙實, 風氣之有南有北, 盛衰興亡, 而土地伸縮, 古往今來, 而生靈漸繁, 四海周行之國, 聞見漸博, 固守窮僻之邦, 陋俗難遷. 是以, 隣國遠邦之選用人器, 洞觀優劣, 縱未得

면서 남북 아메리카 나라에서 장관(長官)을 추천하여 임명하고 있고 국
왕은 세우고 있지 않다고 했다.[147]

　"미리견(미국)은 갑자기 부강한 나라가 되었으니 국가가 갑자기 일어난
것이 완전하게 부민(部民)의 부지런함에 말미암았다는 것을 알 수 있다.
와싱톤[華城頓]이 강역을 만리를 개척하여 이에 위호(位號)를 참람하게
하지 않고 자손에게 자리를 전하지 않고 추거(推擧)의 법을 제창하였다.
겨우 총령(總領)을 설치하여 국정을 잡고 여론이 말한 바를 반드시 시행하
니 비록 국왕을 세우지 않았으나 일이 간단하고 정치가 신속하여 명령이
행해지고 금지하는 것이 어진 임금이 다스리는 바와 다름이 없다. 이것은
또한 관국(官局)이 변하여 스스로 세계를 이룬 것이다."[148]

　최한기는 이웃 나라나 먼 나라의 인재를 선용(選用)하는 방법의 우열
(優劣)을 확실히 알아 둔다면, 비록 모든 제도는 송두리째 변경할 수는
없을 것이나, 현준(賢俊)을 골라 민사(民事)를 성취시키는 데에는 자연

改規易轍, 擇賢俊濟民事, 自有可得之準的, 洞悉如此可以致治, 如彼不可致治, 言論著於取
捨, 行事定於從違, 天下選擧之經常, 集大成矣. 與其無聞知於四方, 而選擧固守陋習, 在無
事時, 只自境內淆亂, 及其有事, 於他國交接, 雖欲臨渴掘井, 旣無人才之培養, 其可得乎?"

147　『地球典要』권11, 北亞墨利加南境各國 沿革, 南亞墨利加各國 官.

148　『地球典要』권10, 北亞墨利加利堅合衆國, 王, "米利堅, 遠成富强之國, 足見國家之勃起,
全由部民之勤奮. 自華城頓開疆萬里, 乃不僭位號, 不傳子孫, 而創爲推擧之法, 僅設總領,
而操國政, 輿論所言, 必施行, 雖不立國王, 而事簡政速, 令行禁止, 與賢辟所治無異, 此又變
官局而自成世界也." 이 부분은 『海國圖志』권60, 外大西洋, 彌利堅國卽育奈士疊國總記
의 "育奈士疊, 遠成富强之國, 足見國家之勃起, 全由部民之勤奮. 故雖不立國王, 僅設總領,
而國政操之, 輿論所言, 必施行, 有害必上聞, 事簡政速, 令行禁止, 與賢辟所治無異, 此又變
封建郡縣官家之局而自成世界者."와 『瀛環志略』권9, 北亞墨利加利堅合衆國, "按華城
頓異人也. 起事勇于勝廣, 割據雄于曹劉, 旣已提三尺劍, 開疆萬里, 乃不僭位號, 不傳子孫,
而創爲推擧之法, 幾于天下爲公, 駸駸乎三代之遺意, 其治國, 崇讓善俗, 不尙武功, 亦逈與
諸國異, 余嘗見其畫像, 氣貌雄毅絶倫, 嗚呼! 可不謂人杰矣哉?"를 전재하였다.

참고할 만한 표준이 서게 되므로, 이렇게 하면 정치가 잘될 수 있고 저렇게 하면 잘못된다는 것을 확실히 알 수 있다고 했다.[149] 그는 동서남북으로 서로 수만 리 떨어져 있더라도 모든 나라의 정교(政教)는 모두 다 같으므로, 현준(賢俊)한 자를 등용하여 치안(治安)을 이루고 어리석은 자를 등용하여 위란(危亂)을 초래하는 것도 모두 다 같다고 했다.[150]

그러면서도 최한기는 세계 각국의 일통을 위해 인도 중심의 유술(儒術)이 가장 중요하다고 했고, 유술을 세계 인민을 일통(一統)시킬 수 있는 통민운화(統民運化)의 도(道)라고 했다.

"유술(儒術)은 곧 통민운화(統民運化)의 도(道)이다. 인도(人道)를 밝히고 인의(人義)를 강론하며 정교(政教)의 도화(導化)를 열고 군생(群生)을 통합하고 일통(一統)으로 돌아가는 것이 이 유술이 아니면 무엇으로 이루겠는가."[151]

최한기는 세계 각국의 정교(政教)가 치평(治平)에 이르기를 바랐고[152] 치평을 도모하는 자는 대기운화에 따라 각국의 통민운화(統民運化)를 이끌어야 한다고 했다.[153] 그는 교인(教人)의 정신 명맥은 모두 통민운화에 달려 있다고 했다.[154] 그가 주장한 통민운화는 인도(人道)로 각국의 인민

---

149 『人政』 권18, 選人門 5, 「方今各國選人」, "隣國遠邦之選用人器, 洞觀優劣, 縱未得改規易轍, 擇賢俊濟民事, 自有可得之準的, 洞悉如此可以致治, 如彼不可致治."
150 『人政』 권23, 用人門 4, 「萬國治安在用人」.
151 『人政』 권11, 敎人門 4, 「儒術」, "儒術, 乃統民運化之道也. 明人道而講人義, 立紀綱而尙忠節, 貴廉讓以避爭奪, 賤貪鄙以遠恥辱, 開政教之導化, 重生靈之褒貶, 百王損益, 統貫沿革, 世或汙隆, 而斯道長存, 統群生歸一統, 非此術, 何以成哉?"
152 『明南樓隨錄』, "萬國政教, 要臻治平, 群賢學問, 思得同軌."
153 『人政』 권12, 敎人門 5, 「家國天下器用」.
154 『人政』 권11, 敎人門 4, 「統民爲中」, "敎人之精神命脉, 盡在於統民運化."

을 일통으로 화합시키고자 한 것이었다. 그는 세계 각국과의 상통에서 인도를 가장 중시하였고 각국의 인민이 인도를 표준으로 하여 화합하는 세계를 희망하였다.[155]

"인도란 것은 통민운화로 각각 그 분수에 편안한 도이다. 사람은 홀로 살 수 없고, 반드시 사람들과 화합하여야 일을 할 수 있고 또 살아갈 수 있다."[156]

"인생대도는 천하 인민을 통합하여 그 도를 이루는 것이고 일가 일국을 거론하여 인도라고 이름하는 것은 아니다."[157]

"통민운화는 기학의 핵심이다. ······ 만약 일신운화가 통민운화를 표준으로 삼지 않으면 인도를 세우고 정교를 행할 수 없다."[158]

최한기는 사람은 혼자서는 살아갈 수 없고 반드시 사람과 사람이 서로 접촉하고 화합해야 크고 작은 사무(事務)를 이룰 수 있고 천하 사람과 함께 지식과 견해를 합해야 우주의 인도와 사무를 밝힐 수 있다고 했다.[159] 그는 여러 가지 사무가 모두 참되고 절실한 학문이니, 사무를

---

155 『人政』 권1, 測人門 1, 總論, 「推擴測人」, "惟天下之測人, 東西異同, 參和而見其一統, 南北風俗, 比較而知其一般, 人道之生産作業, 大同小異, 一氣之活動運化, 擧彼測此, 如是以後, 乃見人道之大體, 測人之大方."
156 『人政』 권6, 測人門 6, 人道, 「天下人道」, "人道者, 統民運化, 各安其分之道也. 人不可以獨生, 必與人衆和合, 乃可有爲, 又可得生."
157 『人政』 권6, 測人門 6, 人道, 「人道褒貶」, "人生大道, 統合天下人民而成其道, 非擧一家一國而名人道也."
158 『氣學』 권2, "統民運化, 爲氣學之樞紐, 若一身運化, 不準乎統民運化, 無以立人道行政敎."
159 『人政』, 「測人序」, "人不可獨處而營生, 又不可捨人而經濟, 必也人與人, 相接相和, 可以成

버리고 학문을 구하는 것은 허공에 달아 놓은 학문이라고 하면서[160] 사무 가운데서는 인도가 가장 중대한 것이라고 했다.[161]

"이미 사람이 되었으면 마땅히 행할 것은 오직 인도일 뿐이다. …… 오직 천하의 사람들이 헤아린 것만이 동서의 동이(同異)를 참조하여 그 일통(一統)을 보고, 남북의 풍속을 비교하여 그 일반임을 안다."[162]

최한기는 인도의 대체(大體)는 오륜을 펴서 시행하고 정교(政敎)를 닦아서 밝히는 데 있다고 했다. 그는 오륜은 곧 하늘이 낸 인도이고 정교는 오륜을 수행하여 백성에게 전달하는 것이니, 풍속을 화순(和順)하게 하는 것은 윗사람의 소원일 뿐만이 아니라 역시 백성들의 소원이라고 하면서 오륜의 가르침은 폐지하려 해도 되지 않는 것이라고 했다.[163]

"오륜의 가르침은 일신(一身)에 있어서는 언행(言行)을 강습(講習)하는 것이고, 백성에게 있어서는 사람을 써서 펴는 것이다. …… 마땅히 오륜의 가르침으로 만민을 교화해야 하니, 부자유친·군신유의·부부유별·장유유서·붕우유신이 유통(流通)하는 범위가 되어 일체(一體)의 치안을 이루는데, 용인(用人)을 버리고 무엇으로 그 가르침을 널리 펴겠는가."[164]

大小事務, 與天下人合知合見, 可以明宇宙人道事務."

160 『人政』 권11, 敎人門 4, 「事務眞學問」, "凡百事務, 皆是眞切學問, 捨事務而求學問, 乃懸空底學."

161 『人政』 권9, 敎人門 2, 「敎通事務」, "外事務而設敎, 人不肯學, 事務中人道最大, 道理上運化爲本."

162 『人政』 권1, 測人門 1, 總論, 「推擴測人」, "旣爲人, 則人之所當行者, 惟人道而已 …… 惟天下之測人, 東西異同, 參和而見其一統, 南北風俗, 比較而知其一般."

163 『人政』 권8, 敎人門 1, 「人道」.

164 『人政』 권24, 用人門 5, 「明五倫在用人」, "五倫之敎, 在一身者, 講習言行, 在萬姓者, 用人

"부자친(父子親)·군신의(君臣義)·부부별(夫婦別)·장유서(長幼序)·붕우신(朋友信)으로부터 정교와 학술, 예율(禮律)과 전장(典章)에 이르기까지, 현금에 적용하되 옛일을 고증하고 우리 백성에서 밝혀 타국의 백성에게까지 미치게 하여 일통운화(一統運化)가 온 세상에 퍼지게 하는 것이 곧 인도교이다."[165]

최한기가 말하는 인도는 일신과 일국의 인도가 아니라 천하 사람을 포괄하는 인도이다. 그러므로 일신의 도로써 천하 사람의 도에 조화시켜 사람마다 통용될 수 있어야 이것이 바로 인도이며, 오직 나만 알고 행하여 모든 사람들은 알지도 못하고 행하지도 못하는 것은 인도가 아니라고 했다. 또 모든 사람들의 도로써 일신의 도에 증험하여 모든 사람에게 통용되는 것임을 알아야 이것이 바로 인도이며 모든 사람들이 같이 알고 같이 행하는 것을 나 혼자 알지도 못하고 행하지도 못하는 것은 인도가 아니라고 했다.[166]

최한기는 만약 한 고장에서 한때 본 것을 가지고 인도를 삼으면 편벽된 습속에 빠짐을 면하기 어렵고, 또 한 나라에서 여러 세대 동안 행하여진 것을 가지고 인도를 삼으면 풍기(風氣)의 속되고 막힌 것이 있다고 했다. 그는 이 우주 안의 모든 사람은 용모는 대략은 같지만 차이가 있으니 흑인(黑人)과 백인(白人), 키가 큰 사람과 작은 사람이 섞여 있고, 코가 크고 눈이 우묵한 사람, 털이 붉은 사람, 눈동자가 푸른 사람 등을 모두 눈으로 볼 수 있으니, 그런 후에야 천하에 크게 다른 용모

敷行 …… 當以此敎化萬民, 親義別序信爲流通範圍, 成一體治安, 捨用人, 何以廣施其敎?"
165 『人政』권8, 敎人門 1, 「三層敎」, "自父子親君臣義夫婦別長幼序朋友信, 以至政敎學術禮律典章, 驗於今, 而證於古, 明於吾民, 及人之民, 一統運化, 達於天下, 乃人道敎也."
166 『人政』권25, 用人門 6, 「人道成於用人」.

를 가진 사람이 없음을 알게 된다고 했다. 그는 스스로 자기가 인도를 행한 후에 인도로 사람을 헤아리면, 그 사람이 인도를 행하고 인도를 알았는지를 알 수가 있으며, 또 그 사람이 인도를 행하지 않고 인도를 알지 못하는지의 여부도 알 수 있다고 하면서 귀천(貴賤)과 길흉(吉凶)을 다만 용모가 아름답고 추한 것으로 분별할 것이 아니라 인도를 따르는가 거스르는가로써 귀천과 길흉을 삼아야 한다고 했다.[167] 그는 한 가정에 인도가 행하여지면 한 가정이 편안하고, 한 나라에 인도가 행하여지면 한 나라가 다스려지며, 천하에 인도를 행하면 천하가 평화로워진다고 했다.[168]

"오륜의 가르침은 그 이상 더할 수 없는 진리이므로 그것을 천하에 다 확충을 시키면 자연 만국이 다 화합할 것이다. 그러므로 부자유친(父子有親)·군신유의(君臣有義)·부부유별(夫婦有別)·장유유서(長幼有序)·붕우유신(朋友有信)의 아래에다 조민유화(兆民有和)라는 구절 하나를 첨가하면 오륜이 통행(通行)하게 되어 조민(兆民)이 화합을 이루는[兆民致和] 실효가 나타나게 될 것이다. 오륜의 가르침을 단지 각자가 힘써 행하는 것과 천하에 통행하는 것과는 저절로 대소(大小)의 차이가 있는 것이니, 각자가 힘써 행하는 것은 일신운화(一身運化)이고, 천하에 통행하는 것은 통민운화(統民運化)이다. 그러므로 천하에 통행하는 오륜을 개인 각자가 행하는 오륜의 천칙(天則)으로 삼고, 개인 각자가 행하는 오륜의 증험(證驗)을 미루어 천하에 통행하는 오륜의 치안으로 삼는다면, 거의 방애(妨礙)되거나 편체(偏滯)하는 폐단이 없게 될 것이니, 이것이 바로 대소가 완비된 오륜

---

167 『人政』 권6, 測人門 6, 人道, 「統察人道」.
168 『人政』 권6, 測人門 6, 人道, 「人道得失」.

이다. 만약 천하에 통행하는 오륜의 범위를 골고루 살펴보지 않고 다만 자신만이 오륜을 행한다면, 비록 집안이나 이웃에서 그 증험이 있을 수는 있어도 오루(汚陋)한 습속(習俗)임을 면하기는 어려울 것이다. 그러므로 온 세상 사람들이 오륜을 치평(治平)의 대도(大道)로 삼아 천하의 교법(敎法)을 밝히고, 자기 일신의 교법으로 모든 사람의 교법에다 화합시킨다면, 치안의 실효를 가져올 수 있을 것이다."[169]

최한기는 19세기 중반기에 세계 각국의 인민이 서로 화합하고 협력해야 한다고 생각하였다. 그는 오륜에 '조민유화(兆民有和)'라는 강령을 하나 더 첨가하면 오륜이 통행하게 되어 세계 각국의 인민이 화합하는 실효가 나타나게 될 것이라고 말하였다. 이같이 그는 유교의 윤리덕목인 오륜을 19세기 중반에 새롭게 해석하여 지구촌 인류의 화합까지도 구상하고 있었다고 할 수 있다.

최한기는 무릇 천하의 크고 작은 행사는 모두 화(和)로써 목표를 삼아야 한다고 보았다.[170] 그는 1857년에 기학을 제창하면서 기학은 우주인이 함께 말미암는 바이고 함께 행해야 하는 학문이라고 선언했다.[171] 그는 서울 상동(尙洞)의 기화당에서 기화(氣和)를 강조하면서 궁극적으로 인화(人和)를 중시하였고 만세의 영원한 평화를 갈망하였다. 그는 인

---

169 『人政』 권18, 選人門 5, 「畎畝教法兆民有和」, "五倫之敎, 至矣盡矣, 而推擴天下, 自有萬國咸和, 父子有親, 君臣有義, 夫婦有別, 長幼有序, 朋友有信之下, 添一兆民有和一句, 以著五倫通行兆民致和之實效, 五倫之敎, 各自勉行與通行天下, 自有大小之不同, 各自勉行, 一身運化也, 通行天下, 統民運化也. 以天下通行之五倫, 爲一身各行五倫之證驗, 爲天下通行五倫之治安, 庶無妨碍偏滯之端, 卽是大完備之五倫也. 若不周察通行五倫之範圍, 只自行五倫, 則縱有房闥隣里之相證, 難免汚陋習俗. 是以, 天下億兆通行五倫爲治平大道, 明天下之敎法者, 以一身敎法, 叅和於億兆敎法, 可以致治安實效."

170 『人政』 권4, 測人門 4, 行事, 「行事貴和」.

171 『氣學』 권1, "若夫氣學, 乃宇宙人所共由所共行."

화가 이루어지면 집안이 화(和)해지고 집안이 화해지면 사물(事物)도 화
하게 되고 사물이 화하게 되면 천하가 모두 화로 돌아가 만세의 영원한
평화에 이르게 된다고 하였다.[172] 그는 세계 각국의 인민이 기의 운화를
받들어 순응하고 인도의 실천을 통해 화합의 문명세계로 나아가기를 갈
망하였다.

5. 맺음말

최한기는 조선 후기 서학을 주체적으로 이해하여 자신의 학문체계를
수립한 학자였다. 그는 1836년에 『신기통』과 『추측록』을 저술하여 신
기(神氣)와 추측(推測) 개념을 제시하면서 기는 실리(實理)의 근본이고
추측은 지식을 확충하는 요법이라고 선언했다. 이 두 저서는 그 뒤 하
나로 합편되어 『기측체의』라는 이름으로 1850년대에 중국 북경에서 간
행되어 종래 이학의 이기론적 이론체계와 세계관을 완전히 붕괴시켜 버
렸다.

그렇다면 최한기가 새로운 세계와 소통하기 위해 정립한 사상적 개
념과 세계인식의 실상은 무엇일까. 1830년대에 최한기가 제시한 신기와
추측 개념이 세계 각국의 인물과 자연과 사회를 소통하고 취사 수용하
기 위해서였다면, 1850년대의 기화(氣化)와 운화(運化) 개념은 천지의
순환과 변화 속에서 세계 각국의 인물과 자연과 사회의 실상을 이해하
여 수용하고자 한 목적에서 제시된 것이라고 할 수 있다.

---

172 『增補 明南樓叢書』5, 惠岡雜藁, 「氣和堂說」, "人和則室家和, 室家和, 則事物亦和, 事物
和, 則天下皆歸□和, 流行不息, 至於萬世之永和."

그래서 이 글에서는 우선 기화와 운화 개념의 연원과 의미의 변화를 거시적으로 살펴보았다. 최한기 이전 학자들이 언급한 기화와 운화는 의학·역학·역상학 등의 술어나 용어로 주로 사용되었다. 특히 기화와 운화는 인체의 비장 활동, 태극과 음양오행의 변화와 관련하여 사용되고 있었다. 그런데 최한기는 기화와 운화란 개념을 태극이나 음양오행과 관련하여 자신의 기학에서 전혀 사용하지 않았다. 즉 그는 기존의 '태극운화'라든가 '음양운화'란 표현을 전혀 받아들이지 않았던 것이다. 그가 말하는 기화는 역의 태극이나 음양오행과는 무관한 기화이고 기의 운화를 의미하는 기화이다. 그리고 그의 운화 개념은 그가 지구 등의 순환하는 이치와 한열건습이 일어나는 이유와 인물의 생장쇠로의 변화를 궁구하여 제시한 것으로 기의 생명성·운동성·순환성·변화성을 의미한다.

조선 후기에 진보적 지식인들에 의해 지구와 세계지도에 대한 관심과 연구가 깊어지면서 화이적 세계관은 극복되어 나갔다. 특히 1834년에 최한기와 김정호에 의해 세계지도가 제작되면서 지구와 세계에 대한 인식의 지평은 더욱 넓어져 갔다. 1830년대에 최한기는 지식을 확장하는 요체로 기존의 궁리 개념 대신에 추측이란 개념을 새로 설정하여 동서남북의 세계를 소통시켰다. 그 뒤 그는 1850년대에 기학의 핵심이자 기의 성(性)으로 활동운화(活動運化)를 제시하고 아울러 세계인식의 방법과 범주로서 새롭게 기화라는 개념을 설정하였다. 그는 『지구전요』의 편집과 『우주책』, 『기학』 등의 저술을 통해 기학의 세계와 세계인식의 새로운 지평을 열어 나갔다. 그는 기화를 기준으로 세계 각국의 풍토·물산·정교·법제·풍속 등에서 실용적인 내용을 간추려서 선별 편집하여 간명하게 소개하였다.

최한기의 세계인식에서 주목할 만한 사실은 기화와 인도(人道)를 새의 양 날개로 생각하고 세계 각국의 기화와 인도가 대동(大同)하다고 보았다는 점이다. 그는 세계 각국의 윤강(倫綱)과 정교(政教)의 대동과 소이를 인정하고 인도로 세계 각국의 인민과 소통하고 화합하려 했던 것이다. 그는 세계 각국 사람이 누구나 인도를 다 지니고 있다는 것이 기본적인 생각이었고 천하의 인도를 하나로 통합할 수 있다고 생각했다. 그는 인도에서 가장 큰 것을 오륜이라 했고, 오륜으로 세계 각국 인민이 서로 상통할 수 있다고 보았던 것이다. 그래서 그는 기존의 중화(中華) 중심의 일통의 세계인식을 버리고 오륜에 조민유화(兆民有和)의 강령을 하나 더 추가하여 세계 각국 인민의 소통과 화합을 위해 우내일통(宇內一統)의 세계인식을 했다. 이러한 그의 학문적 업적은 한결같이 조선과 세계 각국이 장차 화합의 문명세계로 나아가기를 바라는 열정과 사명에서 이루어진 것이라고 할 수 있다.

參 考 文 獻

민족문화추진회 공역(1979~1980), 『국역 氣測體義』(I~II).
민족문화추진회 공역(1980~1982), 『국역 人政』(I~V).
『增補 明南樓叢書』, 성균관대학교 대동문화연구원, 2002.
       : 『神氣通』, 『推測錄』, 『氣學』, 『明南樓隨錄』, 『運化測驗』,
        『地球典要』, 『承順事務』, 『人政』 등.
崔漢綺, 『農政會要』, 아세아문화사, 1981.
최한기 지음, 손병욱 역주(2004), 『氣學』, 통나무.
최한기 지음, 이종란 역(2014), 『運化測驗』, 한길사.

金守溫, 『拭疣集』.
金安國, 『慕齋集』.
金平默, 『重菴文集』.
盧守愼, 『穌齋內集』.
『純祖實錄』.
申維翰, 『海遊錄』.
李圭景, 『五洲衍文長箋散稿』.
李珥, 『栗谷全書』.
李瀷, 『星湖僿說』.
＿＿, 『星湖全集』.
李恒老, 『華西文集』.
田愚, 『田愚全集』, 아세아문화사, 1984.
丁若鏞, 『與猶堂全書』.
『正祖實錄』.

崔南善, 『朝鮮常識問答續編』.

洪大容, 『湛軒書』.

金履祥, 『論孟集注考證』.

戴震, 『孟子字義疏證』.

董逌, 『廣川畫跋』.

萬表, 『皇明經濟文錄』.

保八, 『周子通書訓義』.

丁福保·周云靑 編, 『四部總錄天文編』.

徐啓畬, 『瀛環志略』.

薛宣, 『讀書錄附續錄』.

孫岳頒, 『佩文齋書畫譜』.

黎靖德, 『朱子語類』.

王家儉, 『魏源年譜』.

王夫之, 『張子正蒙注』.

_____, 『讀四書全說』.

魏源, 『海國圖志』.

陸隴其, 『四書講義困勉錄』.

蔣友仁(Michael Benoist), 『地球圖說』.

張載, 『張子全書』.

周敦頤, 『周元公集』.

朱橚, 『普濟方』.

朱熹, 『四書章句集注』.

蔡淵, 『易象意言』.

許謙, 『讀孟子叢說』.

____, 『讀中庸叢說』.

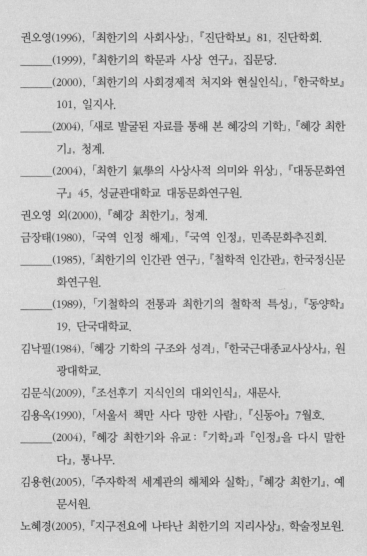

黃宗羲, 『宋元學案』.

黃震, 『黃氏日鈔』.

권오영(1996), 「최한기의 사회사상」, 『진단학보』 81, 진단학회.

_____(1999), 『최한기의 학문과 사상 연구』, 집문당.

_____(2000), 「최한기의 사회경제적 처지와 현실인식」, 『한국학보』 101, 일지사.

_____(2004), 「새로 발굴된 자료를 통해 본 혜강의 기학」, 『혜강 최한기』, 청계.

_____(2004), 「최한기 氣學의 사상사적 의미와 위상」, 『대동문화연구』 45, 성균관대학교 대동문화연구원.

권오영 외(2000), 『혜강 최한기』, 청계.

금장태(1980), 「국역 인정 해제」, 『국역 인정』, 민족문화추진회.

_____(1985), 「최한기의 인간관 연구」, 『철학적 인간관』, 한국정신문화연구원.

_____(1989), 「기철학의 전통과 최한기의 철학적 특성」, 『동양학』 19, 단국대학교.

김낙필(1984), 「혜강 기학의 구조와 성격」, 『한국근대종교사상사』, 원광대학교.

김문식(2009), 『조선후기 지식인의 대외인식』, 새문사.

김용옥(1990), 「서울서 책만 사다 망한 사람」, 『신동아』 7월호.

_____(2004), 『혜강 최한기와 유교 : 『기학』과 『인정』을 다시 말한다』, 통나무.

김용헌(2005), 「주자학적 세계관의 해체와 실학」, 『혜강 최한기』, 예문서원.

노혜경(2005), 『지구전요에 나타난 최한기의 지리사상』, 학술정보원.

박종홍(1965), 「최한기의 경험주의」, 『아세아연구』 8-4, 고려대학교.

_____(1977), 「최한기의 과학적인 철학사상」, 『한국사상사논고』, 서 문당.

박희병(2003), 「최한기 사상에 있어서 自然과 人爲의 관계」, 『대동문 화연구』 42, 성균관대학교 대동문화연구원.

_____(2005), 『운화와 근대』, 돌베개.

백민정(2009), 「최한기 정치론에서 民의 위상에 관한 문제」, 『대동문 화연구』 67, 성균관대학교 대동문화연구원.

_____(2009), 「최한기 철학의 변모 양상에 관한 일고찰 : 전후기 사상 의 연속 및 불연속 문제를 중심으로」, 『철학사상』 33, 서울대 학교 철학사상연구소.

손병욱(1998), 「혜강 최한기 기학의 철학적 구조」, 『동양철학연구』 18, 동양철학연구회.

_____(2004), 「학문 방법론을 통해서 본 기학의 구조와 성격」, 『혜강 최한기』, 청계.

_____(2005), 「혜강 최한기 철학의 기학적 해명」, 『혜강 최한기』, 예 문서원.

신원봉(2000), 「최한기의 기화적 윤리관」, 『최한기의 철학과 사상』, 철학과현실사.

_____(2004), 「혜강 기학에 나타난 주자학의 전환과 근대과학의 영 향」, 『혜강 최한기』, 청계.

예문동양사상연구원 · 김용헌 편저(2005), 『혜강 최한기』, 예문서원.

오상학(2011), 『조선시대 세계지도와 세계인식』, 창비.

유봉학(2000), 「19세기 경화사족의 생활과 사상」, 『최한기의 철학과 사상』, 철학과현실사.

이우성(1971), 「최한기의 가계와 연표」, 『혜암 유홍렬박사화갑기념논총』, 탐구당.

_____(1988), 「최한기의 사회관 : 『氣學』과 『人政』의 連繫 위에서」, 동양학학술회의 講演鈔, 『동양학』 18, 단국대 동양학연구소.

_____(1990), 「혜강 최한기의 사회적 처지와 서울생활」, 『제4회 동양학 국제학술회의논문집』, 성균관대학교 대동문화연구원.

_____(2010), 「최한기의 생애와 사상」, 『한국의 역사상』, 이우성저작집 1, 창비.

이종란(1996), 「19세기 중기 최한기의 현실인식과 정치윤리」, 『유교사상문화연구』 8, 한국유교학회.

_____(2008), 『최한기의 운화와 윤리』, 문사철.

이현구(2000), 『최한기의 기철학과 서양과학』, 성균관대학교 대동문화연구원.

_____(2003), 「최한기 사상의 인식론적 의의」, 『대동문화연구』 43, 성균관대학교 대동문화연구원.

_____(2005), 「최한기의 학문관」, 『혜강 최한기』, 예문서원.

_____(2014), 『최한기』, 실학박물관.

임형택(2001), 「개항기 유교지식인의 '근대' 대응 논리 : 혜강 최한기의 기학을 중심으로」, 『대동문화연구』 38, 성균관대학교 대동문화연구원.

_____(2002), 「혜강 최한기의 시간관과 일통사상」, 『창작과 비평』 통권 115(30-1), 창작과비평사.

최영진 외 지음(2000), 『최한기의 철학과 사상』, 철학과현실사.

허남진(2005), 「혜강 과학사상의 철학적 기초」, 『혜강 최한기』, 예문서원.

황경숙(1993),「혜강 최한기의 사회사상의 구조와 성격」,『한국학보』 70, 일지사.

_____(2005),「혜강 최한기 사상의 근대적 성격」,『혜강 최한기』, 예문서원.

야규 마코토(柳生 眞)(2008),『최한기 기학 연구』, 경인문화사.

최한기의 중력이론에 나타난 동서의 자연철학

전용훈 | 한국학중앙연구원 교수

이 글은 2015년 8월에 실시학사 워크숍에서 발표한 초고를 수정한 것이다. 당시 필자에게 여러 가지 유용한 지적과 조언을 해 주신 이종란 선생께 감사드린다.

1. 머리말

서양 과학사에서 근대 물리학의 출발점으로 인정되는 중력(重力)의 발견은 뉴턴(Isaac Newton, 1642~1727)이 우주의 어디에서나 질량을 가진 물체 사이에서 작용하는 원거리 작용(action at a distance, 遠隔作用)을 제시한 것을 가리킨다.[1] 뉴턴의 중력이론이 성립됨으로써 지구 상에서의 물체의 낙하운동과 천체들의 궤도운동 등 우주에 존재하는 수많은 역학적 현상들을 거의 완전하게 설명할 수 있게 되어 근대 물리학의 토대가 마련된 것이다. 중력은 우주의 어디에나 질량을 가진 물체 사이에서 작용하기 때문에 만유인력(萬有引力)이라고 부른다. 그러나 "나는 가설을 세우지 않습니다."라는 뉴턴 자신의 말을 통해 잘 알려져 있듯이, 뉴턴은 질량을 가진 물체가 왜 중력을 발생시키는지, 즉 중력의 원인을 말하지 않았다.[2] 나아가 그는 서로 멀리 떨어진 물체 사이에서 힘이 어떻게 전달되는지, 즉 중력이 작용하는 미시적 메커니즘도 설명하지 않았다. 뉴턴의 입장에서는 중력의 원인과 작용의 메커니즘을 말하는 것은 가설에 불과했기 때문이다. 뉴턴 당시 유럽 대륙의 학자들이 이러한 뉴턴의 중력이론을 비판했듯이, 자연계에 작용하는 힘의 원인과 작용의 메커니즘을 찾으려는 입장에서 볼 때, 뉴턴의 중력이론은 완전한 이론이 아니었으며 불합리한 이론이기도 했다.[3]

---

[1] 야마모토 요시타가 저, 이영기 옮김(2005), 9~10면.
[2] 위의 책, 801~802면.
[3] 중력에 대한 좀 더 일반적인 논의를 위해서는 G. 가모프 지음, 박승재 옮김(1973) 참조.

중력이 작용하여 나타나는 현상, 즉 중력현상에 대한 인식은 동서양을 막론하고 매우 오래되었다. 또한 중력현상의 원인과 중력 작용의 메커니즘을 설명하는 이론, 즉 중력이론도 뉴턴 이전부터 확립되어 있었다. 뉴턴의 위대성, 혹은 뉴턴 역학의 혁명성은 기존의 중력이론을 새로운 중력이론으로 대체하고, 수학적 정합성을 갖춘 이론으로 제시한 데에 있다고 할 수 있다. 뉴턴 이전의 서양에서는 프톨레마이오스의 우주구조론과 아리스토텔레스 자연철학에 기초한 중력이론이 확립되어 있었다. 이를 서양 중세의 중력이론이라고 부를 수 있는데, 이것은 17세기 이래 예수회 선교사들을 통해 동아시아에도 전래되었다. 한편, 서양 중세의 중력이론이 전래되기 이전의 동아시아에서도 중력현상은 널리 인식되었고, 이것을 설명하는 이론이 확립되어 있었다. 그것은 상하지세(上下之勢)의 중력이론이라고 불릴 수 있는 것인데, 위는 높고 아래는 낮다는 상하관념(上下觀念)과 가벼운 것은 위로 올라가고 무거운 것은 아래로 내려간다는 경중관념(輕重觀念)이 결합된 것이었다. 상하지세를 전제로 하면, 공중으로 던진 무거운 돌맹이가 땅으로 떨어지는 것은 따로 설명을 필요로 하지 않는 자명한 현상이었다. 물이 높은 곳에서 낮은 곳으로 흐르는 것처럼, 상하관념과 경중관념을 적용하면 중력현상은 자명한 상식으로 이해할 수 있는 현상이었다.

16세기 말부터 예수회 선교사들의 중국 선교가 시작되면서, 그들이 서양 중세의 우주론과 과학 이론, 그리고 거기에 포함된 중력이론을 전하자, 당시까지 동아시아의 상식으로 인정되던 상하지세의 중력이론은 파산을 맞았다. 우선 지구설(地球說)을 수용하는 순간 전통적인 상하관념과 경중관념은 더 이상 유지될 수가 없었다. 상하지세로는 남반구의 사람이 아래로 떨어지지 않고 지면에 안정되게 서 있는 현상을 설명할 수가 없었다. 동아시아의 많은 지식인들이 지구설에 반대했던 이유 가

운데 하나는, 자명한 상식이었던 상하지세의 중력이론이 지구설로 인해
붕괴된다는 사실을 인식했기 때문이다.

17세기 이래 동아시아에 전래된 서양의 우주론과 과학 이론은 프톨
레마이오스의 우주구조론과 아리스토텔레스의 자연철학을 기초로 한 것
이었다. 중세 서양 과학을 구성하는 여러 이론 가운데 중력이론과 관련
하여 중요한 것은 지구가 둥글다는 지구설(地球說), 지구가 우주의 중심
에 정지해 있다는 지정설(地靜說), 우주의 중심이 가장 낮은 곳이고 그곳
으로부터 멀어지면 높은 곳이라는 중심/주변관념, 천체를 싣고 있는 수
정체(水晶體)의 동심구(同心球)들이 지구를 중심으로 겹겹이 싸여서 돌
고 있다는 동심천구설(同心天球說), 지구 중심에서 달의 천구까지는 변
화하는 불완전한 세계인 지상계(地上界)이고 달보다 위의 천구가 있는
우주공간은 변화가 없는 완전한 천상계(天上界)라는 천상계/지상계설,
지상계를 이루는 물질은 흙[土]·물[水]·공기[氣]·불[火]로 이루어
졌으며 이들 원소는 언제나 자신의 본래 자리[本所]로 돌아가려는 운동
을 한다는 사원소설(四元素說), 천상계를 이루는 물질은 완전한 원소인
에테르[天]로 이루어졌으며 천체운동은 아무런 변화도 없이 무한히 계
속된다는 에테르설 등이다. 이와 같은 다양한 이론들이 결합하여 구성
된 서양 중세의 중력이론은 '뉴턴의 중력이론'이나 '상하지세의 중력이
론'과 구별되는 매우 체계적이고 정합적인 이론이었다. 그리하여 이 이
론은 공중으로 던지는 돌멩이가 지면에 떨어지는 현상, 지구의 남반구
에서도 사람들이 안정되게 서 있을 수 있는 현상 등 지상계에서 관찰
가능한 중력현상을 모두 설명할 수 있었다.

하지만 서양 중세의 중력이론이 기초로 삼고 있는 우주구조론과 자
연철학은 동아시아 전통의 그것들과 매우 다른 것이었다. 때문에 지구
설을 시작으로, 사원소설, 천상계/지상계설 등에 이르기까지 서양의 우

주구조론과 자연철학에 대한 동아시아 지식인들의 태도는 매우 다양하였다. 일체의 서양 이론을 거부한 경우도 있었지만, 동아시아 전통의 자연철학에 비추어 수용 가능한 몇 가지를 선택적으로 수용하는 경우도 있었다. 나아가 어떤 경우에는 일부 이론을 수용하면서 여기에 동아시아 전통의 자연철학 이론을 결합하여 새로운 이론들을 창안하기도 하였다. 19세기 조선 지식인 최한기(崔漢綺, 1803~1877)는 바로 동서양의 이론을 선택적으로 결합하여 새로운 중력이론을 구축한 경우이다. 그는 지구설과 지전설을 수용하였지만, 서양의 사원소설과 중세의 중력이론을 비판하였다. 나아가 그는 자신이 수용한 서양 과학의 이론에 기의 자연철학을 결합하여 새로운 자연철학의 체계를 세웠다.[4] 그리고 이 과정에서 최한기는 자신의 독자적인 기학적(氣學的) 중력이론을 제시할 수 있었다.[5]

최한기가 자신의 중력이론을 고안하는 과정을 살피기 위해서는 서로 다른 체계의 중력이론을 검토해야 하며, 나아가 중력이론의 차이 속에는 서양 과학사에서 일어난 우주구조론의 전환이 전제되어 있다는 점을 기억해야 한다. 최한기는 전통적인 상하지세의 중력이론, 지구설과 사원소설에 기초한 서양 중세의 중력이론은 물론, 질량을 가진 물체 사이에서 작용하는 뉴턴의 중력이론까지 모두 학습했다. 최한기는 17세기의

---

4 필자는, 최한기의 기학(氣學)은 서양 과학 지식에 기초하여 세워진 철학체계이지만 이는 다시 서양 과학을 재해석하고 해체하는 체계로 작동하였다고 생각한다. 이에 대해서는 전용훈(2007)을 참조.

5 최한기의 중력이론을 서양 과학사에서 제시된 여러 중력이론과 비교한 연구가 있다. 연구자는 최한기의 중력이론을 서양 과학사에서 제기된 다양한 중력이론과 경쟁할 수 있는 대안적 과학이론이자 미구에 그 과학적 가치가 드러날 이론으로 기대하고 있다. 하지만 필자는 이 연구자의 관점에 동의하기 어렵다. 김숙경(2012), 153~154면 ; 김숙경(2013), 43~44면을 참조.

한역 서학서들로부터 서양 중세의 중력이론을 접했으며, 19세기 중반에 중국에서 번역된 근대 과학 서적으로부터 1880년대 이전의 조선 지식인으로서는 거의 유일하게 뉴턴의 중력이론을 접했다. 17세기에서 19세기 중반에 이르는 동안 서양 과학사에서는 중세의 중력이론에서 뉴턴의 중력이론으로 변화하는 가운데, 프톨레마이오스의 지구중심설에서 코페르니쿠스의 태양중심설로 우주구조론이 달라졌으며, 이로 인해 중력이론이 적용되는 공간의 범위도 달 아래 세계인 지상계로부터 천상계와 지상계를 구별하지 않는 전 우주로 확대되었다. 서양 중세의 중력이론에서 중력이론이 적용되는 범위는 오로지 달 아래의 세계인 지상계였을 뿐이다. 천상계의 천체운동은 완전한 세계의 운동이므로 중력이론을 적용할 수 있는 세계가 아니었다. 그런데 뉴턴의 중력이론은 천상계/지상계의 구별이 사라진 새로운 우주론에 기초하였다. 코페르니쿠스에 의해서 제안되었듯이, 새로운 우주론에서 지구는 더 이상 우주의 중심이 아니며, 태양을 중심으로 공전운동을 하면서 그 자체로 자전을 하고 있었다. 흔히 중력을 우주의 어디에나 존재하는 인력이라는 의미로 만유인력(萬有引力)이라고 부르듯이, 뉴턴은 우주의 어디에나 질량이 있는 물체 사이에는 인력이 작용한다고 하였는데, 이것은 지상계와 천상계의 구별이 무의미하다는 것이다. 즉 지구 위에서의 물체의 낙하 운동이나 우주 공간에서의 천체들의 궤도운동은 그것이 중력현상이라는 점에서 아무 차이가 없으며, 중력이론으로 설명되어야 하는 현상이라는 점에서 동일하다. 따라서 최한기의 중력이론을 논의할 때에는 서양에서 중력이론의 변화와 그 변화의 전제로 작용한 우주구조론의 변화도 함께 고려해야 한다.

사실 서양 중세의 중력이론뿐 아니라, 동아시아 전통의 중력이론에서도 천체운동은 중력현상으로 인식되지는 않았다. 그럼에도 천체운동의 원인을 설명하는 이론은 서양 중세는 물론이고 동아시아에서도 오래전부터 존재하였다. 동아시아 고대의 우주론인 선야설(宣夜說)에서 제안된 것과 같이 천체들은 회전하는 기에 실려서 운동한다고 생각하는 경우가 많았는데, 이것은 주자학의 완성자인 주희(朱熹, 1130~1200)의 자연학적 논의를 계기로 유가적 자연학의 기본 이론으로 확립되었다. 천체가 회전하는 기에 실려서 운동한다는 생각은 송대(宋代) 이후의 동아시아 유가 지식인들에게는 하나의 상식이 되었다. 서양 중세의 자연철학에서도 천체운동을 설명하는 이론이 있었다. 동심천구설에서는 별자리천구의 바깥에 강한 회전력을 가진 종동천(宗動天)이 있는데, 이것이 자신의 회전력을 그보다 아래의 천구들에 전달하여 주기 때문에 천체를 싣고 있는 천구들이 회전한다. 또한 천상계는 완전한 세계이므로 회전력은 전혀 줄지 않고 천체들의 회전은 영원히 지속된다. 다만 신학적 관점에서 종동천에 회전력을 부여한 것은 무엇인가라는 문제에 대해서 최초의 기동자(起動者)는 바로 서양 중세 신학에서 조물주·절대자·하느님과 동일한 의미의 신(神)이라고 생각하였다. 이처럼 뉴턴 이전에는 동아시아에서나 서양에서나 지구 표면이나 표면에서 가까운 공간에서 일어나는 현상만을 중력현상으로 인식했으며, 천체의 운동은 중력현상으로 인식되지 않은 가운데 그것을 설명하는 이론이 따로 존재하였다. 그리고 뉴턴에 이르러 지구 상에서의 중력현상은 물론이고 이전에는 중력이론의 적용 대상이 아니었던 천체운동까지 아울러 설명할 수 있는 천상계와 지상계 모두에 일관된 중력이론이 제시되었던 것이다.

　뉴턴의 중력이론이 한국의 사상사와 과학사에 처음으로 등장한 것은 19세기 중반 최한기에 이르러서였다. 최한기는 존 허셜(John Herschel, 1792~1871)의 *Outlines of Astronomy*(천문학개요, 제4판, London, 1851)를 중국인 이선란(李善蘭, 1811~1882)과 영국 선교사 와일리(Alexander Wylie, 1815~1887)가 한역(漢譯)한 『담천(談天)』(上海, 1859)을 통해 한국인 최초로 뉴턴의 중력이론을 접했다.[6] 최한기는 뉴턴의 중력이론에 만족하지 못하고 자신의 기학적(氣學的) 사유를 덧붙여 새로 개발한 중력이론을 자신의 저서 『성기운화(星氣運化)』(1867)에서 제시하였다.[7] 그런데 최한기의 독자적 철학체계인 기학(氣學)은 『기학(氣學)』(1857)이라는 저술을 통해 이미 확립한 것으로 인정된다.[8] 나아가 그가 뉴턴의 중력이론을 접한 것은 1860년 이후이기 때문에, 『성기운화』에서 제시된 최한기의 중력이론의 형성 과정을 이해하기 위해서는 서양 중세의 중력이론과 뉴턴의 중력이론은 물론 최한기 자신이 확립한 기학의 체계를 함께 고려해야 한다.

〈표 1〉 최한기의 저술과 관련 서양 과학서

연 도	저 작	관련 서양 과학 저작	비 고
1834~42	農政會要	授時通考(1747)	
1834	陸海法	泰西水法(1612)	
1835	儀象理數	新法算書(1666) 曆象考成(1723) 曆象考成後編(1742)	티코 브라헤 우주론과 천문학 이론

---

6 필자는, 존 허셜의 *Outlines of Astronomy*와 이 책의 한역(漢譯)인 『담천(談天)』의 판본 및 유통 상황에 대해서 살핀 적이 있다. 全勇勳(2013), 237~238면 참조.
7 『담천』에 담긴 뉴턴 역학과 서양 근대 천문학 지식을 최한기가 수용 혹은 변용했는지를 『성기운화』를 중심으로 살핀 필자의 연구가 있다. Jun, Yong Hoon(2010) 참조.
8 최한기의 사상을 1830년대의 저작을 중심으로 한 초기의 것과 『氣學』(1857)으로 대표되는 1850년대 이후의 후기의 것으로 구분할 수 있으며, 둘 사이에는 불연속이 있다는 인식은 연구자들 사이에서 공유되어 있다. 이 점을 좀 더 구체적으로 분석한 연구로 백민정(2009)이 있다.

연 도	저 작	관련 서양 과학 저작	비 고
1836	推測錄	靈臺儀象志(1673)	사원소설
1842	心器圖說	奇器圖說(1627) 諸器圖說(1627)	
1850	習算津筏	數理精蘊(1723)	
1857	氣學		기학의 체계 정립
1857	地球典要	地球圖說(1763) 瀛環志略(1850) 海國圖志(1852)	코페르니쿠스의 우주구조론과 천문학이론
1860	運化測驗	空際格致(1633)	사원소설과 아리스토텔레스의 자연철학
1866	身機踐驗	全體新論(1851) 博物新編(1855) 西醫略論(1857) 內科新說(1858) 婦嬰新說(1858)	
1867	星氣運化	談天(1859)	근대 천문학과 뉴턴의 천체역학

사실 뉴턴의 중력이론이 최한기 자신의 중력이론과 연결되어 서술된 책은『성기운화』이지만, 최한기는 학문의 초기부터 중력현상을 설명하는 이론에 대해 고민을 해 왔다. 학문의 초기 저술에 해당하는『추측록(推測錄)』(1836)에서의 논의를 시작으로, 학문의 후기에 해당하는『운화측험(運化測驗)』(1860)에서는 중력이론에 대한 논의가 확대되고 심화되었으며, 그의 최종적인 중력이론이『성기운화』(1867)에서 드러나게 되었다. 최한기에게 있어서는, 학문의 초기부터 지구설을 수용함으로써 동아시아 전통의 상하지세의 중력이론은 이미 파산하였으며, 그의 중력이론은 서양의 지구설과 동심천구론을 수용한 상태에서 서양의 사원소설이

아닌 독자적인 기론(氣論)에 입각한 중력이론의 형태로 모색되었다. 즉 학문활동의 초기에 최한기는 서양 중세의 중력이론과 결합한 기론적 중력이론을 시험적으로 모색하였다.

한편, 『기학』(1857)과 동일한 시기에 저술된 『지구전요(地球典要)』(1857)를 보면 최한기가 코페르니쿠스의 태양중심설을 수용하고 있음을 알 수 있는데,[9] 이는 그의 중력이론의 발전에 중요한 계기였다. 1860년에 저술한 『운화측험』에서 최한기는, 코페르니쿠스 우주론의 핵심인 지구의 자전과 공전을 모두 고려하는 바탕 위에서 이미 확립한 자신의 기학을 통해 서양 중세의 중력이론을 비판하고, 나아가 자신만의 독특한 기학적(氣學的) 중력이론을 제시하고 있다. 그러나 『운화측험』에 나타난 최한기의 중력이론은 서양 중세 중력이론의 영향이 아직도 많이 나타난다. 중력현상에 대한 논의가 주로 달 아래의 세계인 지상계의 현상을 중심으로 이루어져 있으며, 천상계의 현상에 대한 중력이론은 아직 모색하는 단계에 있는 것으로 보인다.

최한기는 허셜의 『담천』을 통해 자신의 중력이론을 확립하기 위한 새로운 서양 지식을 얻게 되었는데, 그것은 이 책에 담긴 다양한 천체운동과 이에 대해 뉴턴의 중력이론을 적용한 역학적 설명이었다. 최한기는 서양 중세의 중력이론과 뉴턴의 중력이론을 자신이 확립한 기학적 관점에서 비판적으로 수용하여 독자적인 중력이론을 구축하였다. 그리고 『성기운화』를 중심으로 제시된 최한기의 중력 이론은 대단히 체계적인데, 이것은 그의 중력이론이 자신의 독자적인 철학체계인 기학(氣學)의 체계와 일관되어 있기 때문이다.

최한기의 중력이론을 볼 수 있는 『추측록』, 『운화측험』, 『성기운화』

---

9 최한기의 태양중심설 수용에 대해서는 김용헌(1998), 124~129면 참조.

의 세 저술을 중심으로, 그의 중력이론에 대한 사유 과정을 서양 과학 지식과 자기 철학의 확립 과정에 연결시켜 보면, 대체로 세 단계를 설정할 수 있다. 먼저 ① 초기의『추측록』을 저술하던 시기는 자신의 철학체계는 아직 확립되지 않은 상태에서 서양 중세의 중력이론을 인지하고 선택적 비판과 수용을 통해 자신의 중력이론을 모색하는 단계이다. 두 번째는 ② 1857년 최한기의 독자적 철학체계를 담은『기학』의 성립 이후에 저술한『운화측험』(1860)을 저술하던 시기는 자신의 철학적 관점으로 서양 중세의 중력이론을 비판하며, 독자적인 기학적 중력이론을 확립하는 단계이다. 그러나 이 단계의 중력이론은 지상계의 중력현상을 중심으로 하면서, 천체의 궤도운동에 대해서는 기학적 중력이론을 모색하고 있다. 세 번째로 ③『성기운화』를 저술하던 시기는 뉴턴의 중력이론을 학습하고 이를 기학적 관점에서 비판적으로 수용하여, 자신의 중력이론을 완성한 단계이다. 이 단계에서 주목할 점은, 최한기의 기학적 중력이론이 확립되었다는 사실과 함께, 중력에 대한 논의도 천상계의 모든 천체들의 운동에까지 확장되었다는 점이다. 뉴턴이 자신의 중력이론으로 설명한 천상계와 지상계의 모든 중력현상을 최한기 또한 자신이 완성한 기학적 중력이론으로 설명할 수 있게 되었다.

2. 서양 중세의 자연철학과 중력이론의 전래

중력이론은 한 시대 혹은 한 사람의 세계관, 즉 인간과 사물이 존재하는 땅과 우주의 모양과 구조, 그 안에서 일어나는 각종의 자연현상에 관한 이론과 밀접하게 연관되어 있다. 17세기 예수회 선교사를 통해 서양 과학이 전래되기 전까지 동아시아에서 상식으로 통하던 전통의 중력이론은 소위 상하관념과 경중관념에 바탕을 둔 상하지세의 중력이론이었나. 천원지방(天圓地方)의 우주관은 고대 이래의 상식이었는데, 이 우주관에서 하늘은 위이고 땅은 아래이다. 높은 곳에 있는 무거운 물체는 항상 아래로 가려는 경향이 있는데, 이것을 상하지세(上下地勢)라고 불렀다. 물이 위에서 아래로 흐르는 것은 상하지세가 있다는 것을 보여 주는 분명한 예이다.

송대의 주희에 의해 고대의 천원지방의 우주론보다 정교하고 체계화된 신유학적 우주론이 성립하였다.[10] 이 우주론에서는 하늘을 쉬지 않고 회전하는 기(氣)로 보았다. 땅은 물 위에 떠서 회전하는 기에 감싸인 채 우주 공간에 존재한다.[11] 송대 이후 유학자들의 중력현상에 관한 사유는 이처럼 달라진 우주론을 전제로 하였지만, 무거운 것은 아래로 떨어진다는 상하지세의 중력이론은 그대로 유지되었다. 서양 중세의 중력이론이 전래되기 전까지 동아시아 지식인들이 상식으로 공유했던 중력이론이 바로 이것이었다. 한편, 송대 유가의 우주론에서 천체들의 궤도운동을 일으키고 유지시키는 것은 기의 회전이었다. 천체들은 우주 공간을 꽉 채운 기의 흐름을 따라서 부유하는 것으로 이해되었는데, 최한기의 기학적 중력이론이 전통 유가의 기의 우주론에 연결되어 있음을 알 수 있다.

신유가적 우주론과 중력이론을 공유하던 동아시아에, 17세기 이래로 서양 과학이 전래되었다. 전래한 서양 과학의 여러 이론 가운데 중력이론과 관련된 것들을 나열해 보면 다음과 같다. ① 지구가 둥글다는 지

---

10 주희가 체계화한 신유학적 우주론에 대해서는 야마다 케이지(山田慶兒) 지음, 김석근 역 (1991), 69~196면을 참조. 주희의 자연철학의 전반적인 모습을 이해하기 위해서는 김영식(2005)을 참조.

11 야마다 케이지 지음, 김석근 역(1991), 173면의 그림 참조.

구설(地球說), ② 지구는 우주의 중심에 정지해 있다는 지정설(地靜說), ③ 우주의 중심이 가장 낮은 곳이고 그곳으로부터 멀어지면 높은 곳이라는 중심/주변관념, ④ 우주의 중심인 지구의 중심을 천체들이 실려 있는 수정체(水晶體)의 동심구(同心球)들이 겹겹이 감싸고 있다는 동심천구설(同心天球說), ⑤ 지구 중심에서 달의 천구까지는 변화하는 불완전한 세계인 지상계(地上界)이고 달보다 위의 천구가 있는 우주 공간은 변화가 없는 완전한 천상계(天上界)라는 천상계/지상계설, ⑥ 지상계를 이루는 물질은 흙·물·공기·불로 이루어졌으며 사원소는 언제나 자신의 본래 자리로 돌아가려는 운동을 한다는 사원소설(四元素說), ⑦ 천상계를 이루는 물질은 완전한 원소인 에테르[天]로 이루어졌으며 천체운동은 아무런 변화도 없이 무한히 계속된다는 에테르설 등이다. 이처럼 다양한 이론들로 구성되어 있지만, 한마디로 예수회 선교사들이 전해 준 서양의 우주론과 중력이론은 프톨레마이오스 우주구조론과 아리스토텔레스의 자연철학이 결합된 서양 중세 및 르네상스 시기의 이론이었다.

동아시아에 이와 같은 새로운 우주구조론과 중력이론이 전래되자, 전통적인 상하지세의 중력이론은 더 이상 유지될 수 없었다. 특히 ① 지구가 둥글다는 지구설(地球說)과 이와 연관된 ② 지구는 우주의 중심에 정지해 있다는 지정설(地靜說), 그리고 ③ 우주의 중심이 가장 낮은 곳이고 그곳으로부터 멀어지면 높은 곳이라는 중심/주변관념 등이 전통적 중력이론을 파산시킨 핵심 이론들이었다. 하나의 예로, 서양인들은 둥근 지구의 아래쪽에 사람과 사물이 안정되게 서 있다고 말하였는데, 이는 전통적 상식으로는 상상할 수조차 없는 현상이자 비상식적인 주장이었다. 서양의 지구설과 중력이론의 등장으로 지금까지의 동아시아에서는 한 번도 생각해 보지 못한 중력현상이 사실이 되었고, 이것을 설명하지 못하는 상하지세의 전통적 중력이론은 붕괴할 수밖에 없었다. 물론 서양의 과학이론이 전통적 상식을 파괴하는 일을 우려하여 서양 과학을 철저히 거부했던 사람들도 있었다. 중국에서 지구설이 확산되어 가던 17세기 중반에도 철저하게 지구설을 거부했던 양광선(楊光先, 1623~1688) 같은 사람이 대표적인 예이다.[12] 이들에게 동아시아의 중력이론은 단순한 상식이 아니라, 성현의 가르침, 즉 전통의 문화적 가치가 함축된 것이기도 했기 때문이다.

17세기 초 리치(Matteo Ricci, 중국명 利瑪竇, 1552~1610)는 처음으로 『곤여만국전도(坤輿萬國全圖)』(1602)에서 지구설(地球說)에 대한 공식적인 언급을 남겼다.[13] 이후 『건곤체의(乾坤體義)』(1605)와 우르시스(Sabbathino de Ursis, 중국명 熊三拔, 1575~1620)의 『표도설(表度說)』(1614) 등 다양한 한역 서양 과학서와 세계지도를 통해 지구설은 동아시아에 전파되었다. 그러나 동아시아의 지식인들은 지구설과 지구 위에서의 중력현상을 논증하는 서양 중세의 자연철학과 중력이론에 쉽게 동의할 수가 없었다. 서양의 중력이론은 사원소설을 중심으로 한 아리스토텔레스의 자연철학에 기초하고 있었으며, 이것은 전통적인 기의 자연철학과 너무나 이질적이었기 때문이다. 나아가 이와 같은 서양의 자연철학은 기독교 교리와 결합된 형태로 동아시아에 전해졌기 때문에, 동아시아의 유가 지식인들로부터 더욱 많은 비판을 받았다. 예수회의 한역 과학서 가운데 『환유전(寰有銓)』(1628), 『환우시말(寰宇始末)』(1637), 『공제격치(空際格致)』(1633), 『주제군징(主制群徵)』(1629), 『성학추술(性學觕述)』(1637) 같

---

12 양광선의 서양 과학 반대론에 대해서는 전용훈(2002), 10~15면을 참조.

13 리치의 세계지도들에 대해서는 金良善(1961)을 참조. 이 논문은 『梅山國學散稿』(崇田大學校 博物館, 1972)에 재수록되었다.

은 책에서 기독교 교리와 결합된 사원소설을 볼 수 있다.[14] 최한기가 그의 『운화측험』에서 바뇨니(Alfonso Vagnoni, 중국명 高一志, 1566~1640)의 『공제격치(空際格致)』에 서술된 서양의 자연철학을 비판적으로 논의하고 있는 이유도 여기에 있다.

최한기가 이해한 서양의 사원소설과 중세의 중력이론은 바뇨니의 『공제격치』에 크게 의지한 것이다.[15] 그의 『운화측험』(1860)은 주로 이 책의 이론을 비판적으로 검토한 결과이다. 『공제격치』에 따르면, 우주는 기본적으로 달 궤도보다 아래에 있는 지상계(地上界)와 달 궤도보다 위의 세계인 천상계(天上界)로 나눌 수 있으며, 우주의 중심에는 정지한 지구가 있다. 지상계에는 기본적으로 네 가지 원소가 아래로부터 층층이 동심구(同心球)를 이루며 분포하고 있는데, 흙[土]·물[水]·공기[氣]·불[火]이 그것이다.[16] 그리고 이 순서로 원소들은 자신이 본래 있어야 할 자리, 즉 본소(本所)를 갖는다. 천상계는 늘거나 줄거나 소멸하지 않는 완전한 원소인 에테르[天]가 있다. 사원소는 각각 본원적 성격을 지니는데, 냉열건습(冷熱乾濕)의 네 가지 성격 가운데 두 가지의 성격을 공유한다.[17] 불은 열(熱)+건(乾)이며, 공기는 습(濕)+열(熱)이며, 물은 냉(冷)+습(濕)이며, 흙은 건(乾)+냉(冷)이다. 원소들은 성격이 공통되면 본소가 서로 가깝고, 등지면 본소가 서로 멀다. 흙과 물은 냉(冷)을 공유하므로 가깝고, 물과 공기는 습(濕)을 공유하므로 가깝고, 공기와 불은 열(熱)을 공유하므

---

14 이 책들에 서술된 서양의 자연철학에 대해서는 Willard J. Peterson(1973)을 참조.

15 본 연구에서는 알폰소 바뇨니 지음, 이종란 옮김(2012)을 주로 참조했다. 사원소설에 대한 일반적인 논의와 조선 후기 지식계에 사원소설이 미친 영향에 대해서는 전용훈(2009); 김문용(2005) 등을 참조.

16 이에 대한 것은 『空際格致』 권상, 「元行性論」; 알폰소 바뇨니 지음, 이종란 옮김(2012), 91면 이하를 참조. 이하 이 번역서는 『공제격치』(2012)로 약칭함.

17 『空際格致』 권상, 「元行性論」; 『공제격치』(2012), 92~93면.

로 가깝다. 물은 냉습(冷濕)이고, 불은 열건(熱乾)이므로 서로 멀고, 흙은 건랭(乾冷)이고, 공기는 습열(濕熱)이므로 서로 멀다. 불과 흙은 건(乾)을 공유하지만, 원소의 무게가 다르므로 상하가 정해진다.[18] 각 원소의 층은 두께도 각각 다른데, 불 층이 가장 두껍고, 다음이 흙(지구의 지름) 층이며, 다음이 공기 층이며, 물 층이 가장 얇다.[19]

사원소설에 기초한 자연철학에서 설정한 운동은 ① 자연스런 운동과 ② 강제된 운동으로 나뉜다. 자연스런 운동은 세 가지인데, 지상계에서 원소들이 본소를 찾아가는 상하 방향의 두 가지 운동과 천상계에서 원 운동이 그것이다. 그 외의 모든 운동은 강제된 운동이다.[20] 서양 중세의 중력이론에서 중력현상은 지상계의 현상일 뿐이며, 지상계의 중력 현상은 원소가 본소를 찾아가려는 자연스런 운동으로 설명이 된다. 흙 성분을 가진 돌멩이는 자신의 본소인 지구의 중심으로 향하는 운동을 하므로, 공중에 던져 올린 돌멩이는 지표면으로 떨어지는 것이다. 한편 원소가 본소를 찾아가는 자연스런 운동으로 인해 지구는 구(球)를 이룬다. 흙이 자신의 본소인 우주의 중심으로 가기 위해 사방에서 몰려들면 자연히 둥글게 모양을 형성할 수밖에 없다.[21] 또한 땅은 정지해 있는데, 왜냐하면 흙이 본소를 얻으면 전혀 움직이려 하지 않기 때문이다.[22] 이와 같은 서양 중세의 중력이론은 중력의 원인과 작용의 메커니즘을 완전하게 설명할 수 있었다. 나아가 최한기의 입장에서 볼 때에도 서양 중세의 중력이론은, 뉴턴이 가설을 세우지 않겠다며 포기했던,

---

18 『空際格致』 권상, 「行性論」; 『공제격치』(2012), 97~98면, 104~109면.
19 『空際格致』 권상, 「元行性論」; 『공제격치』(2012), 114면.
20 『空際格致』 권상, 「元行性論」; 『공제격치』(2012), 95~96면.
21 『空際格致』 권상, 「地論」; 『공제격치』(2012), 145면.
22 『空際格致』 권상, 「地論」; 『공제격치』(2012), 149면.

그래서 뉴턴의 중력이론이 결여하고 있던, 중력의 원인과 작용의 메커니즘을 우주구조론과 자연철학적 원리로부터 설명할 수 있는 완전한 이론이었다.

한편, 서양 중세의 중력이론에서 천상계의 천체들의 운동은 중력현상이 아니었다. 천상계에서 천체들이 원 궤도운동을 하는 것은 자연스런 운동이며, 이 세계는 완전한 세계이므로 그 운동이 늘거나 줄지 않는다. 천체들을 운동시키는 최초의 힘, 그리고 그 운동을 유지시키는 힘은 항성천(恒星天) 바깥에 있는 종동천(宗動天)에서 나온다. 종동천은 신으로부터 부여받은 거대한 힘으로, 그 아래에 존재하는 모든 천구들에 회전력을 전달한다. 천상계에서는 이 종동천의 회전력은 전혀 줄어들지 않고, 계속해서 운동이 유지된다. 그러나 종동천의 회전력은 지상계로 가까이 올수록 점점 줄어든다. 종동천에 의해 천상계에 전달된 회전운동의 힘은 지상계의 사원소로 이루어진 동심구들에도 회전력으로 전달된다. 그리하여 종동천의 회전운동은 지상계의 맨 위층인 화대(火帶, 불의 층)에 미치고, 그 거리가 점점 멀어질수록 그 힘이 줄어들어, 기대(氣帶, 기의 층)의 하층부 아래로는 미치지 못한다.[23] 즉 종동천의 회전력은 천상계와 그 아래의 화대, 그리고 기대의 상층부, 나아가 기대의 중층부까지는 미치지만, 기대의 하층부 이하에는 미치지 못한다.

서양 중세의 자연철학에서 혜성과 유성은, 현대인의 상식과 달리, 천상계의 현상이 아니라 지상계의 현상이다.[24] 원래 공기의 층은 세 개의

---

23 『空際格致』 권상, 「元行性論」; 『공제격치』(2012), 122면, "故氣之下域, 不見宗動之强矣." 이종란은 '氣之下域'을 '공기 아래의 지역에서는'으로 번역했으나, 이것은 '공기 아래의' 구역인 수대(水帶, 물의 층)가 아니라, 공기층 내에서의 하층부를 가리킨다. 바로 다음 문장에서 '氣之上域'을 '공기의 상층 지역'으로 번역한 것은 정확하다.

24 『空際格致』 하권, 「元行生物論」; 『공제격치』(2012), 218면, "又測彗星之位, 明見係月天之下, 故知不爲眞星矣." 혜성에 대해서는 『空際格致』 下卷, 「元行生物論」; 『공제격치』

층으로 이루어져 있다.[25] 상층부는 불의 층에 가까워서 항상 뜨겁다. 하층부는 물과 흙[水土, 지구]에 가깝고, 지구는 항상 태양 빛을 받으므로 따뜻해질 수 있다. 그러므로 기대의 하층부도 역시 따뜻하다. 다만 기대의 중층부는 하늘에도 멀고 땅에도 멀어서 차갑다.[26] 지상에서 관찰되는 눈이나 비 같은 각종 기상현상은 기대의 중간층에서 일어난다.[27] 혜성은 땅에서 태양 빛을 받아 발생한 두꺼운 공기가 결정을 이룬 것이 상승하여, 기대의 상층부에 다다라 불의 층의 열기로 인해 불이 붙은 것이다.

태양이 토와 수[土水, 지구]에 섭동(攝動)을 하면(영향을 미치면), 맑은 기(氣)는 막아서는 것이 없어서 바로 솟구쳐 불의 고리(火輪, 氣層을 덮은 火層을 가리킴)[28]에 다다른다. 이렇게 다다른 기(氣)는 대단히 건조하고 대단히 맑기 때문에 쉽게 타서 불로 변한다. 희미한 것들은 한번 타고 나서 흩어져 버리는데, 이것이 유성(流星)이 된다. 두터운 것들은 타더라도 쉽게 소멸하지 않고 오랫동안 공중에 떠 있는데, 이것이 혜성이 된다. (유성과 혜성의 현상은) 반드시 기대(氣帶)의 가장 높은 구역에서 일어난다.[29]

(2012), 217~223면에서 더욱 자세히 논의되고 있다.

25 『空際格致』 권상, 「元行性論」; 『공제격치』(2012), 115면, "水土球外有氣, 氣分三域(解在後)."

26 『空際格致』 권상, 「地論」; 『공제격치』(2012), 170면, "氣厚分有上中下三域. 上域近火, 近火常熱. 下域近水土, 水土常爲太陽所射, 足以發煖. 故氣亦煖. 中域, 上遠于天下遠于地, 則寒."

27 『空際格致』 권상, 「地論」; 『공제격치』(2012), 170면, "下爲中域, 雨雪所結."

28 한글 번역자가 원문의 '火輪'을 태양으로 해석한 것은 잘못이다. 이것은 기대(氣帶) 즉 기층(氣層)의 위에 있는 화대(火帶), 즉 화층(火層)의 구(球)를 의미한다. 『공제격치』(2012), 168면.

29 『空際格致』 권상, 「地論」; 『공제격치』(2012), 168~169면, "太陽攝土水. 淸氣無所阻而徑冲, 直至火輪而止, 乃以甚乾甚淸, 易燃而變火. 其微者, 一燃卽散, 是爲流星. 厚者, 燃不易減, 久懸空中, 是爲慧字. 必係氣之最高域矣."

혜성은 기대(氣帶)에 속해 있으면서, 종동천의 이끌림을 따라 화대와 기대가 함께 움직이면서 동쪽에서 서쪽으로 움직일 때 따라 움직이기 때문에 혜성은 동에서 서로 움직인다. 하지만 기대의 속도와는 완전히 동일하지 않고 약간씩 뒤처지기 때문에 서쪽에서 동쪽으로 조금씩 움직이는 것으로 보인다. 북쪽이나 남쪽으로 움직이는 것들은 어떤 천체들에 강제로 이끌려서 그런 것일 뿐, 자연스런 운동은 아니다.[30] 혜성은 기대의 상층부에서 화대(火帶)와 닿는 곳에서 일어나는 현상인데, 화대는 종동천의 이끌림을 따라 강제로 움직이며, 이는 기대의 상층부에도 전달된다. 그러나 기대의 하층부까지는 이 회전력이 전달되지 못한다.[31] 종동천의 회전력은 가벼운 화대와 기대의 중층부까지만 겨우 미치므로, 수대(水帶)와 지구는 움직일 수가 없다.[32] 때문에 지구는 우주의 중앙에서 움직이지 않고 정지해 있다.

3. 기 중심적 자연철학과 중력이론의 탐색

중력이론에 관한 최한기의 구상은 앞서 정리한 서양 중세의 중력이론과 동아시아 전통의 기(氣) 중심적 자연철학을 결합하는 방향으로 전개되었다. 앞서 언급하였듯이, 기 중심적 자연철학의 입장에서는 서양의

---

30 정약용(丁若鏞)과 정약전이 혜성의 운동에 관하여 토론할 때, 정약전이 제시한 운동의 원리가 여기에 있다. 전용훈(2009), 428~433면 참조.

31 『空際格致』권상, 「元行性論」; 『공제격치』(2012), 122~123면, "試觀慧孛正繫氣之上域, 明受宗動天之强旋, 乃火輪居于氣上, 豈不更受宗動天之强乎."

32 『空際格致』권상, 「元行性論」; 『공제격치』(2012), 123면, "不能動其輕且浮者, 胡能動其重且定者乎."

사원소설과 중세 자연철학은 쉽게 수용될 수 없는 것이었다. 하나의 예로 홍대용(洪大容, 1731~1783)은 선통적인 오행설(五行說)과 시양의 사원소설 모두에 비판적이었는데, 그가 서양의 중세 자연철학 대신에 우주의 현상을 설명하는 이론으로 제시한 것이 기 중심적 자연철학이었다. 기로 모든 자연현상을 설명하는 기 중심적 우주론은 홍대용의『의산문답(毉山問答)』 전체를 관통하고 있다.

최한기는 학문활동의 초기부터 기 중심적 자연철학의 입장에서 오행설은 물론 서양의 사원소설과 그에 기초한 자연철학에 대해 비판적인 입장을 지니고 있었던 것 같다.『추측록』(1836)에서 서양의 사원소설을 대신하여 기를 통해 중력현상을 설명하려는 최한기의 구상을 볼 수 있다. 최한기는 사원소가 지닌 냉열건습(冷熱乾濕)의 성질을 기(氣)의 상태라고 보았다. 그는 "기의 냉열건습은 위로 천체들이 각기 달리 비추고, 아래로 지구상의 지형이 다른 것으로부터 변화가 무궁하고 길러지는 것이 다르다."고 하였다.[33] 최한기는 여기에다 기의 자연철학을 결합하여 뜨거운 기는 태양에서 나오고 습한 기는 지구에서 나와서 이것이 상호작용한다는 구상을 하였다. 나아가 달의 궤도는 지구의 증울지기(蒸鬱之氣)와 태양의 양염지기(陽焰之氣)가 만나는 곳이라고 보았다.

> 뜨거운 기는 태양에서 나오는데, 가까우면 세고 멀면 약하다. 습한 기〔蒸鬱之氣〕는 지구에서 생기는데, 가까우면 두텁고 멀면 얇다. (이 두 기가) 서로 만나는 경계가 조(燥)와 습(濕)의 한계이며, 한(寒)과 냉(冷)의 경

---

[33] 『推測錄』 권6,「萬物資育」(『增補 明南樓叢書』 1, 217b), "氣之冷熱乾濕, 由於上受日月星辰異照, 下染水土脈理異情, 變易無窮, 資育不同." (이하 최한기 저술의 인용은『增補 明南樓叢書』의 책 번호와 페이지 번호만 표시함. 이 책은 한 면에 원문 4면이 편집되어 있으므로 오른쪽 위부터 왼쪽 아래까지 각각 a, b, c, d로 표시한다.)

계이다. 몽기(蒙氣)는 여기에 이르러 빙글빙글 돌고[盤旋], 눈비는 여기에 이르러 아래로 돌아간다. 그러나 태음(달)이 그 사이에서 회전하면서, 이 경계를 두텁거나 얇게, 그리고 높거나 낮게 만든다. 나아가 지구의 남북극의 두 끝에서도 또 후박(厚薄)이 있다."[34]

최한기는 사원소설을 일부 수용하여 지구와 그 주변이 토(土)·수(水)·기(氣)의 층서구조로 되어 있다는 것은 인정한 것 같다.[35] 하지만 사원소의 층서구조 가운데 화대(火帶, 불의 층)의 영역을 서양의 사원소설과 완전히 다르게 설정하였다. 서양의 사원소설에서는 화대의 가장 윗부분이 달의 궤도에 인접하고 있다고 보았다. 반면, 최한기는 토·수·기·화의 층서구조는 대략 받아들였지만, 토·수·기(土水氣)는 지구의 영역이고, 화(火)는 태양의 영역이라고 보았다. 이런 생각은 학문 활동의 후반기에 쓴 『운화측험』(1860)에서도 이어졌는데, 그는 여기에서 우주에 존재하는 운동력의 근원을 태양으로 상정하였다. 최한기가 화(火)의 영역을 서양의 사원소설과 다르게 상정한 것은 『추측록』에서부터 『운화측험』에 이르기까지 일관된다. 우선 최한기는 『추측록』에서 "한서와 주야의 장단은 태양에서 비롯된 것"[36]이라고 열기의 근원으로서의 태양의 중요성을 환기하였다. 이것은 『운화측험』에서 "태양에서

---

34 『推測錄』 권2, 「天地間寒界」(『增補 明南樓叢書』 1, 121c), "陽焰之氣, 發於太陽, 而近酷遠微, 蒸鬱之氣, 生於地球, 而近厚遠薄. 相交之際, 卽燥濕之限, 寒冷之界. 蒙氣至此而盤旋, 雨雪至此而還下. 然太陰斡旋於其間, 使此界限, 爲之厚薄高低. 且於兩極二至之下, 又有厚薄."

35 『推測錄』 권2, 「地體蒙氣」(『增補 明南樓叢書』 1, 118a), "氣之濁滓爲蒙, 蒙之濁滓爲水, 水之濁滓爲泥, 泥之凝堅爲土石, 土石之大塊爲地. 地體圓, 大於月而小於日, 去地遠則氣淸, 而去地近則漸濁. 氣包蒙, 蒙包水土, 與屢重裹物相似. 然無有間隔, 內外相須, 與人皮肉血骨無異, 以成一體, 但有淸濁之別耳."

36 『神氣通』 권1, 「地體及諸曜」(『增補 明南樓叢書』 1, 24c), "寒暑長短, 由於太陽."

338

쏟아져 비추는 열기가 여러 천체들을 회전시키지 않는다면, 모두가 그 질서를 잃어버릴 것이다."라는 언급으로 이어졌다.[37] 또한 최한기가 보기에, 지구의 습열기(濕熱氣)는 태양의 빛을 받아서 상승하는 것으로, 이는 천체가 회전운동을 하게 하는 원인이었다. 최한기는 "지구는 한열건습의 성질을 지닌 기를 내놓고, 외부에서 회전운동을 하는 태양과 달의 기와 서로 감화(感和)하여 활동운화(活動運化)의 덕을 이룬다."고 하였다.[38] 이처럼 최한기가 보기에, 태양의 열기는 지구에서의 각종 현상을 일으키는 원인이며, 나아가 우주에서 천체의 운동을 유지시켜 주는 원인이기도 하였다. 최한기의 구상에서는 사원소설의 화대(火帶)가 담당했던 기능을 태양이 대신하였다고 할 수 있다. 그러나 최한기가 『담천』을 통해 천상의 수많은 별들이 개개의 태양이라는 사실을 인식하고, 또 기륜(氣輪)의 작용으로 모든 천체운동을 설명하게 되면서 태양과 태양의 열기는 태양 주위를 도는 지구의 운동과 지구의 계절변화에 관계하는 것으로 의미가 축소되었다.[39]

최한기는 사원소설에 대한 비판적 입장을 기초로 하면서 여기에 기 중심적 자연철학적 사유를 덧붙이는 방식으로 『추측록』을 저술하던 시기부터 자신만의 독자적인 중력이론을 모색하였다. 먼저 그는 『추측록』에서 '땅에 상하가 없다'고 하여, 동아시아의 전통적 중력이론인 상하지세는 애초부터 논외로 하였다.[40] 나아가 이 말은 최한기가 서양에서 전

---

37 『運化測驗』 권1, 「用器驗試」(『增補 明南樓叢書』 5, 67d~68a), "太陽衝射之熱氣, 不作諸曜之輪轉, 俱失其度矣."

38 『運化測驗』 권1, 「地氣之運」(『增補 明南樓叢書』 5, 65d), "地體自發寒熱乾濕之氣, 與在外循鐶日月照應之氣, 相感相和, 以成活動運化之德."

39 『星氣運化』 권3, 「日氣數」(『增補 明南樓叢書』 5, 133c~134c).

40 『推測錄』 권2, 「地無上下」(『增補 明南樓叢書』 1, 121b~c).

해진 지구설은 물론 지구가 우주의 중심에 정지해 있다는 서양의 동심 천구설을 논의의 기초로 삼고 있었다는 것을 의미한다. 최한기는 서양의 프톨레마이오스 우주구조론과 지구설을 수용한 상태에서, 사원소설 자체에는 부정적이었지만, 사원소설에서 주어진 설명 방식은 인정한 것 같다. 그는 "형세가 본래 그렇다〔勢所固然〕."고 하였으며, "성과 질을 지닌 사물〔性質之物〕."은 "그 성이 항상 지구에 돌아가 붙으려고 한다〔其性常欲歸貼於地〕."고 하였다.[41] 이것을 보면, 최한기는 『추측록』을 저술하던 시기에는 지구 상에서의 중력현상을 설명할 때, 사원소가 본소를 찾아가려는 성향이라는 서양 이론에 상당히 이끌렸던 것 같다. 최한기는 중력의 원인으로 원소가 본소를 찾아가려는 경향을 명시적으로 언급하지는 않으면서 '사물의 성〔物性〕'이 지구에 돌아가 붙으려고 한다고 말했다.

최한기는 천체의 궤도운동과 그 운동이 유지되는 이유에 대해서도 학문활동의 초기부터 고려하고 있었던 것 같다. 그는 『추측록』에서 항목 이름으로 "여러 천체들의 속도는 헤아릴 수 있지만, 천체운동의 원인〔所以然〕은 알기 어렵다〔諸曜遲疾可測, 所以然難知〕."고 말한 적이 있다.[42] 하지만 다음과 같은 언급을 보면, 『추측록』을 저술하던 시기에는 천체운동의 메커니즘과 이것을 유지시키는 힘에 대한 자신의 의견이 아직 확정되지는 않았음을 알 수 있다.

---

41 『推測錄』 권2, 「地無上下」(『增補 明南樓叢書』 1, 121b~c), "圓體轉運, 頂天而日周, 隨處同然. 重物, 皆貼足地而行止, 勢所固然. 人各以所居之地, 分別前後左右, 可也. 以後面之地, 疑人物之倒懸, 不可也. (……且性質之物, 無論輕重, 皆附貼於地, 雖用力擧之, 其性常欲歸貼於地. 又用機起之, 畢竟歸貼於地然後安者, 可見物性之皆附於地而頂天, 如線墜表. 地體之轉運不息, 如常轉丸, 夫奚疑人物倒懸.)"
42 『推測錄』 권2, 「諸曜遲疾可測所以然難知」(『增補 明南樓叢書』 1, 117c).

340

우주에서 어찌 소이연(所已然)과 소유이(所由以)를 논할 수 있겠는가.
여러 천체들이 회전하는 것은 다만 멀리 있는 것이 천천히 움직이고 가까
이 있는 것이 빨리 움직인다는 것을 헤아릴 수 있을 뿐이다.[43]

여러 천체들에 이르면, 어찌 아무 연유 없이 늘어서서 궤도를 따라 운
동하겠는가. 반드시 각 천체가 위주로 삼는 덕성(德性)이 있어서 징험(현
상)으로 나타날 것인데, 항상 잘못된 것이 많아 아직도 일정하게 딱 들어
맞는 이론은 없다.[44]

4. 기학적 중력이론의 확립

학문활동의 초기에 『추측록』을 중심으로 드러난 최한기의 유보적인
중력이론은 『기학』(1857)을 완성하고 『운화측험』을 저술하던 시기에는
중력현상의 소이연(所已然)을 알 수 있다는 쪽으로 바뀌었다. 최한기가
중력이론에 관하여 이와 같은 확신을 가지게 된 주요한 원인으로는 두
가지를 생각해 볼 수 있다. 우선 최한기는 『추측록』으로부터 『운화측
험』(1860)을 저술하는 시기까지 서양 과학을 좀 더 많이 학습하고 이해
를 심화시켰다.[45] 최한기에 따르면, 동시대가 얻는 혜택 가운데 첫 번

---

43 『推測錄』권2,「諸曜遲疾可測所以然難知」(『增補 明南樓叢書』1, 117c~d), "大象寥廓, 詎
可論其所已然與所由以也. 諸曜運轉, 纔可測其高者行遲, 低者行疾."
44 『推測錄』권6,「萬物資育」(『增補 明南樓叢書』1, 217b~c), "至於諸星, 豈是無緣布列, 循
軌周行哉. 必有各主之德性而經驗, 常患參錯之多端, 尙未有一定的然之說也."
45 『運化測驗』에는 이 외에도 『海國圖志』에 대한 언급(『運化測驗』권1,「容器驗試」:『增補
明南樓叢書』5, 67c.), 『地球典要』에 대한 언급(『運化測驗』권2,「海水之動」:『增補 明南
樓叢書』5, 92d~93b.), 『奇器圖說』에 대한 언급(『運化測驗』권2,「影日二三」:『增補 明南

째가 지구에 대한 지식과 천문학(즉 지구와 우주에 관한 지식) 지식이 발전하여 예전에 몰랐던 것을 알게 된 것이라고 하였다.[46] 이것은 코페르니쿠스의 우주론과 지구의 자전설 및 공전설이 알려진 것을 가리킨다. 『기학』과 같은 해에 저술된 『지구전요』(1857)에서 보듯이, 최한기는 브노아(Michel Benoist, 蔣友仁, 1715~1774)의 『지구도설(地球圖說)』을 통해서 코페르니쿠스가 제시한 태양 중심 우주론과 천문학적 이론을 습득하였다. 그리고 이것은 『운화측험』에서 지구의 자전설과 공전설에 관한 논의로 이어졌다. 최한기 자신의 표현을 빌리면, 서양 과학을 통해 우주와 지구에 관한 사실이 밝혀졌으며, 서양 과학에서 제시하는 여러 이론들이 '성인이 말한 적이 없다고 하여 폐지할 수는 없는' 것이었다.[47]

다른 한 가지는, 이 시기 동안 최한기의 독자적인 철학체계인 기학(氣學)이 확립되었다는 점이다. 최한기의 기학은 기가 지닌 두 가지 존재론적 특성, 혹은 원리에 기초하고 있는데, 하나는 기(氣)가 '형질(形質)이 있는 존재'라는 것이며, 다른 하나는 기가 '활동(活動)하는 존재'라는 것이다.[48] 형질은 기가 물리적으로 실재하는(물리적 실재성) 존재라는 의

樓叢書』5, 89c.), 『氣學』에 대한 언급(『運化測驗』권2, 「知覺運化」: 『增補 明南樓叢書』 5, 99d.) 등 자신이 『運化測驗』의 저술 이전에 접했던 다양한 지식과 자신의 선행 저술에 대한 언급이 들어 있다.

46 『明南樓隨錄』(『增補 明南樓叢書』5, 284d), "① 地璆曆象, 明古之不明, 是一大幸. ② 神氣形質, 見事物之脈絡, 是二大幸. ③ 億兆敎導, 得一統之公道, 是三大幸. ④ 諸般器械, 用氣成就, 四大幸. ⑤ 在身, 臟腑府位, 詳論機括, 服食動靜, 知辨利害, 五大幸. ⑥ 政敎學問, 祛虛就實, 沿古明今, 六大幸. ⑦ 適當學問物理, 闡明之運, 得見古未有之書籍, 得聞通宇內之物理, 七大幸也."(원문자는 필자가 붙임.)

47 『明南樓隨錄』(『增補 明南樓叢書』5, 284b), "至於談天論地氣化形質, 近世之所明, 不可以(中國古)聖人言之所未有, 廢此宇內億兆之樂取用, 是實天地運化隨時有宜也."

48 기의 형질과 활동에 대한 더 구체적인 논의는 전용훈(2007), 251~257면을 참조.

미이며, 활동은 기가 생명력을 지닌 채 활동하는(생기적 활동성) 존재라는 의미이다.[49] 최한기가 구축한 기학적 자연철학은 자연에 실재하는 기와 그 기가 지닌 존재론적 원리를 통해 모든 자연현상을 설명한다. 따라서 『기학』의 성립 이후 최한기는 서양의 사원소설에 더욱 반대하였으며, 우주의 모든 현상과 운동의 원인을 기로 설명하려고 하였다.

> 기가 우주에 충만하여 만물을 만들어 내고, 형질(形質)의 운화(運化, 생장소멸)가 있게 된다. 신기(神氣)는 살아 있는 인간과 생물이 평상시에 의지하는 물질적 밑천이 된다. 천하에는 이 기가 만들어 내는 사물과 사건으로 이루어지지 않는 것이 없다.[50]

예를 들어 각종 기상현상은 모두 기의 작용으로 설명된다. 천둥과 번개는 "지중의 건열(乾熱)한 기가 상승하여 한습(寒濕)한 기로 변하고, 이것이 점점 압축되는데, 이 압축된 기가 터지면 천둥과 번개가 된다."고 최한기는 설명하였다.[51] 기학의 확립 이후 기를 통해 설명되지 않는 현상은 아무것도 없게 되었던 것이다.

최한기는 『운화측험』에서, 학문활동의 초기부터 알고 있었던 서양 중세의 자연철학과 함께, 『지구전요』를 저술하던 시기에 새로이 확보한 코페르니쿠스의 천문학 이론, 특히 지구의 자전설과 공전설을 자신의

---

49 이것을 기의 유형성(有形性)과 운동성(運動性)으로 바꾸어 부를 수도 있다. 최진덕(2000), 119~120면 참조.
50 『明南樓隨錄』(『增補明南樓叢書』5, 302b), "大氣, 充滿宇內, 陶均萬物, 有形質之運化. 神氣, 爲生人物之平常資賴, 天下無外此氣之物事."
51 『運化測驗』권1, 「容器測試」(『增補 明南樓叢書』5, 67a), "地中乾熱氣, 上昇爲寒濕, 氣所包漸致緊縮, 肆發熱猛之力, 橫斜奔突聲爲雷, 而光爲電矣."

기학으로 끌어들여 자연현상에 관한 기학적 설명을 내놓았다. 사원소설의 일부와 코페르니쿠스의 천문학 이론이 최한기의 기학의 기초가 되었다는 것을 『운화측험』의 서문에서 확인할 수 있다.

> 지구의 자전(自轉)이 주야를 만들고, 지구의 공전(輪轉)이 사계절을 만들며, 지구의 열기가 위로 올라가서 비와 구름이 되고, 지구를 감싼 몽기(蒙氣)가 일월(日月)(의 몽기)에 접하여 만사와 만물이 이루어진다.[52]

인용문에서 보는 바와 같이, 최한기는 각종의 기상현상은 지구의 열기가 상승하여 이루어진다고 보았다. 서양의 중세 자연철학에서 제시된 기상현상에 관한 이론은 최한기의 기학적 입장에서도 손쉽게 인정되었음을 알 수 있다. 그런데 기상현상에 관한 서양 과학의 이론을 최한기가 인정한 것은 그가 사원소설을 옳은 이론으로 보았기 때문은 아니다. 그가 기상현상에 관한 서양의 이론을 긍정한 것은, 기상현상을 일으키는 것이 자신의 철학의 가장 기본적인 토대인 기, 즉 대기(大氣)였기 때문이다. 나아가 최한기에 따르면, 기학이 점점 밝아진 것은 세 가지 지식을 통해서였는데, ① 첫째는 땅이 구체(球體)라는 사실, ② 둘째는 지구가 운동(자전과 공전)한다는 사실, ③ 셋째는 지구가 기를 만들어 낸다는 사실이었다.[53] 여기에서 최한기의 기학적 자연철학에 코페르니쿠스의 천문학 이론이 들어와 있음을 확인할 수 있다.

최한기는 『운화측험』에서 기학에 기초한 독자적인 중력이론을 제출

---

52 『運化測驗』, 「運化測驗序」(『增補 明南樓叢書』 5, 61a), "自轉而爲晝夜, 輪轉而爲四時, 熱氣升而爲雲雨, 蒙氣包而接日月, 以成萬事萬物."

53 『運化測驗』 권1, 「地氣之運」(『增補 明南樓叢書』 5, 65d), "氣學之漸暢, 由於地之球體也, 運動也, 生氣也."

하였다. 이 과정에서 서양의 사원소설에 기초한 자연철학적 논리, 특히 땅이 구(球)가 되는 원리, 물체가 낙하하는 원리 등 서양 과학 이론은 최한기 자신의 기학적 논리로 완전히 재편되었다. 먼저, 코페르니쿠스의 천문학과 우주론을 수용함으로써 지구에 자전과 공전이 도입되자, 서양 중세의 자연철학은 더 이상 설자리를 잃었다. 때문에 최한기는 서양 과학에서 배운 모든 역학적 현상을 자신이 세운 기학적 논리로 재편하였다. 최한기는 자신의 기학적 자연철학으로 지구설·지구자전설·지구공전설을 증명했다. 기학에 따르면, "우주만물에 대해 기를 버려두고 그 생성(生成)을 논할 수가 없는 것"이었다.[54] 지구와 천체들이 모두 기를 빌어서 질(質)을 이룬 것이며, 기에 의지하여 활동을 한다. 지구의 예를 보면, 지구의 기는 스스로 회전시키는 힘을 갖추고 있으며, 이것으로 여러 천체들의 회전에 응한다.[55] 최한기는 "지구는 한열건습의 성질을 지닌 기를 내놓고, (그 기는) 외부에서 회전운동을 하는 태양과 달의 기와 서로 감화(感和)하여 활동운화의 덕을 이룬다."고 하였다.[56] 마찬가지로 기에서 생겨난 것들은 모두 회전운동을 하는데, 따라서 지구와 모든 천체도 회전운동을 한다.[57] 기의 운동은 기가 본래부터 지니고 있는 생기적 활동성을 생각해 보면 당연한 것이다.

최한기는 기의 본래적 성질이 만들어 내는 운동을 가장 쉽게 확인할 수 있는 것이 지구와 지구의 운동이며, 이를 통해 천체들이 운동하는 이

---

[54] 『運化測驗』 권1, 「地氣之運」(『增補 明南樓叢書』 5, 65c), "宇內萬物何嘗捨氣, 論其生成哉."
[55] 『運化測驗』 권1, 「地氣之運」(『增補 明南樓叢書』 5, 65d), "然則地體之氣, 自具運轉之力, 以應諸天之運."
[56] 『運化測驗』 권1, 「地氣之運」(『增補 明南樓叢書』 5, 65d), "地體自發寒熱乾濕之氣, 與在外循鐶日月照應之氣, 相感相和, 以成活動運化之德."
[57] 『運化測驗』 권1, 「地氣之運」(『增補 明南樓叢書』 5, 65c), "及乎測驗諸曜, 未有一不運轉者, 始信地體運轉."

유도 이해할 수 있다고 보았다. 먼저 땅이 구체인 것은 그것이 기로부터 생성되었기 때문이다. 최한기는 땅이 구체가 되어야 하는 이유를 다음과 같이 설명했다.

대개 지구 바깥을 흐리게 감싼 기[蒙包之氣]는 회전하는 형세로 인해 곧바로 둥근 껍질[輪梆]을 만들어 내서 안쪽의 기를 둥글게 가둔다. 바다와 땅덩어리(지구 : 인용자)가 둥글게 되는 이유다.[58]

인용문에서 보듯이, 회전하는 기는 안쪽의 사물을 둥글게 만든다. 이것은 곧 지구 주변의 몽기(蒙氣) 즉 기륜이 회전하고 있는 증거이기도 하다. 이것이 바로 앞서 언급한 기가 가진 힘, 즉 '회전하는 힘[運轉之力]'이다. 기가 지닌 회전하는 힘은 지구의 자전뿐 아니라 공전에서도 발휘되는데, 이 때문에 지구의 공전 또한 기의 활동을 보여 주는 명백한 증거이기도 하다.[59]

최한기는 지구의 자전도 기학적 논리로 증명하였다. 그런데 최한기가 제시한 지구 자전의 증거는 매우 독특한데, 이는 서양의 이론이 아닌 자신의 기학적 이론으로 지구의 자전을 증명했기 때문이다. 최한기는 다음과 같이 말했다.

그러나 지구가 자전한다는 것은 역법(曆法)에 여러 가지 경험과 증명이

---

58 『運化測驗』 권1, 「氣之性情」(『增補 明南樓叢書』 5, 75d), "蓋地外蒙包之氣, 因轉鎭之勢, 便成輪梆, 團束在內之氣, 海陸之體, 所以球也."

59 『運化測驗』 권1, 「地體輪轉」(『增補 明南樓叢書』 5, 79b), "惟此地球兩轉之法 可以見天氣地氣和應活動." 이 외에도 『運化測驗』의 서문 및 본문의 여러 곳에서 지구의 공전을 확신하는 언급을 볼 수 있다. 『運化測驗』, 「序」(『增補 明南樓叢書』 5, 61c); 『運化測驗』 권1, 「地體輪轉」(『增補 明南樓叢書』 5, 79b).

있다. (첫째는) 남북극이 저절로 지구의 양 끝에 생기는 것, (둘째는) 수토 (水土, 지구)가 구체를 만드는 이유, (셋째는) (지구의) 위와 아래에서 서로 뒤집혀 매달리게 되는 의문인데, 거의 명백한 증거가 있다.[60]

여기서 지구에 남북극이 생기는 이유는 지구의 자전과 관련되어 있다는 것을 쉽게 알 수 있다. 그런데 최한기는 여기서 지구가 구체를 형성하는 이유도 지구가 자전한다는 증거라고 말하고 있다. 이것은 그가 말했듯이, 지구를 둘러싼 몽기 혹은 방기(傍氣)가 회전하면서 안쪽의 물질을 가두기 때문이다. 나아가 최한기의 입장에서는, 몽기가 회전하면 지구가 회전하지 않을 수 없는데, 그 때문에 지구가 구체(球體)라는 사실은 지구 자전의 증거이기도 하다.

최한기는 지구의 위와 아래에서 거꾸로 매달리는 의문도 지구가 자전한다는 증거라고 보았다. 앞서 언급하였듯이, 최한기는 지구 상에서 중력이 발생하는 이유는 지구를 둘러싼 몽기가 회전하면서 안쪽으로 눌러 주는 힘이 생기기 때문이라고 하였다. 『성기운화』에서의 최종적인 결론이기는 하지만, 최한기는 지구 상에 작용하는 중력을 '대기가 아래로 누르는 힘〔大氣壓下之力〕'이라고 명확히 정의하기도 하였다. 최한기의 관점에서는, 중력은 대기가 아래로 누르는 힘이고, 또 이 힘은 지구를 둘러싼 몽기의 회전에서 비롯된 것이며, 이 몽기의 회전으로 인해 지구는 자전을 할 수밖에 없다. 결국 최한기의 관점에서는, 지구의 자전이 지구 상에서 중력이 발생하고 작용하는 증거가 되는 셈이다. 최한기는 지구의 자전에 대해 다음과 같이 결론을 내렸다.

---

60 『運化測驗』권1, 「氣之活動」(『增補 明南樓叢書』5, 76c), "然地球之自轉, 多有歷法之可驗可明. 南北極自生地之兩端. 水土球體之緣由, 上下倒懸之疑惑, 庶有明白之證."

사물이 회전하여 그치지 않는 것은 반드시 곁을 감싼 기를 따라 돌기 때문이다. (회전하는 기는) 겹겹이 포개져서 회전을 하는데, 가까운 것은 빠르고 먼 것은 느리다. 또 지구의 사면에서 쏟아져 나온 습열기가 있어서 곧바로 위로 올라가서 지구를 감싸고 회전하는 기 속으로 들어가서는 회전을 따라서 함께 돈다. 이것이 지구가 회전하는 이유이다.[61]

안쪽에서는 지기(地氣)가 활동하고, 바깥쪽에서는 회전하는 기의 이끎이 있으니, 만일 이것을 보지 못하면 무엇으로 지구의 자전을 알겠는가?[62]

한마디로 기의 회전이 지구의 자전을 만들어 낸다는 것이다. 이로써 땅이 구가 되는 이유, 지구가 자전하는 이유가 최한기 자신이 확립한 기학적 논리로 해명되었다.

한편 최한기는, 지구의 공전에 대해서는 기학적 원인과 메커니즘을 제시하지 않고, 지구가 태양을 중심으로 궤도운동을 하면서 천체들과의 거리가 달라지거나 지구 상에서 계절의 변화가 나타난다는 등 지구 공전으로 나타나는 현상을 거론하고 있을 뿐이다.[63] 하지만 그는 "지구가 공전한다는 것은 의심의 여지가 없"으며,[64] "오로지 이와 같은 지구의 두 회전(자전과 공전)의 이론으로 천기(天氣)와 지기(地氣)가 화응하고 활동하는 것을 볼 수 있다."고 결론을 내렸다.[65] 천체의 궤도운동이 천체를

---

61 『運化測驗』 권1, 「地體自轉」(『增補 明南樓叢書』 5, 78a), "物之旋轉不息, 必有傍氣之隨轉. 層疊輪回, 近緊而遠緩. 又有地體四面衝發之濕熱氣, 直上入于傍轉氣之內, 而隨轉同旋, 此乃地轉之所以也."

62 『運化測驗』 권1, 「地體自轉」(『增補 明南樓叢書』 5, 78a), "內有地氣之活動, 外有旋氣之牽掣, 若不有此見得, 何以知地之自轉."

63 『運化測驗』 권1, 「地體輪轉」(『增補明南樓叢書』 5, 78c~79b).

64 『運化測驗』 권1, 「地體自轉」(『增補明南樓叢書』 5), 79b. "見到於此有, 何疑於地球輪轉也."

신고 있는 기의 운동으로 인해서 일어난다는『운화측험』의 주장을 보면,[66] 최한기가 지구의 공전 또한 기학적 논리로 해명할 수 있다고 생각한 것은 분명하다.

『기학』에서 확립한 기학적 자연철학을 기초로 삼아, 최한기는『운화측험』에서 서양의 과학이론에 대한 기학적 재해석을 통해 중력이론을 모색했다.[67] 최한기는 기학적 논리를 통해 중력현상의 메커니즘을 설명해 줄 기학적 장치를 고안했는데, 이것이 기륜(氣輪)이었다.[68] 앞서 언급하였듯이, 서양 중세의 중력이론은 중력의 원인과 작용의 메커니즘을 완전하게 설명할 수 있었다. 중력의 발생 원인은 사원소 안에 본래적 성질로 내재하며, 중력현상은 사원소가 본소로 돌아가려는 자연스런 운동 때문에 발생한다. 이 구도를 최한기의 중력이론에 적용시킨다면, 우주 안의 모든 현상과 운동은 기에서 비롯된 것이므로[69] 중력의 원인은 기이다. 그렇다면 중력현상은 어떤 과정을 통해 일어나는지, 즉 중력현상의 메커니즘 또한 기를 통해 설명할 수 있어야 한다. 최한기가 기륜을 고안한 것은 바로 중력의 작용메커니즘을 보여 주기 위해서였다고 할 수 있다. 기륜은 한마디로 물체를 감싼 기(氣)의 구(球)인데, 최한기는 이 지

---

65 『運化測驗』권1,「地體自轉」(『增補 明南樓叢書』5, 79b), "惟此地球兩轉之法, 可以見天氣地氣之和應活動."
66 『運化測驗』권1,「氣之層包」(『增補 明南樓叢書』5, 65a), "日月星, 賴氣而運轉, 遠近上下, 各循軌轍, 不浮不沈. 是乃層包之氣, 有輕重淸濁, 與日月星之體, 各適其宜. 月天之氣, 可載運月體, 日天之氣, 可載運日體, 火木土經星天之氣, 可載運化木土經星之體. 如舶運於海, 人行於陸, 不可換易其輕重淸濁之氣數."
67 『運化測驗』권2,「知覺運化」(『增補 明南樓叢書』5, 99c). 기학을 길게 인용한 다음 "자세한 것은 기학을 보라[詳見氣學]."고 하였다.
68 최한기의 기륜설에 관한 과학사적 접근은 문중양(2003); 박권수(1999) 등을 참조.
69 『運化測驗』권1,「氣之活動」(『增補 明南樓叢書』5, 76a), "宇內無不動之物, 由於大氣之活動也."

구의 기륜으로 지구 상의 중력현상을 설명하고, 천체들에 존재하는 기
륜의 상호작용을 통해 천체 사이에 나타나는 역학적 현상을 설명하고자
하였다.

최한기는 우선 지구 기륜의 존재와 성질에 대해 다음과 같이 말한다.

> 지구 옆의 흐리게 감싼 기〔蒙包之氣〕로 이것을 추론해 보자. 지구·달·
> 태양·천체는 모두 기의 작용〔氣化〕 속에서 생겨난 사물이므로, 각각 몸체
> 의 주변을 감싼 기가 있고, 이것으로 그들이 운화하는 힘을 행사한다.[70]

인용문에서 보듯이, 최한기는 기로부터 생겨난 모든 사물은 그 주변
을 감싸는 기를 지니고 있다고 보았다. 최한기는 지구에 존재하는 것이
증명된 기륜의 작용을 통해 지구 상에서 일어나는 모든 중력현상을 설
명하였다.

> 무릇 지구 밖을 희미하게 둘러싸고 있는 기는 회전하는 기세로 인해서
> 구형을 이룬다. (지구) 안에 있는 기를 속박하기 때문에 바다와 육지의 모
> 습이 둥근 것이다. 땅에서 벗어난 사물은 결국 (땅에) 돌아가 붙는다.[71]

인용문에서 보듯이, 최한기는 지구 주변을 감싸고 회전하는 몽기, 즉
기와 기의 본래적 성질과 운동을 기초로 지구 상에서 일어나는 중력현
상을 설명하였다. 그는 "땅에서 벗어난 사물은 결국 (땅에) 돌아가 붙는

---

70 『運化測驗』 권1, 「氣之層包」(『增補 明南樓叢書』 5, 65b), "是謂地傍蒙包之氣, 以此推之.
地月日星, 俱是氣化中生物, 各有體傍氣之環包, 以行其運化之力."
71 『運化測驗』 권1, 「氣之性情」(『增補 明南樓叢書』 5, 75d), "蓋地外蒙包之氣, 因轉銀之勢,
便成輪柳. 團束在內之氣, 海陸之體, 所以球也. 離地之物, 竟歸附焉."

다."고 하였는데, 물건이 지면으로 떨어지는 현상, 즉 지구 상의 중력은 지구 주변을 감싼 몽기의 회전으로 인해 생겨난다는 것이다.

나아가 최한기는 지구와 달 사이에 일어나는 조석현상에 대해서도 주의를 기울였다. 그는 우선 증기기관이 습열기에 의해서 회전하는 원리가 지구가 자전하는 원리와 같다고 보고,[72] 이 메커니즘을 지구와 달의 관계에 적용했다. 그에 따르면, 지구에서는 태양의 빛을 받아 지구 내부에서 습열기가 발생하고, 이것이 상승하면서 지구 주위를 돌게 된다. 지구의 주위를 감싼 방기(傍氣)가 회전할 때, 달 주위를 감싼 기도 회전하면서, 두 회전하는 기, 즉 두 개의 기륜이 서로 끊고 지나면서 당기고 미는〔牽引推去〕 힘이 생긴다.[73] 그리고 이것이 지구에 조석을 일으키게 된다. 『성기운화』(1867)에서 명료한 용어로 표현되는 '견인추거지력(牽引推去之力)'이라는 발상이 이미 『운화측험(運化測驗)』에서 지구의 기륜과 달의 기륜 사이에 작용하는 힘으로 상정되고 있음을 알 수 있다.

지구에서 발생한 습열지기(濕熱之氣)는 흐리게 지면을 감싸서 바로 피각(被殼)을 형성하여, 바깥으로는 달의 궤도에 있는 기(氣)와 접하여, 운화를 시행한다.[74]

---

72 『運化測驗』권1,「用器驗試」(『增補 明南樓叢書』5, 67d), "此乃因濕熱之氣, 設機轉輪出於人巧, 雖若瑣屑, 然因熱氣衝發而旋轉, 可喩地體之運轉."

73 『運化測驗』권1,「用器驗試」(『增補 明南樓叢書』5, 67d), "盖地之發熱, 應於太陽衝射之熱, 半常照而有活動之勢, 半常不照而有運化之漸, 況復太陰傍氣之輪轉, 與地傍氣之輪轉, 相切而成左挈右推之勢乎." "此乃因濕熱之氣, 設機轉輪出於人巧, 雖若瑣屑, 然因熱氣衝發而旋轉, 可喩地體之運轉."

74 『運化測驗』권1,「氣之濕熱」(『增補 明南樓叢書』5, 76d~77a), "惟此濕熱之氣, 蒙包於地面, 便成被殼, 外接月天之氣, 以行運化."

오로지 태양의 열기가 (지구에) 쏘아 비추는 것과 태음(의 기륜)이 (지구의) 기륜(氣輪)을 잘라서 생기는 조석(潮汐)현상은, (기륜들의) 상호작용〔相感相化〕을 가장 잘 드러낸다.[75]

사실 최한기는 『추측록』(1836)을 저술하던 젊은 시절부터 물체를 감싼 기 사이의 상호작용이라는 아이디어를 제출하였는데, 이것이 기륜의 고안으로 이어졌다고 볼 수 있다.[76] 『추측록』에서는 우선 피륜(被輪)이라는 용어를 사용하였다. 그는 피륜으로 감싸인 지구와 달이 회전하면서 두 피륜이 교차하게 되면 밀물과 썰물이 생긴다고 설명했다.[77] 『지구전요』(1857)를 저술하던 무렵 이후로는 물체의 주변을 감싼 '기(氣)의 구(球)'를 기륜으로 지칭하고, 이 기륜은 모든 천체에 보편적으로 존재한다고 확정하였다.[78] 그리고 기륜이라는 용어는 『운화측험』에도 이어졌다.[79]

---

75 『運化測驗』권1, 「氣之層包」(『增補 明南樓叢書』 5, 65b), "惟太陽熱氣之衝射, 太陰切輪之潮汐, 爲相感相化之最著."

76 그는 인간의 감각적 인식 또한 인간의 몸체를 감싼 기와 인식 대상이 되는 물체를 감싼 기가 상호 교차하기 때문이라고 보았다. 『神氣通』권1, 「天人之氣」(『增補 明南樓叢書』 1, 13a), "形體之氣, 資賴乎天地之氣而生長, 從諸竅而通, 飮食聲色, 自肢體而通, 運用接濟."; 『神氣通』권3, 「內外相應」(『增補 明南樓叢書』 1, 68a), "內氣之發, 外氣之觸, 皆從毛髮孔而通 內外相應, 捷如影響, 身氣熱於外氣, 則覺身外之寒, 外氣熱於身內之氣, 則覺外之熱."

77 『推測錄』권2, 「潮汐生於地月相切」(『增補 明南樓叢書』 1, 120a), "月最近於地, 故地之被輪, 與月之被輪, 相切而旋, 入切處, 氣歛而吸, 水應其吸而動, 是謂潮也. 兩被輪, 出切處, 氣放而噓, 水亦應其噓而動 是謂汐也."

78 『地球典要』권1, 「潮汐」(『增補 明南樓叢書』 4, 17a~b), "在朔望而月行近, 則其間氣輪之相切有力, 潮汐進退漲溢. 在上下弦而月行高, 則其間氣輪之相切能力, 潮汐進退漸減."; 『地球典要』권1, 「潮汐」(『增補 明南樓叢書』 4, 17b), "推此氣輪達於七曜之氣輪." 한편, 『地球典要』 이후에 저술된 『運化測驗』에서는 기륜(氣輪)이라는 용어를 사용한다.

79 『運化測驗』권2, 「五行四行」(『增補明南樓叢書』 5, 79c), "火氣水土四行, 謂萬物所由生, 專在於火氣水土, 不在於金木. 乃以太陽火際, 爲最大廣輪, 抑其次爲氣輪, 又其次水土爲地, 分

여기서 최한기가 기륜의 개념을 개발하는 과정을 생각해 볼 필요가 있다. 우선 최한기는 서양의 사원소설에 관한 비판적 논의를 통해서 기륜이라는 개념을 구상한 것 같다. 서양의 사원소설에 따르면, 원소는 모두 구(球)를 형성한다.[80] 지상계의 사원소와 천상계의 에테르[天]가 모두 원형을 이룬다.[81] 최한기는 이로부터, 기는 모양이 구형을 이룬다고 추론한 것 같다. 서양의 사원소설에서는, 기 층의 하층부는 토수(土水, 지구)를 따라서 빙 두르므로, 역시 지구와 함께 같은 구를 이룬다고 하였다.[82] 사원소의 층들은 모두 동심구형으로 겹겹이 쌓여 있으므로, 각 원소의 층을 바퀴[輪]라고 부를 수 있다.[83] 이들을 지륜(地輪)·수륜(水輪)·기륜(氣輪)·화륜(火輪)으로 부르는 것도 이 때문이다. 실제로『공제격치』에서는 화층(火層)의 둥근 구를 '화륜'이라는 말로 지칭하고 있다.[84] 그렇다면 기륜은 둥근 기의 층을 가리키는 용어로 자연스럽게 떠올릴 수 있을 것인데,『운화측험』에서 최한기는 정확히 이런 형태의 기의 구, 즉 지구를 감싸고 있는 기대(氣帶), 혹은 기층(氣層)을 지칭하는

成界限云."
80 『空際格致』 권상, 「元行性論」;『공제격치』(2012), 110면, "四元行必圓."
81 『空際格致』 권상, 「元行性論」;『공제격치』(2012), 110~111면, "宇宙之全, 正爲一球. 球, 以天與火氣水土五大體而成, 則皆宜形圓."
82 『空際格致』 권상, 「地論」;『공제격치』(2012), 171~172면, "氣之形, 雖難結注, 大槩爲圓. 蓋下域循週土水之球, 故亦與球同圓. 若上域因切火輪, 而隨上天之運, 易致浮動, 且或厚或薄, 以故未能圓若下域矣."
83 물론 사원소설에서는 기대(氣帶)의 상층부가 화층(火層), 즉 화륜(火輪)에 맞닿은 채 하늘을 따라서 운동하기 때문에 아래쪽만큼 완전한 구를 형성하지는 않는다고 하였다.
84 『空際格致』 권상, 「元行性論」;『공제격치』(2012), 122~123면, "乃火輪居于氣上, 豈不更受宗動天之强乎.";『空際格致』 권상, 「地論」;『공제격치』(2012), 168~169면, "太陽攝土水. 淸氣無所阻而徑冲, 直至火輪而止, 乃以甚乾甚淸, 易燃而變火.";『空際格致』 권상, 「地論」;『공제격치』(2012), 171면, "假如上域太熱者, 以其切近火輪, 上恒接火, 星之隕. 下恒接乾氣之升." 한글 번역자가 화륜(火輪)을 태양으로 번역한 것은 잘못이며, 또 마지막 인용문의 '星之揖'은 '星之隕'의 잘못이다. 운(隕)은 운석(隕石, 별똥별)이다.

말로 기륜(氣輪)이라는 용어를 사용하였다.[85]

『운화측험』의 중력 논의에서 주목되는 특징이 있다. 『운화측험』에서는 대기가 운행하는 가운데 천체들이 움직이고 있다거나, 천체들이 기에 둘러싸여 있다는 등 천체의 운동의 메커니즘에 대한 언급은 있지만,[86] 내용이 지상계의 중력현상에 관한 것으로 집중되어 있다는 점이다. 최한기는 『운화측험』에서 지구와 달에 기륜이 존재하는 것으로 보고, 이들의 교차로 조석현상을 설명하였다. 그러나 『운화측험』에는 아직, 천상의 모든 천체들에도 기륜이 있으며, 이들의 상호작용이 천체의 궤도운동을 일으키며 유지시킨다는 주장은 나타나 있지 않다. 이것은 한편으로는, 최한기의 『운화측험』이 논의 대상으로 삼고 있는 바뇨니의 『공제격치』의 이론이 공제(空際), 즉 달밑세계의 현상을 중심으로 논의가 이루어졌기 때문이며, 다른 한편으로 최한기가 『운화측험』을 저술할 때에는 천체들의 궤도운동에 대해서까지 적용할 수 있는 기륜설을 아직 확립하지 못했기 때문일 수 있다. 최한기는 『운화측험』 저술 이후, 천상계의 천체들에 적용되는 뉴턴의 중력이론과 천체역학을 『담천』을 통해서 습득하였는데, 여기서 얻은 지식은 『성기운화』에서 주로 논의되는 기륜의 교차에 의한 천상계의 중력이론을 확정하는 데에 재료로 이용되었다.

---

85 『運化測驗』권2, 「五行四行」(『增補 明南樓叢書』5, 79c), "火氣水土四行, 謂萬物所由生, 專在於火氣水土, 不在於金木. 乃以太陽火際, 爲最大廣輪, 抑其次爲氣輪, 又其次水土爲地, 分成界限云."

86 최한기는 천체들의 궤도운동은 천체가 기에 실려서 운동하는 가운데에서 이루어진다고 보았다. 『運化測驗』권1, 「氣之層包」(『增補 明南樓叢書』5, 65a), "日月星, 賴氣而運轉, 遠近上下, 各循軌轍, 不浮不沈, 是乃層包之氣, 有輕重淸濁, 與日月星之體, 各適其宜. 月天之氣, 可載運月體, 日天之氣, 可載運日體, 火木土經星天之氣, 可載運化木土經星之體. 如舶運於海, 人行於陸, 不可換易其輕重淸濁之氣數."

최한기의 기학적 중력이론은 보는 관점에 따라서 상반된 평가를 내릴 수 있는 독특한 성격이 있다. 먼저 뉴턴의 중력이론의 입장에서 볼 때, 최한기의 중력이론은 천상계와 지상계의 역학적 현상에 각각 다른 이론을 적용하는 것으로 일관되거나 보편적인 이론이 아니게 된다. 앞서 보았듯이 최한기는 지구 겉면을 감싼 기륜의 회전이 만들어 내는 아래로 누르는 힘으로 지구 상에서의 중력을 설명한다. 반면 지구와 달의 조석현상에서 보았듯이, 천체들 사이의 중력현상은 각 천체를 감싼 기륜의 교차로 설명한다. 반면 뉴턴의 중력이론에서는, 지구 상의 중력현상이나 행성의 궤도운동이나 모두 질량을 가진 물체 사이에 보편적으로 작용하는 만유인력으로 설명한다. 그러므로 뉴턴의 중력이론의 입장에서 볼 때, 최한기의 중력이론은 지상계와 천상계에서 중력이 작용하는 메커니즘이 서로 다른 이론이다. 뉴턴이 통일시켜 놓은 천상계와 지상계의 역학을 최한기가 다시 분리해 버린 셈이다. 반면 최한기 자신의 기학적 입장에서 보면, 천상계나 지상계나 역학적 현상은 모두 기륜의 작용으로 설명한다는 점에서 그의 중력이론은 기학적 일관성이 있는 이론이다. 그리고 실제로 최한기는 자신의 기학이 우주의 모든 역학적 현상에 적용할 수 있는 일관되고 보편적인 이론이라고 믿었다.

5. 기륜설의 고안과 뉴턴 역학 비판

최근의 한 연구에서는 『운화측험』을 '지구과학에 대한 기학적 이론의 집합체'로 평가하였는데,[87] 이는 『운화측험』이 주로 『공제격치』를 비판

---

[87] 최한기 저, 이종란 역(2014), 45~46면.

하면서 최한기 자신의 기학적 중력이론을 제시하고 있다는 점을 잘 지적한 것이다. 그런데 『운화측험』을 『성기운화』(1867)와 나란히 두고 생각해 보면, 두 책에서 논의하는 중심 내용이 상호 보완적임을 알 수 있다.[88] 앞서 언급하였듯이, 『운화측험』에 제시된 것은 주로 지상계의 현상에 대한 기학적 해명인 반면, 『성기운화』는 주로 우주공간의 천체운동에 대한 기학적 논의라고 할 수 있다. 『성기운화』는 『운화측험』을 저술한 이후 최한기가 『담천』을 통해 접하게 된 근대 천문학과 뉴턴의 천체역학을 자신의 기학으로 재해석한 결과를 담고 있다.[89]

최한기는 『성기운화』에서 뉴턴의 천체역학을 기학적 관점에서 비판하고 변용하여 독자적인 중력이론을 제시하였다.[90] 최한기는 뉴턴의 중력이론에 대해 애초부터 회의적이었는데, 뉴턴의 이론이 중력의 원인과 작용 메커니즘에 대해 말하지 않았기 때문이다. 우주의 모든 현상을 기의 원리로 설명하려는 기학의 입장에서 보면, 중력의 발생원인과 작용 메커니즘을 따지지 않고 단지 현상의 수학적 기술에만 만족하는 뉴턴 역학은 불완전한 이론이었다. 최한기는 뉴턴 역학에 대해 '이미 그렇게 되어버린 자취[已然之跡]', 즉 이미 일어난 현상의 수학적 기술에만 집

---

88 이종란은 "이 책에서 최한기가 생각한 우주는 아리스토텔레스의 우주 범위를 벗어나지 않는다. 다시 말하면 태양계를 포함한 경성천까지가 그의 우주이며 범위를 좁히면, 태양계, 그리고 사실상 지구 중심의 우주관이다."고 하였다(최한기 저, 이종란 역, 2014, 86면).

89 『담천』을 입수한 시점은 불명확한데, 1859년 한역본이 출판되고 나서 2년이 채 안 된, 적어도 1861년까지는 입수했다고 생각된다. 최한기는 『星氣運化』에서 『談天』을 인용하면서 금성의 태양통과를 예측했을 때에, 함풍(咸豐) 24년과 함풍 32년이라는 연호를 썼다. 청나라에서 함풍 연호는 1851~1861의 연호이므로 함풍 연호는 11년에 그친다. 그러므로 최한기가 『담천』을 읽고 메모를 한 시기는 함풍연간으로 보아야 하며, 이 같은 메모는 1861년 이전에 작성된 것임을 알 수 있다. 『星氣運化』 권5, 「諸行星氣數」(『增補明南樓叢書』 5, 149a).

90 뉴턴 역학에 대한 최한기의 기학적 재해석에 대해서는 다음의 글을 참조. 전용훈(2007); Jun, Yong Hoon(2010); 全勇勳(2013).

중한다고 비판했다.[91] 이 말은 중력의 원인에 대한 탐구보다는 중력현상의 기술에 만족하는 뉴턴 역학의 특징과 약점을 정확하게 지적한 것이다. 반면, 기학의 체계에서는 모든 현상은 기의 작용으로 설명되어야한다. 천체의 궤도운동 같은 천상계의 중력현상에 대해서도 중력의 발생원인과 작용 메커니즘이 기가 지닌 본래적 성질로 설명되어야 한다. 『성기운화』에서 최한기가 『담천』을 인용할 때, 뉴턴의 중력법칙을 나타내는 '리(理)'자를 모두 '기(氣)'로 바꿔 쓴 것도 그러한 이유에서였을 것이다.[92] 『담천』에는 항성들이 상호간에 중력으로 결합되어 있다는 의미로 '서로 속하는 원리[相屬之理]'가 있다고 되어 있었는데, 최한기는 이구절을 '기륜이 있다[有氣輪]'로 바꾸었다.[93]

최한기는 지구 상의 중력에 대해서 '중력은 지기(地氣)가 아래로 누르는 힘'이라고 정의했다.[94] 그에게 있어서는 지구 상의 중력의 원인은 기이고, 중력이 작용하는 메커니즘은 기가 아래로 누르는 것이다. 최한기가 중력이라고 정의한 것은 현대 과학에서 기압(氣壓)을 연상시키는데, 실제로 그는 지기가 누르는 힘이 기압계의 현상으로 확인되었다고 보았다.[95] 기압을 지구 위에서의 중력의 원인으로 보는 최한기의 관점은 오늘날의 상식과는 배치되지만, 그 자신의 기학의 입장에서 보면 매우 합리적인 이론이었다. 앞서 살펴보았듯이, 최한기는 『운화측험』에서 지면

---

91 『星氣運化』 권5, 「諸行星氣數」(『增補 明南樓叢書』 5, 146c), "氣輪未著之前, 所論順行逆行, 但依其已然之跡, 而排撰點線, 行數多未得其妥帖."
92 전용훈(2007), 258면 참조.
93 『星氣運化』 권9, 「星林氣數」(『增補 明南樓叢書』 5, 173b), "觀諸星自成一部 知其有氣輪觀其作球形 知其有攝力.";『談天』 권17, 「星林」(『續修四庫全書』, 689c), "觀諸星自成一部, 知其有相屬之理, 觀其作球形, 知其有攝力." (이하 『談天』의 인용은 『續修四庫全書』의 책번호와 페이지 번호를 따른다.)
94 『星氣運化』 권1, 「地氣數」(『增補 明南樓叢書』 5, 125b), "重力, 地氣壓下之力."
95 『星氣運化』 권1, 「地氣數」(『增補 明南樓叢書』 5, 118c~d).

으로 누르는 힘, 즉 중력의 원인이 기의 회전이라고 말했다.[96] 지구를 둘러싸고 있는 기가 회전하여, 이로부터 중심을 향한 압력이 생기고, 그 압력이 중심부에 있는 지구를 구형이 되게 하고, 나아가 그 힘이 공중의 물체를 지표면으로 되돌아가게 하는 것이다. 지구 상의 중력은 기의 회전에 의해 생겨나고, 그 회전은 처음부터 기에 내재하는 '활동'이라는 기의 성질이 드러난 것이기 때문에, 기학적 관점에서 의심의 여지가 없는 합리적인 이론이었다.

지상계에 적용되는 최한기의 중력이론은 다른 중력현상을 설명하는 데에서도 대단히 성공적이었다. 한 가지 예로, 지구의 적도반경이 극반경보다 조금 큰 것도 기의 중력이론으로 설명되었다. 뉴턴 역학에서는 지구의 자전으로 인해 생긴 원심력이 적도 부근의 중력을 줄인 결과로 극반경보다 적도반경이 크다고 설명된다. 그러나 최한기는 이에 대해, 지구 자전의 원심력 때문에 지기가 적도 부근을 누르는 압력이 줄어들어 지구의 적도 부분이 부풀어졌다고 설명했다. 이러한 예에서 드러나는 바와 같이, 뉴턴의 중력을 기의 압력으로 바꾸면, 뉴턴 역학이 설명하는 지구 상의 모든 중력현상을 기의 중력이론으로 설명할 수 있게 된다. 최한기는 기의 회전, 지구의 회전, 지구의 형체, 지구 반대편에 있는 사람이 거꾸로 서 있는 것 등 지구 상의 다양한 중력현상이 모두 기의 성질과 작용으로 설명될 수 있다고 했다.[97] 나아가 이와 같이 합리적인 기학적 중력이론을 확립한 최한기의 입장에서 볼 때, 뉴턴의 중력이론은 중력의 원인과 작용의 메커니즘을 알지 못한 이론, 즉 그의 표현을

---

96 『運化測驗』 권1, 「氣之性情」(『增補 明南樓叢書』 5, 75d), "蓋地外蒙包之氣, 因轉鏇之勢, 便成輪楲. 團束在內之氣, 海陸之體, 所以球也. 離地之物, 竟歸附焉."
97 『運化測驗』 권1, 「地體自轉」(『增補 明南樓叢書』 5, 78a), "歷法之動靜相損, 地氣之運動, 有由水土全體之成球, 後面人物之倒懸, 皆可罷疑惑而見實跡, 階此而可推明者, 氣也."

빌면 '근거가 빈약한 억측[揣摩之見]'에 불과했다.[98]

그런데 뉴턴의 중력은 지구 상은 물론 우주 공간의 어디에도 질량이 있으면 곧바로 존재하는 보편적인 힘, 즉 '만유인력(universal gravity)'이었다. 뉴턴의 중력이론을 최한기 자신의 중력이론으로 완전히 대체하기 위해서는 지구 상의 중력현상뿐 아니라 우주 공간의 천체운동까지 기의 중력이론으로 설명되어야 할 것이다. 『성기운화』에서는 우주 공간의 천체현상에 적용되는 천상계의 중력이론, 다시 말해서 천상계에 적용되는 기학적 중력이론이 제시되었다. 이것이 『운화측험』에서 지구와 달 사이의 조석현상에 적용된 적이 있으며, 『성기운화』에서 확장된 기륜설(氣輪說)이다. 기륜설은 ① 기륜의 존재와 그 ② 작용력이라는 두 가지 사실을 전제로 한다. 그리고 최한기는, 모든 천체들이 그 바깥을 감싼 기륜(氣輪)을 갖추고 있으며, 기륜들 사이에는 기의 형질(形質)에 본래적으로 갖추어져 있던 '견인추거지력(牽引推去之力)'이 작용한다는 두 가지 사실은 증명되었다고 확신했다.

최한기는 먼저 모든 천체들이 기륜을 갖추고 있다는 사실이 증명되었다고 확신했다. 사실 그는 『추측록』(1836)을 저술하던 학문활동 초기부터 지구 상의 모든 사물이 기로 둘러싸여 있다고 생각하였다.[99] 이 생각은 앞서 보았듯이 『지구전요』와 『운화측험』을 저술하던 시기에는 지구와 달에 기륜이 있고, 이 두 기륜이 상호 작용한다는 확신으로 발전하였다. 이어서 최한기가 『담천』을 통해 근대 천문학과 뉴턴 역학을 접하고 나서 저술한 『성기운화』에서는 기륜의 존재를 우주 공간의 모든

---

98 『星氣運化』 권10, 「氣輪攝動」(『增補 明南樓叢書』 5, 179a), "豈非氣輪, 揣摩之見乎."
99 『推測錄』 권2, 「蒙氣飄影」(『增補 明南樓叢書』 1, 119c), "微物, 皆有體傍之氣臭, 況地之大乎."

천체들에까지 확장하고 일반화하였다. 최한기가 기륜이 천체들에 보편적으로 존재한다는 사실이 증명되었다고 확신하게 된 데에는 대구경 망원경을 사용하여 얻어 낸 서양의 근대 천문학적 현상들이 중요한 역할을 하였다. 예를 들어 『담천』에서는 달 주위에 희박한 대기층이 있고, 행성과 태양에도 천체를 둘러싼 운기(雲氣)와 광기(光氣)가 있다고 하였다. 오늘날의 관점에서 이들은 각각 행성의 대기(大氣)와 태양의 광구(光球)를 가리킨다. 그런데 최한기는 천체를 둘러싼 이와 같은 기의 구를 '기륜'이라고 생각하고, 이것이 모든 천체가 기륜을 지니고 있는 증거라고 결론을 내렸다. 그는 "비록 기륜이라고 명확하게 말은 안 했지만, 이것은 뭇 별들의 기륜을 제기한 것이다."라고 하였다.[100] 이 외에도 『담천』에는 우주 공간에 있는 둥근 구름처럼 보이는 것들을 여러 가지 기술하였는데, 최한기는 이들 모두가 기륜의 존재를 증명하는 것으로 받아들였다. 그가 토성의 고리(光環)[101]와 원형으로 보이는 행성상 성운(planetary nebulae)을 기륜으로 생각한 것도 마찬가지 이유에서였다.[102] 나아가 최한기는 『담천』에 서술된 행성과 위성들이 맺고 있는 중력적인 관계를 통해 위성들에도 기륜이 있다고 추론하였다. 그는 "위성들이 모두 기륜을 가지고 있고, 본성(本星, 행성)과 섭동하며 회전한다. 지구와 달의 경우와 다를 게 없다."고 했다.[103] 또한 항성들은 모두 스스로 빛을 내는 태양과 같은 천체라는 근대 천문학적 지식을 태양에 광기(光氣)

---

100 『星氣運化』, 「星氣運化序」(『增補 明南樓叢書』 5, 103c), "雖不明言氣輪, 乃是衆星氣輪之提起也."

101 『星氣運化』 권5, 「諸行星氣輪」(『增補 明南樓叢書』 5, 145b), "皆光環是土星之氣輪."

102 『星氣運化』 권9, 「星林氣數」(『增補 明南樓叢書』 5, 175c), "行星氣之光力 …… 中心有一太陽, 因遠極故不能見其光暎于胞胎, 大故能見, 以其光在於氣輪也."

103 『星氣運化』 권6, 「諸月氣數」(『增補 明南樓叢書』 5, 155a), "諸月各俱氣輪, 與本星攝動循環, 無異於地月矣."

라는 기륜이 있다는 자신의 추론과 결합하여, 최한기는 모든 항성도 태양과 마찬가지로 기륜을 갖추고 있다고 결론을 내렸다.[104] 이와 같은 우주 공간의 모든 천체들에 기륜의 존재를 일반화할 수 있었기에, 최한기는 『성기운화』의 서문에서 뭇 별들에 기륜이 있다는 자신의 확신을 '이 책에서 분명하게 밝히는 중심 주장[實爲此書之闡明宗旨]'이라고 자부하였다.[105] 결국 최한기의 기학적 관점에서 볼 때, 우주 공간의 모든 천체에 기륜이 있다는 것은 의심의 여지가 없는 사실이었다.

최한기는 보편적으로 존재하는 기륜이 지닌 작용력, 즉 견인추거지력 또한 증명되었다고 확신하였다. 최한기는 견인추거지력을 기의 성질로부터 자연스럽게 증명할 수 있다고 보았다. 견이추거지력은 기륜이 본래부터 지닌 성질이지만, 최한기는 이것이 서양 과학을 통해서도 증명되었다고 보았다. 서양 과학서에 서술된 전기(電氣)현상에서 견인하고 추거하는 작용이 있음은 명백하였다.[106] 최한기가 보기에, 전기는 분명히 기의 현상이었으며, 번개나 천둥은 견인하는 구름과 추거하는 구름이 만날 때에 생기는 것이었다.[107] 최한기는 『성기운화』보다 1년 전에 저술한 『신기천험(神機踐驗)』(1866)에서 기에는 그 형질로부터 '당기고[牽引]' '미는[推去]' 두 가지 성질이 갖추어져 있음을 주장하였다.[108] 기가 본래부터 지니고 있는 이 두 가지 성질은, 비록 명확하게 표현되지는

---

104 『星氣運化』 권9, 「星林氣數」(『增補 明南樓叢書』 5, 173b), "觀諸星自成一部, 知其有氣輪."
105 『星氣運化』, 「凡例」(『增補 明南樓叢書』 5, 105a), "衆星氣輪, 實爲此書之, 闡明宗旨."
106 『神氣踐驗』 권8, 「電氣」(『增補 明南樓叢書』 4, 468b), "大氣運化之中, 自俱牽引推拒二質, 而電氣亦有引拒二質, 若器物之中, 一爲牽引一爲推拒, 則牽引必合於推拒, 推拒必合于牽引, 務必彼此會合, 竟歸一氣調和."
107 『神氣踐驗』 권8, 「電氣」(『增補 明南樓叢書』 4, 468b), "如天際二雲, 一爲牽引雲, 一爲推拒雲, 二雲相近, 勢必電氣引拒, 轟擊發聲."
108 『神氣踐驗』 권8, 「物質卽氣質」(『增補 明南樓叢書』 4, 455d), "夫氣質運化, 分別之有二性, 一爲牽合之性, 一爲推拒之性."

않았지만, 이미 『운화측험』에서도 단서가 제시되었다. 앞서 언급하였듯이, 최한기는 지구와 달의 조석현상이, 지구와 달의 기륜이 교차할 때 '왼쪽에서는 당기고 오른쪽에서는 미는 힘' 때문에 일어난다고 하였다.[109] 그리고 견인추거지력은 『성기운화』에서 천체들의 기륜 상호간에 작용하는 힘으로 명확히 제시되었다.

우주의 모든 사물에 존재하는 기륜과 기륜이 지닌 견인추거지력은 최한기가 우주 공간의 중력현상을 설명하는 기본 원리였다. 천체들의 궤도운동에 대해, 최한기는 뉴턴의 중력이론을 대체한 자신의 기륜설로 다음과 같이 설명하였다.

> 뭇 별들의 기륜이 섭동(攝動)하는 것은 한 별은 끌어당기고 한 별은 밀어서 궤도의 순환을 이루기 때문이다.[110]

> 만약 기륜이 없다면 멀리 있는 두세 개의 별들이 무엇에 의해서 끌어당기고 밀겠는가![111]

인용문에서 보듯이 최한기는 기륜의 중력이론으로 천체의 궤도운동을 완전하게 설명할 수 있다고 확신했다. 나아가 최한기는 뉴턴 역학의

---

109 『運化測驗』 권1, 「用器驗試」(『增補 明南樓叢書』 5, 67d), "此乃因濕熱之氣, 設機轉輪出於人巧, 雖若瑣屑, 然因熱氣衝發而旋轉, 可喩地體之運轉. …… 況復太陰傍氣之輪轉, 與地傍氣之輪轉, 相切而成左挈右推之勢乎."

110 『星氣運化』 권1, 「地氣數」(『增補 明南樓叢書』 5, 120b), "諸星氣輪攝動, 由於一星牽引一星推拒, 以成軌道之循環." 이 문장에서 섭동(攝動)은 서양 천문학에서 말하는 perturbation의 번역어가 아니라, 최한기 자신이 설정한 기륜 사이의 상호작용을 가리킨다.

111 『星氣運化』 권10, 「氣輪攝動」(『增補 明南樓叢書』 5, 179d), "若無氣輪, 則在遠之二三星体質, 緣何而牽引推拒哉."

수학적 기술이 없더라도 기륜의 역학만으로 모든 천체역학적 현상을 설명할 수 있다고 생각했다.

비록 절력(切力)과 법력(法力) 그리고 섭동설이 없어도, 기륜의 견인과 추거로 활동변이(活動變移)를 구명(究明)할 수 있을 것이다.[112]

우주에서 나온 살아 있는 방법〔活法〕을 궁구하는 자는 기륜으로부터 학문에 들어가고, 인간이 만든 죽은 방법〔死法〕을 궁구하는 자는 섭력(攝力)에 따르고 절력(切力)을 사용한다.[113]

인용문에서 보듯이, 최한기는 뉴턴 역학의 수학적 방법을 '사법(死法, 기의 본질을 모르고 세운 학설)'이라고 비난했다. 왜냐하면 그에게 있어서 뉴턴 역학은 우주에 본래 갖춰져 있는 기의 본질을 모르고 만든 이론이기 때문이다. 반대로 그에게 있어서 기륜의 역학은, 우주의 근원인 기의 본질로부터 성립했기 때문에 우주에서 나온 살아 있는 방법, 즉 '활법(活法, 기의 본질에 기초한 학설)'이었다. 요컨대 그는 뉴턴 역학의 수학적인 우수함은 어느 정도 인정했지만, 그것을 기륜의 역학보다 뛰어난 것으로는 인정하지 않았다. 그는 "두 학설이 서로 부합되지 않을 경우에는 차라리 절력과 법력의 수학을 버릴지언정 이 기륜의 실제 현상을 폐해서는 안 된다."라고 하였다.[114]

---

112 『星氣運化』 권10, 「氣輪攝動」(『增補 明南樓叢書』 5, 179d), "雖無切力法力, 攝動之說, 可將氣球輪牽推, 究明活動變移." 절력은 원운동에서 접선방향의 힘(tangential force)을, 법력은 수직방향의 힘(normal force)을 가리킨다.
113 『星氣運化』 권12, 「經緯度差」(『增補 明南樓叢書』 5, 199a~b), "究天歷之活法者, 從氣輪而入學, 求人歷之死法者, 循攝力而用切." 여기서 섭력(攝力)은 뉴턴 역학의 중력, 즉 원거리 인력을 가리킨다.

나아가 최한기는 뉴턴 역학이 결여하고 있던 천체 사이에 중력이 작용하는 메커니즘을 설명하기 위해, 기륜 사이에 상호작용이 발생하는 구조를 자세히 구상하였다. 이 점에서 기륜의 중력이론은 힘의 발생 원인과 작용의 메커니즘을 완벽하게 갖춘 이론이었다. 최한기는 천체를 둘러싼 기륜의 크기가 거의 무한하며, 때문에 우주 공간의 뭇 기륜들은 상호 교차하면서 우주는 기륜의 무한연쇄를 이루고 있다고 보았다. 그는 먼저 기륜의 크기가 거의 무한하다고 보았다. 그에 따르면, 지구의 기륜의 반경은 달의 궤도 반경을 넘어 지구에서 태양까지의 거리보다도 크다.[115] 나아가 달이나 태양과 같이 다른 천체의 기륜도 그만큼 크기 때문에 지구의 기륜은 달과 태양의 기륜과 교차한다. 최한기는 이처럼 거대하며 무한한 기륜이 상호 교차하는 상황을 다음과 같이 말한다.

이제 (이 책에서는) 먼저, 지구 곁의 기륜이 층층이 에워싸고, 멀수록 넓어져서 사위(四圍)에 다다르며, 뭇 별들의 기륜과 연접해서는 통째로 틀[機]을 이루고 이것으로 운화를 이룬다는 것을 거론하였다.[116]

두 별이 아득히 멀어 서로 접하지 않더라도, 기륜은 둥글게 크고 넓어서, 혹은 상하좌우에서 서로 접한다. 별의 반경이 일(一)이라면 기륜의 반경은 크면 만(萬), 다음은 천(千), 작으면 백(百)이다.[117]

---

114 『星氣運化』권10, 「氣輪攝動」(『增補 明南樓叢書』5, 181c~d), "至於兩說之不相合處, 寧割切力法力之算學, 不可廢此氣輪之實跡."

115 『星氣運化』권1, 「地氣數」(『增補 明南樓叢書』5, 122c~d), "地氣輪半徑, 爲地半徑之千百倍, 近與月氣輪攝動, 遠與日氣輪攝動."

116 『星氣運化』, 「凡例」(『增補 明南樓叢書』5, 105a), "今先擧地傍氣輪, 層層裹包, 愈遠愈廣, 至於四圍, 接連諸星氣輪, 統體成機, 以行運化."

인용문에서 보듯이, 한 천체의 기륜은 상하좌우 어느 곳으로나 퍼져 나가 다른 천체의 기륜과 접한다. 그러면 우주는 천체들의 기륜이 무한히 교차하는 기륜의 무한연쇄를 이루고 있는 셈이다. 한 천체의 기륜이 다른 천체의 기륜과 교차하면서 기에 내재하는 견인추거의 힘이 작용하면 천체들 사이의 역학적 현상은 기륜의 역학으로 완전하게 설명할 수 있게 된다. 이것이 바로 최한기가 뉴턴 역학을 비판하면서 구축한 기륜의 천체 역학이었다.

뉴턴 역학을 비판하고 자신이 구축한 기륜의 역학을 확신하는 최한기의 태도는 오늘날의 과학적 관점에서 볼 때, 근거가 빈약한 억지로 보일 수 있다. 그러나 최한기가 독자적인 중력이론을 만든 것은 뉴턴 역학에 부재하는 중력의 원인과 작용의 메커니즘을 갖춘 완전한 이론을 만들기 위해서였다. 그리고 기학적 관점에서 볼 때, 최한기의 중력이론은 중력의 원인과 작용의 메커니즘을 갖춘 완전한 이론이었다. 앞서 언급하였듯이, 뉴턴의 중력이론은 중력이 왜 발생하는지, 어떻게 서로 떨어진 두 물체 사이에서 인력이 작용하는지를 설명하지 않았다. 반면 최한기는 기의 성질로부터 중력의 원인과 작용의 메커니즘을 증명하였다. 중력은 기의 형질 속에 내재하는 견인추거의 성질로부터 생겨나고, 서로 떨어진 두 물체의 기륜이 교차하면서 이 힘이 작용한다. 그러면 우주 공간의 천체의 운동은 기륜의 역학으로 모두 설명할 수 있게 된다. 최한기의 입장에서 볼 때, 기학적 중력이론은 뉴턴 역학이 결여한 힘의 원인과 작용의 메커니즘까지 설명 가능한 완전한 이론이었다.

---

117 『星氣運化』 권10, 「氣輪攝動」(『增補 明南樓叢書』 5, 179b), "兩星體遙遠, 雖未相接, 氣輪廣大圍圓, 或左右相接, 或上下相接, 星之半徑一則氣輪半徑, 大而萬, 次而千, 小而百."

6. 맺음말

지금까지 최한기의 사상에 관한 연구에서, 지구설·자전설·공전설은 최한기 사상의 근대성을 평가하는 중요한 지표로 인식되어 왔다. 지구설은 전통적 천원지방의 관념을 뒤집는 서양의 합리적 우주관이며, 자전설과 공전설은 서양 천문학사에서 혁명적인 전환을 의미하는 것으로 평가되었기 때문이다. 하지만 최한기가 지구설·자전설·공전설에 부여한 의미는 서양 과학사적 맥락의 그것과 달랐다. 그는 지구설·자전설·공전설을 기의 활동을 보여 주는 증거로 긍정하고 인용했다. 최한기가 누구보다도 먼저 서양의 이론을 긍정했던 것은 그것이 근대 과학적 사실이었기 때문이 아니라, 자신의 기학적 원리와 추론을 지지해 주는 이론이었기 때문이다. 최한기는 다음과 같이 말했다.

여러 기구의 경험과 시험으로 비로소 기의 형질(形質)을 보게 되었고, 지구의 자전으로 기의 활동(기가 활동한다는 사실)을 알게 되었다.[118]

지구의 구형(球形)에 대한 깨달음이 우주의 눈과 귀를 열었고, 지구 회전(자전과 공전 : 인용자)은 우주론적 탐구에 빛을 던져 주었다. …… 수천 년 동안의 긴긴 밤이 이 두 가지 사실로 인해 대번에 밝아졌다.[119]

---

118 『運化測驗』 권2, 「知覺運化」(『增補 明南樓叢書』 5, 98b), "諸器驗試, 始見氣之形質, 地球自轉, 可知氣之活動."
119 『運化測驗』 권1, 「地體自轉」(『增補 明南樓叢書』 5, 78a), "地球之明 開天下之耳目, 地體之轉, 憬宇內之格致, 是由於古今之經驗有漸, 宇宙顯達, 所共合知見而發明, 非一人一得之所可能也. 千古長夜, 緣此兩條, 快覩淸明."

기가 활동(活動)한다는 사실은 기가 형질(形質)을 가졌다는 사실과 함께 최한기가 서양 과학으로부터 배워 얻은 가장 가치 있는 사실이었다. 지구설 · 자전설 · 공전설이 인류 지성사의 어둠을 밝혀 준 등불인 것은 그것이 기의 형질과 활동을 확인해 주었기 때문이지, 그것을 코페르니쿠스나 뉴턴이 창안하여 서양인의 세계관을 바꾸었기 때문이 아니었다. 이것은 서양의 과학 이론이 역사적 · 문화적 맥락이 다른 곳에서는 본래의 의미와 다르게 이해된다는 것을 잘 보여 준다. 최한기에게는 지구의 자전이 지정설(地靜說)을 깨뜨린 혁명적 이론으로 중요한 것이 아니라, 그것이 지구 주변의 기가 활동한다는 사실을 보여 주었기 때문에 중요했다. 또한 최한기는 지구의 공전에 대해, "오로지 지구가 자전하고 공전한다는 이론으로 인해, 천기와 지기가 서로 화응하고 활동한다는 것을 보았다."고 하였는데,[120] 이는 최한기가 지구의 공전을 서양 과학사적 맥락에서의 혁명적 의미로 읽지 않았음을 의미한다. 최한기에게 지구의 공전설이 의미 있었던 것은, 그것이 천문학 혁명을 촉발한 이론이기 때문이 아니라, 자신의 기학적 원리를 증명해 주었기 때문이다. 결국 최한기에게는 지구의 자전과 공전이 코페르니쿠스에 의해 제시된 혁명적인 천체운동 이론이 아니라, 기의 형질과 활동을 증명해 주는 이론으로 인식되었던 것이다. 최한기가 『운화측험』과 『성기운화』를 저술하여 기학적 중력이론을 제시한 근본적인 목적은 자연계의 현상에 관한 설명을 통해 기학을 증명하고 설득하려는 것이었다.

중력에 관한 최한기의 생각을 홍대용의 그것과 비교해 보면, 기 중심적 사유를 하는 동아시아 지식인들 사이에 중력의 발생 원인과 작용의

---

120 『運化測驗』 권1, 「地體輪轉」(『增補 明南樓叢書』 5, 79b), "惟此地球兩轉之法, 可以見天氣地氣和應活動."

메커니즘에 대해 공통적인 추론 방식이 있음을 알 수 있다. 우선 최한기의 기륜설과 마찬가지로 홍대용 또한 물체와 그것을 감싼 기의 구라는 아이디어로 중력현상을 설명하려고 하였다. 이것은 최한기의 기륜설이 기 중심적 사유를 하는 동아시아의 유학자에게는 어쩌면 자연스런 발상일 수 있음을 보여 준다.

실옹(實翁)이 말했다. 만물이 만들어질 때, 각기 기가 있어서 그것을 감싼다. 몸체에 크고 작은 차이가 있어서 감싼 기가 두껍거나 얇은 차이가 있는데, (몸체와 그것을 감싼 기는) 마치 새알에서 노른자(몸체)와 흰자가 서로 붙어 있는 것과 같다.[121]

기 중심적 사유를 하는 유학자들의 경우, 공통적으로 사원소설에 기초한 서양 중세의 자연철학적 중력이론을 긍정할 수가 없었다. 물론 기 중심적 자연철학의 입장에서 서양의 사원소설과 그것에 기초한 자연철학은 애초부터 긍정될 가능성이 거의 없었다고 할 수 있다. 이에 더하여 최한기와 홍대용이 지구가 회전한다는 믿음을 가진 이상, 사원소설에 기초한 서양의 중력이론은 쓸모가 전혀 없었다. 앞서 보았듯이, 사원소설은 지구가 우주의 중심에 정지해 있다는 우주론적 전제 위에서 성립하는 것이기 때문이다.

이제 두 사람은 동아시아 전통의 기론적 자연철학으로 회전하는 지

---

121 『湛軒書』, 內集補遺 권4, 「毉山問答」, 21b, "實翁曰, 萬物之生, 各有氣以包之. 體有小大, 包有厚薄. 有如鳥卵黃白相附." (현행의 『湛軒書』는 대부분 新朝鮮社(1939) 본을 다시 영인한 것으로, 혼란을 막기 위해 新朝鮮社 본의 원문 페이지로 표시한다. 판심을 가운데 두고 좌우에 1면씩 총 2면을 한 장에 인쇄하여 접철한 것으로, 장 번호와 겉면/후면을 각각 a, b로 표시한다.)

구 위에서의 중력현상을 설명해야 했다. 이들은 공통적으로 기의 회전 운동에서 중력의 발생 원인과 작용의 메커니즘을 찾았다. 그리고 이들은 지구를 감싼 기의 회전이 지구 상에 중력을 만들어 낸다는 아이디어를 공유하였다. 홍대용은 중력을 '상하지세(上下之勢)'라고 불렀는데, 이것은 물체를 지면으로 밀어 주는 힘이었다.

지구의 몸체는 이미 크니, (그것을) 감싸고 있는 기도 역시 두텁다. 대나무 그릇처럼 얽히고설켜서 하나의 구를 이루어 공중에서 회전하니, 허기(虛氣)는 서로 갈리고 부딪친다. 두 기의 경계에서는 격렬한 바람이 빠르게 일어난다. 술사(術士)들이 이것을 헤아려서 강풍(罡風)임을 알았다. 이곳을 넘어서면 가만히 맑고 고요하다. 두 기가 서로 부딪치면 안쪽의 지구로 쏟아지는데, 마치 강하(江河)의 물가처럼 격렬하게 흘러 몰려든다. 상하지세(上下之勢, 중력)가 이렇게 하여 만들어진다.[122]

이와 같이 홍대용은 기의 회전으로 인해서 지구 표면 쪽으로 격렬하게 (기가) 몰려들면서 이것이 중력으로 나타난다고 설명하였다. 그리고 홍대용은, 만일 지구의 회전으로 인해 지구 상의 사람과 사물이 넘어지거나 쓰러지지 않겠느냐는 의문에 대해 다음과 같이 말한다.

마치 나는 새가 선회하고 구름이 피었다 흩어지듯이, 물고기가 물에서 놀고 쥐가 땅을 기는 것처럼, 넘치도록 많은 기(氣) 속에서 헤엄치면 넘어지거나 쓰러질 염려를 할 필요가 없다. 하물며 사람과 사물처럼 지면에

---

[122] 『湛軒書』, 內集補遺 권4, 「竪山問答」, 21b, "地體旣大, 籠絡經持搏成一丸, 旋轉于空, 磨盪虛氣. 兩氣之際, 激薄颮疾. 術士測之, 認以罡風. 過此以外, 渾渾淸淨. 兩氣相薄, 內湊於地, 如江河之涯, 激作匯狀, 上下之勢, 所由成也."

붙어 있는 것임에랴![123]

즉 지구가 회전하더라도 지표면에 있는 사람과 사물은 물속에서 유영하는 물고기처럼 쓰러지거나 넘어질 염려가 없다는 것이다. 홍대용은 지구를 둘러싼 기의 회전이 지구 위에서의 중력을 만들어 낸다고 보았다. 다만 홍대용의 중력은 철저하게 지구 위에서만 작용하는 힘이었다. 그리고 이 지구 표면 가까이의 현상에 국한하면, 홍대용의 중력이론은 최한기의 그것과 거의 완전히 닮아 있다.

그렇다면 홍대용과 최한기 같은 조선 후기의 유학자는 왜 기학적 중력이론을 모색할 수밖에 없었을까. 홍대용에 대한 탐구는 후일을 기약하기로 하고, 우선 최한기에게는 당연히 기학적 중력이론을 제시해야 할 필연적인 이유가 있었다. 서양의 중력이론, 심지어 근대 과학의 상징으로 인식되는 뉴턴의 천체역학으로는 최한기 자신이 인식한 중력현상을 설명할 수 없었기 때문이다. 최한기의 입장에서는, 자연현상에 개입하는 힘의 원인과 작용의 메커니즘이 기의 존재론과 우주론을 통해 해명되어야 했다. 물론, 서양 중세의 중력이론은 사원소설에 기초한 자연철학을 통해 우주론과 존재론에 일관된 체계를 갖추고 있었다. 그러나 서양의 사원소설은 동아시아 전래의 기의 존재론과 우주론에 부합하지 않았다.

나아가 코페르니쿠스의 우주론이 제안된 후 서양에서는 프톨레마이오스 우주구조론과 결합된 서양 중세의 자연철학과 우주론은 더 이상 성립할 수 없었다. 그러나 코페르니쿠스 이후에 누구도 우주의 중심에

---

123 『湛軒書』, 內集補遺 권4, 「毉山問答」, 21b~22a, "若飛鳥之廻翔, 雲氣之舒卷, 如魚龍在水, 如土鼠行地, 涵泳於湊氣, 無慮其靡仆. 況人物之附於地面乎." 마지막 문장은 "사람이나 사물은 지면에 붙어 있으므로, 새나 물고기처럼 유체(流體) 안에서 헤엄치는 것들보다 더욱 넘어지고 쓰러질 걱정을 할 필요가 없다."는 뜻이다.

있지 않는 지구가 둥글게 되는 이유를 설명하지 않았다. 나아가 지구는 왜 자전하고 공전해야 하는지를 설명하지도 않았다. 이것은 근대적인 태양계 형성이론이 나오기 전까지 아무도 설명할 수 없었다. 코페르니쿠스의 이론이 유럽 사회에서 쉽게 수용되지 못한 이유도 바로 그가 제시한 새로운 우주론을 합리화시킬 체계적인 자연철학이 없었기 때문이다. 코페르니쿠스는 새로운 우주론으로 서양 중세의 우주론과 자연철학을 붕괴시켰지만, 그의 우주론을 합리화해 줄 체계적 자연철학을 만들지 못했다.

서양 과학사와 역사적·문화적 맥락이 전혀 다른 19세기 중반 조선의 최한기는 코페르니쿠스의 천문학과 우주론, 그리고 뉴턴의 역학이 지닌 중대한 결함을 발견했다. 코페르니쿠스의 우주론과 천문학 이론은 현상을 제시하기만 했을 뿐, 현상을 일으키는 원인과 미시적 메커니즘을 설명할 자연철학의 체계를 전혀 제시하지 않았다. 나아가 뉴턴 또한 모든 천체역학적 현상을 중력의 작용으로 설명하면서도, 중력의 발생 원인과 작용의 메커니즘을 전혀 제시하지 않았다. 이것이 최한기가 기학적 자연철학에 입각한 중력이론을 모색할 수밖에 없었던 이유였다. 최한기가 『성기운화』를 저술한 목적은 뉴턴의 역학이 결여하고 있는 중력의 원인과 작용의 메커니즘에 대한 기학적 해명이었다. 최한기는 자연현상에 관한 사실적 정보는 서양과학으로부터 받아들였지만, 그 현상이 일어나는 원인과 현상이 발생하는 메커니즘은 기학적 자연철학으로 해명하고자 했다. 최한기가 접한 뉴턴의 천체역학은, 현대인의 눈에는 객관적이고 합리적인 근대 과학의 상징이지만, 최한기 자신의 기학적 관점에서는 불완전하고 심지어 불합리한 것이었다. 최한기는 우주 안의 모든 현상이 기의 존재론과 우주론으로부터 완전하게 연역될 수 있는 기학적 자연철학의 체계를 확립하고자 하였다.

參 考 文 獻

『增補 明南樓叢書』 전5책, 성균관대학교 대동문화연구원, 2002.
최한기 지음, 이종란 옮김(2014), 『운화측험』, 한길사.
侯失勒 撰, 偉烈亞力 譯, 李善蘭 刪述, 徐建寅 續述, 『談天』, 續修四庫
　　　全書 1300, 上海古籍出版社, 1995.

金良善(1961), 「明末清初耶蘇會 宣敎師들이 製作한 世界地圖와 그 韓
　　　國文化史上에 미친 影響」, 『崇大』 6.
김문용(2005), 「조선후기 한문서학서의 사행론과 그 영향」, 『시대와
　　　철학』 16-1.
김숙경(2012), 「최한기의 기륜설과 서양의 중력 이론 : 기륜설 연구
　　　및 평가의 새로운 지평을 위한 모색」, 『東洋哲學研究』 71.
＿＿＿(2013), 「혜강 최한기의 기학에 나타난 서학 수용과 변용에 관
　　　한 연구」, 성균관대학교 박사학위논문.
김영식(2005), 『주희의 자연철학』, 예문서원.
김용헌(1998), 「최한기(崔漢綺)의 자연관」, 『東洋哲學研究』 18.
문중양(2003), 「최한기의 기론적 서양과학 읽기와 기륜설」, 『대동문화
　　　연구』 38.
박권수(1999), 「최한기의 천문학 저술과 기륜설」, 『과학사상』 30.
백민정(2009), 「최한기 철학의 변모 양상에 관한 일고찰」, 『철학사상』
　　　33.
전용훈(2002), 「17~18세기 서양과학의 도입과 갈등 : 時憲曆 施行과
　　　節氣配置法에 대한 논란을 중심으로」, 『동방학지』 117.
＿＿＿(2007), 「19세기 조선 지식인의 서양과학 읽기 : 최한기의 기학

과 서양과학」, 『역사비평』 81.

_____(2009), 「서양 사원소설에 대한 조선후기 지식인들의 반응」, 『한국과학사학회지』 31-2.

Jun, Yong Hoon(2010), 「A Korean Reading of Newtonian Mechanics in the Nineteenth Century」 『EASTM』 (East Asian Science, Technology and Medicine), vol. 32.

全勇勳(2013), 「志筑忠雄と崔漢綺のニュートン科學に對する態度比較」, 『京都産業大學論文集: 人文科學系列』 第46號.

최진덕(2000), 「혜강 기학의 이중성에 대한 비판적 고찰」, 『혜강 최한기』, 청계.

야마다 케이지(山田慶兒) 지음, 김석근 역(1991), 『주자의 자연학』, 통나무.

야마모토 요시타가 저, 이영기 옮김(2005), 『과학의 탄생: 자력과 중력의 발견, 그 위대한 힘의 역사』, 동아시아.

알폰소 바뇨니 지음, 이종란 옮김(2012), 『공제격치』, 한길사.

G. 가모프 지음, 박승재 옮김(1973), 『중력: 고전적 및 현대적 관점』, 전파과학사.

John Herschel(1851), *Outlines of Astornomy*, London: Longman, Brown, Green and Longmans, 4th Edition.

Willard J. Peterson(1973), 「Western Natural Philosophy published in late Ming China」 『Proceedings of the American philosophical society』, vol 117, No.4.

『혜강 최한기 연구』 집담회

- **일 시 :** 2015. 11. 13.(금) 오후 2시~6시

- **장 소 :** 한국학중앙연구원 시습재 A회의실

- **참석자 :** 백민정(사회), 손병욱, 허남진, 권오영, 전용훈

백민정

손병욱

허남진

권오영

전용훈

백민정　여러 선생님께서 저를 사회로 추천해 주셔서 그럼 제가 그냥 어쩔 수 없이 사회를 보도록 하겠습니다. 손 선생님께서 먼저 '최한기 기학의 학문체계 탐구'라는 글을 쓰셨고, 이 내용이 기학의 가장 핵심적인 중요한 부분이기도 하며 또한 최한기의 학문을 가장 잘 나타내는 표현이기도 하니까 먼저 기학에 대해 저희들에게 말씀해 주시면, 저희가 다시 여쭙도록 하겠습니다.

손병욱　기학의 학문체계라고 해서 어떤 구조, 틀, 이런 것을 한번 제시를 하고 그 틀을 좀 더 세부적으로 들여다보면서 기학이 갖는 어떤 특징 같은 것, 이런 걸 제가 한번 정리해 보려고 했습니다.

　제가 주목했던 것은 결국 혜강 최한기가 기학이라는 학문을 통해서 드러내려고 했던 것이 무엇이냐 하는 것이었습니다. 그것은 개인적 차원에서는 천인일치(天人一致)의 삶을 살도록 하는 것이었고, 사회적으로는 그러한 천인일치의 삶이 확산이 되어서 결국 대동일통(大同一統)의 이상세계를, 유교적인 이상세계를 구현하는 것, 이것을 겨냥하고 기학이라는 학문체계를 정립하려고 한 것이라고 보았습니다. 그런데 천인일치라는 말은 성리학이 추구하는 천인합일(天人合一)과 혼동을 가져올 수 있기 때문에 그것과 일단 구분을 해야 됩니다.

　그래서 천인일치라는 말이 초기 저술인 『기측체의』에서는 천인지의(天人之宜) 혹은 천인상행지의(天人常行之宜)로 표현되는데, 이것은 '천도에 바탕을 둔 인도의 정립과 시행'이라는 의미입니다. 처음에는 이렇게 표현되다가 그 후 『기학』에 와서는 천인운화(天人運化)로 바뀌죠. 이게 전부 다 똑같은 의미로서, 천인지의〔천인상행지의〕로 표현하건, 천인일치로 표현하건, 천인운화로 표현하건 결국은 '인간이 천과 하나의 생명체가 되어서 삶을 영위한다.'는 의미이며, 이때 운화란 '생명활동을 한다' 혹은 '삶을 영위한다'로 보면 될 것 같습니다. 그렇다면 천인운화 하자면 어떻게 해야 하느냐? 우선 개인이 제대로 천을 인식 혹은 체인(體認)하여야 한다는 것입니다. 그런 다음 곧 천인운화에 도달한 뒤에 통민운화에 의해서 이 천인운화를 사회적으로 확산시켜 나가면 종국적으로 대동일통의 이상사회에 이를 수 있다고 보는 것으로 파악하였습니다.

앞 발표 때 제가 기학의 구조를 사대운화(四大運化)·사등운화(四等運化)로 이야기한 바 있습니다. 그때 사대운화를 방금운화·활동운화·천인운화·통민운화로 봤습니다만, 그 뒤에 다시 살펴보니까 방금운화는 다른 세 운화와 동등하게 병칭될 수 없다는 사실을 발견했습니다. 물론 기학에서 방금운화가 매우 중요시되는 것은 사실이지만, 방금운화란 지금여기에서 펼쳐지고 있는 현실적인 형편, 상황을 이야기하는 것이기 때문에 천인운화에 도달하게 되면 방금운화는 자연히 파악이 되는 걸로 여겨졌습니다. 그래서 방금운화가 빠지니까 사대운화가 아니라 삼대운화가 되는데, 그것은 활동·천인·통민운화입니다.

여기서 천인운화·천인일치를 위해서는 천의 정체가 무엇이냐가 매우 중요한데, 혜강은 천에 활동운화하는 본성이 있다고 봅니다. 그 근거가 지구가 자전하고 공전한다는 사실, 또 천체가 '기륜섭동(氣輪攝動)·도주만물(陶鑄萬物)'한다는 사실에 의해서 뒷받침된다고 하겠습니다. 이러한 활동운화의 본성은 지구 상에서 생성된 모든 존재에 다 들어가 있게 되는데, 인간 역시 예외일 수 없겠지요. 그런데 이러한 본성을 지닌 지구 상의 모든 존재 가운데 인간만이 그 본성을 견문추측이라는 경험적 인식활동을 통해서 빌헌시킬 수 있다는 것이고, 그러면 그 개인은 천인일치의 상태, 곧 천인운화에 도달하게 됩니다.

이 활동운화의 본성이 발현되는 그 순간을 기학적 '깨달음'이라고 하고, 이 깨달음에 의거해서 개인 차원의 천인운화가 가능해진다고 보는 것입니다. 이제 이 깨달음에 의해서 개인이 천인운화에 도달하게 되면 다음으로 '천인운화라고 하는 기준'을 정립을 하는데 그걸 천인운화지준적(天人運化之準的)이라고 합니다. 여기서 천인운화란 사실은 천인활동운화인 셈이지요. 이제 천과 인간이 하나의 생명체가 되어서 활동운화하는 그것을 큰 기준으로 삼아서 통민운화를 실현하자는 것입니다. 예컨대, 선악·시비·정사·미추·귀천·본말·선후 등 모든 것을 이 기준에 의거해서 판단을 하여 정치와 교육으로 통민운화를 시행하므로 대동일통의 이상세계가 가능해지는 것입니다. 즉, 하나의 보편타당한 기준이 통용되는 사회가 기학에서 말하는 대동일통의 이상사회지요. 그 기준이 바로 천인운화라는 것입니다. 즉, 활동운화의 본성을 완벽하게 발현하는 천에 승순(承順)하느냐 위역(違逆)하느냐를 인간의 모든 삶의 판단기준으로 삼자는 것입니다. 이러한 통민운화를 기학에서는 다시 사등운화로 구분합니다.

그건 잘 아시다시피 일신운화·교접운화·통민운화·대기운화인데, 혜강은 이것을 각각 수신·제가·치국·평천하의 요체라고 봅니다. 그러면 대기운화가 평천하의 요체가 되는데, 실제로 사등운화를 대표하는 것은 대기운화가 아니라 통민운화입니다. 이는 평천하가 덜 중요해서가 아니라 평천하를 위해서는 대기운화보다도 통민운화, 말하자면 치국이 더 중요하다고 보려는 의도가 깔려 있다고 봅니다. 결국 평천하라고 하는 것은 천인운화의 기준을 공유한 여러 나라들이 평화적으로 공존할 때 가능하다는 이야기입니다. 국가의 범위를 넘어서서 말하자면 전체 인류나 사해동포를 위한다는 식으로 가는 것은 굉장히 추상화될 수 있다고 생각한 것 같고, 그래서 결국 각 국가가 가진 특수성, 언어라든가 관습이라든가 이런 것은 존중되어야 된다, 이런 특수성, 국가의 존재를 인정하더라도 얼마든지 '천인운화라고 하는 기준'이 전 인류에게 적용될 수 있다, 평천하를 통한 대동일통의 이상사회 실현이 가능하다고 주장하는 것 같습니다.

그런데 이러한 삼등운화, 사대운화의 구조를 달리 말한다면 유교의 수기치인의 틀에서 벗어난 인식과 실현의 틀이라고 하겠습니다. 그래서 성리학 같은 경우는 수기가 되면 치인은 저절로 된다고, 수기의 문제에 온통 관심을 집중하였다면, 기학에서는 수기라는 말은 잘 쓰지 않고 수신(修身)이라고 합니다만, 수신이란 통민운화의 하나에 불과하다, 달리 말하면, 천인운화를 개인에 적용한 것에 불과하다고 보는 것 같았습니다.

저는 그래서 결국 어떻게 하면 개인이 활동운화의 본성을 발현시켜서 천인운화의 상태에 이를 것인가. 여기에 일단 초점을 맞춰 가지고 그걸 나름대로 계속 분석을 했고 그것을 혜강이 깨달음이라고 한다는 사실에 주목을 하였습니다. 지금까지 학계에서는 혜강의 깨달음에 대해서는 대단히 부정적인 입장을 취해 왔습니다. 왜냐하면 이것은 기학을 경험주의 또는 경험론으로 보아 온 그동안의 입장과 상반되기 때문입니다. 그런데 기학은 활동운화의 본성이 이미 선험적으로 내재되어 있음을 전제로 하고, 그게 일단 발현이 되면 만성일체(萬姓一體)가 가능해진다고 보고 있습니다. 이 말은 만물일체(萬物一體)와 매우 비슷한데, 다만 기학도 유교이기 때문에 만물일체가 되면 인간을 넘어선 모든 존재가 다 한 몸이라는 말이 되어 유교의 범위를 벗어날 수 있기 때문에 대신 만성일체라고 한 것으로 여겨집니다. 그러나 만성일체라는 말을 쓰는 걸 봐서 분명히 깨달음을 전제하고 있음을 알 수 있습니다. 뿐만 아니라 명오(明悟)-기역(記繹)-애욕(愛欲)의 명오라든지, 개오(開悟)·돈오(頓悟)·정각(正覺), 견득활동운화지성〔見性〕등에서도 드러나듯이 깨달음에 해당하는 다양한 용어들을 여기저기에서 많이 제시를 하고 있었습니다.

그래서 결국 혜강의 기학이 가지는 특징은 '천도에 바탕을 둔 인도의 정립과 시행'이라는 틀, 인식과 실현의 틀이라고 하겠고, 그리고 이 틀 안에는 활동운화·천인운화·통민운화의 삼대운화와, 다시 통민운화에는 사등운화, 곧 일신·교접·통민·대기운화가 들어 있다는 것입니다. 이렇게 해서 결국 모든 인류가 활동운화의 본성을 발현하여 천에 승순하는 그런 이상사회를 구현하려고 했는데, 제가 그 과정에서 특별히 관심을 가졌던 것은 기학의 천관(天觀)입니다. '활동운화'를 천의 본성으로 봄으로써 기학은 천을 재발견하였다고 할 수 있습니다. 기학의 천은 기존 성리학의 이법천(理法天)에서 말하는 인의예지신으로 파악되는 이태극이 아니고, 이미 도덕적으로 순선하다고 전제된 천도 아닙니다. 기학의 천은 천체(天體) 그 자체로서 그러니까 형이하학적이고 형질을 가진 유형(有形)의 생명천입니다. 천은 활동운화의 본성을 완벽하게 발현하는 존재이고, 활동운화〔활·동·운·화〕는 활기생동주운대화〔활기·진작·주선·변통〕로 파악되는데 여기서 생명천으로서의 성격이 잘 드러납니다만, 이 생명천에 의해서 모든 개개물물이 다 배포가 되지 않습니까.

개개물물 속에는 활동운화의 본성과 그 개물(個物)만이 가지고 있는 특성이 있습니다. 이제 그것을 결국 물리(物理)라고 하기도 하고 인정(人情)이라고 하기도 하는데 인물(人物)을 탐구 대상으로 보았을 때, 결국 그것은 '같은 것과 다른 것'으로 되어 있다는 사실입니다. 이것을 저는 아주 중요한 것으로 보았습니다. 모든 개물은 같은 것과 다른 것으로 되어 있다, 예컨대 기학에서는 물리를 개물마다 각각 다르게 부여받은 천리라는 의미의 물물각수지천리(物物各殊之天理)로 설명하는데, 물물각수(物物各殊)의 측면에서 보면 개물은 서로 다르지만 천리(天理)의 측면에서 보면 개물은 같다는 것입니다. 인정 역시 인간의 정서, 감정, 심리적인 요인이라고 할 수 있는데, 모든 인간에게 통용되는 보편적인 것이 있는가 하면 사람마다 다른 것도 있을 것입니다. 그래서 개물 혹은 인물에 대해서 객관적이고 과학적인 견문추측의 경험에 의한 탐구를 계속해 나가다 보면 추측의 결과로서의 추측의 이치 곧 추측지리(推測之理)가 하나씩 신기(神氣)에 저장이 되겠지요. 그러면 언젠가는 기일(氣一)의 관통성(貫通性)이 체증(體證)된다는 것입니다. 같은 것, 대동의 보편자가 확 뚫려서 체인되는 그 순간이 곧 활동운화의 본성이 발현되는 순간이라고 할 수 있을 것입니다. 외부에서 같은 것을 체인하면 내면에 있는 같은 것, 곧 활동운화의 본성이 발현된다는 것이지요. 기학은 이것을 매우 중요시하는데, 이때가 바로 기학적 깨달음의 순간이라고 할 수 있습니다.

그런데 물리와 인정, 혹은 인정과 물리를 견문추측하는 데는 크게 두 가지 측면이 있다고 할 수 있습니다. 하나는 같은 것, 대동의 보편자를 인식하여 나의 내면에 있는 활동운화의 본성을 발현시키는 깨달음을 위한 측면이요, 다른 하나는 '같은 것+다른 것'으로 이루어진 물리와 인정, 이것은 아주 객관적이고 과학적인 이치라고 하겠는데, 이것을 활용해서 도구 곧 문명의 이기를 만들어서 우리 인간의 심신을 안락하게 해 줄 물질문명을 풍요롭게 일구는 측면입니다. 그래서 이 두 가지가 동시에 추구되어야 한다는 것이지요. 그래서 혜강이 꿈꾸었던 이상적인 삶의 모습은 인간이 그 본성을 발현함으로써 활동운화하는 삶을 사는 것인데, 이 과정에서 우리는 정신석으로도 고양이 되고 물질적으로도 풍요로워서 심신이 안락해지는, 이 두 가지 측면을 어느 것도 놓치지 말자, 이것이 기학이 강조하는 부분이 아니냐, 저는 일단 이렇게 보았습니다.

여기서 기존의 동양 학문과 혜강이 수용한 서양 학문을 비교해 보면, 동양 학문은 불교든 유교든 도가사상이든 결국 대동의 보편자, 같은 것만 보려고 하였지 그것을 통해서 인물마다 각각 '다른 것+같은 것'으로 이루어진 이치, 특히 '다른 것'으로서의 이치를 활용하려고 하지 않았다고 할 수 있습니다. 이에 비해서 서양 과학이라고 하는 것은 사실 '같은 것+다른 것'으로 되어 있는 객관적인 이치를 '다른 것'으로만 보고, 이것을 활용해서 도구를 만들어 내어서 물질문명을 풍요롭게 함으로써 우리의 육체를 안락하게 하려고만 하였지 '같은 것'을 놓쳤다고 하겠습니다. 이에 비해서 기학은 결국 심과 물, 심학과 물학을 통합했다고 이야기할 수 있을 것입니다. 『인정』을 보면 혜강은 천하의 심과 물을 통합한 사람으로 자부하는데, 결국 기학은 신기(神氣) 곧 마음의 추측능력에 의거해서 외부세계에 있는 같은 것을 먼저 봄으로써 내면에 부여된 같은 것인 활동운화의 본성을 발현시키는 깨달음에 이른 뒤에 이 과정에서 축적된 '같은 것+다른 것'으로 이루어진 추측지리를 활용해서 도구를 만들어 물질문명을 풍요롭게 하고 심신을 안락하게 해 나가기 위한 방도, 정신과 육체를 다 같이 풍요롭게 해 줄 방도를 제시하려고 하였다고 할 수 있습니다. 저는 만약 이것이 실제로 가능하다면 이 시대에 대단한 메시지를 준다고 생각합니다.

그런데 유교 특히 성리학을 보면 심학과 물학 가운데 우리가 어느 한쪽으로 가 버리니까, 조선조 19세기에 당시 조선에 왔던 서양 선교사들의 이야기를 들어 보면, 그들이 만난 조선의 백성들을 이 세상에서 가장 가난하고 더럽고 게으른 사람으로 묘사하는데, 이게 너무 마음 혹은 정신, 윤리도덕적인 측면, 그리고 천을 정적(靜的)인 이태극으로 보고 이것을 강조하다 보니까 그렇게 되어 버렸다고 생각합니다. 오늘날 우리가 서양 과학문명이 극에 이른 시대에 살다 보니까 너무 물질 위주로만 가고 정신이 또 황폐해졌지 않습니까. 그런데 혜강의 기학은 적어도 두 가지를 동시에 추구해 나갈 수 있는 길을 열려고 애를 썼다고 봅니다. 다만 실제로 열었는지 안 열었는지는 잘 모르겠습니다. 이는 제가 이 부분에 대해서 깊은 지식이 없기 때문입니다만. 그래서 그게 정말 가능하다고 하면, 우리가 정신적으로 고양(高揚)되면서 육체적으로 안락하고 물질적으로 풍요롭고 잘사는 것이 가능하다는 이야기인데, 이것은 완전히 획기적인 길이 열리는 것이 아니냐 저는 그 생각을 한번 해 보았습니다. 제 이야기가 너무 길어진 것 같습니다.

백민정 네, 제가 기학에 대해서 말씀을 드렸더니 처음부터 끝까지 논문을 머릿속에서 완전히 정리하셔서 말씀을 해 주셨네요. 고맙습니다. 그런데 제가 여쭤 보고 싶은 간단한 사항부터 여쭤 봐도 될까요.

손병욱 네.

백민정 이건 그냥 소소한 것인데요. 선생님, 마지막 장에 제가 읽어 본 바에 의하면, 교황청 소속 선교사들 가운데 어떤 자료를 잠깐 인용하시면서, 어떤 선교사들이 조선을 방문했는데 조선 백성을 이 세상에서 가장 가난하고 게으르고 가장 더러운 그런 사람들, 그런 족속들로 이렇게 묘사를 해 놓았다고, 이렇게 인용만 하시고는 출처를 안 쓰셨는데요. 그 점이 궁금합니다.

손병욱　제가 출처를 빠뜨렸는데, 그 뒤 실시학사에 보낸 최종 논문에는 밝혔습니다.

백민정　이건 그냥 제가 소소하게 여쭤 보려고 한 것입니다.

손병욱　거기에 3명의 선교사가 등장하더군요. 이 가운데 비숍 여사라고 하는 영국 분이 쓴 조선 방문기인『조선과 그 이웃나라들』이 있습니다. 이 외에도 독일 선교사, 그 다음에 프랑스 선교사, 이 세 분이 쓴 당시의 조선에 대한 기록들의 공통점이 있다면, "이 세상에서 제일 가난하고 제일 더럽고 제일 게으른 사람들이 조선 백성들이다."라고 지적한다는 점입니다.

제가 볼 때는 당시 19세기 초부터 본격적으로 시작된 세도정치가 계속 유지되면서, 삼정이 문란해지고 부정부패로 인한 수탈이 심해지니까 여기저기에서 민란이 발생하지만 이것 역시 무위에 그치니까 백성들이 삶의 의욕을 상실한 채 자포자기 상태에 빠진, 매우 어려운 그런 시대상황에서 혜강이 살고 있었던 것입니다. 그런데 혜강은 어떻게 하면 이 완전히 도탄에 빠져서 헤어날 줄 모르는, 절망의 늪에 빠진 조선 백성들을 분기시켜서 삶의 의욕을 불어넣을 것인가 그 방안을 고민했던 것 같습니다. 이때 혜강은 이러한 빈궁과 나태의 원인이 주자학의 리태극에 있다고 진단했던 것으로 여겨집니다. 그러니까 이것은 앞에서도 말했듯이 정적(靜的)인 것 아닙니까. 이태극이라는 것은 움직이지 않거든요. 비록 윤리도덕적으로 완벽하고 순선하다고 전제된 이태극을 거경궁리(居敬窮理)하여 깨닫는다고 해 봤자 그것이 물질적으로 잘사는 것과는 관계없지 않습니까. 그러니까 어떻게 보면 조선조의 성리학은 인간이 정신과 육체를 동시에 가지고 있는 존재임에도 인간이 감각적인 욕구체인 육체를 지닌 존재라는 사실을 애써 도외시하거나 과소평가하려는 경향이 없지 않아 있었다는 것이지요. 그러다 보니까 너무 정신 일변도로 나갔고 그래서 혜강은 성리학 가지고는 안 된다, 새로운 철학으로서의 기철학이 필요하다고 여겼던 것 같습니다. 왜냐하면 기라는 건 움직이는 것이니까요.

저는 혜강이 특히 활동운화를 그 본성으로 하는 기철학을 정립하여 조선의 백성들이 활동운화하는 삶을 살도록 해 주어야 하겠다고 생각하였고, 여기서 기학이라는 새로운 학문을 구상하게 된 것으로 봤습니다. 활동운화하는 삶이란 결국 '어두운 곳을 밝히고 막힌 곳을 뚫어서 그야말로 창의성을 발휘하는 활발발하며 신바람 나는 활기찬 삶'이라고 하겠지요.

백민정 네, 제가 간단히 여쭤 봤는데 의미심장한 답변을 해 주셨네요.
이 선교사들이 중국·조선·일본 다 들어갔을 텐데, 유독 조선에 대해서만 강도가 너무 세게 지적을 한 것 같아서요. 그 당시의 사회 정치상, 조선의 이미지에 대한 이들의 지적을 얼마나 타당하게 받아들일 수 있는지 이것이 궁금해서 여쭤 봤던 것입니다. 제가 선생님이 쓰신 마지막 글을 어제 새벽에 열심히 다시 살펴봤는데요. 제가 제일 궁금했던 것은요, 선생님께서 최한기의 기학의 학문방법을 1단계·2단계·3단계로 나누어서, 첫 번째 단계부터 천인일치, 그러니까 천인운화나 천인일치의 상태를 개인이 깨달았다고, 경험했다고 말씀을 하셨던 점입니다. 그리고 그 다음 제2단계에서 천인일치·천인운화의 준적이라는 표준을 세운다고 설명하셨구요. 그 다음 마지막 3단계에서 통민운화를 통해 대동일치의 이상세계를 실현한다고, 이렇게 세 부문을 나누어 설명하셨는데요. 그러면 제가 아무리 생각해 보아도, '천인일치'나 '천인운화'

와 같은 이런 표현을 벌써 쓰려면 이런 상태나 수준은, 가장 마지막에 오는 이상적인 경지를 기술하는 것이 아니었을까 하는 그런 생각이 들었습니다. 그런데 선생님 말씀을 듣다 보니까 한 개인이 먼저 천인일치의 상태를 깨닫거나 경험하고, 그 다음에 천인일치의 준적을 명시적으로 드러내든가 하는 계몽적인 작용을 행하고, 그 다음에 통민운화를 통해 대동사회를 이룬다는 식으로, 이렇게 구분을 해 놓으신 것 같습니다. 저는 통민운화를 제가 관련된 구절들을 살펴보면서 생각해 보면, 통민운화를 형성하는 과정 자체가 이미 내가 다른 타인과 만나서 뭔가 공론을 만들어 가면서 나 자신이 스스로 천인일치 상태의 깨달음에 도달하는 것이 아닌가 하는 생각이 들었습니다. 어떤 깨달은 자가 있어서 먼저 천인운화를 체인하고, 그런 다음 나중에 타인과의 통민운화의 정치를 실현한다는 식으로, 이렇게 구분을 해 놓으신 것이 조금 이상하게 보였습니다. 만약에 그렇다고 한다면, 처음에 일신운화가 있고 교접운화가 있고 통민운화가 있다고 이렇게 최한기가 설명했는데요. 만약 먼저 완벽한 깨달음을, 천인운화 상태의 깨달음을 가진 사람이 일신운화의 상태에 있다고 한다면, 그가 무엇 때문에 통민운화까지 다시 진행해 나가야 하는지 잘 이해가 안 됩니다. 저에게는 일신·교접·통민운화의 상태를 모두 거쳐야만 비로소 제일 마지막에 천인일치에 대한 깨달음을 한 개인이 얻을 수 있다고 그렇게 이해가 되었습니다. 교접이나 통민운화의 작용을 거치지 않고 곧바로 1단계부터 한 개인이 선각자로서 스스로 깨달음을 얻고, 그 다음 천인일치의 준적을 사람들 사이에 적용해서 통민운화를 나중에 구상한다고 그런 방식으로 구분해서 설명하신 것이 저에게는 잘 이해가 되지 않았습니다.

손병욱　그 부분은『기학』에서 명확하게 나옵니다.『대학』8조목을 천인운화 및 3단계 학문방법론과 관련시켜서 이야기를 하거든요. "격물치지는 천인운화를 밖에서 안으로 받아들이는 단계고, 그 다음에 성의정심은 받아들인 천인운화를 간직하는 단계고, 수제치평은 간직한 천인운화를 밖으로 쓰는 단계다." 이렇게 이야기를 하는데, 격물치지는 활동운화의 본성을 발현하여 천인운화에 이르는 깨달음의 단계라면, 이것을 '기질통이운화저(氣質通而運化著)'라고 하는데, 성의정심은 천인운화의 기준을 세우는 단계요, 수제치평은 이 기준에 의거하여 통민운화를 시행하는 단계라고 하겠지요. 개인의 깨달음이 있어야 수제치평, 곧 통민운화에 의한 깨달음의 사회적 확산이 가능하겠는데, 이러한 기학적 깨달음에 도달한 개인이 바로 혜강이라고 생각합니다. 여기서 수제치평의 방법이 있다면 그것은 정교(政敎), 곧 정치와 교육입니다. 그게 『인정』에 잘 드러나지요. 여기서 3단계 학문방법론과 삼대운화가 상호 밀접 불가분하게 연결되어서 기학의 인식과 실현의 틀에 반영되고 있음을 알 수 있습니다. 그리고 그 인식이 완성되는 깨달음의 단계가 바로 격물치지이고 천인운화입니다.

백민정　그런데 선생님, 그러면 격물치지 단계는 선생님의 구분에 의하면 '인식' 단계잖아요. 최한기의 관점에서 보면 한 개인이 밖으로부터 얻어서 깨달음을 얻게 된 것인데, 그런 제한된 인식 단계만으로 '천인일치' 상태에 있다는 표현을 쓸 수가 있을까요? 제가 이렇게 여쭤 보는 것은 인식하고 내 마음 안에 간직해서 기준을 세웠다가 타인과 만나서 교접하고 통민운화를 구성해 가는, 이런 전 과정이 다 완수가 되어야 비로소 '천인일치'라는 그런 결과적 표현을 그때서나 쓸 수 있지 않나 하고 생각하기 때문입니다. 따라서 마지막 통민운화까지 모두 구상이 되어야만, 그게 전체 사회 구성원이든 개인이든 간에 천인일치의 상태에 도달했다는 이런 표현을 쓰는 것이지, 어떻게 첫 번째 단계부터 혜강처럼 뛰어난 인물을, 본인이 일단 천인일치의 상태를 깨닫고 그것을 간직해서 홀로 준적을 만들고, 그리고 다시 그것을 외부에 적용해서 교접하고 통민 영역에까지 확장시킨다고, 이렇게 구분하는 것이 여전히 저에게는 아직 잘 이해가 안 되거든요. 이 모든 과정이 완수가 되어야지 비로소 천인일치다, 천인운화를 실현했다, 이렇게 말할 수 있지 않을까요?

손병욱   네. 일단 다른 분들 말씀을 한번 들어 볼 필요가 있는데, 저는 일단 그렇게 봤습니다. 그래서 그게 인식이라고 하지만 사실 깨달음이 아무튼 인식이기 때문에 그걸 체인이라 이렇게 부릅니다. 온몸으로 인식하는 것이지요. 그래서 먼저 깨달음이 있고 그래서 명오-기역-애욕이란 말을 씁니다. 명오라는 것이 바로 천인운화를 얻어서 깨달음을 얻는 단계, 활동운화하는 본성을 발현시키는 격물치지 단계이고, 기역이라는 것은 기억하면서 궁구하는 단계, 천인운화의 기준을 정립하는 성의정심 단계라면, 그리고 나면 내가 깨달았기 때문에, 이제 혜강은 애욕과 선욕(善欲), 귀욕(貴欲)을 이야기하지 않습니까. 선한 욕구와 귀한 욕구가 애욕과 함께 가는 것이지요. 그걸 나 혼자만 간직하고 있을 것이 아니고 모든 사람에게 확산적으로 적용시키려고 하는 그게 애욕의 단계거든요. 애욕이란 '사랑하여 하고자 함'인데 애욕이란 곧 수제치평의 욕구, 통민운화의 욕구라 할 수밖에 없다, 저는 일단 그렇게 보았습니다. 그렇게 보았는데 이것은 백 교수님의 말씀과 다른 부분이기 때문에 혹시 다른 분들은 어떻게 생각하시는지 이야기를 들어 보았으면 합니다.

백민정   저도 그 내용은 끝까지 모두 읽어는 봤습니다만, 그래도 조금 이해가 잘 안 됐습니다. 인식을 '깨달음이다'라고 좀 심도 깊게 표현하더라도, 그건 일단 본인이 내적으로 어떠한 추측지리를 알게 된 상태에 불과한 것일 텐데요. 통민운화를 구성하는 과정에서 여러 가지 개인의 추측을 수렴하고 모아서 공동의 일측(一測), 즉 동측(同測)으로 모아 가는 그 공론의 형성 과정에서 보면 선생님도 잘 아시겠지만 타자와 만났을 때, 상대를 상인(相人)하고 살피고, 그 다음 수신(修身)해서 나를 닦고 변화시켜서, 인식론적인 추측 공부를 함과 동시에 이제 나 자신도 상대의 추측을 공부함으로써 나 스스로도 예전과 달리 변화되잖아요. 내가 수신할 수 있잖아요, 상인과 수신이 번갈아 가면서 진행되는 거니까요. 저는 통민운화 상에서 이렇게 개인의 추측이 공론으로 수렴되어 가는 이 과정을 계속 거쳐야, 그러니까 상인과 수신이 호환되면서 이 과정을 모두 거쳐야 어떤 하나의 개인이 있더라도 '천인일치'나 '천인운화'의 어떤 상태에 도달해서, 비로소 그때 준적을 세울 수 있는 것이 아닌가, 그러니까 통민운화까지 완수해야 비로소 한 개인의 입장에서도 천인일치를 경험했다고 말할 수 있을 것 같습니다. 왜냐하면 그런 상태에 도달하려면, 상대방 타자와의 관계가 반드시 필요하다고 봤거든요. 개인 혼자 먼저 깨달은 것을 자기 인식 안에 일단 간직하는 단계는 준비 단계에 불과한데, 그걸 깨달음이라고 표현하기는 어려울 것 같습니다.

손병욱 그래서 기준이 없으면 통민운화 자체가 안 되는 거죠. 말하자면 선악시비를 분별할 수 있는, 기준이 딱 서야 그 기준에 입각해서 전 인류가 살아갈 때 대동일통의 이상사회가 되는 거죠. 여기서 대동일통이란 동서고금에 두루 통용되는 보편타당성을 인정받을 수 있는 하나의 궁극적인 기준을 공유하는 상태를 말하는 것이라고 저는 봤습니다. 과거·현재·미래에 적용되는 선의 기준이 달라져 버리면 그건 대동일통이 안 된다고 혜강은 보는 것 같아요. 그 다음에 시비의 기준이 달라져 버리면 역시 대동일통이 안 되는 거죠. 그러니까 과거 · 현제 · 미래나 여기 · 저기 · 거기 등 시간과 공간의 제약을 초월해서 하나의 기준이 성립되면 그 보편타당한 기준에 의해서 과거의 선은 지금은 물론 미래에도 선일 수밖에 없고, 여기 · 저기 · 거기에서도 선일 수밖에 없다는 것입니다. 그렇기 때문에 천인운화의 기준이라고 하는 것이 통민운화하기 이전에 정립이 되어야 그것이 대동일통을 가능하게 한다는 것이지요. 저는 그렇게 생각했고, 그 부분을 어떻게 이해를 했느냐 하면, 불교 이야기를 제가 해 놓았습니다.

저는 그동안 학계에서 불교와 혜강의 기학을 잘 관련시키지 못하고 불교 부분을 지금까지 애써 무시해 왔다는 생각을 많이 했거든요. 깨달음이라고 하는 말 자체가 벌써 불교의 영향을 받았다고 생각을 하고, 그래서 화삼귀일(和三歸一)이라는 말을 혜강이 하지 않았습니까. 유도(儒道) · 서법(西法) · 불교를 화삼귀일시킨 것이 기학이라는 이야기를 혜강이 분명히 하고 있음에 주목해야 한다고 봅니다. 그렇다면 불교가 기학 형성에 준 영향이 무엇이냐. 결국 만법귀일(萬法歸一)의 그 일(一), 일로 돌아가는 그 깨달음, 그것이 혜강에게 영향을 주었는데, 다만 불교에서 일이라고 하는 것은 공(空)인데, 그 실체가 없다고 보지 않습니까. 궁극적인 실상(實相)을, 혜강은 공이 아니라 활동운화하는 운화지기(運化之氣)로서 분명히 실체가 있다, 그렇기 때문에 허무[공]를 실유(實有)로 바꾸었다는 이야기를 했습니다. 그러면서 계속 불교에 관한 많은 용어를 쓰고 있거든요. 그래서 저는 불교의 깨달음 과정하고 기학의 깨달음 과정이 상당히 유사하다고 봤습니다. 그래서 제가 불교의 깨달음 과정을 제 나름대로 알아보니까 4단계가 있더라구요. 불교는 하심(下心) - 일심(一心) - 무심(無心) - 발심(發心)을 이야기하는데, 무심의 단계가 곧 깨달

음의 단계라고 봅니다. 무심이란 무심의이현행(無心意而現行)하는 무념
무상(無念無想)의 단계라면 그 다음의 발심의 단계란 바로 보살의 사홍
서원(四弘誓願)에서 드러나듯이 하화중생을 통해서 상구보리의 성불(成
佛)로 가겠다는 욕구라고 봤습니다. 그래서 기학의 명오-기역-애욕의
단계와 어느 정도 유사성을 지닌다고 생각해 봤습니다.

백민정   아, 네 알겠습니다. 제가 여쭤 보고 싶었던 것은요. 천인일치
의 상태에 도달했다, 예를 들어 천인일치라는 표현을 많이 쓰
니까요. 천인운화의 준적을 얻었다고 한 개인의 입장에서 그렇게 말했
을 때, 이것이 정말 어떤 정도 수준의 단계까지 이미 간 것인지 저는
그것이 실제로 궁금했습니다. 개인이 정교의 과정, 통민운화의 과정, 상
인하여 남을 살피고 수신하며 그 다음에 격물하면서 이미 자신 안의 것
들을 밖에 적용해 보고, 이런 단계를 다 거쳐야 저는 천인일치나 천인운
화의 준적을 얻게 된, 거의 마지막 단계로서 그 개념들을 사용할 수 있
다고 생각했는데요. 선생님께서는 여전히 준적이나 깨달음이 먼저 있고,
그걸 상대와의 교접이나 통민 상에서 만나서 통민운화 상에서 나중에
적용하여 대동일치의 이상사회를 만드는 것이다, 이렇게 순서를 구분해
서 달리 말씀을 해 주셨습니다.

손병욱   그래서 저는 천인운화의 상태는 결국 활동운화하는 본성을
깨달음을 통해서 발현시키는 상태라고 봅니다. 다른 게 아닙
니다. 내가 활동운화하는 삶을 살 때, 비로소 나는 천인운화·천인일치
의 상태에 갔다고 보는 거예요. 그렇게 하기 위해서 점차개활(漸次開豁)
에 의해서, 견득대기활동운화지성(見得大氣活動運化之性)·견득활동운화
지성(見得活動運化之性)·적도천인운화지성(的覩天人運化之性) 해야 하는

것이지요. 이들은 모두 기학적 깨달음을 나타내는 표현으로 성리학의 활연관통과는 차별성을 갖는 표현이라고 할 수 있습니다만, 결국 이러한 깨달음이 먼저 있고 그러고 나서 기준을 세우고, 그 기준에 의거해서 통민운화를 시행하는 사람은 임금이나 스승이겠죠. 그랬을 때 대동일통의 이상사회가 도래하게 되는데 따라서 대동일통의 이상사회란 기학적 깨달음의 사회적 실현이라 볼 수 있습니다. 개인이 깨달은 것을 사회 전체에 확산시켜서 실현, 적용하는 것이 바로 대동일통의 이상사회라는 것입니다.

백민정 그러니까, 지금 설명하신 것도 마찬가지인데요. 다른 사람과 함께 있으면서 나의 추측지리를 점차 고양시켜 나가고 나의 기존의 추측 내용이 잘못되었다, 유행지리에 잘 안 맞는다는 것을 타인과의 상호 피드백 과정을 거치면서 견득을 할 수 있는 것이지, 암자 속에 홀로 있는 승려도 아닌데 어떻게 자기가 혼자 먼저 깨달음을 얻고, 즉 견득하고 그 다음에 누구를 만난다는 것이 여전히 저에게는 잘 이해가 안 됩니다.

손병욱 아, 그건 아닙니다. 왜냐하면 그걸 견득을 얻는 과정이 인물에 대한 추측을 기준으로 하거든요. 그러니까 인정과 물리에 대한 아주 오랫동안의 추측을 통해서 결국 활동운화하는 본성을 발현시킬 수 있거든요.

백민정 그런데 혼자만 그렇게 공부하면 자신의 추측지리가 잘못되었을 수도 있잖아요.

손병욱　　그래서, 그 과정에서 말하자면 추측지리가 유행지리, 천으로
　　　　　　부터 부여된 객관적인 운행이치와 안 맞으면 측험 곧 추측-
증험을 하는데, 이때 증험은 검증하고 변통하는 것을 의미합니다. 그 과
정을 반드시 거치도록, 그러니까 말하자면 일종의 검증 과정을 거쳐서
맞는 것 곧 유행지리하고 부합되는 추측지리만 신기에 저장하도록 되어
있으니까 아주 정확하게 추측해 나가는 거죠.

백민정　　저는 그 과정에 이미, 선생을 만나든 누구를 만나든, 다른 사
　　　　　　람의 추측지리와 부딪히면서 내 것이 잘못되었고, 어떤 것은
잘 되었고 하는 것을, 다른 사람과 교접하는 상태에서 그 추측지리를 변
화시켜 나가면서 판단할 수 있다고, 이렇게 이해했거든요. 계속 나 혼자
만 추측하고 검증하고 추측하고 검증하고, 이렇게 자기 머릿속에서만
할 수는 없는 공부잖아요. 그래서 교접운화와 통민운화의 과정을 거치
면서 나의 협소한 추측지리도 동측(同測)에, 일통의 대추측지리로까지
고양이 되려면, 당연히 교접·통민운화 상으로 확대되어야 하고, 다른
사람의 추측과 내 추측이 수합되고 조련되는 과정에서 내가 고양된 추
측지리, 유행지리와 맞는 깨달음을 얻은 것인지 확인할 수 있을 것이구
요. 그 다음 마지막 결과가 천인일치나 운화의 준적이 세워지는 과정이
될 것이고 이렇게 생각합니다.

손병욱　　그러니까 인정을, 우리가 즉 말하자면, 인물을 접해서 인물을
　　　　　　탐구의 대상으로 삼아서 객관적 이치를 받아들이는 그 과정
을, 그냥 추측이란 말 속에 포함시켜 버리고 그걸 다시 교접운화 혹은
통민운화라고 하지는 않거든요. 그래서 혜강은 심지어, 그러면 우리가
깨달음을 얻는 나이가 언제냐, 오십이지천명, 그 지천명의 나이가 바로

말하자면, 결국 천명을 아는 그 나이가 바로 깨달음의 나이라는 이야기까지 『승순사무(承順事務)』에서 하고 있습니다.

백민정 본인이 직접 했습니까?

손병욱 네. 이러한 혜강의 말을 미루어 생각해 보면 깨달음이란 어떻게 오는가에 대해서 다음과 같이 생각해 볼 수 있다고 봅니다. 즉, 오랫동안 외부의 개물 또는 인물에 대한 견문추측의 경험이 쌓이면 내면에서 1, 2분의 비약이 일어나서 깨달음이 온다는 것입니다. 기학은 온전한 깨달음을 10으로 본다면 그 가운데 8, 9분은 밖에 있고 1, 2분이 내면에 있다고 봅니다. 결국 80~90%의 밖에 대한 경험을 통해서 내면에 있는 10~20%가 호응을 해 주어서 활연관통과는 전혀 다른, 아주 돌발적이고 비약적인 것이 아니고 아주 점진적인 깨달음으로서의 점차개활이 가능하다고 보는데, 따라서 이러한 깨달음에는 경험이 매우 중요시되지 않을 수 없습니다. 활동운화하는 본성을 드러내기 위한 그런 오랫동안의 경험의 과정, 그 경험이란 결국 인정과 물리를 탐구하는 것 아닙니까. 그래서 정확한 이치, 유행지리와 부합하는 추측지리를 축적해 나가는 그런 과정을 거쳐서, 나중에 한 오십이나 되어서 1, 2분의 내면에 있는 것이 호응이 되어 가지고 그렇게 깨달음이 완성된다, 일단 그렇게 저는 이해를 했습니다.

백민정 그럼, 저는 아직 나이가 오십까지는 안 가서 좀 여유로운 편인가요?

허남진 저도 백 선생님이 질문하신 데 이어서 질문드리겠습니다. 우리가 보통 최한기의 기에 대해서 활동운화라고 하는 말을 쓰는데, 네 자를 끊어서 쓰는 게 맞는 건지요? 그러니까 기를 활·동·운·화 이렇게 나누어 설명하는 것과, 우리가 통민운화라든지 대기운화라고 할 때, 그 운화하고는 뜻이 좀 다른 것 같습니다. 첫째 이제 선생님께서 활동운화지기(活動運化之氣)라는 말씀을 하셨죠. 활동운화지기라는 말을 쓰면 대기운화지기가 있고 또 통민운화지기가 있고 이래서 여러 종류의 기가 있는 것같이 오해될 소지가 있습니다. 저는 활동운화지기라고 하는 것은 기가 활동운화라는 속성을 지녔다는 형이상학적 전제이지 활동운화가 어떤 종류의 기를 지칭하는 것은 아니지 않은가 합니다.

손병욱 운화지기라는 말을 쓰지 않습니까. 천을 운화지기라 하는데, 그 운화지기라는 것을 좀 더 구체적으로 이야기하면 결국 활동운화지기입니다. 왜냐하면 혜강 최한기는 그 천이야말로 가장 완벽한 활동운화를 시행하고 있는 존재로 보거든요. 결국 천인일치의 삶을 산다는 것은 우리 인간이 천과 같이 산다고 하는 이야기인데, 그럼 그 천이 뭐냐. 결국 그 형이하학적인 생명천이지만 그것의 본성은 바로 활동운화다, 그러니까 활동운화하는 그런 운화지기 자체로서 살자, 그러니까 운화지기를 좀 더 구체적으로 이야기하면 결국 활동운화지기인 것이고, 그 천입니다.

허남진 그것과 더불어, 우리가 대기운화·통민운화·일신운화 이렇게 할 때는 기가 적용되는 범위를 말하는 것이라고 생각합니다, 말하자면 일신은 통민에 포함되는 것이고 통민은 대기에 포함되겠지요. 그래서 우리가 기를 나눌 때 일신운화·대기운화·통민운화 이렇게 나누든가, 아니면 관계로 보아 교접운화라·승순운화·승순운화지기·교접운화지기·천인운화지기로 나눌 수 있는데, 제가 생각하기에는 천인운화지기라고 하는 범위가 따로 있는 것이 아니고 통민운화하고 대기운화를 관계 짓기 위해서 들여온 개념이지, 별도로 있다고 생각하면 최한기의 철학체계에서는 좀 곤란하지 않으냐 이런 생각이 들었습니다.

권오영   손 선생님이 지난번에 두 차례의 중간 연구 발표를 하실 때 그 토론 과정에서도 사실 여러 차례 제기되었던 문제인데요. 그때 김문용·김용헌 교수님이 다 지적했던 부분입니다. 저도 손 선생님이 혜강 기학의 구조로 사대운화로 짜시면서 설명을 하셨는데 오늘도 여전히 혜강이 쓰지 않는 삼대운화를 거론하고 계신데 오늘은 사대운화가 아닌 삼대운화라 해서 활동운화·천인운화·통민운화 이런 구조를 다시 제시했잖아요. 과연 이 삼대운화라는 게 혜강의 기학의 구조를 설명할 수 있는 틀이 될 수 있느냐, 그런 생각을 했습니다. 그래서 저도 이제 이 문제가 제일 중요하기에 다시 제기를 하고 싶고, 두 번째는 혜강 기학에서 깨달음의 문제, 혜강의 기학을 과연 이제 깨달음의 학문으로 규정할 수 있느냐 하는 그 문제를 제기하고 싶습니다.

우선 첫 번째, 활동운화·천인운화·통민운화를 삼대운화로 얘기하는 문제에 대해서, 혜강이 활동운화는 기학의 종지(宗旨)다 이렇게 얘기했거든요. 그리고 통민운화는 기학의 추뉴(樞紐)다 이렇게 얘기했고, 그 다음에 천인운화란 말은 허 선생님도 말씀하셨지만 일신운화·통민운화·대기운화를 통괄할 때 그것을 천인운화로 얘기하잖아요. 그 천인운화 항목을 설정을 해서, 기화도 얘기하고 인도도 얘기하고 포괄적인 운화를 얘기하고 있지요. 아까 토론에서 천인일치라는 말까지 나왔으니, 천인운화는 천운화·인운화를 함께 포괄하는 개념이기 때문에 이 세 가지가 크게 서로 연결이 되지 않는 것 같은데 어떻게 삼대운화로 분류될 수 있는지 의문이 듭니다. 이에 비해 혜강이 말한 삼등운화나 사등운화는 이 일신이나 통민이나 대기라는 그 단계가 있잖아요. 삼대운화로 얘기하시려면 어떤 유형이나 범주 같은 것이 있어야 되는데, 또 활동운화는 기의 속성을 얘기하는 건데 그걸 삼대운화의 하나로 설정을 하고 있으니, 제 생각에는 활동운화가 운화의 약어라고 보면 이제 일신활동운화하고 통민활동운화, 대기활동운화 이렇게 얘기해도 될 것 같고, 또 활동운화를 상위에 놓고 그 밑에 일신·통민·대기운화로 설명을 하든지 이렇게 기학의 체계가 제시되든지, 천인운화를 상위에 놓고 일신·대기·통민으로 제시되든지, 이런 구조가 되어야 되는데, 그렇지 않고 이제 활동운화·천인운화·통민운화를 삼대운화로 제시하고 있으니 문제가 있다고 생각합니다.

손병욱 그것은 제가 보건대…….

권오영 먼저 얘길 계속 다 하고 답변을 듣고 싶습니다.

손병욱 아, 그럴까요. 예, 알겠습니다.

권오영 그래서 우선, 어떤 기학의 구조가 가장 중요한데, 이 구조 틀이 이렇게 짜여져 버리니까, 굳이 혜강이 말하지 않은, 사대운화다 삼대운화다 하지 않았는데, 혜강이 말한 삼등운화나 사등운화로 충분히 혜강의 기학 구조를 설명할 수 있을 텐데, 삼대운화는 균형이라든지 분류라든지 이런 것이 서로 잘 맞지 않은 것 같은데, 그런 것도 약간 지적하고 싶고, 그 다음에 깨달음의 문제는 역시 또 자꾸 불교하고 관련지어 말씀을 하시기 때문에, 과연 혜강의 기학을 깨달음이라는 학문으로 규정하고 불교에서 영향을 받은 것으로 얘기할 수 있느냐 그 문제거든요. 그러니까 혜강 기학의 탄생이랄까, 이것을 우선 조선과 중국의 이학·심학을 비판적으로 계승했든, 극복했든 그런 선상에서 하나 얘기할 수 있을 테고, 그 다음에 서학이나 북학의 영향에서 기학이라는 것이 탄생했을 수도 있을 것이고, 그리고 불교, 도교, 기타 양명학 등을 비판적으로 극복하면서 제창했다고 얘기할 수 있는데, 굳이 기학을 불교와 연결시켜서, 불교의 화삼귀일의 용어와 관련하여 깨달음의 학문이라고 하는지 이해가 잘 가지 않습니다. 혜강이 서법에서는 기설을 취하고 유교에서는 인의를 취하고 불교에서는 허무를 실유로 바꿨다고 했는데 서법·유교·불교 이 세 가지가 다 얘기되고 있는데, 그것도 굳이 연결이 되는 것이 아니라 필요한 것은 수용하고 불교의 허무는 극복하고 이렇게 얘기하는 것이거든요. 그런데 그것을 굳이 불교에 연결시켜 볼 때는, 예를 들면 혜강이 이렇게 얘기하잖아요. 노자는 유는 무에서 생긴다 이렇게 얘기했는데 혜강이 무 자는 기 자로 바꾸자 이렇게 얘기하잖아요, 불교는 공을 말하는데 공 자를 기 자로 바꾸자 이런 얘기지, 그걸 이제 깨달음으로 연결시키기는 좀 어렵지 않느냐 그런 생각이 듭니다.

그리고 아까 신기의 명오·기역·애욕 이 세 가지를 가지고 얘기하셨잖아요. 물론 혜강은 신기에 명오·기역·애욕이 있다고 그렇게 얘기했어요. 명오로 인해서 기역이 있고 기역으로 인해서 애욕이 있다 그렇게 표현을 했지요. 신기에 명오·기역·애욕이 있다는 주장은 서양 철학에서 가져온 것이잖아요. 서학에서도 중세 스콜라 철학하고 연결이 되거든요. 영혼에 삼사가 있는데, 애욕·명오·기역, 이건 순서가 달라요. 혜강이 명오를 제일 앞으로 당겼어요. 그래서 우선 명오라는 밝게 깨닫는다는 의미의 측면하고 신기 자체의 혜강의 해석 문젠데요. 혜강은 신기는 지각의 근기이고, 지각은 신기의 경험이라고 했잖아요. 그 지각 문제, 지각과 명오의 문제를 지금 우리 손 선생님은 깨달음의 문제로 연결시켜 설명하시고, 견득이란 표현도 불교의 깨달음에까지 확대하여 해석하신 것 같은데, 혜강 기학의 의미를 지나치게 비약적으로 규정하신 것은 아닐까 싶습니다. 물론 주자도 활연관통이라 얘기를 하고 공부의 궁극적인 목적을 깨달음이라고 연결할 수 있는 거라 하면 몰라도, 제 생각에는 견득은 보고 터득한다, 이해한다는 의미이지 그것을 군이 불교로 연결시켜서 깨달음으로 설명하시니까 이렇게 확대 해석할 수 있는지, 명오·지각의 문제, 이런 것들이 조금 더 설명이 되어야 하지 않겠나 그런 생각을 해 보았습니다.

손병욱 　제가 답변을 하도록 하겠습니다. 네, 먼저 삼대운화 그 문제는 앞에서 지적을 했고 역시 권 선생님도 말씀을 하시는데, 사실 이제 제가 『기학』이라는 책을 여러 번 번역을 했습니다. 재주와 능력이 없다 보니까 번역해 놓고 보면 오류가 발견되고 또 오류가 발견되어서 다시 하고 이렇게 된 것입니다만, 그런 과정에서 '『기학』은 바로 활동운화의 서(書)다.'라는 생각을 하게 되었습니다. 제가 확실하게 감을 잡았습니다. 아시겠습니다만, 활동운화라는 것에 대해서 『기학』에서 정치(精緻)하게 언급하고 분석하고 했지 않습니까. 그리고 이제 활동운화는 또 그길 뭐라고 했느냐 하면, '기학의 종지다.'라고 했죠. 종지라는 말 속에서 활동운화가 차지하는 비중이 잘 드러나고 있다고 봅니다. 그 다음에 천인운화는 뭐라고 이야기했느냐 하면 학문의 근기와 준적이다 그렇게 이야기했습니다. 이때 학문이란 기학을 가리킵니다만, 근기와 준적, 곧 근본바탕이면서 표준이라고 천인운화를 이야기했고, 그 다음에 통민운화는 기학의 추뉴다, 말하자면 중심축이다 그렇게 이야기를 했습니다.

그래서 기학을 달리 운화기철학이라고 할 때 운화가 중요한데, 이 중 가장 중요한 운화를 든다고 한다면 결국 위의 세 가지 운화를 이야기할 수밖에 없지 않느냐, 이렇게 봤습니다. 앞에서도 방금운화에 대해서 언급했습니다만, 이것은 '도움을 의뢰해야 할 근기 곧 근본바탕이고 전후의 표준'이라고 했는데, 천인운화 역시 이렇게 말합니다. 결국, 방금운화는 천인운화를 얻으면 자연히 알 수 있다고 할 수 있습니다. 그래서 활동·천인·통민운화의 셋이 중요하며 이 세 가지 운화가 결국 기학의 인식과 실현의 틀을 형성한다고 하겠습니다. 결국 활동운화·천인운화는 인식·깨달음과 관련이 있고, 그 다음에 통민운화는 사회적인 실현하고 관련이 있다, 제가 그렇게 보았습니다.

그런데 이건 너무 자의적이다, 왜 혜강이 아무런 언급도 안 한 걸 말하느냐고 하면 할 말이 없습니다. 어떻게 보면, 혜강이 말 안 했지만, 연구자는 그 가운데서 중요한 것을 밝혀서 드러내야 하는 것 아니겠는가 하는 생각을 하였습니다. 그 다음 깨달음 문제, 이게 계속해서 문제가 되는데, 결국 활동운화하는 본성을 발현시키는 것을 혜강은 인식의 완성으로 보고 그걸 천인일치로 보기 때문에, 그래서 개인이 천인일치가 된다는 것은 활동운화하는 본성을 드러내서 활동운화하는 삶을 사는 것이라고 보기 때문에 일단은 그 활동운화하는, 본래 인간이 품고 있는 그 본성을 우리가 드러내는 것이 굉장히 인식에서 중요하지 않겠는가. 그래서 그것을 격물치지의 단계라고 우리가 볼 수밖에 없고, 그래서 이것을 여러 가지 용어로 표현하지만 결국 깨달음을 말하는 것으로 생각하였습니다. 견득대기활동운화지성·견득활동운화지성을 말하는데 이것을 줄이면 견성이 됩니다. 또 적도천인운화지성, 이런 말을 쓰거든요.

저는 기학이 불교의 영향을 받고 있는 것으로 봤습니다. 그래서 불교

가 화삼귀일이라고 해서 서법·유도·불도의 장단점을 열거하면서 취장
사단(取長捨短)하여 화삼귀일시킨 것이 기학이라고 이야기를 하거든요.
그래서 불교로부터 받은 영향은 조금 전에 권 선생님 말씀하셨던 것처
럼 허무를 실유로 바꾸었다고 하는 이야기입니다. 결국 저는 화삼귀일
이라는 말 자체가 불교의 회삼귀일(會三歸一)을 변형시킨 것이고, 결국
만법귀일·회삼귀일에서 궁극적으로 요구하는 것은 일(一)인데, 그 일이
라는 것은 불교에서 이야기하는 깨달음, 궁극적인 본래 면목, 진면목, 참
나로 돌아가자는 것인데, 그래서 그 화삼귀일의 일이라고 하는 것이 바
로 일통의 학문으로서의 기학 아니겠습니까. 그래서 그 기학이 성립됨
에 있어서 많은 불교 용어의 차용도 그렇지만, 불교가 영향을 미쳤다고
봤던 것입니다. 그래서 이것을 깨달음으로 보게 되면, 아주 좀 명료하게
정리가 된다고 하겠습니다. 다만 그 깨달음은 성리학적인 천인합일적인
활연관통을 통한 깨달음과는 다르다는 것이고, 깨닫고 난 후의 성과도
다르게 나타난다는 말씀을 저는 드리고 싶습니다.

그래서 결국 신기에서, 신을 명지(明知)로 기를 역행(力行)으로 설명
합니다. 이제 그 다음 단계는 신-명지는 추측지능, 기-역행은 운화지
능, 이런 식으로 또 연결되고, 이것이 이 신-명지-추측지능은 활동운
화 가운데 운화와 연결되고, 기-역행-운화지능은 활동과 연결이 됩니
다. 그렇게 해서 초기의 신기라는 개념이 『기학』에서 결국 활동운화라
는 개념으로 발전했다고 보거든요. 결국 이제 그렇게 봤을 때, 혜강은
『기학』 2권에서 이런 이야기도 합니다. 활동이 없는데 어떻게 운화가
가능하냐고. 그래서 이 활동을 위해서 인간이 할 수 있는 것은 무엇이
냐 하면, 의식(衣食), 기력(氣力)이거든요. 그러니까 옷과 음식이고 기
력이란 우리의 육체적인 힘이죠. 이제 신기 중 신에서 나온 것이 운화
인데, 그것과 관련되는 것이 교학(教學)과 기화(氣化)거든요. 곧 정신세

계의 추측활동입니다. 그래서 육체적인 생명활동과 정신적인 추측활동이 같이 갔을 때 활동운화가 저절로 되는데, 더 먼저 이루어질 것은 먹고 입는 문제가 먼저 해결되어야 된다, 활동이 없으면 운화가 없다. 즉 활동 곧 육체적인 생명활동이 제대로 뒷받침되어야 운화 곧 추측활동을 제대로 할 수 있다고 하는, 그런 식으로 저는 한번 도식화시켜 봤습니다.

질문에 대한 답이 되었는지 모르겠습니다만, 명오-기억-애욕을 볼 때, 이것을 그냥 서양 철학에서 가져왔다고 봐야 하느냐. 저는 전용훈 선생님 글을 읽으면서 공감하는 부분이 많았습니다만, 어쨌든 서양 것을 가져오되 혜강이 자기의 독자적인 틀 안에서 주체적으로 수용을 했다고 봤습니다. 명오-기억-애욕도 마찬가지거든요. 권 선생님이 서양의 스콜라 철학에 나오는 이 용어의 순서를 혜강이 바꿔서 인용했다고 하셨는데, 이것은 자기 틀을 갖고 봤다는 것이 아닐까요. 그렇기 때문에 그게 서양 학문의 영향을 받았다고 할 수는 있지만, 그냥 무조건 가져온 것은 아니라는 것이죠.

전용훈   제가 질문을 하나 드리고 싶은데요. 저는 주로 기학에서 말하는 기의 성질·속성 이런 것들에 대한 논의가 서양 과학의 어떤 지식들과 관련이 있는지를 중심으로만 연구해 온 터라, 최한기의 인식론이나 윤리학 같은 문제에 대해서는 제가 언급하기 조심스럽습니다. 그런데 지금 손병욱 선생님 말씀을 들으면서, 그리고 방금 전에 허남진 선생님도 말씀하셨듯이, 활동운화라고 하는 것이 기의 속성이라고 할 수 있는데, 손병욱 선생님께서는 그것을 자꾸 행동 양식이나 인식 작용에 연결을 시키는 것 같아서 여쭤 보고 싶은 것이 생겼습니다. 그것은 기가 어떻게 하여 인간에게 윤리성을 부여하며 인간의 윤리성의 근거가 될 수 있는가 하는 점입니다. 그리고 천인합일을 말씀하셨는데, 이 천일합일도 사실 기의 작용이 아닐까요.

손병욱   신기죠. 신기라고 하는 거죠. 우리 인간의 신기 말입니다.

전용훈   네. 그래서 『기학』이라는 책의 종지는 기가 무엇인가에 대한 주장이라고 할 수 있는데, 지금 선생님은 이 점을 너무 무시하고 계신 것이 아닌가 하고 생각이 됩니다.

손병욱   전제가 되어 있는 거죠. 기본적으로 전제가 되어 있죠.

전용훈   네. 그리고 또 하나는, 최한기 학문의 후반기로 가게 되면 최한기가 구사하는 용어들이 초기의 그것과는 조금 달라지는 것을 볼 수 있습니다. 백민정 선생님 논문에서도 이와 같은 사실을 다루었는데, 기학이 성립한 이후와 그 이전은 동일한 기에 대한 논의라고 하더라도 사용하는 용어가 조금 다른 것 같습니다. 『추측록』처럼 초기 저작에 나왔던 용어와 후기의 『기학』 이후에 나왔던 용어가 조금 다른데, 손병욱 선생님의 논의에서는 의미는 거의 같지만 시기에 따라서 서로 다르게 표현되었을 뿐인 용어를 각기 다른 의미로 독해하시는 것 같은 느낌이 듭니다.

허남진   서학에서는 궁극적 의미, 궁극적 원인, 궁극적인 존재를 전부 신 개념에 귀착시키는데 동양 학문에서는 전부 이기 개념에 귀착시키고 있습니다. 최한기는 그 두 개념을 절충한 게 아닐까 생각합니다. 인격신이라고 하는 개념을 쓸 수가 없으니까 신이라고 하는 개념에다가 기라고 하는 개념을 합치면, 신의 능력을 가진 기 즉 신기가 됩니다. 그리고 활동운화라고 하는 것도 활동 부분은 상당히 기가 가지고 있는 신의 역할 뭐 역사라든지 섭리로 볼 수 있지 않을까요. 신이 역사한다고 하는 것이 활동이고, 인격화된 것은 아니지만 자발적·자체적으로 움직인다는 점에서 신이라고 할 수 있고, 운화는 전통적으로 기가 가지고 있는 상당히 기계적인 움직임이라고 하면 비슷하게 맞아 들어갑니다. 단순하게 생각하면 활동운화라고 하는 것이 서양의 기본적인 여러 가지 철학들을 가져다 동양적인 것과 합쳐서 네 개로 분류한 게 아닐까요. 이게 주역하고 맞아떨어지고, 또 아리스토텔레스의 사원소설과도 맞고, 이렇게 해서 최한기가 나름대로 활동운화를 기의 속성으로 상정했다고 봅니다. 최한기가 이렇게 이야기한 적은 없으니까 제가 추측했을 뿐인데, 그런 식으로 보면, 최한기의 신기나 기학이 좀 더 명료하게 해석될 수 있지 않을까 합니다. 그런데 최한기가 밝히고자 한 것은—활동 부분은 일종의 속성이기 때문에—전부 다 운화지기로 대기운화지리가 될 겁니다. 이런 식으로 정리하면 활동이라고 하는 부분은 어떤 부여된 속성이고, 법칙으로 탐구할 수 없는 영역이 되고 그래서 최한기가 활동지리라는 말은 안 쓰지 않나 합니다.

권오영   써도 되지 않을까요.

허남진   써도 되겠지만, 활동지리라는 말은 안 쓰고 리를 말할 때는 항상 운화지리라고 합니다. 운화지리라고 하는 것은 기본적으로 기의 운동법칙입니다. 기의 의미는 말하자면, 그 당시에 들어온 서양학을 갖다가 신학적인 부분과 과학적인 부분을 나눠 보면, 신학적인 부분은, 최한기가 그냥, 기에다가 활동이라는 속성만 갖다 얹은 거고, 그 기가 이러저러하게 움직이는 것에 대해 우리가 법칙을 발견하고 활용할 수 있다는 겁니다. 기의 근원적인 법칙에 접근할 수 있는 것은 운화 부분이라 그래서 대기활동운화지기라 하지 않고 대기운화라고 합니다. 우리가 경험하고 관찰하여 법칙을 찾아내는 건 운화 부분이란 말이지요. 그렇게 보면 최한기의 철학을 훨씬 단순 명료하게 이해할 수 있지 않을까 그런 생각이 듭니다. 손 선생님께서 말씀하신 대로 활동에 다가 초점을 두면 인격적인 교류라든지 기도라든지 깨달음 이런 쪽으로 가게 되는데, 제가 생각하기에는 운화라고 하는 개념에 초점을 맞추면 계몽적 합리성, 추측, 기기를 통해서 운화를 정밀하게 파악할 수 있고, 파악된 내용이 누적이 되면 좀 더 정확하게 이 기의 본체 즉 대기운화의 법칙에 접근할 수 있다는 생각을 한 게 아닌가 합니다. 약간 형이상학적으로 접근하여 깨달음의 문제가 최한기 사상의 본령이라고 하면 손선생님이 장재 쪽으로 해석하게 되어 최한기하고는 잘못하면 반대 방향으로 갈 가능성도 있다고 봅니다. 깨달음 자체 즉 활동에 대한 깨달음을 강조하게 되면 장재처럼 허령한 기를 갖다가 내 마음에 가득 채우는 순간, 우주와 내가 하나가 되고, 그러면 이 우주의 본질에 대한, 기의 본질에 대한 깨달음이 와서, 그걸 가지고 다른 사람에게 교화를 베푸는 이론 구조를 가지게 됩니다. 이런 틀의 기학도 분명히 있지만, 최한기는 오히려 거꾸로 그런 허령한 기, 그러니까 담일태허라고 부르는 기는 오히려 기의 본질이 아니라고 자꾸 이야기하고 있습니다. 사실 기라고 말한 이상 아닐 수가 없고 태허라고 하는 것을 부정할 수는 없는데, 최한기는 담일태허는 추측할 수 없는 기고, 우리가 추측할 수 있는 기는 결국 이 형체로 있는 기라고 합니다. 같은 기이지만 이전의 성리학자들이나 불교나 도교나 할 것 없이 전부 담일태허 쪽으로 인식의 방향을 잡으면 깨달음으로밖에는 가능하지 않을지도 모릅니다. 최한기는 오히려 담일태허하고 반대 방향으로 나아가 감각적 대상을 즉 감각적 대상이 될 수 있는 기를 인식의 대상으로 삼으면 기의 본질에 접근하게 된다고 합니다. 깨달음 쪽으로 가는 것은 최한기의 형이상학적인 측면을 너무 부각시킨 것이 아닌가 합니다. 형이상학적인 면을 부각시키게 되면, 최한기가 과학이라든지 추측에 대해서 한 이야기들이 상당히 설득력을 잃게 됩니다. 최한기 철학의 독창성이 대부분이 경험적 추측이라든지 과학적이라든지 이런 데 대한 건데, 그 부분이 사상되는 것이 조금 마음에 걸립니다.

손병욱   근데 그 활동운화를 속성으로 봐야 할 것인가, 본성으로 봐야 할 것인가. 저는 공고한 본성으로 봤거든요. 이태극을 성즉리로 본다면 활동운화지성은 성즉기로 봐야 한다고 생각합니다. 왜냐하면 활동운화지기가 결국 활동운화지성을 가지고 있으니까. 활동운화지성은 선험성이 전제가 된다고 보거든요. 선험적이기는 하지만 혜강 나름대로는 지구 상에 있는 모든 개물은 활동운화하는 본성을 가질 수밖에 없다고 보는 것 같습니다. 그러니까 지구가 양전하는데, 지구설과 양전설, 그리고 천체가 '기륜섭동, 도주만물'한다는 사실에 입각하여 이것을 한마디로 하면 곧 활동운화라는 것입니다. 지구 상에 있는 모든 개물에게는 그런 본성이 들어와 있다, 그렇게 해서 선험성을 전제로 하고 출발한다는 사실입니다. 그래서 그것이 혜강답지 않다고 한다면, 우리가 지금까지 혜강을 너무 경험주의에 입각해서 이해를 하니까 그런 것 아니냐. 혜강이 천인일치를 이야기하고 만성일체를 이야기하는 것으로 봐서는, 만성일체가 되기 위해서는 내 내면에 있는 대동의 보편자가 발현됨을 전제하는 것 아닙니까. 불교에서는 불성을 우리가 깨치면 모든 존재가 다 하나가 되듯이, 그건 이미 혜강이 전제를 하고 있는데, 그게 아까 전 선생님이 말씀하셨던 것처럼, 『기학』 이전하고 이후하고는 좀 다르기 때문에 이 점을 제대로 못 보는 것 아닌가 하는 생각을 했습니다. 『기학』 이전은 우리가, 가장 대표적인 것이 『추측록』하고 『신기통』인데, 그때는 명시적으로 활동하는 본성이 우리 인간의 내면에 품부되어 있다고 하는 이야기의 톤이 매우 약한 것으로 여겨졌습니다. 그러나 『기학』에 오면 '기지성, 활동운화지물'이라고 딱 그렇게 명시적으로 이야기하고 시작합니다. 이 점이 『기학』 이전하고 이후하고 다르다면 다른 점 아니겠는가, 결국 크게 보면 전에도 한번 말씀 드렸습니다만, 혜강에 있어서는, 만년 정론이 없다고 저는 생각하는 사람입니다. 큰 틀이 안 변합니다. 천인지의(天人之宜)라고 하는 '천도에 바탕을 둔 인도의 정립과 시행'이라고 하는 그 틀은 이미 『추측록』에서 제시가 됐다 보거든요. 그게 끝까지 간다고 봅니다만.

권오영 저는 혜강이 기를 활동운화의 물로 규정했던 것에 대해 이런 생각을 해 봤습니다. 기존의 이학에서 천도와 인도, 천도는 원형이정이고, 인도는 인의예지다. 성을 인의예지로 보는 구도, 이것이 혜강에 와서는 천도와 인도가 합해지면서, 기의 본성을 활동운화로 주장하게 되는 것이 아닌가 그런 생각을 했습니다. 혜강이 『운화측험』에선 가는 기의 성은 활동운화, 기의 정은 한열건습이라고 얘기를 했는데, 기의 성의 부분과 기의 정의 부분, 이학에서 말할 때 인의예지인데 기학에서는 혜강이 설정한 활동운화로 기를 생기(生氣)·상동(常動)·주운(周運)·대화(大化)로, 제가 쉽게 풀어서 설명을 드리면 기의 생명성·운동성·순환성·변화성으로 얘기하면서 우주의 모든 삼라만상은 그런 기의 속성·본성을 가지고 있다, 이런 이야기를 했다고 보는 것입니다. 그런데 기학의 종지라고 하는 활동운화를 가지고 손 선생님께서, 삼대운화의 하나라고 하시고 통민운화와 천인운화와 함께 분류를 하는 것이 물론 혜강이 말하지 않았더라도 연구자가 할 수는 있지만, 그게 뭔가 좀 설득력이 있어야 하거든요. 제가 생각할 때는, 활동운화 · 통민운화 · 천인운화가 분류에서 횡으로든 종으로든 체계가 있어야 할 것 같은데 그런 게 이해가 잘 되지 않고 있습니다. 저는 운화라는 단어에는 활동이란 말이 숨겨져 있다고 봐요. 모든 운화라는 단어에는. 어쨌든 통민운화든 대기운화든 천인운화든, 운화가 붙어 있다면 그 운화는 활동운화의 약어로 쓰는 거지, 혜강이 활동을 절대 포기하는 사람이 아니거든요. 활동 즉 생명성과 운동성을 전제하고 있기 때문에, 따라서 천인운화도 천인활동운화, 천의 활동운화고 인의 활동운화라고 할 수 있지요. 또 통민운화라는 것은 본래 삼등운화에 속하는 것이잖아요. 그런데 삼등운화에 속하는 것을 삼대운화라는 체계를 설정하여 혜강의 기학의 체계를 설명하는 것은 문제가 있다고 생각합니다.

아까 허 선생님이 얘기한, 그 부분 신기에 대한 건가요. 사실 저도 처음에는 읽어도 이해가 잘 되지 않았어요. 혜강이 쓰는 개념이 생소하여 그래서 좀 단순하게 생각할 필요가 있겠다 저도 그런 생각을 했어요. 그래서 아까 자꾸 불교하고 연결시키는데, 혜강 기학의 탄생은 기본적으로 어쨌든 동아시아의 유학적인 토대 위에서 나왔다고 봐야 하지 않나, 혜강 본인이 이야기하고 있잖아요, 자신의 기학은 심학과 이학의 연구 위에서 나온 것이다, 만약에 심학 · 이학이 깊이 있게 탐구되지 않았다면, 내가 그 일을 해야 된다. 그러니까 그런 것을 기본 전제로 자신의 기학이 나왔다고 했고, 거기에 뭐, 가령 서학이든 불교든 도교든 비판적으로 들어가는 거기 때문에, 신기라는 게 저도 단순하게 볼 수 있다 이렇게 생각을 했습니다. 그럼 신기가 무엇인가. 혜강 자신이 심을 신기로 바꾸는 거잖아요. 옛날에 이른바 심체라고 했던 것이 신기라고 하고 있어요. 예전에 이른바 심체가 오늘날 자신이 말하는 신기인데, 그러나 옛날에 말했던 심과 혜강이 말하는 심은 다른 거잖아요. 옛날에 말했던 심은 만물의 이치가 그 속에 다 담겨 있잖아요. 맹자에 '만물개비어아'라고 했지요. 그런데 혜강이 말하는 이 신기라는 것은 추측의 능력과 기억의 능력밖에 없다는 거잖아요. 모든 대상이 추측의 능력으로 신기에 들어와서 이렇게 착색이 돼서, 활용하는 그런 단계로 갔잖아요. 그것이 중세 스콜라철학에서 왔든, 어쨌든 그런 구도로 바뀌기 때문에, 좀 단순하게, 그 신기란 개념도, 그전에 심이라든지 심체라든지 그 말을 혜강이 다르게 제시하고 있다고 보면 되는 것이죠. 이제 신기의 제시에 대해 하나 더 확대해서 설명을 드리면, 서양의 신천(神天) 개념도, 이 신기라는 개념의 형성에 영향을 줬다고 보는 거예요. 신천이란 말은 천주를 의미하는 건데, 혜강은 천을 기로 이야기하잖아요. 혜강 이전까지의 모든 천은 리(理)였잖아요. 송대 이전에 천은 기였는데, 송대에 와서 정호에 의해서 천리라는 개념이 새롭게 해석되어 그 뒤 천리가 지배해 왔다고 할 수 있는데, 혜강은 천이 리라는 것은 버리고, 천이 기라고 이해하는 것이 필요했기 때문에, 신천에 대응하여 신기를 제창했다고 생각해요. 순전히 저의 독자적인 생각입니다. 또 기학도 천학(天學)에 대응하여 제창되었다고 보고 싶거든요. 『천학초함』이라는 책이 있는데 천학은 천주학·서학이라는 말이잖아요. 특히 서학을 천학이라 하거든요. 천학에서 기학으로, 그래서 저는 동양의 심학과 이학에서 기학으로, 그것이 계승했던, 극복해서 다시 어떻게 됐든, 천학·신천 등과 관련하여 단순하게 이렇게 혜강 기학이나 신기 개념의 탄생이라고 할까, 이런 걸 좀 봐야 하지 않겠나 이런 생각이 들었습니다. 그리고 아까 혜강은 만년정론이 없다고 이야기하셨는데, 저는 있다고 봅니다. 그것은 1830년대 『기측체의』당시의 혜강의 철학과 1850년대, 1860년대 기학 제창 이후의 혜강

410

학문은 굉장히 차이가 많이 나고, 하나의 학적 체계를 구성해 나가기 때문에, 그것이 1850, 1860년대 혜강이 주장하는 그 학설을, 만년정론으로 얼마든지 볼 수 있다고 생각합니다.

손병욱 권 선생님, 그 어떤 차이가 있습니까?

권오영 활동운화나 치안 개념이 1830년대의 저작에는 전혀 나타나 있지 않잖아요. 운화도 한두 번밖에 쓰지 않잖아요. 활동이란 말은 더러 쓰는지 모르지만, 기의 성으로 활동운화라는 말은 1850년대 이후에 가서야 쓰는 것이잖아요. 북경에서 출판된『기측체의』의 서문이 1836년으로 되어 있지만, 저는『기측체의』가 1850년대에 출판된 것으로 생각하고 있습니다. 왜냐하면 1999년에 발견된『횡결』인가 하는 책에『추측록』서문이 두 편 실려 있는데, 거기에 보면『기측체의』에 실린『추측록』서문은 최종 단계의 서문입니다. 그러니까 그 두 서문을 지은 연대가 아마 1840년대가 아닌가 싶습니다. 1830년대에 출판될 수 없어요. 그러니까『횡결』에 실린『추측록』서에는, 유행이나 추측이라는 말이 안 나와요. 북경에서 출판된, 우리가 보고 있는 책의 서문에 비로소 유행지리와 추측지리가 나와요. 그러니까 저는 혜강이 계속 서문의 내용도 수정해서 1850년대 초반에 일단 마무리하고, 기학을 제창하면서 지구의 자전이라든지 공전이라든지 운화라는 개념을 새로 만들면서 나가기 때문에, 혜강이 만년에는, 예를 들어서,『명남루수록』같은 책에 가서는 신기형질을 굉장히 강조하잖아요, 자기는 앞사람이 밝히지 못한 것을 밝혔다는 거, 그것이 바로 신기형질(神氣形質) 네 글자예요. 그런 것들과, 운화와 치안(治安), 이런 것들이 혜강 만년의 정론이라고 얼마든지 볼 수 있다는 것입니다. 이런 경우는, 다른 학자들에겐 좀처럼 보기 어려운, 혜강이야말로 평생 자기 학문의 체계를 계속 보완 수정해 나가서 만년정론을 완성해 나가는 것이 아닌가. 그러면서 자기의 학문을 그 후학들에게, 조선의 후학이 아니라 전 세계의 후학들에게 전수하려는 강한 기대를 하고 있다고 생각합니다.

전용훈   하나 덧붙이자면, 최한기는 『기학』 이전에는 기의 성질에 대해서 서양 과학으로부터 배워야 할 것이 많다고 하다가, 『기학』 이후에는 자신은 기의 성질을 완전히 이해하였다는 식의 태도가 보입니다. 최한기가 터득했다고 한 것은 이른바 기의 '형질(形質)'과 '활동(活動)'인데, 최한기는 기는 형질을 가진 존재이고, 활동하는 본성을 지녔다고 말합니다. 따라서 형질을 지닌 기가 활동하는 것이 운화(運化)라고 할 수 있지요. 최한기는 자신의 기학의 토대인 기의 성질에 대해서는 서양 과학이 잘 탐구해 놓았으며, 이로부터 자신은 많이 배웠다고 말합니다. 저는 최한기가 자신의 기학을 형성하는 데에 큰 도움을 준 서양 과학에 대해 고마움을 느끼고 있었다고 봅니다. 그런데 최한기는 학문활동의 후반기로 가면, 자신이 기에 대해서 완전히 이해했다는 식으로 자기 확신이 너무 강해지는 것 같습니다.

허남진   형이상학적으로 바뀌지 않나요?

전용훈   오히려 덜 형이상학적으로 바뀌지요. 그리고 더 경험적으로 바뀌는 것 같습니다.

허남진   내용은 그런데, 이제 통이 커지고.

전용훈 약간 도그마틱해진다고 할 수 있을 것 같습니다. 그러니까 어떤 사람들은 저의 견해에 대해, 최한기의 학문을 너무 과학 중심적으로 평가한다고 하거나, 나아가 최한기가 과학을 몰랐다고 해서 그것이 그의 잘못인가 하는 식으로 비판을 합니다. 사실 제 생각의 초점은 그것이 아닙니다. 저는 과학적으로 따지든, 아니면 논리성으로 따지든, 학문활동의 후반 쪽으로 가게 되면 최한기의 사상과 주장이 굉장히 허술해지는 경향이 있다고 생각합니다. 저는 최한기가 『기학』을 확립한 이후에는 '이제 우주의 모든 것을 알았다'는 식의 자기 확신이 너무 강해져서, 도그마틱해지지 않았나 하고 생각합니다.

백민정 여러 선생님들께서 말씀하신 내용들 가운데요, 저는 정교, 교화, 정치나 도덕 이런 문제와 천지운화의 기, 자연의 원리 사이에 부조화라고 해야 할까요? 이 문제에 관심이 있었습니다. 사실 그 두 측면이 연속적으로 유기적으로 매끄럽게 연결이 잘 안 되잖아요. 물론 잘 연결되어 이상적으로 일치에 이르지만, 저한테는 혜강 본인이 매끄러운 일치 상태에 도달하기를 상정했던 것 같구요. 존재론적으로 인도와 기화가 통일을 이룬다는 표현을 자주 노골적으로 했으니까요. 그걸 전제한 건 맞는 것 같습니다. 그렇다고 해도 통민운화 상의 인도의 원리라고 해야 할까요, 이것의 규정 내용이라는 것과, 자연의 운화기 사이에, 그것은 형질의 기고 측량 가능한 검증 대상인데요, 자연적으로 어느 정도 측량이 되고, 수치화도 되구요. 그 두 가지가 연속적으로 연결이 잘 안 된다, 혜강에서 해명이 잘 안 되었다고 생각해요. 최한기의 입장에서 이해한다고 하더라도요. 그래서 허 선생님께서 잠깐 쓰셨는데요, 유교의 오륜오상을 혜강이 그대로 갖다 쓰고 있는 건데, 예전의 전통적인 도덕원리를요. 그런 어떤 인의예지에 관한 논의가, 어떻게 대기운화의 승순하는 자연스러운 인간의 인도 상의 길이라고, 이렇게 자신 있게 주장을 하게 된 것인지요. 그것이 어떻게 과연 정당화될 수 있는지 궁금합니다. 가령 손 선생님의 입장이시라면, 추측을 거치고 검증을 거쳐서, 몇천 년 동안의 역사적 경험과 이런 것들이 모두 누적되고 누적되어서, 비로소 천인운화의 준적에 따라, 그것에 따라 인의예지의 어떤 것들이, 자연의 운화기에 승순하는 도덕적인 모습이라고 이렇게 통찰해 낸 것이다, 이렇게 말씀하실 것 같지만요. 이것은 혜강 자신의 생각일 뿐이구요. 본인의 논리구조 속에서 인의예지의 유술이 통민운화에 어떤 핵심 모습으로 정당화는 되지 않는다는 생각이 들었습니다. 저는 그런 맥락 때문에 오히려 천인운화가, 심지어 과학적인 대기운화조차도, 인간 개인의 어떤 주체적인 판단의 결과 의미를 갖게 되는 것이 아닌가 하는 생각도 들었습니다. 그러니까 크게 보면, 통민운화 상에서 인간들이 어떻게 인식하고 판단하고 실천하느냐에 따라 천인운화의 성격, 시비판단의 내용, 이런 것들이 모두 달라지는 것이 아닌가, 저는 그렇게 생각을 했거든요. 이것은 그냥 저의 생각이구요, 혜강 본인은 기준이 있다는 말을 했던 것 같아요. 그런데 제가 납득이 안 되는 부분이 계속 남아 있습니다. 통민운화와 대기운화가 반드시 승순해야 한다고 그렇게 강조했지만, 과연 승순을 어떻게 하고, 어떤 기준에 따라서 어떻게 승순하는 것이 제대로 된 승순인 것인지 우리가 어떻게 알고, 인도의 모습이 무엇이라는 것을 도대체 어떻게 추측할 수 있는지 그 구체적 방법과 인식 과정이 이해가 잘 안 됩니다. 그냥 아주 간단하게, 『인정』의 「측인문」 편의 인물 '감평' 부분에 나오듯이 과학적으로 측량되는 것처럼 혜강은 이야기하고 있고, 또 허 선생님께서도, 예를 들어 이해관계는 수치상으로 어느 정도는 좀 측량 가능하지 않을까, 그러면 선악이나 윤리적인 문제도, 대기운화를 어떻게든 측량해서 우리가 평가하듯이, 선악의 문제도 그렇게 과학적인 원리를 통해 통민운화 상에서 수치화할 수 있는 것이 아닌가 하고 얼핏 그렇게 생각해 보았다고 말씀을 하셨는데요. 그런데 그 대목에서는 조금 잘 이해가 안 되었습니다. 다른 선생님들은 어떤 입장을 갖고 계신지 궁금해서 여쭤 보고 싶습니다.

허남진 손병욱 선생님과의 토론은 좀 뒤로 미루고, 백민정 선생님이 마침 질문을 하셨으니까, 제 이야기를 좀 하겠습니다. 저는 권오영 선생님 메일을 받고, 최한기 논문 목록을 조금 보고 왔습니다. 그런데 사실 논문 숫자를 갖다가 보았지 그 논문을 내가 다 본 것은 아닙니다만, 제가 작위적으로 교육학·행정학 이런 전문 대학원에서 나온 논문들 다 빼버렸습니다. 빼고 보니까, 박사논문이 17편, 석사논문이 36편, 보통 우리가 학자라고 말할 수 있는 대학에 있는 선생님들이 쓴 논문들이 대개 한 150편 정도, 그 정도 되더군요. 물론 최한기를 내용에서 다룬 논문들은 또 많이 있을 텐데, 저는 단순히 제목을 가지고 검색했기 때문에 미비한 점이 있습니다. 논문 제목에 최한기가 나오는 박사논문은 최초의 논문이 1993년입니다.

권오영 그 전에 대구대학에서 박사논문이 하나 나오지 않았나요?

허남진 교육대학원에서 나왔습니다. 주로 철학·역사 쪽에서 찾아서 빠진 모양입니다, 그리고 대부분은 2000년 이후에 나온 박사논문이고, 석사논문은 손병욱 선생님이 제일 먼저 쓰셨더군요. 1983년 그러니까 30여 년 전에 손병욱 선생님이 쓰신 논문이 최초의 석사학위 논문이고, 그런 의미에서 손 선생님은 학술사적 인물입니다. 박사논문도 제일 먼저 쓰셨으면 좋았을 텐데 아쉽습니다. 일반 논문도 150여 편 논문 중에서 1990년 이전에 나온 논문은 14편밖에 안 됩니다. 그러니까 우리가 최한기의 연구라고 하는 게, 그 이전에 물론 1961년에 정성철이 먼저 언급을 했고, 1965년에 박종홍 선생님이 한국에서 제일 먼저 논문을 쓰셨는데, 역사는 상당히 깊지마는 실제로 본격적으로 최한기를 주제로 연구한 거는 1990년경이니까, 지금부터 한 25년, 30년 정도 되었다고, 아직 한 세대가 지나가지 않은 거죠. 그러니까 저 1세대 분이 우리와 같이 토론하고 있다고 생각해도 될 것 같습니다. 박종홍 선생님을 제외하고 본다면.

전용훈　앞서 제가 말씀 드렸듯이, 최한기는 후기 쪽으로 가면서 주장이 도그마틱해지는데, 선생님이 들었던 예처럼, 인간은 운화에 승순해야 하며, 인간의 윤리의 준적이 모두 자연에 있다고 합니다. 그런데 최한기는 그런 식으로 선언적으로만 이야기하지, 승순이 어떻게 가능하며, 승순하려면 어떤 방법으로 해야 하며, 승순이 되었는지 아닌지를 어떻게 확인할 수 있는지 같은 문제에 대해서는 거의 이야기를 안 하는 것 같아요. 그리고 그것과 함께 과학적인 주장에 있어서도 굉장히 도그마틱해져서, 자기 식으로 과학적 사실을 왜곡한다든지, 변형을 해 버린다든지, 그러면서 자기 논리에 꿰맞추는, 그런 것들이 조금씩 보입니다. 저는 이런 도그마틱한 주장을 철학이나 사상사 연구자들이 어떻게 평가를 하실까 여쭤 보고 싶습니다. 예를 들어서 서세동점의 시대가 되었는데, 최한기는 시대를 고민하고, 개혁을 해 보고자 하고, 정신들을 일신해서 뭔가 새로운 체제로 나아가고자 하는 그런 목표와 의지가 있었으며, 이것은 근대지향성과도 연결되어서, 최한기는 굉장히 의미 있는 활동, 의미 있는 사유를 했다는 식의 평가가 일반적인 것 같습니다. 그런데 저처럼 최한기가 과학 지식에 대하여 어떤 식의 논의를 펼치는가를 중점을 두고 탐구해 보면, 최한기의 사유가 철학적 엄밀성, 논리성, 혹은 정합성의 측면에서 조금 허술하지 않은가 하는 생각을 하게 됩니다. 그래서 이처럼 약점이 많은 최한기의 사유를 철학적으로 의미 있고 가치 있다고 평가할 수 있는가 하는 의문이 듭니다. 이에 대해서 한번 말씀을 해 주시면 좋겠습니다.

허남진　안 그래도 제가 그런 말씀을 드리려고 합니다. 선생님께서 말씀하셨듯이, 초창기 연구자들 즉 박종홍 선생님이나 정성철 같은 경우에는 최한기를 갖다가 획기적으로, 그러니까 성리학적 사유에 대한 획기적인 변화를 이룬 사람으로 평가를 하려다 보니 최한기철학의 전반부에 가치를 굉장히 많이 주었습니다. 그런데 1970~80년대를 지나면서 굉장히 부정적이던 조선시대에 대한 평가가 살짝 긍정적인 방향으로 나아갑니다. 식민사관 철폐와도 관련이 있습니다. 조선 사회뿐 아니고 성리학이나 유교, 심지어는 당쟁까지도 긍정적인 어떤 요소를 갖다가 발굴하려고 하다 보니까, 최한기 연구가 성리학에 대한 획기적인 반전이라고 하는 측면보다도, 성리학에 대한 보충 또는 성리학의 계승의 측면을 더 강조하게 되었는데, 저는 최한기 연구 동향 중에서 굉장히 중요한 면이라고 생각합니다. 논문 제목들만 보더라도 2000년대 이후에 가면, 최한기에 대한 논문이 두 갈래로 나뉘는 걸 알 수 있습니다. 하나는, 세부적인 연구의 출현입니다. 제일 대표적인 게 과학사나 역사 연구하시는 쪽에서 ―이우성 선생님이나 우리 권오영 선생님이 주로 하신 일인데― 가계라든지, 삶에 대한 자료를 발굴도 하시고, 과학의 내용에 대해서도 굉장히 자세하게 다루고 있습니다. 나머지 한쪽은 약간 두리뭉실하게 넘어가면서 최한기는 유학자라고 주장하는 연구자들이 많아졌다는 점입니다. 선생님이 말씀하신 대로 최한기 사상의 후반부에 나온 약간 두리뭉실한 내용이 강조되면서, 오히려 최한기가 가지고 있는 과학이라든지 계몽주의 측면은 조금 사상됩니다. 최한기의 형이상학은 조선시대 기본을 갖다가 계승한 것이고, 전통적인 유학보다 더 크게 서양까지 합쳐 가지고 내놓은, 이런 점을 부각시키는 연구들이 점점 많아지는 것 같아요. 저는 물론 전반부 쪽을 갖다가 강조하는 편입니다만 저도 이번 연구에 참여하면서 큰 가르침을 받았습니다. 최한기의 철학적 사명은 자기가 처음 알게 됐다고 자부하는 서양 과학에 대한 지식을 그걸 하나도 모르는 성리학자에게 설명해 주기 위한 것이었다는 생각을 저는 굉장히 많이 했어요. 그리고 성리학의 용어를 갖다 사용했지만 최한기는 경험론적인 방법이라고 하는 것을 끝까지 관철하려고 했다고 생각했습니다. 저도 이번에 여기에 대해서 생각을 해 보았는데, 그것만 가지고 해결이 안 되는 최한기 철학사상의 측면이 의외로 많다는 것을 알았습니다. 제가 여태까지 『감평』이라든지 『인정』이라든지 하는 면은 약간 도외시했는데, 왜냐하면 제가 가지고 있는 그런 틀을 가지고 도저히 해석이 안 되니까 그랬던 것 같습니다. 이번에 백민정 선생님 논문도 읽어 보고, 권 선생님 만년정론도 자세히 보고, 손병욱 선생님 글도 읽어 보고 나서 최한기 철학의 흐름에 대해 다시 생각하게 되었습니다. 최한기가 뭔가 하나의 큰 형이상학적 틀을 짜고자 했던 시기가 최한기의 관심이 대기운화에서 통민운화로 옮겨 가는 과정에서 생긴 것이 아닌가. 최한기가 경험론적 인식을 합리화하기 위해 기의 형이상학을 만들면서 신기 등의 개념을 사용하고, 성리학적인 개념을 썼다고 생각했습니다. 말하자면, 최한기의 인식론을 정당화하기 위한 것이 기의 형이상학인데, 형질기의 형이상학이란 것이 다른 점이라고 보았습니다. 쉽게 이야기 하면, 장재의 기일원론하고 기라고 하는 단어를 쓰면 똑같은데, 태허지기를 형체지기로 바꾸면 되는 거죠. 그러니까 기학의 구조는 이전의 기철학과 같은데, 기의 내용은 달라졌다는 게 제 생각입니다. 그리고 그러한 형이상학은 이전의 기에 대한 인식을 어느 정도 동의하고 있었다고 생각합니다. 최한기가 생각하기로는 사람들이 잘 모르지만 기에 대해서 어렴풋이 알고 있었는데 그 내용이 바뀌었다는 겁니다. 이 사실에 대해서는 우리가 주목하지 않았던 것이 아닌가 합니다. 그런데 최한기는 깨달음을 얻어서 기에 대해 알 수 있는 것은 아니고 추측에 의한 지식의 축적으로 기를 더 잘 알게 된다고 합니다. 종래의 지각은 궁극적으로 활연관통인데 최한기는 방향을 반대로 틀기 위해서 같은 기 중심의 철학적 틀을 제시했다고 생각합니다. 그것은 형이상학적인 전제일 뿐이지 자기 철학의 핵심이라고 생각하지는 않았다고 생각하고 있습니다. 그래서 최한기는 상당히 귀납적이고, 또 과학적인 그런 인식을 갖다가 절대적이라 생각하고 철학적 틀을 구성하지 않았을까 합니다. 서양의 그런 경험론자들, 흄과 버클리 같은 학자들은 형이상학적 부분, 본질 이런 데 대해서는 상당히 상대주의나 회의주의 쪽으로 가게 됩니다. 일반적으로 경험론자들은 형이상학을 부정합니다. 형이상학적 명제들은 경험의 대상이 될 수 없기 때문입니다. 최한기의 사상을 전·후기로 나눈다면, 후기에는 최한기가 자연보다 사회적인 문제라든지, 윤리적 문제에 관심을 가지게 되고 여기서 철저한 경험주의를 약간 포기하지 않나 하는 생각이 듭니다. 이 부분은 제가 최한기를 너무 일면만 보아 잘못 해석하고 있었다는 생각이 최근에 와서 좀 들었습니다.

백민정　어느 분이 잘못 생각하셨다는 말씀이시죠?

허남진　제가 너무 한 면만 보지 않았나 합니다. 그러니까 최한기가 경험론으로만 일관한 게 아니라는 겁니다. 물론 『인정』이라든지 『감평』이라든지 이런 데서 실천적인 부분이나 각론적인 부분, 특히 천인상법 같은 걸 보면, 나름대로 경험적인 데이터로 사람의 능력을 판단하려고 했다든지 도덕을 경험과 관련해서 합리화하려고 노력은 합니다. 최한기가 한편으로는 경험적인 데이터로 대기를 관측할 수 있듯이, 통민의 부분에서도 경험적인 인식을 통해서 정책을 세울 수 있다고 한 것 같기는 한데, 보편적인 사회 규범의 측면에서는 더 이상 역사적 경험이라든지, 개인적으로 가지고 있는 사회적 데이터만 가지고 '인의예지가 통민운화지리다.'라고 하는 주장을 하기 어렵지 않은가 합니다. 그래서 그때는 오히려 뒤로 물러서서 전통적인 덕목을 통민운화의 리(理)로 간주한 게 아닌가 합니다. 최한기가 깨달음을 얻었다면 바로 통민운화지리의 본질 즉 아무리 대기운화지리에 밝아도 이게 통민운화의 리와 자연스럽게 연결되지 않는다는 것이 아닐지요. 천지의 리만 깨달으면 저절로 윤리에 연결된다고 주장하는 것이 바로 이일분수라고 생각합니다. 이일만 하면 분수리가 각 개체에서 제대로 자리잡게 되는데, 최한기는 그렇지 않다고 하는 것을 알았지 않았을까. 그렇지만 윤리적 덕목은 절대적이어야 하니까 오히려 연역적인 방법을 쓰기 시작합니다. 그래서 천인운화라고 하는 개념을 가져다 통민운화의 리가 논리적인 근거 없이 대기운화하고 연결된다고 주장하지 않았을까 합니다. 일반적인 경험론자들은 대개 공리주의적인 입장을 취하게 되는데 최한기는 유학자로서 그렇게 하시 않았습니다. 공리주의적인 입장을 취할 때도 있지만, 주로 역사적인 이야기를 갖다 할 때 공리주의적 입장을 많이 취하고, 윤리적 규범의 입장에서는 공리적 입장을 안 취하는 경우가 상당히 많습니다. 그러면서 두 개가 범주적으로 서로 포함관계에 있다고 말하려니까 여러 가지 난점이 생기는 게 아닌가 합니다. 나(최한기)처럼 물리세계에 통달하게 되면 인의예지가 통민운화지리라는 것을 알게 된다,

이런 식이지요. 가령, 서양의 철저한 경험론자들은 그 부분에 대해서는 잘 모르겠다, 혹은 윤리는 과학으로 해결될 수 있는 문제가 아니다는 입장을 취합니다. 정치학이나 경제학, 사회학도 엄밀하게는 과학이라고 보지 않는데, 이런 난점을 최한기는 과학으로 다 해결하려고 한 것 같습니다. 최한기 자신의 철학의 체계와 경험주의로 해결할 수 없다는 것을 인정 안 하다 보니까 우리 전 선생님이 말씀하신 그런 문제가 생기는 게 아닌가 합니다. 그래서 최한기의 철학을 경험주의만으로 해석하는 데는 한계가 있고 최한기의 윤리학이나 정치철학 부분은 다른 틀로 설명해야 하지 않을까 하는 생각이 듭니다. 그게 저의 깨달음일 수도 있고, 제가 조금 더 숙고해야 할 부분입니다. 그런 점이 윤리적인 부분에서 오히려 전통, 구체적으로 성리학과 최한기의 철학이 어떻게 다르냐를 찾아내는 게 앞으로 최한기 연구에서 조금 더 해야 될 부분이고 그런 연구가 점점 늘어나는 추세인 것 같습니다. 그쪽 연구가 더 될 거라고 생각합니다.

백민정 선생님, 제가 어제 선생님 쓰신 논문을 읽다 보니까 후반부에 몇 가지 사례를 언급하셨는데요. 예를 들어, 아주 잘 알려진 측은지심, 어린아이가 물에 빠지면 불쌍히 여기는 것, 그런데 이런 것이 우리가 원래부터 알고 있던 그런 본성적인 것 때문이 아니라 경험을 통해 비참한 상황이 벌어지는 것을 알게 되었기 때문에 측은지심·인의예지, 이런 것을 경험 이후에 나중에서야 추측의 결과로 알게 되는 것이다, 이런 방식으로 해석해서 최한기의 입장을 경험주의라고 강조했다고들 하셨지만, 선생님이 최근에 다시 보시기에, 최한기가 젊었을 때 1830년대뿐 아니라, '본래지성선(本來之性善)', 원래 이루어져 있는 어떤 본성, 이런 표현을 1840년대에도 썼을 뿐만 아니라, 『인정』에서도 여기 보니까 본연의 호오(好惡), 태어날 때부터 사람이라면 원래 좋아하고 싫어하는 뭐가 있다고, 이런 몇 가지 사례를 들면서, 이것으로 보면 완전히 경험이 아니라 측은지심이나 인의예지를 본래 가지고 있는 어떤 범주적인, 뭔가 틀이나 구조가 약간은 존재론적으로 있다고 최한기가 생각했던 것이 아니었을까, 이렇게 보이는 측면이 있는 것 같다는 설명을 덧붙이셨잖아요. 그 부분에 대한 보완 설명을 조금 더 해 주셨으면 좋겠습니다. 인간의 삶이 겪게 되는 경험의 범주가 태어날 때부터 원래 품부되어 있고, 그걸 통해 측은지심이나 이런 것을 다소 형이상학적으로 이해하게 된다고 하신 말씀을요. 경험론으로 최한기의 인성론이 완전히 설명이 안 된다고 보시고, 뭔가 설명을 더 하시려고 하시다가 논문 끝에서 말씀을 더 안 하시고 글을 마치신 것 같습니다.

허남진　최한기는 유학자이면서 과학사상가였습니다. 성리학적인 언어와 규범을 거의 다 받아들입니다. 최한기 당시로서는 일반화된 상식이었으니 안 받아들이면 이상한 사람이지요. 다산도 마찬가지고. 이제 그 철학적 근거가 무엇이냐고 물으면 성리학하고는 조금 다른 방식으로 최한기를 설명하려 합니다. 그 점에서 최한기는 추측의 형식을 항상 취합니다. 앞에서 과학에 대해 이야기할 때에는 신기에 대한 지식이 시대가 지나면서 점점 쌓이고 밝아져 마침내 그 근본에 대한 명확한 인식을 가지게 되고 그것을 바탕으로 이상적인 규범을 정하게 된다고 합니다. 그러면서도 약간의 여지를 남깁니다. 지금 내가 하고 있는 것은 어디까지나 추측의 리(理)다, 유행지리와 추측지리를 구분함으로써 지금 우리가 알고 있는 것은 추측지리라는 언급을 몇 번이나 합니다. 그것은 경험론자가 당연히 가져야 될 덕목이고, 시간이 가면 유행지리에 좀 더 가까이 접근할 수 있을 것이라고 합니다. 그렇지만 윤리학 사회철학 즉 통민운화지리 사회적인 부분에 가서는 말은 그렇게 하지만 2500년 전에 있었던 그 추측지리 곧 인의예지에 대해서는 추측지리란 말을 안 씁니다. 말을 안 쓰고 좀 애매하게 이게 마치 통민운화의 리인 것처럼 말합니다. 2500년이 지나면서 조금 더 밝혀지는 것이 있어야 하는데, 중간에 자꾸 어두워졌어요. 최한기 본인으로서는 상당히 난감했을 겁니다. 그러니까 최한기는 역사적 경험이라는 역으로 말하자면 인의예지를 종지로 하지 않았던 때, 역사적으로 굉장히 나빴다라고 하는 것을 경험론적인 근거로 드는 거죠. 우리가 보기에는 그것은 경험론적인 근거가 안 되는 것입니다. 그 다음에, 최한기가 공화국이라든지 국민의 일반의지 등에 대한 그런 지식이 있음에도 역시 최한기 자신이 몸으로 경험을 하지 않아서 그런지 새로운 리로 인정하지 않고 있습니다. 말하자면 물리학이나 천문학의 경우에는 적어도 결과만큼은 운화에 대한 인식이 우월하다는 것을 인정하면서 서양의 공화국이라든지 선거제도 등에 대해서는 신기에 대한 인식이 쌓여 가지고 밝아진 것이라는 말을 절대로 안 해요. 당시 일반화된 인의예지를 정당화하려니까, 즉 2500년 전에 생긴 윤리를 정당화하려니까 그런 게 아닐까 합니다. 백 선생님이 말씀하신 대로 최한기도 심증적으로 인의예지·삼강오륜을 본성으로 보려고 했습니다, 『인정』에서도 국가제도라든지 이런 것에 대해서는 상당히 경험적인 요소를 갖다 많이 넣어 설명하면서도, 그런 윤리적 규범에 관해서는 마치 내가 경험해 보건대 이것은 확실히 옳은 것 같다고 합니다. 손 선생님이 말씀하신 대로 이 부분은 개인적인 깨달음에 좀 의존하고 있는 면이 있는 게 아닌가 하는 생각이 들 정도입니다. 그래서 이걸 어떻게 잘 좀 구분하고 싶었는데, 시간을 좀 주셨으면 좋겠습니다.

권오영　혜강 기학의 의미랄까, 전 선생님이 이런 말씀을 하셨는데 아까 말한 조선철학사에서 얘기한 건 이제 다 아는 이야기이지만, 유물론적 관점에서 서경덕·임성주·최한기로 이어지는 기철학의 큰 흐름을 잡는 것이 중요한 거 같아요. 중국 학계도 마찬가지인 것 같아요. 장재로부터 왕부지까지 기학의 큰 흐름은 바로 자기들 체제가 말하는 유물론이고 리를 주장하는 것은 보수 반동이고, 관념론이고, 이런 큰 흐름 속에서 우선 북쪽에서 혜강 연구가 이루어졌던 것이고, 이어 1964년엔가 일본에 계신 김철앙 선생님이 『인정』의 교육사상에 대해 논문을 발표하셨어요. 그때 발표할 때 박종홍 선생님이 일본에 가서 그 논문 발표를 듣고 북쪽에서 혜강 논문이 나왔다는 얘기를 듣고 와서 혜강의 경험주의 논문을 쓰셨다고 그런 말을 김철앙 선생님이 저한테 하더라고요. 정성철·김철앙·박종홍 선생님이 제일 먼저 혜강에 관심을 가지고 연구를 하셨다고 할 수 있지요. 그런데 무엇보다 중요한 사실은 박종홍 선생님이 최한기의 학문을 통해서 근대의 기점을 잡았다는 거예요. 모든 연구가 어떻게 보면 박종홍 선생님의 연구에서 확장시켜 나간 것이 아닌가. 저의 연구도 마찬가지고. 실학과 개화의 연구가 1960년대 후반, 1970년대 그런 선상에서 이루어졌던 것 같고. 그리고 그때까지만 해도 혜강이 어떤 사람인지, 어느 가문의 사람인지, 사우관계는 누군지, 학통은 어떻게 되는지, 그런 것들을 전혀 몰랐는데 1970년대 벽사 이우성 신생님이 혜강의 가계와 연표를 발표히셨지요. 이 선생님이 장서각에 있는 『문보』와 삭령최씨족보를 통해서 혜강이 누구의 후손이고 그간 생몰년도 몰라서 몰년이 1879년으로 되어 있었는데 1877년으로 바로잡고 최한기의 가계가 최항의 후손으로 들어가게 되었다는 연구가 나옴으로써 혜강 연구가 어느 정도 궤도에 올라섰던 것이 아닌가 생각합니다. 그 뒤 윤사순 선생님이 『기측체의』 해제, 금장태 선생님이 『인정』의 해제를 쓰셨어요. 두 분 선생님의 해제가 좋습니다. 『기측체의』, 『인정』
은 한국고전번역원에서 국역이 되었습니다. 북한에서도 『기측체의』는
번역이 되었잖아요. 여기서 『기학』이란 책에 대한 숨은 얘기를 좀 해야
겠네요. 제 동학에 송준식 교수라고 있어요. 석사과정 때 저와 서로 친
하게 지냈고 현재 진주 국제대학교 교수로 재직하고 있습니다. 송 교수
가 한국학대학원에서 석사논문을 최한기의 교육사상으로 썼어요. 제가
듣기에 송 교수가 어느 날 장서각 도서관 일반도서 서고에 들어갔더니
『기학』이라는 책이 유인지로 고서 형태로 있었다는 겁니다. 그게 고서
인 줄 알았대요. 그런데 그게 복사본이고 그래서 사람들이 지금까지도
최한기의 『기학』이 마치 장서각에 소장되어 있는 것으로 알아요. 실질
적으로 원본은 없어요. 언젠가 한국과학재단인가 그쪽에서 전시회를 한
다고 담당자가 와서 제가 『기학』을 열람해 보기로 했는데 그때 장서각
에 근무하시던 유시건 선생님께 내가 장서각 고서에 『기학』 책을 찾아
보니 없다고 하자 그 책을 찾는 과정에서 『기학』이 장서각 고서고에 소
장되어 있지 않은 이유를 알게 되었어요. 1980년대 초에 서적상이 『기
학』 책을 팔러 연구원에 왔대요. 그때 책값을 너무 고가로 불러서 살
수 없었답니다. 그때 연구원이 예산 사정이 좋던 시절인데도 워낙 값을
높게 불러서 못 샀다고 합니다. 그래서 대신 『기학』을 마이크로필름으
로 촬영을 하고 그걸 책으로 엮어서 일반서고에 비치했던 모양입니다.
송 교수에 의해서 『기학』이라는 복사본 책이 눈에 띄어서 최한기의 학
문이, 그 전에는 『기측체의』가 주저여서 기철학으로 칭했는데 이제 기
학이라는 하나의 학문이랄까 손병욱 교수님도 깊이 연구하시고 그랬습
니다만 탄생을 한 것이지요. 그때 그 『기학』 책은 어디로 갔는지 아직
모릅니다.

저 같은 경우에는 이우성 선생님께서 혜강을 규정하기를 실학과 개화

의 가교자, 박종홍 선생님은 근대의 기점으로 큰 맥을 짚어 주셨잖았요. 저는 논문을 쓰면서 두 선생님의 연구의 토대 위에서 한 발짝 나아가 혜강을 개화사상의 비조라고 했습니다. 최한기의 학문 내용을 살펴보면 실학과 개화가 다 있지만, 1850년대 기학을 주장했던 최한기는『해국도지』,『영환지략』을 깊이 연구해서 박규수·오경석·유홍기에 버금가는 그 이상의 개화사상의 비조로 자리매김하지 않았나, 그런 얘기를 했습니다. 제 의견에 화답하는 사람은 적습니다. 1980년대 중반 이후에 혜강에 대한 많은 연구들이 나와서 오늘날 150편이 된다고 합니다.

19세기에 기학이 왜 최한기에 의해서 제창되었는지 역사학을 전공한 사람으로서 말씀드려 본다면, 19세기는 벽두부터 정치제도권이나 정권 차원에서의 주자학은 무너진 게 아닌가. 정조에 의해서 주자학이 정리되면서 오히려 주자학으로 경세를 담당하는 시대는 끝났다고 보여요. 이렇게 이해했어요. 그러면 이제 주자학은 누가 하느냐? 재야의 학자들이 주로 연구하였는데, 이항로나 이진상이나 기정진이나 이런 분들의 역할로 넘어가고 있었다는 것이지요. 대신 서울이라든지, 진보적인 지식인들은 나름대로 새로운 학문체계를 세워 주자학을 극복해야 했는데 그 중 하나가 서울의 최한기에 의해서 기학이 제창된 것이 아닌가. 저는 최한기뿐 아니라 최재우의 동학도 그렇게 생각하거든요. 김정희의 고증학, 금석학도. 정약용의 실학 집대성도 그런 것이지 않았는가.

그런데 그 당시 최한기의 경우 거의 알려져 있지 않았잖아요. 조인영·홍석주가 최한기의 존재를 알고 있었고, 1862년에 임술민란 이후에 조두순이 최한기 아들 최병대에게 아버지의 학문에 대해 얘기하고 저술을 보자고 했고 대원군이 강화진무사 정기원을 통해서 자문받고 있는 정도입니다. 그러나 서울에 있었기 때문에 지방의 학자와는 달리 정말로 식견이 있는 뭔가 새로운 학문을 하는, 정부 차원이나 국가 차원에서 필요한 학문을 하는 그러한 사람이다 하는 인식을 갖고 있었지만 거의 그 시대에는 임용될 수 없는 인물이었습니다. 다산 정약용·연암 박지원·초정 박제가·혜강과 같은 대학자가 죽었는데 국가에선 아무도 관심이 없었어요. 지금도 그런 경우가 있다고 봐요. 다산은 실록에 졸기도 아마 안 나올 걸요. 혜강은 벼슬을 안 했으니 실록에 기사조차 안 나올 겁니다. 혜강에게 아무도 관심을 두지 않았고 혜강도 그걸 바라지 않았어요. 오직 평생 학자의 길을 걸었을 뿐이지요. 혜강이 살았던 조선 말이 신라 말, 고려 말과 비슷하지요. 신라 말의 최치원이나, 고려 말의 이색이나, 조선 말의 혜강이나 사상가로서 저에게는 비슷하게 다가와요. 모두 새로운 시대를 여는 지성들이었기 때문에 혜강, 또 혜강의 기학이 의미가 있지 않나 하는 생각이 듭니다.

혜강의 연구사적 차원에서 보면 벽사 이우성 선생님이 혜강의 가계, 연표를 밝히고 난 뒤에 1990년에 「혜강최공전」이 새롭게 발굴이 됩니다. 성균관대 이희목 교수님이 자료를 찾았다고 들었습니다. 그때 벽사 선생님이 논문을 쓰시고 도올 김용옥 선생님이 「서울서 책만 사다 망한 사람」이란 글을 썼습니다. 그리고 1999년에 혜강 자료가 무더기로 나왔습니다. 그때 혜강이 문화관광부 선정 이달의 문화인물이 되었어요. 그때 한국학중앙연구원의 한형조 교수가 연구책임자이고 저하고 손병욱, 최진덕, 신원봉 선생이 연구를 하고 있던 중이었어요. 그런데 문화인물이 되니까 혜강 선생의 후손이 자료를 갖고 나타났어요. 그래서 제가 그 자료로 논문을 쓴 거예요. 이달의 문화인물로 지정이 되니까 나온 거예요. 그때 최항의 후손인 최명재 선생님이 벽사 선생님께 자료를 보여드리고 이어 제가 막 연구하고 있는 걸 아니까 제가 그 자료를 빌려 보고 논문을 작성했습니다. 그때 그 논문을 국립민속박물관 강당에서 발표했고, 발표논문 제목은 혜강의 생애와 기학이었는데 나중에 책을 낼 때 한

형조 교수가 '새로 발굴된 자료를 통해 본 혜강의 기학'으로 제목을 지었어요. 그때가 제가 연구 일생에서 제일 행복하고 즐거웠던 순간이었어요. 그때 『소모』, 『승순사무』, 『횡결』 등 새로운 자료가 많이 알려졌지요. 그 자료들이 2002년에 성균관대에서 간행한 『증보 명남루총서』라 하여 실렸고 지금은 그 자료들이 실학박물관에 기증되어 있다고 들었습니다. 또 전하지는 않지만 『재교』, 『어양론』, 『개량론』 같은 저술도 있었다는 것이 알려졌습니다. 혜강이 300책(1,000권)을 남겼다는데 정말 방대하지요. 최남선이 일개인으로는 조선 최고의 저술가라고 말했어요. 앞으로도 자료의 발굴이 중요하고, 저는 개인적으로 『우주책』의 발굴을 늘 기대하고 있어요, 『지구전요』와 표리가 되는 책이거든요. 그런 『우주책』이 굉장히 중요하고. 1870년대에 재용과 인의가 대등하다고 주장한 재교라는 책도 나오면 혜강 연구가 상당히 달라질 것으로 생각합니다. 재는 재용이고, 교는 인입니다. 경제와 도덕을 함께 얘기하자는 것이지요. 김수일이라는 제자가 쓴 『재교』 발문을 보면 혜강이야말로 우리나라 최고의 학자이고 이 시대에 쓰이지 못해서 너무나 안타깝다 그런 얘기를 하고 있습니다.

허남진　최근 이우성 선생님과 권오영 선생님 덕분에 최한기의 생애와 집안에 관한 새로운 자료도 발굴되고 많은 연구가 나왔음에도 여전히 최한기의 가계와 생애하고 그 철학이 너무 안 맞는다는 생각이 듭니다. 본래는 양반 사대부 집안이 아닌 것 같다는 심증만 들고, 증거는 아무것도 없습니다. 증거는 사대부 집안이라는 증거만 나왔으니까. 이게 뭐 잘못되었다는 심증만 들었는데, 책을 출판한 경위라든지 여러 가지 것들이 무역상하고 관련이 있다는 자료가 어디 있습니까?

권오영   중국을 왕래하는 역관이 최한기와 깊은 관련이 있다는 생각이 들고, 최한기도 중국을 가려고 했던 그런 느낌이 드는 자료는 있지만 확실한 자료는 없어요. 다 분실이 되고. 그래서 신분, 이제 가계에 대해서 말하기가 쉽지가 않거든요. 혜강의 고조부 때부터 효행으로, 효성이 지극해서, 일단 효자 · 열녀를 만들어요. 그리고 증조부 대부터 내리 3대 무과예요. 최한기는 생원이고, 아들은 문과에 합격했어요. 제가 알기에 다른 가문하고 신분 상승의 패턴이 같아요. 전형적인 양인에서 양반으로, 그런 집안이 꽤 많습니다.

백민정   그것이 당대의 일반적인 패턴인가요?

권오영   일반적인 패턴이라고 말하기는 어렵지만 꽤 있습니다. 최한기의 생가 아버지 최치현은 유명한 시인입니다. 최근에 최치현의 묘지명이 나왔어요. 개성에서 발굴된 지석이 그게 어떻게 서울 인사동으로 흘러 들어와서 제가 사진으로 보게 되었어요. 그 묘지명을 최치현의 장인인 한경리가 지었어요. 그 내용을 읽어 보면 최치현이 인품이 굉장히 훌륭해요. 유명한 시인이고, 개성에서 오봉서주(五峰書廚)라고 하는 집이 있었어요. 제가 언젠가 『문헌과 해석』이란 잡지에도 잠깐 소개했습니다. 어쨌든 새로운 자료도 많이 나오고 있는 편이고, 다른 자료는 실학박물관에 들어갔지만 혜강 집안 가계를 기록한 족보는 안 들어갔거든요. 현재 혜강의 6대손 최인신 선생님이 소장하고 있는 것으로 압니다. 19세기 말에 필사한 족보인데 최한기 집안은 최항의 후손으로 되어 있습니다.

허남진   뭘로 돈을 벌었던 것 같습니까?

권오영 개성에서 부자로 살았던 것 같은데요, 2000년에 최인신 선생
님을 통해 최한기의 준호구를 처음 보게 되었습니다. 그 자료
를 토대로 제가 「최한기의 사회경제적 처지와 현실인식」이란 논문을 썼
는데 준호구를 보면 노비가 24명이 나옵니다. 1850년대 노비가 24명인
데, 1830년대에는 노비가 한 명밖에 기록되어 있지 않습니다. 그래서
1830년대 이후에 누가 서울에서 재산을 일으킨 건지, 아니면 최한기 집
안이 본래 부유했다고 한 것처럼 개성에 살 때부터 부자였는지 앞으로
연구를 더 해 보아야 합니다. 최한기 집안은 1860년대 말부터 가세가
기울기 시작해서 개성에 논밭 열 마지기뿐입니다. 그리고 1870년대에
가면 최한기의 책 일부를 전당 잡히고 갓이나 옷을 전당 잡혀서 돈을
써야 하는 등 생활이 아주 곤궁하게 나타납니다.

아들 최병대가 1876년 개항 때 상소를 올리는데, 그 상소도 여러 가
지로 의미가 있어요. 최익현은 도끼 매고 이른바 지부상소를 1월 23일
에 올리는데, 최병대는 1월 3일에 올리거든요. 1월 2일 동래부에 일본
사신이 왔다는 걸 중앙에 보고하는데 어떻게 그렇게 빨리 올릴 수 있었
을까. 최한기 부자는 정보가 굉장히 빨랐고 바로 현실에 신속하게 대응
하려는 모습이 보입니다. 1862년 임술민요가 일어난 이후에 최병대가
대책을 올릴 때도 아버지가 많이 상의해 줍니다. 최병대의 글을 보면
치안(治安)이라는 말이 많이 나와요. 치안이라는 말은 주로 『인정』에만
쓰이는 용어이거든요. 1830년대 이전에는 기의 안 써요, 제가 알기로
는. 치안은 치민안민(治民安民)의 약어이거든요. 『인정』 저술의 궁극적
인 목적은 치안입니다. 『인정』 범례에서 최한기는 운화를 승순하고 치
안을 도모해서 완성해야 한다고 했습니다. 제가 생각하기에 이 치안은
치민안민의 민자 뒤에 업(業)이 숨어 있습니다. 민업에 편안하고 직업
을 모두 가져야 한다는 의미지요. 모든 민생은 다 업이 있어야 한다. 요

즘에 직업이 없어서 젊은이들을 위해 직업을 창출한다고 야단이잖아요. 최한기는 유랑하는 민의 안정을 위해 그걸 정확하게 파악했던 것 같아요. 모든 인물들이 다 안정된 사농공상의 직업을 갖는 사회가 되어야 한다고 말이지요.

손병욱 '승순운화(承順運化), 도성치안(圖成治安)'인데, 승순운화가 운화지기 곧 천을 승순한다고 볼 수 있지요?

권오영 그렇죠. 승순운화는 주로 『기학』에서 논하고 있고, 도성치안은 『인정』의 궁극적 목표라고 할 수 있지요. 저는 운화와 치안을 기학의 두 날개라고 봐요. 그 말은 『기학』과 『인정』 두 책이 그렇다는 말도 되지요. 1830년대는 『신기통』의 신기와 『추측록』의 추측이 최한기 학문의 두 날개이고요. 그런 구도로 혜강의 학문과 저술을 이해해야 한다고 봅니다. 우리 역사에서 혜강만큼 치열하게 평생 자기 학문을 체계화시켜 나간 분도 드물다고 생각합니다.

허남진 『추측록』이나 젊었을 때 쓴 글을 보면 무역에 대한 내용이 많이 나오지 않습니까? 박지원이나 박제가도 무역에 대해 강조하지만 시대가 훨씬 뒤이긴 하지만 최한기는 굉장히 구체적으로 말합니다. 글로 미루어 보면 최한기 자신이 무역을 했든지 아니면 다른 방식으로 어떻게 해서든 관련이 있을 것 같습니다. 조선 후기가 그래도 성리학 사회여서 그런지 자기 자신이 어떻게 관련되어 있다는 얘기가 나와 있는 게 없는 것 같습니다. 최한기가 상업에 직접적이든 간접적이든 관련이 있다고 한다면 최한기 철학이 너무나 일반적인 지식사회학 틀과 잘 맞는다고 봅니다.

권오영   현재까지 드러난 자료로는 유일하게 친구가 고산자 김정호이고 당시에 최한기를 인정한 학자로는 오주 이규경이 있습니다. 이규경이 볼 때에는 최한기 같은 학식을 가진 학자는 없는 거예요. 경전에도 통하고 역사에도 통하고 예학에도 밝고, 인품도 훌륭하고……. 1834년에 최한기 집 창동, 그러니까 지금의 남대문 시장 부근입니다. 거기서 최한기는 김정호를 불러 지구전후도를 판각하려고 합니다. 그 일이 저는 우리 역사에서 아주 중요한 사건이 아닌가 그런 생각이 듭니다. 그 당시 세계인식, 시대인식, 제 논문에도 썼습니다만, 물론 오래전 17세기 초부터 서양 지도, 지전설, 지동설이 수용되지만 최한기가 서른 두 살 젊은 나이에 그런 일을 시도했던 것의 의미하는 바가 크다는 것입니다. 1860년대에 박규수의 사랑방에서 김옥균·박영효 등이 모여 박지원의 「양반전」을 읽고 박규수가 지구의를 돌리면서 '오늘의 중화가 어디 있느냐, 이리 돌리면 미국이 중화이고 저리 돌리면 조선이 중화이다.'라고 하니 거기 참석했던 김옥균·박영효가 머리가 돌아 버렸다고 하잖아요. 1860년대 박규수 사랑방에서 일어났던 일처럼 1834년에 지구전후도를 최한기의 집에서 판각하여 보급했다는 사실은 이제 세상이 완전히 달라지는 거잖아요. 오늘날의 지도와 거의 비슷한 지구전후도를 판각했다는 것이 저는 새로운 시대가 열리는 순간이라고 이해하고 싶어요. 최한기의 『신기통』, 『추측록』이 1836년에 나오잖아요. 이 두 책에서 지구 일수 등 그런 얘기를 굉장히 많이 하시거든요. 인간의 지구 일주는 천지의 개벽이다, 캄캄한 밤에 태양이 떠오르는 모습이다라고 말이지요. 이런 표현들이 1830대 초반부터 시작되는 겁니다.

허남진   지도가 가장 필요한 사람이 상인과 군인 두 종류입니다.

전용훈　최근에 알게 된 건데요. '지구전후도'가 사실은 별자리를 그린 천문도하고 함께 인쇄된 거 같아요. 최한기의 지구전후도는 현재 한국에 여러 가지 판본이 있는데요, 최근 제가 확인한 바로는, 국립중앙도서관에 있는 판본은 '지구도급천문도'라는 제목을 붙여 한 권의 책으로 묶여 있어요. 지도를 연구하시는 제주대 오상학 교수에 따르면, 조선시대에는 땅을 그린 지도하고 밤하늘을 그린 천문도하고 함께 인쇄하는, 혹은 쌍으로 만드는 경우가 많다고 합니다. 마찬가지로 '지구전후도'도 원래 '천문도'와 함께 제작한 것 같습니다. 지구도 전후면 한 쌍, 천문도 남북반구 한 쌍이 처음부터 함께 제작되었던 것 같습니다.

권오영　전 선생님께서 천문도를 얘기하시니까 최한기와 김정호의 일화가 생각나네요. 문일평이『조선명인전』에 최한기와 김정호가 청년시절에 서울에서 만나서 우리가 조선에 태어나 조선을 위해서 큰일을 하고 가자. 정호야 너는 지리를 맡고 나는 천문을 맡을게. 혜강은 천문을 맡고, 김정호는 지도를 맡고, 그래서 일로매진해서 최한기는 저서가 300책이 있다. 문일평이 그러고 있거든요. 그래서 저는 어떻게 생각했냐면 김정호는『대동지지』,「대동여지도」를 편찬했고, 최한기는『의상이수』,『성기운화』, 이런 걸로 해석을 했는데. 그러니까 지구전후도와 천문도가 같이 나올 수 있었을 거 같군요. 어쨌든 최한기는 천문학자, 그래서 제가 이번 연구에 전용훈 선생님을 모셔야 된다고 생각했어요. 최한기의 천문학이 기학의 주요 부분이니까 이것이 정확하게 밝혀지지 않을까 했는데 실제로 전 선생님이 천문학 전공이니까 깊이 있게 새롭게 혜강의 천문학을 연구하여 밝히는 연구자라고 생각을 해요.

허남진　　그 당시 서양에서도 돈을 많이 번 부르주아들이 제일 많이
　　　　　　했던 것이 박물학하고 천문학입니다. 서울대 도서관에 들어
와 있는 서양 고서를 보면 1700년대까지는 지리서가 그렇게 많아요.
서양 고서들 중에서 지리서가 제일 많고 1800년대 넘어오면 박물학 책
들이 많이 나오고. 최한기도 서양의 사례에 비춰 상상을 하면 최한기의
저술들은 학자로서의 사명감과 일종의 호사 취미가 섞인 것이라고 할
까요.

전용훈　　최한기에게 천문학적 지식이 없었더라면 우주 전체를 통괄하
　　　　　　는 체계를 세우고자 하는 생각을 못했을 것입니다. 최한기는
초기부터 상당히 많은 서학서들을 보고 그 당시 사람으로서는 따라올
사람이 없을 정도로 많은 지식을 습득했습니다. 하지만 유학자이기 때
문에 아주 구체적인 수학적 계산을 하는 정도는 아니었던 것 같습니다.
구체적인 사실을 꼼꼼히 따지기보다는 전체를 파악하는, 말하자면 전반
적인 이해를 추구한 것으로 생각됩니다. 최한기는 수학이나 천문학의
구체적인 원리에 대해서는 잘 이해하지 못한 것 같습니다. 그리고 거기
에 중요성을 부여하지도 않았던 것 같습니다. 최한기의 『의상리수(儀象
理數)』는 『역상고성(曆象考成)』 같은 책들을 보면서 자신이 알게 된 내
용을 옮겨 적은 저작입니다. 이런 공부의 과정을 거쳐 『기학』을 저술하
는 단계에 가면 사기 철학의 구상이 선 것 같습니다. 그의 철학은
1857~1860년경에 거의 완성이 되었다고 할 수 있습니다. 천체운동에
대한 논의만 아직 분명하게 드러나지 않을 뿐, 이즈음에는 지구 대기권
에서 일어나는 자연현상은 서양 과학책을 보면서 '이제는 다 알겠다.'는
생각을 했던 것 같습니다. 그 다음에 1867년 『성기운화』를 저술하는
단계에서는 자신의 구상이 서양 과학의 지식까지도 모두 포괄할 수 있

다고 생각했던 것 같습니다. 그리고 최한기는 자기의 구상이 옳다는 것을, 영국인 허셜이 쓰고 와일리(A. Wylie)와 이선란(李善蘭)이 한문으로 번역한 『담천(談天)』을 보고 다시 한 번 확인하였던 것 같습니다. 이 무렵에 그는 자기의 관점과 철학의 체계로 뉴턴의 천체역학을 재해석하고 그것이 지닌 오류를 바로잡을 수 있다고 생각했던 것 같습니다. 그리하여 최한기가 이전보다 더 도그마틱해졌던 것 같습니다. 나는 알고 있고 내 눈에는 명확하게 보이는데 서양인들은 이것도 모르고 있구나, 나는 기학으로 이 현상을 설명할 수 있는데 서양인들은 이것을 하지 못하는구나 하는 자기 확신의 단계에 이르렀던 것 같습니다. 결국 최한기는 아는 것이 너무 많아서, 그리고 알고 있는 것이 너무 명료해서, 후기로 갈수록 주장이 도그마틱해지고, 허술해지며, 어떤 경우에는 의도적인 왜곡으로까지 의심되는 주장을 하게 되지 않았나 생각됩니다. 서양 과학서에 있는 특정한 문구를 따다가 맥락이 다른 문구에 이어 붙인다거나, 서양 과학서의 내용을 그대로 옮겨 적는 것처럼 정리하다가 아주 중요한 용어를 자기 방식으로 치환해 버리기도 합니다. 예를 들어 『담천』에서는 중력의 작용을 '리(理)'라고 하였는데 최한기는 내용 가운데 '리'가 나온 부분을 전부 '기(氣)'로 바꾸어서 옮겨 적었습니다. 최한기의 저작은 후기로 가면 『운화측험』이나 『성기운화』처럼 서양 과학에 관한 평설이 많은데, 저 같은 과학사 전공자에게는 이런 내용은 이해하기가 편합니다. 최한기의 어조가 매우 단순하고 명쾌하기 때문입니다. 그런데 이처럼 단순명쾌한 주장은 사실 도그마틱하게 보이기도 합니다. 때문에 최한기의 후기 사상에 대해, 논리적 정합성이나 사유의 엄밀성에 잣대를 두고 판단하면, 너무 허술하지 않은가 하는 생각이 듭니다.

손병욱　현재 밝혀지는 과학적 사실과 안 맞다는 것 아닌가요.

전용훈　　물론 그런 것도 있지만, 최한기는 서양 과학에 대한 자신의 해석을 의심해 보지 않고 자기 방식대로 일방적으로 해석해 버린다는 거죠. 예를 들어 기륜(氣輪)를 보겠습니다. 최한기는 모든 사물은 기로 구성되어 있으며, 그것의 외부를 감싸는 기가 있다고 보았습니다. 이것이 최한기가 말하는 '기륜'입니다. 그리고 제가 보기에, 최한기는 감각작용과 인식작용 또한 기륜 사이에 기의 교환을 통해 일어난다고 보았던 것 같습니다. 그런데 이런 식으로 기륜의 존재와 기륜 사이의 상호작용을 구조화하고 나니, 최한기의 입장에서는 세상의 모든 현상들이 설명 가능하게 되었습니다. 최한기는 1860년대에 우주 공간의 천체들에도 기륜이 있다고 믿고, 천체역학적 현상 또한 기륜의 상호작용으로 설명하려고 생각했습니다. 그래서 그는 천체들에게도 기륜이 있다는 것을 증명하고 싶어했습니다. 『담천』에서는 "달에는 대기가 없다."고 서술하고 나서, 다른 곳에서 "달에는 대기가 없는데, 있다고 하더라도 매우 얇아서"라는 식으로 서술하였습니다. 그런데 최한기는 이 서술 속에서 자신이 원하던 '달에 기륜이 있다'는 사실을 이끌어 내기 위해, '달에는 기가 있더라도'라는 말을 '달에는 기가 있다'는 식으로 원래의 서술을 변형해서 『성기운화』에 적었습니다. 『담천』의 서술을 의도적으로 자신의 요구에 맞도록 변형한 것이지요. 다른 예를 들자면, 『담천』에서 행성의 대기를 번역할 때 '운기(雲氣)'라고 번역을 했어요. 그런데 최한기는, 운기는 행성을 감싸는 기이므로 이것은 행성의 기륜를 지칭하는 말이라고 해석을 합니다. 또 『담천』에서는 태양의 광구를 '광기(光氣)'라고 번역했어요. 최한기는 광기는 태양을 감싸는 기이므로 이것은 '태양의 기륜'이라고 해석합니다. 이처럼 『성기운화』에 나타난 최한기의 논의 방식을 보면, 다양한 천체들에서 예외 없이 기륜의 존재를 찾아내고, 찾아지지 않으면 만들어 내는 방식으로 논의를 해 가고 있어요. 나아가 최

436

한기는 서양 과학서에 '기(氣)'라고 적혀 있는 모든 사물을 자신의 학문 체계인 기학의 기초가 되는 기와 동일시해 버립니다. 예를 들어서 산소·수소·탄소를 한역 서양 과학서에서는 양기(養氣)·경기(輕氣)·탄기(炭氣)로 번역하였습니다. 그런데 최한기는 이들을 전부 자기가 생각하는 기의 일종으로 간단하게 일치시켜 버립니다. 서양 과학에서 기라고 표현된 용어와 그것이 지칭하는 사물이 지닌 성질이, 최한기에게서는 그가 이미 알고 있는 우주의 원질인 기가 지닌 성질로 간단하게 일치되고 환원되어 버린 것입니다. 이처럼 최한기가 기학적 논리와 이론을 구축해 가는 과정은 어떤 면에서는 대단히 허술하고 성급한 것이 아닌가 하는 생각을 하게 됩니다.

허남진　　일본에 가서 들은 적이 있는데, 1800년대 초반 일본에는 최한기 같은 과학사상가는 없었답니다. 과학기술은 일본이 더 많이 잘 받아들였는데…… . 성리학의 영향인지는 모르지만 최한기가 과학사상가로서 큰 틀을 세우고 그 다음에 수학과 과학의 본질이 뭐냐 지식의 본질이 뭐냐 이런 것에 대해서는 잘했는데, 문제는 경험과 관찰이 중요하고 그것을 수학적으로 얘기하는 것이 올바른 길이라는 말만 하고 경험도 안 하고 실험도 안 하고 관찰도 안 한 것이라고 봅니다, 수학도 그렇고. 어떤 면에서는 성리학적 전통을 지닌 조선 지식인의 한계가 아닌가 합니다. 일본은 큰 틀이 어떻고 이런 건 모르고 옛날에 칼 만들던 기술을 가지고 대포도 만들고, 사물을 보고 나비도 종류별로 잘 그려서 비교를 하고, 이런 건 잘했는데 그 근원을 따지지는 않았습니다. 말하자면 최한기의 사상을 일본의 기술자들이 실행한 셈이지요. 우리는 이렇게 해야 된다 말만 하고 아무것도 안 하는 것이 최한기의 철학이고 그런 점에서 성리학의 전통을 확고히 이은 것이죠.

전용훈　선생님께서 적절한 예를 들어 주셨는데 그게 사실은 제가 일본에서 연구한 시즈키 타다오(志筑忠雄)와 그가 쓴 『역상신서(曆象新書)』(1802)라는 책과 좋은 비교가 됩니다. 시즈키는 나가사키에서 네덜란드어 통역사를 했던 사람인데, 그는 최한기와 마찬가지로 일본인으로서는 처음으로 뉴턴 과학에 관한 책을 보았습니다. 최한기와 시즈키를 대비해서 생각해 보면, 최한기가 뉴턴 과학을 학습하고 자신의 기학적 체계로 재해석하는 데에서 보여 준 특징이 어떤 것인지 잘 드러납니다. 두 사람 모두 뉴턴 과학을 이해하는 기본적인 관점은 비슷한데, 그들은 공통적으로 동아시아의 기철학으로 뉴턴 과학을 해석하려고 합니다. 그래서 시즈키는 처음에는 뉴턴이 말하는 중력이 사실은 기가 매개하여 일어나는 현상이 아닐까 하고 생각했습니다. 하지만 시즈키는 최한기보다 훨씬 구체적이고 정밀하게 뉴턴 과학을 이해하였는데, 이것은 그가 네덜란드어로 된 뉴턴 과학 서적을 일본어로 번역까지 했기 때문에 어쩌면 당연할 것입니다. 수년에 걸쳐 뉴턴 과학 책을 번역하면서 서양 과학의 개념과 원리를 최한기보다 훨씬 깊이 이해하게 된 것입니다. 결국 시즈키는 학문활동의 후기로 가면서 뉴턴의 중력이론을 기로 설명해 보려는 시도를 포기하고 뉴턴 과학의 설명을 그대로 수긍하게 됩니다. 즉 중력의 원인과 작용의 메커니즘은 아직 잘 모르지만, 질량에 비례하고 거리의 제곱에 반비례하는 힘이 작용하여 천체의 궤도 운동이 유지된다는 사실은 받아들이게 됩니다. 그래서 시즈키의 주장은 서양 근대 과학자의 그것과 비슷하게 과학적으로 매우 정밀하고 정확합니다. 반면 최한기는 뉴턴 과학의 구체적인 내용을 이해하기보다는 자신의 기학 체계로 그것을 재해석하는 데에 머물러 있는데, 좋게 보아서 최한기는 과학자라기보다는 과학사상가라고 할 수 있습니다. 뉴턴의 중력 개념에 대한 태도를 비교해 보면, 시즈키는 '뉴턴이 중력의 원인과 메커니즘을 설명해 놓지 않아서 잘 모르겠지만 뉴턴 과학은 매우 옳은 이론이다.'라고 생각한 반면, 최한기는 자신의 기륜설로 중력의 원인과 작용의 메커니즘을 다 설명할 수 있는데, '왜 뉴턴은 그것을 설명해 놓지 않았는지 모르겠다.'라고 생각했습니다. 바꾸어 말하면, 시즈키는 뉴턴 식의 논의를 수용하고 인정하려는 태도인 반면, 최한기는 뉴턴 과학은 부족하고 자신의 기학이 있어야만 중력이 제대로 설명된다고 보는 태도라고 할 수 있습니다. 둘이 비슷한 곳에서 출발해서 결론은 완전히 다르게 되어 버린 거죠. 결국 한쪽은 과학사상가 혹은 철학자로 남게 된 반면, 다른 한쪽은 과학도 혹은 과학자에 가깝게 된 것입니다. 그런데 뉴턴 과학에 관한 이 두 사람의 태도가 근현대 일본과 조선의 근대화 진행 과정의 차이와 묘하게 겹치게 되는 것이 흥미롭습니다.

백민정　평가를 내리기는 좀 어려울 것 같습니다.

전용훈　최한기를 한쪽 끝에 위치하는 철학자라고 하고 서양 근대의 과학자를 다른 쪽 끝에 위치시키면, 시즈키는 이 둘의 중간 쯤에 위치하지 않을까 생각합니다.

권오영　저는 최한기가 19세기에 기학이라는 학문체계를 통해서 서양 과학과 서양의 법제 등 여러 부문을 수용하기 위한 대강령을 제시한 학자라고 생각하고, 최한기에게 과학기술에 대한 기능적 측면까지 요구하기는 어렵다고 봅니다. 늘 우리는 이렇게 질문을 많이 하잖아요. 혜강 기학의 의미는 무엇이며, 그 사상의 전승은 어떻게 되는가. 현재 혜강이 직접 실용적인 상공업 부문에 제자들을 길러 냈는지도 모르잖아요. 혜강이 긍업재라는 집을 지어 거기에서 서울의 상인이며 기술

자며 이런 사람들이 혜강의 집을 찾아 드나들면서 기술을 배웠는지 그것이 개화정책에 반영되었는지 이에 대한 지식을 아직 갖고 있지 못합니다. 저는 혜강은 개항 전에 기학을 제창하여 조선이 나아가야 할 방향을 학문적으로 큰 틀을 제시한 학자라고 생각합니다. 그것이 혜강 기학에 의미가 있는 것이라고 봅니다. 혜강이 살던 19세기는 쇄국의 시대로 다른 문화를 전혀 받아들이려 하지 않는 정부도 그렇고, 보수적 유학자도 그렇고. 그런데 혜강은 그런 게 아니고 어쨌든 자기 학문 개념을 만들었잖아요. 남과 소통하고 다른 문화를 받아들이기 위해서 통하든 안 통하든 신기·추측·기화·운화·인도 이런 것으로 큰 틀을 세워 소통하려 했던 것이 혜강 기학이 갖는 의미가 아닐까요.

손병욱 자연과학에 대한 탐구가 인문사회과학과 자연스럽게 연결되는 특징이 혜강 기학인데 그게 가능했던 것이 자연이라는 것이 그냥 죽어 있는 그런 것이 아니고, 그냥 객관적인 것이 아니라 큰 생명체라는 것을 염두에 두기 때문에 자연스럽게 인문사회과학과 연결될 수밖에 없고 그래서 어쨌든 큰 그림을 그렸고, 그것이 한국 사람들이 일반적으로 좋아하는 경향이 아닌가 여겨집니다. 일본 사람들은 큰 것보다는 디테일한 것에 관심을 갖는데 우리는 큰 것에 관심을 갖는다, 이런 측면에서 기학이 성리학과 상당히 유사한 점이 있으나 분명히 성리학을 넘어서 새로운 틀을 만들려 했던 것이죠. 학문을 하는 태도, 자세가 상당히 성리학자와 유사한 부분이 많죠. 천인일치, 천인합일하는 것도 다만 천이 무엇인가 하는 입장이 다른 것이구요. 우주(宇宙)와 우내(宇內)라는 것도 이 둘을 구분해서 쓰거든요. 그것도 우주라고 하면 무한공간·무한시간 아니에요. 최한기는 분명히 그런 의도로 쓰고 있습니다. 기학은 과거·현재·미래, 여기저기를 통괄하는 학문으로 생각하고 있습니다. 『우주책』이 바로 그런 책이라고 하겠는데, 결국 기학은 혜강이 우주에 통하는 보편학을 정립하려고 했던 그 노력의 소산이라고 할 수 있겠지요.

전용훈 그리고 제가 한 가지 강조하고 싶은 것은, '서양 과학'이라 했을 때, 최한기에 있어서 서양 과학이라는 것이 사실은 양면적 역할을 한다는 점입니다. 초기 단계에서는 서양 과학이 다양한 지식의 흡수처, 혹은 새로운 지적 자원의 창고가 되어 최한기의 철학을 형성해 가는 데 도움을 줍니다. 그런데 최한기가 기학이라는 체계를 완성한 다음부터는, 최한기는 서양 과학에 대해 기학자의 눈으로 그것을 재단하고 해체해 버려서, 서양 과학은 기학의 입장에서 볼 때는 불완전하고 어떤 경우에는 잘못된 지식으로 치부되었습니다. 후기의 최한기는 서양 과학의 지식을 배우려는 사람이 아니라, 그것보다 더 완전한 기학이라는 자기 학문을 주장하기 위해 서양 과학의 지식을 이용했다고 하는 편이 나을 것입니다. 때문에 최한기의 사상에 서양 과학이 도움을 줬느냐는 식의 질문에 '그렇다/아니다'는 식으로 단순하게 답할 수는 없어요. 최한기에게 있어서 서양 과학은, 학문의 초기 단계에서는 사상을 형성하는 데 도움을 주지만, 기학이라는 자기 사상이 완성된 다음에는 불완전하고 오류가 많으므로 자신의 철학으로 바로잡아 주어야 하는 지식이었던 것입니다.

손병욱 얼마나 실질적으로 가능할지 모르겠지만, 같은 것과 다른 것을 동시에 봐서 같은 것을 통해 깨달음에 이르고 객관적 이치를 탐구해서 같은 것과 다른 것으로 이루어진 그 이치는 탐구를 해서 도구를 만들고 물질문명을 풍요롭게 하자, 이것이 기학이 강조한 것이 아닌가 합니다. 현실적으로 가능한지는 모르겠습니다. 최한기가 인간의 내면 속에 우주라고 하는 생명체의 활동운화하는 생명원리가 들어와 있다는 전제를 한다면, 확실하다면 그것도 불가능한 이야기가 아니지 않은가. 과연 그것을 얼마나 실질적으로 접근해 이루어 낼 것인지는 고민해 봐야겠지만 구상 자체는 굉장히 좋다는 거지요. 두 가지를 동시에 발전시켜 나간다는 것은.

전용훈　이번 공동 연구에서 특별히 최한기 사상의 어떤 점들을 드러내야 할지, 나아가 이전의 최한기 연구와 이번 공동 연구팀의 연구가 어떻게 차별될 수 있을까 하는 문제에 대해 원래 계획하신 바를 듣고 싶습니다.

권오영　혜강의 연구가 꽤 많이 돼 있지만, 실질적으로 오늘도 우리가 토론을 해 보지만, 기학의 구조나 내용에 대해서 상당히 이견이 많잖아요. 이건 번번이 경험하는 일입니다. 제가 여러 차례 학술회의에서 우리 허남진 선생님이나 손병욱 선생님을 만나서 토론을 해 봐도 아직까지 혜강 기학의 구조와 성격의 문제만 해도 이견이 있어요. 혜강 연구가 근 50년이 됐지만 말이지요. 그래서 우선 허 선생님하고 전 선생님 경우에 철학과 과학을 연구하신 분이니까 혜강 기학과 천문학의 내용에 대해 깊이 있게 분석이 될 수 있지 않을까 그런 생각을 했어요. 벽사 이우성 선생님께서 문학·철학·역사·정치·과학 쪽에서 연구자를 찾아보라고 하셨죠. 문학의 경우 현재 남아 있는 자료도 적고 연구자도 마땅하지 않고 하여 뺐습니다. 그래서 가장 중요한 것은 혜강 기학의 대체라고 할 수 있는 그 부분을 두 분이 연구해 줬으면 좋겠다 싶어 허남진·손병욱 선생님을 모셨지요. 그 다음에 혜강 기학의 큰 틀이 역시 사회사상·정치사상 이런 분야가 하나 필요하겠다 해서 백민정 선생님을 모시게 되었습니다.

저 같은 경우에는 또 역사 전공이고 기존에 연구도 좀 하긴 했지만 그래도 혜강의 세계인식이라 할까, 혜강은 그 이전의 홍대용이라든지 정약용 등과 세계인식의 내용이 질적으로 다르다고 보고 싶었습니다. 그리고 중국의 왕부지라든지, 말은 같은 기학이지만 너무나 달라서요. 왕부지의 기학은 한족 민족주의 기학이고 화이론적 기학인데, 혜강은 완전히 화이론도 버렸고 민족주의 그런, 조선 민족주의 그런 게 아니잖아요. 그렇기 때문에 세계에 대한 인식이, 인도라는 표현을 계속 써오는 거죠, 공자 이후에 인도가 강조되지만, 혜강의 인도는 전 세계를 포괄하는 다른 인도라는 것이죠. 이제 홍대용을 예를 들면 아직 그에게는 화이인식이 남아 있잖아요. 조선은 동이예요, 홍대용 자신도 동이 사람으로 자처하거든요. 그리고 유구국도 다 이(夷)인데, 중화와 이가 같다는 말이에요. 화이일야(華夷一也)라는 표현이 묘합니다. 중화에서 또 이에서 그 임금을 임금으로 존경하고, 그 나라를 어떻게 하고, 그것이 같다는 이야기지요. 그런데 혜강은 완전히 오랑캐 이(夷) 자를 없애 버렸잖아요. 오랑캐 이 자를 없앴기 때문에 이제 세계인의 인도라는 말이 가능하잖아요. 그래서 오륜이라는 것도 새롭게 해석된 것이겠구나 싶었지요. 그러한 측면에서 혜강의 세계인식, 이런 것들이 필요하다 해서 제가 한번 연구해 봐야 되겠다, 그러면서 아울러 운화 개념이든 기화 개념이든, 그것이 아까도 그랬지만 추상적이죠. 분명히 서양인의 법제·물산 뭐 모든 걸 받아들여야 되는데, 그냥 받아들이자고 하면 안 되잖아요 학자가. 자기 학문체계를 세워야 되잖아요. 그런데 기존의 기화라는 개념이 있죠, 그 개념을 가지고 범주를 설정해서 『해국도지』, 『영환지략』을 해체해 가지고 필요한 부분만, 정말 조선에 필요한 부분만 요약해서 제시한 게 『지구전요』이고, 그래서 그 부분의 정리를 제가 하고 싶었던 겁니다.

마지막으로 역시 혜강 연구에서 중요한 부문이 자연과학인데 이 부분은 누가 해도 지금까지 혜강 연구에서 혜강 학문을 낮게 평가하는 부분이거든요. 왜 그러냐면 중국이나 서양 책을 혜강이 베끼고 편집했으니까 독창적이지 않다는 말입니다. 그런데 사실 혜강이 제창한 기학은 굉장히 독창적이었잖아요. 자연과학 부분에 들어가면 서양의 의서·천문서·수학서 이런 것들을 전부 편집하고 그랬기 때문에 과연 그것이 어떤 의미가 있을까 의문을 던질 수 있습니다. 그런데 19세기 지식인은 다 이렇게 편집하거든요. 홍경모도 그렇고 최성환도 그렇고 최한기도 그렇고. 그렇지만 그 당시에 어떤 의미가 있지 않을까, 그러면 그 의미는 뭘까, 그래서 과학 부분은 역시 전용훈 선생님이 정확하게 분석할 거니까, 그렇게 생각을 했어요. 대개 제가 앞에서 말씀드린 식으로 연구팀을 구성해서 공동 연구를 통하여 혜강학에 대해 어느 정도 같은 목소리를 내고 싶었는데, 중간발표와 토론 과정에서 보듯이 연구자에 따라 혜강을 이해하는 내용이 아직도 상당히 차이가 있다는 것을 많이 느꼈습니다. 그래서 집담회를 갖는 것이 더 필요하다는 생각이 들었고, 이 집담회를 통해서 서로 일단 공동 연구자간의 의견 교환이 되겠고, 또 독자들에게 혜강에 대한 우리 연구자의 다양한 목소리를 들려주고 싶었던 것입니다.

또 책을 낼 때도 제가 생각하기에는 가계와 생애, 사상의 대강을 소개하는 내용이 들어가야 할 것 같아 이우성 선생님이 쓰신 글을 앞에 싣고 손병욱·허남진·백민정 그리고 저, 전용훈 교수의 논문 순으로 엮을까 그렇게 생각하고 있습니다.

허남진 기학이라는 말은 언제 나왔나요? 왕부지가 스스로 자기의 학
문을 기학이라고 한 적이 있습니까?

권오영 아마 연구자들이 왕부지의 학문을 기학이라고 명명한 것이
지요.

허남진 혹시 기학이란 용어는 나오는지 모르지만, '내가 기학을 한다'
라고 왕부지가 자기 학문을 기학이라고 하는 말 자체를 하지
않았다면, 스스로의 학문을 기학이라고 한 게 제가 알기로는 최한기가
처음이 아닌가 싶은데요.

권오영 기학이란 용어는 혜강 이전에도 더러 나오고, 혜강 이후에도
서양의 자연과학을 지칭할 때 쓰고 있더군요.

허남진 백 선생님 논문에 대해서 질문이 없으니까, 지평을 넓혀서 저
백 선생님 논문에 대해 이야기를 좀 하면 어떨까요.

전용훈 전에 물어봤던 것 같기도 한데요. 예를 들어서 최한기가 생각
한 정치체제라면, 최한기의 만년정론을 기준으로 볼 때, 어떤
것이었다고 할 수 있을까요.

허남진 저 질문도 같이 하고 싶습니다. 사실 그 최한기가 만년으로
가면 갈수록 백 선생님이 쓰신 통민이나 정치사상, 사회사상
쪽으로 많이 쓰게 되는데, 저는 항상 궁금한 게 시간 차이는 조금 나지
만 다산 정약용이 제시한 정치체제라든지 토지정책 같은 구체적인 방안

들이 최한기에도 구현이 되고 있는지? 통민과 윤리의 문제에서도 다산 하고 다른 그런 면모를 보이고 있는지, 이런 게 좀 궁금했습니다.

백민정 제가 중간발표 때까지 '공치론(共治論)'을 제목 중간에 넣었다 가 그때 토론 과정에서 왜 유독 그 개념만 썼냐고 하셔서 아 예 다 제목을 바꿨거든요. 목차도 좀 많이 바꿔 써서 무난한 표현을 사 용했었는데요. 당시 논평자인 안외순 선생님의 지적과 말씀을 좀 반영 했던 점도 있구요. 그래서 하여튼 선생님들께서 말씀하신 의문점을 좀 섞어서 함께 말씀을 드리도록 하겠습니다. '공치(共治)'라는 말을 자주 썼지만, 최한기가 군신·군민 여러 용어 표현을 바꿔서 공치라는 말을 많이 쓰면서도, 명백하게 제도적으로 누가 참여해서 어떤 사람을 어떻 게 뽑는다는, 이런 제도적인 측면의 내용을 별로 언급하지 않았기 때문 에, 결과적으로 엄격하게 보면 예전에 군주정, 유가적 군주정 사회에서 현인 신료들을 선발해 뽑아서 신하와 왕 간의 그런 협업 공치를 하는 현인 공치, 뭐 흔히 얘기하는 그런 유가적 공치론과 결과적으로는 형태 가 매우 유사해 보였어요. 그래서 많은 선생님들이 유가적 군주론의 한 계 내에 있다, 혹은 약간 변형된 형태의 유가적 군주론이다, 이렇게들 평가하셨구요. 그래도 그 안에 다른 새로운 맹아가 있다, 표현은 조금 씩 바꿨지만, 최한기의 정치 제도적 입장은 군주정의 형태 내부의 변형 정도로 이야기를 많이들 하셨죠. 저도 기본적으로는 그렇게 평가를 하 는데요. 다만 변형된 유가적 군신공치론이라고 하더라도, 그 이면에서 정치적 통찰과 비평의 단서 같은 것들을 새롭게 조망해 볼 수는 있을 것 같습니다.

그런데 제가 목차를 바꾸고 또 바꾸면서 결과적으로 봤을 때, 아까 다산하고 차이점이 뭐냐고 이렇게 말씀하신 부분도 함께 종합해서 살펴보면요. 결국 혜강의 인식론적인 부분 있잖아요, 추측과 측험을 통해서 공도나 공의를 어떻게 수렴해 가느냐에 이르기까지의 문제, 물론 거기도 제도적으로 명확히 말하지 못한 부분들이 여전히 남아 있지만요. 그래도 결국 핵심 포인트는 역시 인식론적인 문제였던 것 같아요. 최한기의 독특한 지각이나 추측의 과정에 대한 이야기 말입니다. 한 개인의 사적인 협소한 이해의 관점에서부터 어떻게 하면 다수 공동체 구성원들의 대동(大同)의 추측(推測) 수준에까지 이르게 되는지의 문제, 그 과정에 대한 설명이 그래도 다른 유학자적 소양의 지식인들과 비교해 보았을 때 최한기의 독특하고 새로운 사유의 특징을 잘 보여 주는 것 같아요. 좀 허술하기도 하고 문제도 많지만, 나의 추측과 저 사람의 추측을 비교해 봤을 때 내가 좀 더 아는 부분이 있고 저 사람이 아는 부분이 있어서 상호 추측을 통해서 추측의 수준이 고양된다고 말한 점, 그래서 추측의 수준이 고양되면 그 사이에 남을 더 살피고, 남을 살핀다는 것이 결국 남의 추측의 내용을 내가 배울 수 있는 것을 의미하고 기존에 잘못된 나의 추측을 반성할 수 있다는 것인데요. 또한 이런 과정을 거치면서 동시에 내가 수신이 되어, 나 자신의 인식 내용도 물론 바뀌지만 이에 따라 나의 실존적인 삶의 태도까지도 바뀌면서, 추측의 마지막 목적지가 나와 타인이 화합해서 함께 공존할 수 있는 그런 상태에까지 이르도록 하는 것이 추측의 마지막 효과다, 이렇게 최한기는 생각했던 것 같아요. 물론 문제는 당연히 많이 제기될 수 있는데요. 그런 측면을 서술하려고 시도했던 최한기의 의도와 학문적 의지가 좀 당시 유학자들과는 차이가 나는 새로운 면모인 것 같습니다. 다른 유학자들과 비교했을 때요.

예전에도 선생님께서는 인식론 부분에 대한 최한기의 입장이 나중에 좀 다른 맥락이 있었던 것 같다고 말씀하셨지만요. 여전히 그래도 추측의 과정에 대한 혜강의 논의가, 당대의 유학자들과 좀 차이가 난다는 점을 핵심으로 말씀을 드리고 싶고요. 그럼에도 제 스스로도 정확히 해석이 안 되는 부분이 있는데요. 그 통민운화, 그러니까 정치·교화 이런 것들을 다 합쳐서 저는 그 통민운화 상에서 인간이 이 추측의 방법, 측험의 방법으로 어떻게 인식하고 판단하고 자신의 삶의 태도를 바꾸느냐의 이 과정들을 통해서, 천인운화가 됐든 심지어 과학적인 대기운화를 깨닫게 될 수 있다고 생각합니다. 자연과학의 법칙조차도 추측하는 인식의 주체가 자신의 추측의 결과 알아낸 인위적인 원리들이잖아요. 그러니까 대기운화까지는 둘째 치고, 저는 천인운화 혹은 천인운화의 준적을 얻었다, 천인일치의 상태에 이르렀다, 이런 많은 표현들은 통민운화의 구상이 어느 정도 누적되어서, 이런 정교의 행위가 쌓이고 쌓인 마지막 결과로서 그 상태를 인식할 수 있다, 저는 이 점을 계속 강조하고 싶었습니다. 근데 손 선생님께서는 존재론적으로 대기운화나 자연과학적인 법칙이 먼저 있고, 준적이 있고 그것을 정교 상의 인간이 깨달은 다음에 그 준적을 따라가야만 된다, 이런 방식으로 설명을 하고 계신 듯합니다. 물론 최한기가 그렇게 표현한 구절이 많은 것은 맞는데요. 제가 그래서 할 수 없이 약간 진부하지만, 그 대기운화 혹은 자연과학 법칙의 내용을 규제적 이념처럼 일단 있다고 가정하더라도, 그것이 우리에게 윤리 정치적인 콘텐츠를 곧바로 제공해 주지는 못하잖아요. 그래서 규제적 이념처럼 있다고만 가정하고요. 왜냐하면 혜강 본인이 실제로 존재한다고 강조하는 것 같으니까요. 대신 실제적인 정치나 도덕의 내용은 이것을 규제적 이념으로 요청한 상황에서 주체인 인간이 통민운화 상에서 스스로 구성하고 만들어 내야 되는 것이 아닌가, 경험주의적으로 말입니다. 저는 그런 논조에 맞춰서 최한기를 최대한 이해해 주려고 썼거든요. 그 자연과학 법칙이 정치나 도덕의 내용을 직접 제시해 주지 못하고 있으니까요. 그래서 어쩔 수 없이 그런 식의 논리 구조를 설정을 해 놓은 거예요. 그래서 자꾸 '정치' 우위의 논리를 더 강조하고, 통민운화를 더 강조해서, 천인운화를 우리가 알게 되고 체인하는 것은 통민운화의 구성이 완수됨으로써 가능한 일이라고, 일부러 자꾸 그렇게 이야기를 했던 것이죠. 이것이 의미 있는 논의라는 걸 보여 주려고요. 그래서 인의예지가 됐든 뭐가 되었든 인간의 윤리적·정치적 차원의 어떤 규범이나 사회적 규범을 모두 웬만하면 최한기가 경험주의적으로, 추측과 측험의 오랜 결과 이해의 누적을 통해서, 다시 말해 여러 사람들의 추측과 측험을 수렴한 결과 공론이 형성되면서 사후적으로 선악시비의 기준이 마련되고, 운화지준적도 이해하게 되고, 그래서 오륜에 대해서도 이런 상황에 도달해서나 이야기하게 되는 것이라고, 이런 방식으로 좀 몰고 갔어요, 제 스스로도 이해가 되게 하기 위해서요. 그러다 보니 처음 손 선생님께서 말씀하신 이해의 순서와 서로 논리가 달라져 버린 것이죠. 저는 교접과 통민운화 상에서 추측과 측험의 공부를 통해 자연과학적 이해, 혹은 윤리적 규범에 대한 사후적 이해에 도달하게 되고, 그 결과 천인일치의 경험을 할 수 있다고 본 반면, 손 선생님께서는 먼저 자연과학적 법칙, 즉 대기운화의 원리가 먼저 주어져 있고, 인간이 개인적인 깨달음과 추측의 인식을 통해 그 원리를 깨닫고, 그런 다음 교접운화·통민운화 상에 나아가 타인들과 더불어 대동사회를 실현하게 되는 것이라구요. 이 점에서는 서로 관점과 이해 방식이 다른 듯합니다.

허남진 다양한 관점으로 본다고 하면 되지요.

권오영 손 선생님이 혜강 기학에서 깨달음을 특히 중시하니까 아까

백 선생님과 길게 토론을 했지요. 연구자로 소신이 있어서 서로 그렇다고 봐야지요. 그래서 이런 모임을 통해서 어떻게 좀 서로의 의견이 다른 것을 실어서 독자들에게 이해의 도움을 줄 수 있을 것 같아요. 아직 혜강에 대해서 공통된 견해를 내기는 어려울 것 같습니다. 어디 혜강뿐이겠습니까. 연구라는 것이 다 그런 것이지요. 이런 담론을 통해 서로의 견해를 분명하게 아는 것이 중요하다고 봐요.

백 선생님이 맡으신 정치사상에서 저는 혜강의 민에 대한 인식, 통민·치민·안민 등 이 민에 대한 인식이 어쨌든 19세기라는 시기는 그 18세기까지의 조선 사회와는 다르잖아요. 1801년에 공노비가 해방이 되고 1862년에는 제주도부터 함경도까지 민요가 일어나지 않는 곳이 없잖아요. 지식인이라면 이 시대의 민에 대해 어떻게 생각했을까, 저는 최제우의 동학도 마찬가지라고 생각하거든요, 동학의 창도가. 혜강이『인정』을 쓰지 않을 수 없는 절박한 시대상황, 세도정치하의 인사 난맥상에서 혜강의 민에 대한 인식, 그러니까 정치라는 것은 친민, 신민, 수기치인의 치인이니까, 그 측면에서 좀 이렇게 추상적이더라도 최한기의 나름대로 지식인의 고민에 대한 그런 것들이 조금 약간 들어가는 게 어떻겠나 생각을 합니다. 왜 그렇냐 하니깐, 그 당시엔 농업사회니까, 조선은 농본주의 국가고, 1960년대, 1970년대까지도 다 농업이었잖아요. 최한기는 저술을『농정회요』부터 시작했어요. 최한기의 학문은 이미 다른 사람하고 다르죠. 아마 저작 연도로 보면 이『농정회요』가 다른 저술보다 빠를 거예요. 아주 방대해요. 그 책을 쓰고 나서 또『육해법』이라고 쓰잖아요. 육지를 다 바다로 만들어 버리겠다, 수전으로 만들어 버리겠다. 그러니까 어쨌든 백성들의 그런 삶에 고민을 했다고 봐요. 그리고 혜강 만년에 저술한『향약추인』은 내용이 보수적이고 전통적인 것으로 보이지만, 혜강이 지방 사회의 인민에 관심을 표현한 것으로 봐요.

그리고 1862년에 임술민요가 일어나고, 아들 최병대를 통해서 삼정책을 올릴 때도 전정이 키포인트예요. 전정·군정·환곡, 이 세 가지 삼정의 문란이 있는데 기본은 토지문제. 전정에 대해서 그래서 『개량론』을 썼다고 돼 있어요. 어쨌든 최한기가 서울 사람이지만, 개성에 또 전장도 있고, 그렇기 때문에 그 당시에 민과 연결되는 정치사상, 그런 이야기를 했는데 실제로 통민이라고 하는 것이 조선의 민만을 이야기한 것은 아니잖아요, 전 인류를 이야기하잖아요, 그래서 그 통민이 정치사상의 핵심인데, 기학의 축이고 굉장히 중요해요. 최한기의 학설이, 또 유술이고, 그래서 이 통민과 조선의 당시에 어떤 현실과 또 실질적으로 뭐 농업에 관한 책 등 이런 것도 조금 더 보완을 해야 하지 않나 그런 생각이 들었습니다.

백민정　농업에 관한 책, 선생님께서 토지제도에 관한 이야기를 하셨는데요. 사실 그런 점이 제가 잘 못 다뤘고요. 가령, 민에 관한 것은 예전에 논문을 쓴 게 있고 이번에 다시 논문 정리하면서 일부분 언급한 점이 있습니다. 독특하게 드러나는 욕망이나 이욕에 관한 그런 관점이 있잖아요. 이해의 손실관계, 꼭 위정자나 백성의 구별이 없이 모든 사람들이 보편적으로 가지고 있는 '욕세계(欲世界)'에서의 이욕이나 욕망, 정욕, 이익추구 경향에 대해서 전반적으로 설명을 해 놓고 이제 그 욕망과 욕망 사이의 갈등 상태에서 민이 서로 다른 목소리를 내고, 민원이 서로 다르기 때문에 갈등과 긴장이 생길 수 있다고 보았구요. 그러니까 대중과 대중을 화합하게 한다는 표현 같은 것도, 결국 서로 다른 욕망의 주체로서의 다중이 있다고 보았기 때문에 나온 이야기들이겠죠. 그래서 서로 다른 이질적인 욕망을 가진, 그러니까 민중들이 그냥 똑같이 돈 벌고 싶어하는 동일한 욕구의 존재자가 아니라, 서로 다른 갈등하는 욕망들의 주체들인데, 이렇게 이해관계가 서로 다른 욕망의 갈등 양상을 어떤 식으로 조율을 할 것인가, 그러한 문제의식은 분명히 가지고 있었다고, 제가 글의 중간 부분쯤에 서술해 놓았습니다. 그런데 보통 주자학적 입장에서는 진짜 글자 그대로 먼저 깨달은 자, 혹은 먼저 배움을 가진 자가, 아무래도 그렇지 못한 후학들을 수직적으로 통치하거나 가르칠 수밖에 없다고 보았잖아요, 제가 이 이야기를 다르다고 서술했는데요. 지난번 논평 때 안외순 선생님께서 이런 논리는 사실 주자학에서도 똑같이 나온다, 또 이렇게 말씀을 하셨거든요. 근데 저는 서로 다른 욕망의 주체로서의 민중들이 모여서 갈등하게 될 때, 당연히 추측이라는 이해의 공부 방법론이 중요하게 작동하게 될 텐데, 저는 추측의 방법이 어떤 위정자가 민중들에게 일방적으로 가르쳐 주는 것이 아니라고 보았습니다. 그러니까 내가 아무리 정치가라고 하더라도, 관료라고 해도, 내가 다른 사람을 상인하고 또 추측하면서 나 자신도 스스로 변화될 수밖에 없는 것이라서, 일방적으로 누가 어떤 위계적 입장에서 누구를 가르치는 혹은 통치하는, 그런 수직적인 관계의 추측 과정을 혜강이 이야기했던 것은 아니라고 생각했거든요, 굳이 의미를 부여하자면 나름대로 대등한 관계에서 관료가 됐든 민중이 됐든 상호간에 상인하고 수신하는 그런 이상적인 모습의 추측 과정을 얘기하려고 했던 것이 아닐까 하는 생각이 들었습니다. 그래서 그렇게 공의를 수렴해 가는 과정에서 민의 이질적인 욕망들을 어떻게 종합하려고 했을까, 그런 방식으로 논의를 전개했습니다. 그래서 민의 일반적인 위상을 높게 자리매김했다고 할까요. 가령 통민운화를 구성하는 데 있어 겉으로 보면 군신공치(君臣共治)이지만, 만인공치(萬人共治)의 효과가 있게끔 최한기가 약간 그런 식으로 모든 사람들이 대등한 추측과 측험의 주체인 것처럼 서술하는 그런 구절들을 조금 더 강조해서 언급하기는 했어요. 그래도 선생님이 보시기에 조금 추상적으로 느껴지실 텐데요. 이런 논의 전개에서 갑자기 토지제도나 농업기술제도의 변용과 같은 이런 내용으로 갑자기 들어오는 것은 좀 어울리지 않아 보이는데요. 어떻게 집어넣어야 할지 모르겠네요.

권오영 제가 철학 전공 선생님에게 너무 지나치게 요구를 한 것 같네요. 그렇다면 안 넣어도 될 것 같습니다.

허남진 조금 전 전 선생님하고 이야기를 했는데 최한기는 한 번도 실무를 해 본 적이 없어서 그런 게 아닌가 합니다. 다산 같은 경우에는 통치제도라든지 이런 면에서 구체적인 안을 내놓고, 또 그걸 바탕으로 해 가지고 김석형 같은 사람이 1946년 이후에 북한의 토지개혁을 진행하고 협동농장을 했다는 그런 설이 있습니다. 제가 제대로 보지는 못했지만 혜강의 경우는 아무리 혼자서 추측해 봐도 다산처럼 실제로 관직에 있어 본 사람들의 개혁론을 제시하기는 힘들다는 생각이 드는데, 역사학자의 입장에서는 어떠십니까?

권오영 사실 『인정』을 읽어 봐도 허 선생님이 말씀하신 그대로예요, 제 생각에도. 구체적인 뭐 개혁, 그런 저술이 아직 나타나지는 않아요. 이름만 전하는 『개량론』이나 『어양론』, 『재교』, 『우주책』 같은 책이 나오면 몰라도. 아까도 이야기 했지만, 혜강은 구체적인 개혁보다는 학문의 어떤 방향이라고 할까 그런 대강을 제시한 학자로 봐야지요. 사실 퇴계 이황도 그렇고, 어느 정도 새 시대를 열려고 하는 그런 학자들의 공통된 특징이 있잖아요, 퇴계가 조선 성리학의 시대를 열면서 이발과 기발로 선언해 놓잖아요, 또 이어 율곡 이이가 이통기국이라고 얘기해 놓잖아요, 그러면 그 뒤에 후학들이 한 몇백 년 먹고 살잖아요. 저는 퇴율의 성리학적 틀을 대신해서 혜강은 혜강의 시대에 이제 기학이라는 그런 걸 제시했다고 보는 사람입니다. 퇴계나 율곡처럼 제자를 길러 자신의 학설을 직접 전수하지는 못했지만 학문의 방향은 혜강이 생각한 길로 흘러갔다고 보는 것입니다. 혜강이 강령을 제시하고 각론으로 개화파라든지 이런 분들이 그 뒤를 이어야 되는데, 여러 가지 혜강의 사회적 처지로 보아 어려웠습니다. 박규수만 해도 박지원의 손자이고 영향력도 있었는데 그것이 안타까운 현실이었지요.

허남진 조직이 없었다는 얘기군요.

권오영 예, 그렇죠. 그는 분명히 최고의 학자였고 흥선대원군도 알고 있었고, 그 전에 조인영·홍석주도 알고 있었고 모든 문제는 지식으로 보아 최한기가 해결할 수 있다고 보았는데, 당시 지식인들이 혜강에게 가서 배워서 새로운 개혁을 도모한다든가 학문적 계승이라 할까 이런 것들이 없어서 아쉽다는 겁니다. 사실 다산 정약용 같은 학자도 순조 이후에는 저술에만 힘쓰고 나라에서는 그를 용한 의사로만 생각했지 그의 개혁론에 전혀 관심이 없었잖아요. 겨우 서세 백년 후에 책을 내고 지금 우리 시대에 다산, 다산 하잖아요. 사상적으로 이렇게 이야기를 하면 실천에 옮길 수 있는 제자라든지 그런 그룹이 나와서 이끌어가야 되는데, 그런 것들이 좀, 구체적인 그런 것들까지 요구하기는 어렵고, 혜강은 혜강 나름대로 대강 여러 가지 학문적, 사회의 여러 가지 문제를 제시하는 그런 사상가로 이해해 주어야 되지 않겠나 하는 생각을 해 봅니다.

백민정   선생님께서도 아까 그 19세기 시대상황에 대해 말씀해 주셨고, 전 선생님께서 또 일본인 학자하고 비교하시면서 리얼하게 두 사람의 장단점을 잘 말씀을 해 주셨는데요. 그런 정말 막막한 시대에 지적으로 버팀목 같은 게 없었잖아요, 다 무너지고 우왕좌왕하던 그런 시대에, 혜강이 뭔가 그런 일을 시도했다는 것 자체만으로도 굉장히 중요한 의미를, 그래도 가치를 재평가해 줄 만한 그런 작업을 진행했다고 생각이 됩니다. 다만 지금에 와서는 전 선생님이 아까 말씀하셨듯이, 이제 기륜설 같은 것으로는 중력이 뭔지 전혀 설명 안 된다는 점을 예로 들면서 혜강이 단순한 논리로 서양의 중력이론을 잘못 오독했다, 뭐 이렇게 비판할 수도 있는 거잖아요. 저는 이렇게 큰 도식을 만들었을 때, 혜강이 이런 부분에 이런 심각한 문제점이 있었다는 것을 지금 우리가 이야기해 주는 것으로도 의미가 있다고 생각하거든요. 혜강 본인은 본인의 역할을 19세기에 했던 것이라고 생각하고, 한편으로는 저희도 이렇게 논리적인 결함이나 철학적 체계에 있어서의 허술함, 뭐 이런 것을 평가를 해 주는 것이 상황에 더 적절하다는 생각이 듭니다, 조금 너무 과하게 잘못 지적할 수도 있지만요. 그러나 예를 들어 손 선생님은 워낙 혜강에 대한 흠모의 정이 깊으셔서 좋은 점을 더 많이 부각시켜 주신 것 같은데요. 그런 점도 있는 것이 맞지만, 오히려 이제 조금 시간이 지나면 지날수록 이런 다양한 비판적 연구가 보강되면 19세기 사상사를 좀 더 현실감 있게, 입체적으로 구명할 수 있을 것 같습니다.

허남진   그 저 최한기 연구도, 조동일 선생님이 쓰신 것 있잖아요, 『우리 학문의 길』.

백민정　세계 문학사를 다 통섭해서 말씀을 하셔서 저도 깜짝 놀랐어요. 전 세계 문학사를 다 통섭하시면서 글을 쓰셨기 때문입니다.

허남진　오래전입니다만 최한기의 학문이 서양과 중국 서학에서 유래했다고 말했다가 조동일 선생님에게 혼난 적이 있습니다.

권오영　예를 들어 퇴계의 경우에도 제가 알기로 사회개혁론이란 게 없잖아요. 율곡에 가야 좀 더 구체적인 개혁론이 나온다고 봅니다.

허남진　퇴계 같은 경우에는 기본적으로 교육, 저는 뭐 퇴계하고 율곡은 좀 다르게 생각하는데, 퇴계는 정말 함양성찰을 통해 가지고 관료들이, 관료들이 제일 중요한 일이 무어냐, 관료들의 심성을 갖다가 좀 착하게 해야 되겠다, 여기에다가 초점을 맞춘 거고, 율곡은 그것 가지곤 조금 어렵다. 매뉴얼을 만들어 줘야겠다고 생각한 것 같습니다. 최한기는 어떤 면에서 율곡의 전통을 이은 거죠. 율곡의 후예들이 단지 그걸 갖다가 공치의 개념에서 합리적으로 만들지 않고 예치로, 예교주의로 그냥 가 버린 거죠. 매뉴얼을 굉장히 자세하게 만들어 가지고 이게 뭐, 퇴계도 사실 예에 대한 저술이 조금 있거든요. 퇴계는 기본적으로 예보다도, 구체적인 규범보다도, 늘 마음가짐을 어떻게 좀 잘할 수 없을까, 수양에다가 초점을 맞춘 거죠.

권오영　그래서 오히려 저는 혜강이 퇴계 이황의 역할을 한 게 아닌가, 기학이라는 걸로. 퇴계가 이학을 제창했고 이발기발을 논한 상태에서 율곡 이이가 이발을 부정하고 기발을 갖고 이통기국을 만들고 그래서 이렇게 개혁론을 막 제시해 나갔듯이, 혜강은 기학이라는 틀을 만들고 그 뒤를 이어 그의 사상을 계승하는 훌륭한 후진이 나와서 조선의 근대화에 앞장서야 했는데 그렇지 못한 것이 안타깝습니다. 그러나 사실 달리 생각해 보면, 반드시 누구의 문하에 가서 배워야 되는 것은 아니고 개항 이후에 활동했던 개화파는 직접 혜강의 제자는 아니었지만 사상적으로는 연결이 된다고 볼 수 있을 것입니다. 저는 사실 이런 생각을 해 보고 싶습니다. 조선 유학을 이해할 때 '이통에서 기통으로'라는 주제로 말입니다. 이통은 율곡 이이이고 기통은 『신기통』의 기통, 곧 혜강 최한기의 주요 학설이기 때문에 조선 유학은 이제 주자학의 이학 중심이 아니라 혜강을 포함해서 이학과 기학을 아우르는 새로운 구도로 이해하는 것이 어떨까 싶습니다. 그리고 이통과 기통을 거쳐 일제강점기하에 활동한 정인보가 주장한 '감통(感通)'으로 말입니다. 제가 정인보의 『양명학연론』을 정독해 보니까 그 키워드가 바로 감통이었어요.

백민정 '감통'은 그러면 지금까지 다뤘던 여러 개념들 가운데 어떤 개념과 일치한다고 볼 수 있을까요?

권오영 '감통'은 『주역』의 '감이수통(感而遂通)'에서 나온 말이지요. 정인보는 조선 주자학은 간격(間隔)이고 나와 내가 소통되지 않는 거고, 양명학의 핵심은 감통이라는 것이거든요, 그 개념이 제 마음에 아주 와 닿았는데, 『양명학연론』에서. 그래서 이통에서 기통에서 감통으로 이런 큰 틀 속에서 기학을 이해해야 되지 않나, 그래서 혜강 기학의 큰 특징은 서로의 소통성입니다. 『신기통』이라는 책을 쓸 정도로 그 시대가 통하지 않았다는 뜻이지요. 당론으로 통하지 않고, 학파로 통하지 않고, 서로 통하지 않고 이웃 나라와 통하지 않기 때문에, 자기의 학문 개념 체계를 세워야 된다고 생각해서 『신기통』과 『추측록』을 학계에 제출한 거죠, 자기 학문을 기학이라고. 그러면서 추측이라는 것은 방편으로 용도로 하는 거고. 그러면서 궁극적인 목적의식은 기화라고, 평화, 조화 그래서 자기 집 이름도 기화당이고. 모든 학문에 최한기만이 아니라 누구든지 다 즐거움을 제일 위에 놓는 거고. 혜강은 조민유화(兆民有和)를 꿈꾸었습니다. 그래서 그런 것을 생각하면서 일통운화의 세계, 장야(長夜)의 세계에서 문명세계로 나아가는 그런 목표를 세웠던 것입니다. 그것을 상동, 서울 한복판 지금의 한국은행이 있는 곳에서 구상했던 것이 아닌가 생각합니다.

백민정 시간이 많이 지났습니다. 혹시 다른 하실 말씀이 있으신가요?

권오영 제가 엉뚱한 생각을 한 적이 있는데, 혜강이 노비가 24명이 있었는데, 그는 노비를 어떻게 생각했을까. 정말 당시 다른 양반들처럼 노비를 함부로 대했을까. 노비를 천하다고 생각했을까.

백민정 그것은 정말 재미있는 질문인 것 같아요. 어떻게 생각하세요?

권오영 저는 요즘으로 치면 자기 집에 고용한 기사로 생각하지 않았을까 생각해 보았습니다.

백민정 기사, 수행기사 말입니까? 정말 그렇게 기능주의적으로 말인가요?

권오영 그러니까 인간에 대한 사랑이랄까, 존경이랄까 혜강에 있어서는 신분에 귀천이 있다고 생각한 게 아니었다고 봐요. 1801년에 공노비도 해방이 되었고 민의 자각이 서서히 일어나고 있는 시기였어요. 혜강과 함께 살던 노비는 다만 주어진 일이 노비의 역일 뿐이었지, 혜강이 정말 자기 노비를 천한 인간이라고 생각했을까, 저는 그런 생각을 해 보았어요. 혹시 기학의 탄생에 노비들이 어떤 역할을 했을까. 혜강의 편지를 전하기도 하고 책을 구해 오기도 하고 종이를 구해 오고 혜강이 글을 쓸 때 먹을 갈았을까 등등 혜강이 살던 집안을 그려 본 적이 있어요. 제가 너무 좋게 생각하는 건가요.

허남진 학식하고 인격하고 별 관계 없는 것 아닌가요.

권오영 최한기는 인도를 그리 강조하고 있고, 서양 사람도 오랑캐라고 생각하지 않았잖아요. 인간에게 귀천이 있는 것이 아니고 상하가 있다고만 생각했다고 보는 겁니다.

백민정 이제 마무리를 해야 할 것 같습니다. 아까 권 선생님이 신기·기통에 대해 말씀을 하셨는데 저도 신기·기통이 인간과 인간 사이의 교접·통민운화 상으로 이어지면서 통민운화의 형성과 실현에 가장 중요한 요소가 된다고 보았습니다.

권오영 최한기가 '사해인물(四海人物) 신기상통(神氣相通)'이라고 했거든요. 이 지구 상의 모든 인물은 신기로 서로 통할 수 있다고 보았지요.

백민정 '신기상통'이 결과적으로는 통민을 가능하게 하는 것이라는 생각이 듭니다. 통민이나 정교의 일통을 이루는 어떤 상황을 실현하려고 할 때, 가장 중요한 것이 신기의 상통, 바로 그것인 것 같습니다. 아까 강조하신 대목은 저도 나중에 글을 마무리하면서 수정할 때 맥락이 연결될 수 있도록 반영할 수 있을 것 같습니다.

백민정 이상으로 집담회를 마치겠습니다. 감사합니다.

부 록

•

연구논저 목록 ─ 찾아보기

■ 원 전

성균관대학교 대동문화연구원(2002), 崔漢綺 著, 『增補 明南樓叢書』1(『神氣通』,
　　　　『推測錄』, 『素謨』, 『習算津筏』, 『講官論』, 『疏箚類纂』); 『增補 明南樓叢書』
　　　　2(『農政會要』, 『陸海法』, 『心器圖說』); 『增補 明南樓叢書』3(『人政』); 『增
　　　　補 明南樓叢書』4(『地球典要』, 『身機踐驗』); 『增補 明南樓叢書』5(『氣學』,
　　　　『運化測驗』, 『星氣運化』, 『儀象理數』, 『明南樓隨錄』, 『鄕約抽人』, 『承順事
　　　　務』, 『惠岡雜藁』, 『崔柄亂筆隨錄』)

■ 번역서

민족문화추진회 공역(1979~1980), 『국역 기측체의』(『명남루수록』 포함) Ⅰ~Ⅱ.
민족문화추진회 공역(1980~1982), 『국역 인정』(『강관론』 포함) Ⅰ~Ⅴ.
최한기 저, 김락진·강석준 역(1965), 『기측체의』, 사회과학원출판사.
최한기 지음, 이종란 옮김(2014), 『운화측험』, 한길사.
혜강 최한기 지음, 손병욱 역주(2013), 『기학 : 19세기 한 조선인의 우주론』, 통나무.

■ 논 저

권오민·윤석희(2008), 「혜강 최한기의 『신기천험』 번역상의 문제점과 그 해결책」,
　　　　『민족문화』 32, 한국고전번역원.
권오영(1990), 「최한기의 정치관」, 『한국학보』 59, 일지사.
_____(1991), 「최한기의 기설과 우주관」, 『한국학보』 65, 일지사.
_____(1991), 「최한기의 서구제도에 대한 인식」, 『한국학보』 62, 일지사.
_____(1992), 「최한기의 사우와 그 가문의 내력」, 『한국학보』 68, 일지사.
_____(1994), 「최한기의 학문관과 기학의 성격」, 『한국학보』 77, 일지사.
_____(1995), 「혜강 최한기의 과학사상」, 『국사관논총』 63, 국사편찬위원회.

_____(1996), 「최한기의 사회사상」, 『진단학보』 81, 진단학회.

_____(1998), 「최한기의 생애와 학문편력」, 『동양철학연구』 18, 동양철학연구회.

_____(1999), 『최한기의 학문과 사상 연구』, 집문당.

_____(2000), 「최한기의 사회경제적 처지와 현실인식」, 『한국학보』 101, 일지사.

_____(2000), 「최한기의 「기측체의」에 대하여」, 『문헌과 해석』 10, 문헌과해석사.

_____(2000), 「새로 발굴된 자료를 통해 본 혜강의 기학」, 『혜강 최한기』, 청계.

_____(2004), 「최한기 기학의 사상사적 의미와 위상」, 『대동문화연구』 45, 성균관 대학교 대동문화연구원.

권오영 외(2000), 『혜강 최한기』, 청계.

權五榮 著, 邢東風 譯(2009), 「崔漢綺的生涯與氣學」, 『分析哲學與中西之學』, 華東 師範大學 中國現代思想文化研究所 編, 楊國榮 主編, 華東師範大學出版社, 中國: 上海.

금장태(1980), 「국역 인정 해제」, 『국역 인정』 1, 민족문화추진회.

_____(1984), 「혜강 최한기 철학의 근대적 특성」, 『세계 속의 한국문화』, 한국정신 문화연구원.

_____(1984), 「혜강 최한기의 유물 · 유적 · 문헌조사」, 『민족문화를 빛낸 선현』, 문화공보부 편.

_____(1985), 「최한기의 인간관 연구」, 『철학적 인간관』, 한국정신문화연구원.

_____(1985), 「혜강 최한기 철학의 근대적 성격」, 『제3회 국제학술회의논문집』, 한국정신문화연구원.

_____(1989), 「기철학의 전통과 최한기의 철학적 특성」, 『동양학』 19, 단국대학교 동양학연구소.

_____(1996), 「혜강 최한기의 철학사상」, 『진단학보』 81, 진단학회.

_____(2000), 「정약용과 최한기의 인간이해」, 『조선말 실학자 최한기의 철학과 사 상』, 철학과현실사.

_____(2012), 「최한기에서 마음의 이해와 서학인식」, 『실학과 서학 ─ 한국근대사 상의 원류』, 지식과교양.

김건태(2001), 「신발굴 자료를 통해 본 혜강의 전세제도 인식」, 『한국사학보』 11, 고려사학회.

김경수(2015), 「천인론을 통해 본 최한기와 주희의 보편성 비교」, 『한국학연구』 54, 고려대학교 한국학연구소.

김낙필(1984), 「혜강 기학의 구조와 성격」, 『숭산박길진박사고희기념 한국근대종교사상사』, 숭산박길진박사고희기념사업회.

김문용(2009), 「서양 의학의 수용과 신체관의 변화 - 최한기의 『신기천험』을 중심으로 - 」, 『동양고전연구』 37, 동양고전학회.

_____(2013), 「최한기 자연학의 성격과 지향」, 『민족문화연구』 59, 고려대학교 민족문화연구원.

김병규(1995), 「혜강 최한기의 교육사상」, 『사학지』 28, 단국대사학회.

_____(1996), 「혜강 최한기의 사회경장관」, 『동서사학』 2, 한국동서사학회

_____(1997), 「혜강 최한기의 정치경장관」, 『역사와 역사교육』 2, 웅진사학회.

_____(1998), 「혜강 최한기의 사회변혁 의지」, 『청람사학』 2, 한국교원대학교 청람사학회.

_____(1998), 「최한기의 사회사상」, 『동양철학연구』 18, 동양철학연구회.

김봉진(2006), 「최한기의 기학에 나타난 공공성」, 『정치사상연구』 12-1, 정치사상연구회.

김선희(2014), 「최한기를 읽기 위한 제언」, 『철학사상』 52.

_____(2015), 「지식의 이동과 경계에 관한 시선들 - 최한기의 서양과학 수용을 중심으로」, 『동아시아 근대 지식과 번역의 지형』, 이화인문과학원, 소명출판.

_____(2015), 「19세기 지식장의 변동과 문명의식 : 홍한주, 이규경, 최한기를 중심으로」, 『한국사상사학』 49, 한국사상사학회.

김성근(2005), 「19세기 동아시아의 과학사상과 자연관의 변용 - 최한기와 니시 아마네(西周)에 있어서의 물리(物理)의 발견 - 」, 『한국사론』 42, 국사편찬위원회.

_____(2011), 「최한기와 니시 아마네의 역사철학과 근대적 '인간' 이해」, 『동방학

　　　지』153, 연세대학교 국학연구원.

김숙경(2012), 「최한기의 기륜설과 서양의 중력 이론 : 기륜설 연구 및 평가의 새로
　　　운 지평을 위한 모색」, 『동양철학연구』 71, 동양철학연구회.

김용옥(1990), 『독기학설』, 통나무.

＿＿＿(1990), 「서울서 책만 사다 망한 사람」, 『신동아』 7월호.

＿＿＿(2004), 『혜강 최한기와 유교』, 통나무.

＿＿＿(2004), 「측인에 나타난 혜강의 생각－독인정설－」, 『대동문화연구』 45, 성
　　　균관대학교 대동문화연구원.

＿＿＿(2004), 『혜강 최한기와 유교 : 『기학』과 『인정』을 다시 말한다』, 통나무.

김용헌(1996), 「최한기의 서양우주설 수용과 기학적 변용」, 『실학의 철학』, 한국사
　　　상사연구회, 예문서원.

＿＿＿(1998), 「최한기의 자연관」, 『동양철학연구』 18, 동양철학연구회.

＿＿＿(1998), 「주자학적 학문관의 해체와 실학－최한기의 탈주자학적 학문관을
　　　중심으로－」, 『실학사상과 근대성』, 예문서원.

＿＿＿(2000), 「최한기의 자연관」, 『조선말 실학자 최한기의 철학과 사상』, 철학과
　　　현실사.

＿＿＿(2002), 「최한기의 시대 인식과 자연학적 인식론」, 『한국학논집』 36, 한양대
　　　학교 한국학연구소.

＿＿＿(2005), 「최한기 연구의 어제와 오늘」, 『혜강 최한기』, 예문서원.

김인석(2002), 「최한기의 궁리 비판」, 『태동고전연구』 18, 한림대 태동고전연구소.

김정근(2011), 「佐久間象山(1811~1864)の「東洋道德, 西洋藝術」論－崔漢綺(1803~
　　　1877)との比較を中心に」, 『訪日學術研究者論文集』 17, 日韓文化交流基金,
　　　日本 : 東京.

김철앙(1964), 「최한기의 저서 『인정』과 그의 교육사상에 대하여」, 『조선민주주의
　　　인민공화국창건 15주년 기념론문집(사회과학편)』.

＿＿＿(1996), 「近年發見された崔漢綺の伝記「惠岡崔公伝」について」, 『朝鮮大學校
　　　學報』 2, 朝鮮大學校科學研究部, 日本 : 東京.

_____(2002), 「최한기가 본 서양 의서들」, 『한국문화 속의 외국문화, 외국문화 속의 한국문화』, 한국정신문화연구원.

_____(2004), 「최한기 편수 『신기천험』의 편집방법과 그의 '氣' 사상」, 『대동문화연구』 45, 성균관대학교 대동문화연구원.

김태오(2014), 「혜강의 대동론과 소통론 그리고 교육생태학」, 『한국유학과 사회과학의 대화』, 계명대학교 한국학연구원, 계명대학교 출판부.

김한식(2001), 「혜강사상에 나타난 근대성 논리의 구조」, 『한국정치학회보』 34-4, 한국정치학회.

노혜경(2005), 『지구전요에 나타난 최한기의 지리사상』, 학술정보원.

림현구(1983), 「최한기철학사상초탐」, 『조선문제연구총서』 1.

_____(1990), 「최한기의 철학사상 및 사회정치관」, 『조선학연구』 2, 연변대학출판사.

림현구 · 노학래(1987), 「최한기의 인식론을 논함」, 연변대학.

문중양(2001), 「최한기의 천문학 분야 미공개 자료분석 -『의상리수』와 새 발굴자료 『준박』을 중심으로-」, 『한국과학사학회지』 23-2, 한국과학사학회.

_____(2003), 「최한기 기론적 서양과학 읽기와 기륜설」, 『대동문화연구』 43, 성균관대학교 대동문화연구원.

박권수(1999), 「최한기의 천문학 저술과 기륜설」, 『과학사상』 30.

박성순(2000), 「최한기의 대서양인식」, 『한국사보』 8, 고려사학회.

박종홍(1965), 「최한기의 경험주의」, 『아세아연구』 8-4, 고려대학교 아세아문제연구소.

_____(1977), 「최한기의 과학적인 철학사상」, 『한국사상사논고 : 유학편』, 서문당.

박홍식(1990), 「청년 최한기의 철학사상 -신기와 통 개념 분석을 중심으로」, 『동양철학연구』 11, 동양철학연구회.

박희병(2003), 「최한기 사상에 있어서 자연과 인위의 관계」, 『대동문화연구』 42, 성균관대학교 대동문화연구원.

_____(2003), 『운화와 근대 : 최한기 사상에 대한 음미』, 돌베개.

배영순(1999), 「최한기의 경세론과 그 정치사상사적 위치」, 『한국사연구』 106, 한국사연구회.

백민정(2009), 「최한기 정치론에서 民의 위상에 관한 문제」, 『대동문화연구』 67, 성균관대학교 대동문화연구원.

_____(2009), 「최한기 철학의 변모 양상에 관한 일고찰 : 전후기 사상의 연속 및 불연속 문제를 중심으로」, 『철학사상』 33, 서울대학교 철학사상연구소.

서영이(2015), 「상법(相法)의 경험적 진화－최한기의 측인(測人)」, 『정신문화연구』 141, 한국학중앙연구원.

서욱수(2001), 「최한기의 통론에 대한 인식론적 이해」, 『한국민족문화』 18, 부산대학교 한국민족문화연구소.

_____(2002), 「최한기 인식이론의 기초 연구」, 『한국사상과 문화』 15, 한국사상문화학회.

성호준(1989), 「최한기의 기철학」, 『한배달』.

손병욱(1984), 「혜강 최한기에 있어서 인식의 문제」, 『경상대학교논문집』 인문계편 23-1.

_____(1985), 「혜강철학에 있어서 인식과 실현의 구조문제－활동·천인·통민운화의 해명을 중심으로－」, 『민족통일논집』 1, 통일문제연구소.

_____(1993), 「혜강 최한기 철학의 기학적 해명」, 『유교사상연구』 6, 유교학회.

_____(1994), 「혜강 최한기의 기학적 심성론」, 『인성물성론』, 한국사상연구회 편, 한길사.

_____(1996), 「최한기의 인식론」, 『실학의 철학』, 한국사상사연구회, 예문서원.

_____(1998), 「혜강 최한기 기학의 철학적 구조」, 『동양철학연구』 18, 동양철학연구회.

_____(2000), 「학문 방법론을 통해서 본 기학의 구조와 성격」, 『혜강 최한기』, 청계.

_____(2002), 「氣學과 東學의 氣觀에 대한 비교고찰」, 『동양철학연구』 제28집, 동양철학연구회.

_____(2005), 「혜강 최한기 철학의 기학적 해명」, 『혜강 최한기』, 예문서원.

손흥철(2003), 「혜강 최한기의 기운화론으로 본 자연관」, 『동방학지』 120, 연세대학교 국학연구원.

신원봉(1989), 「최한기의 기학연구 ― 사상형성과정을 중심으로」, 『한국학대학원논문집』 4, 한국정신문화연구원.

_____(1998), 「최한기의 기화적 윤리관」, 『동양철학연구』 18, 동양철학연구회.

_____(2000), 「혜강의 기학에 나타난 주자학의 전환과 근대과학의 영향」, 『혜강 최한기』, 청계.

신해순(1989), 「최한기의 사민평등사상」 『국사관논총』 7, 국사편찬위원회.

_____(1992), 「최한기의 상업관」, 『대동문화연구』 27, 성균관대학교 대동문화연구원.

신현승(2015), 「최한기의 공론과 공공성에 대한 일고찰」, 『근대 한국과 일본의 공공성 구상 2』, 한국학중앙연구원.

안외순(2000), 「조선에서의 민주주의 수용론의 추이 : 최한기에서 독립협회까지」, 『사회과학연구』 9, 서강대학교 사회과학연구소.

_____(2001), 「유가적 군주정과 서구 민주정에 대한 조선 실학자의 인식 : 혜강 최한기를 중심으로」, 『한국정치학회보』 35-4, 한국정치학회.

양보경(1996), 「최한기의 지리사상」, 『진단학보』 81, 진단학회.

여인석 · 노재훈(1993), 「최한기의 의학사상」, 『의사학』 2-1.

예문동양사상연구원 · 김용헌 편저(2005), 『혜강 최한기』, 예문서원.

오길순(2010), 「최한기 『지구전요』圖의 모사와 세계지명 조사」, 『한국고지도연구』 2-1, 한국고지도연구학회.

유봉학(1993), 「조선후기 개성지식인의 동향과 북학사상 수용 : 최한기와 김택영을 중심으로」, 『규장각』 16, 서울대학교 규장각.

_____(1994), 「19세기 경화사족의 생활과 사상 : 혜강 최한기를 중심으로」, 『서울학연구』 2, 서울시립대학교 부설 서울학연구소.

_____(1998), 「개성 출신의 혜강 최한기」, 『조선후기 학계와 지식인』, 신구문화사.

유영묵(1965), 「최한기의 개화사상」, 『한양』 4-6, 한양사.

윤사순(1979) 「『기측체의』 해제」, 『국역 기측체의』 1, 민족문화추진회.

윤정혜(1997), 「최한기의 서구과학사상 수용에 대한 일고찰」, 『한국사상사학』 8, 한국사상사학회.

이돈녕(1973), 「최한기의 명남루집」, 『실학연구입문』, 일조각.

이상호(1990), 「최한기의 유기론」, 『현상과 인식』 14-1·2, 한국인문사회과학원.

이승환(2001), 「조선후기 과폐와 최한기의 측인학－인정「측인문」을 중심으로－」, 『한국사상사학』 16, 한국사상사학회.

이영찬(2014), 「최한기의 인물감평과 사회심리학의 대인지각 비교」, 『한국유학과 사회과학의 대화』, 계명대학교 한국학연구원, 계명대학교 출판부.

_____(2014), 「최한기의 기학과 한국학」, 『한국학논집』 55, 계명대학교 한국학연구원.

이우성(1971), 「최한기의 가계와 연표」, 『혜암류홍렬박사화갑기념논총』, 혜암류홍렬박사화갑기념사업위원회, 탐구당.

_____(1975), 「혜강 최한기」, 『실학논총－이을호박사 정년기념－』, 전남대학교 호남문화연구소.

_____(1982), 「최한기의 생애와 사상」, 『한국의 역사상』, 창작과비평사.

_____(1986), 「명남루전집 해제」, 『명남루전집』 1, 여강출판사.

_____(1988), 「최한기의 사회관 : 「기학」과 「인정」의 연계 위에서」, 『동양학』 18, 단국대학교 동양학연구소.

_____(1990), 「혜강 최한기의 사회적 처지와 서울생활 : 최한기 연구서설의 일단」, 『제4회 동양학국제학술회의논문집』, 성균관대학교 대동문화연구원.

이원순(1979), 「혜강 최한기의 교육관 서설」, 『단국대대학원논문집』 3.

_____(1992), 「최한기의 세계지리인식의 역사성 : 혜강학의 지리학적 측면」, 『문화역사지리』 4, 한국문화역사지리학회.

이종란(1996), 「19세기 중기 최한기의 현실인식과 정치윤리」, 『유교사상문화연구』 8, 한국유교학회.

_____(1997), 「최한기의 인간관」, 『한국사상사학』 8, 한국사상사학회.

_____(2000), 「최한기의 인식이론」, 『조선말 실학자 최한기의 철학과 사상』, 철학과현실사.

_____(2005), 「최한기의 인식이론의 성격」, 『혜강 최한기』, 예문서원.

_____(2008), 『최한기의 운화와 윤리』, 문사철.

이진오(2009), 「혜강 최한기의 신기(神氣) 미학」, 『한국민족문화』 34, 부산대학교 한국민족문화연구소.

이진표(1991), 「혜강 최한기의 주기철학」, 『석산한종만박사화갑기념 한국사상사』, 석산한종만박사화갑기념논문집간행위원회.

이행훈(2002), 「최한기 정치사상의 근대적 성격 연구」, 『한국철학논집』 11, 한국철학사연구회.

_____(2004), 「최한기의 기화적 문명관」, 『한국사상사학』 22, 한국사상사학회.

이현구(1993), 「최한기의 학문관」, 『유교사상연구』 6(상허안병주박사화갑기념특집), 유교학회.

_____(1994), 「혜강 최한기의 기학」, 『대동문화연구』 29, 성균관대학교 대동문화연구원.

_____(1996), 「최한기의 인간관」 『실학의 철학』, 한국사상사연구회, 예문서원.

_____(2000), 『최한기의 기철학과 서양과학』, 성균관대학교 대동문화연구원.

_____(2002), 「최한기의 서양과학 수용과 그 문화적 함의」, 『한국학논집』 36, 한양대학교 한국학연구소.

_____(2003), 「최한기 사상의 인식론적 의의」, 『대동문화연구』 43, 성균관대학교 대동문화연구원.

_____(2014), 『동서양 학문을 융합하여 지구촌 시대를 대비한 최한기』, 실학박물관, 민속원.

임태홍(2015), 「근대 전환시기 최한기와 니시 아마네의 학문관 비교」, 『동양문화연구』 22, 영산대학교 동양문화연구원.

임형택(2001), 「개항기 유교지식인의 '근대' 대응 논리 : 혜강 최한기의 기학을 중심으로」, 『대동문화연구』 38, 성균관대학교 대동문화연구원.

_____(2002), 「혜강 최한기의 시간관과 일통사상」, 『창작과 비평』 115(30-1), 창작
    과비평사.

_____(2004), 「정약용의 경학과 최한기의 기학 : 동서의 학적 만남의 두 길」, 『대동
    문화연구』 45, 성균관대학교 대동문화연구원.

전용훈(2007), 「19세기 조선 지식인의 서양과학 읽기 : 최한기의 기학과 서양과학」,
    『역사비평』 81. 역사문제연구소.

_____(2013), 「志筑忠雄と崔漢綺のニュートン科學に對する態度比較」, 『京都産業
    大學論文集 : 人文科學系列』 第46號.

정구선(1993), 「최한기의 관리등용제도 개혁안 : 천거제론을 중심으로」, 『동국사학』
    27, 동국사학회.

정대현(1983), 「이론의 선택과 실학의 방향 - 최한기의 실학이론을 중심으로 -」,
    『철학연구』 18.

정성철(1987), 「최한기의 철학사상」, 『조선철학사』 2, 이성과현실.

_____(1989), 「최한기의 철학 및 사회정치사상」, 『실학파의 철학사상과 사회정치
    적 견해』, 한마당.

정성철 외(1961), 「최한기의 유기론」, 『조선철학사』, 과학원역사연구소.

정영희(2006), 「혜강 최한기의 근대교육론」, 『백산학보』 76, 백산학회.

_____(2009), 「최한기의 근대적인 사유와 교육개혁론」, 『교육입국론과 항일독립운
    동』, 경인문화사.

정진욱(2003), 「혜강 사상의 철학적 기반」, 『동양고전연구』 19, 동양고전학회.

_____(2004), 「혜강 최한기의 인체관」, 『동양고전연구』 20, 동양고전학회.

정혜정(2001), 「혜강 최한기의 '추측지리' 공부론」, 『교육철학』 26, 교육철학회.

_____(2008), 「서구 근대교육의 수용과 '교육론'의 동서융합(18-19C) - 혜강 최한
    기를 중심으로 -」, 『한국교육사학』 30-1, 한국교육사학회.

정환국(2001), 「혜강 최한기의 문장론과 문학에 대한 비판과 해석 - 새로 발굴된
    자료를 중심으로 -」, 『서지학보』 25, 한국서지학회.

_____(2003), 「19세기 文論史에서의 최한기의 문장론」, 『대동문화연구』 43, 성균

관대학교 대동문화연구원.

조기영(2003), 「최한기의 독서론」, 『동양고전연구』 19, 동양고전학회.

조동일(1996), 「최한기의 글쓰기 이론」, 『진단학보』 81, 진단학회.

최민홍(1976), 「최한기의 경험론」, 『한국철학연구』 6.

최영진(1996), 「최한기 이기론에 있어서의 리의 위상」, 『동양철학연구』 15, 동양철학연구회.

최영진 외 지음(2000), 『조선말 실학자 최한기의 철학과 사상』, 철학과현실사.

최영진·이행훈(2004), 「최한기 운화론의 생태학적 해석」, 『대동문화연구』 45, 성균관대학교 대동문화연구원.

최원석(1996), 「최한기의 기학적 지리관」, 『실학의 철학』, 한국사상사연구회, 예문서원.

최진덕(2000), 「혜강 기학의 이중성에 대한 비판적 고찰」, 『혜강 최한기』, 청계.

한단석(1970), 「인식에 있어서의 감각의 기능 - 혜강 최한기의 철학사상을 중심으로 -」, 『전북대학교논문집』 12.

한형조(2000), 「최한기의 기학 : 선험에서 경험으로」, 『혜강 최한기』, 청계.

＿＿＿＿＿(2008), 「혜강 최한기의 과격한 실용주의」, 『왜 조선 유학인가』, 문학동네.

허남진(1988), 「최한기의 리기 개념에 관한 소고」, 『철학연구』 8, 중앙대학교 부설 중앙철학연구소.

＿＿＿＿＿(1991), 「혜강 과학사상의 철학적 기초 : 기학과 학의 의미를 중심으로」, 『과학과 철학』 2, 통나무.

황경숙(1993), 「혜강 최한기의 사회사상의 구조와 성격」, 『한국학보』 70, 일지사.

＿＿＿＿＿(1994), 「혜강철학의 구조와 특성」, 『교육연구』 28, 성신여자대학교 교육문제연구소.

＿＿＿＿＿(1995), 「혜강 최한기 사상의 근대적 성격」, 『한국사회사학회논문집』 47 ; 설화와 의식의 사회사, 한국사회사학회.

＿＿＿＿＿(1996), 「최한기 교육사상의 철학적 기초」, 『한국학보』 83, 일지사.

＿＿＿＿＿(2003), 「혜강 최한기의 인간관과 사회관」, 『한국사회사상사연구』, 나남.

_____(2009), 「최한기의 기학적 대외인식」, 『사회와 역사』 8, 한국사회사학회.

龐萬里(2004), 「崔漢綺 運化學의 '舍虛取實' 實學思想」, 『대동문화연구』 45, 성균
관대학교 대동문화연구원.

張永堂(2004), 「崔漢綺의 運化氣學」, 『대동문화연구』 45, 성균관대학교 대동문화연
구원.

川原秀城(2004), 「최한기 기학 체계내의 과학 — 혜강의 서학수용과 그 한계 —」, 『대
동문화연구』 45, 성균관대학교 대동문화연구원.

야규 마코토(柳生 眞)(2008), 『최한기 기학 연구』, 경인문화사.

_____(2008), 「최한기의 대동사상」, 『한국인물사연구』 9, 한국인물사연구소.

_____(2015), 「최한기와 에도시대 일본의 유학」, 『근대 한국과 일본의 공공성 구상
2』, 한국학중앙연구원.

작성 권오영(한국학중앙연구원 한국학대학원 교수)

가

478

집필진(원고 게재 순)

이우성 · 대한민국학술원 회원
손병욱 · 경상대학교 윤리교육과 교수
허남진 · 서울대학교 철학과 교수
백민정 · 가톨릭대학교 인문학부 교수
권오영 · 한국학중앙연구원 교수
전용훈 · 한국학중앙연구원 교수

실시학사 실학연구총서 12

혜강 최한기 연구

1판 1쇄 인쇄 2016년 10월 10일
1판 1쇄 발행 2016년 10월 20일

편집인 | 재단법인 실시학사
집필진 | 이우성 · 손병욱 · 허남진 · 백민정 · 권오영 · 전용훈

펴낸이 | 정규상
펴낸곳 | 성균관대학교 출판부 · 사람의무늬
등록 | 1975년 5월 21일 제1975-9호
주소 | 03036 서울특별시 종로구 성균관로 25-2
전화 | 02)760-1252~4 팩스 | 02)762-7452
홈페이지 | http://press.skku.edu

ⓒ 2016, 재단법인 실시학사
ISBN 979-11-5550-182-5 93150
      978-89-7986-923-1 (세트)
값 25,000원

잘못된 책은 구입한 곳에서 교환해 드립니다.
사람의무늬 는 성균관대학교 출판부의 인문 · 교양 · 대중 지향 브랜드의 새 이름입니다.